权威读本

中华人民共和国
法官法
解读

主编
王爱立
（全国人大常委会法制工作委员会刑法室主任）

中国法制出版社
CHINA LEGAL PUBLISHING HOUSE

前　言

2019年4月23日，第十三届全国人大常委会第十次会议审议通过了《中华人民共和国法官法》（修订草案），修订后的法官法自2019年10月1日起施行。这次修订是继2001年、2017年法官法修正之后对法官法的又一次重大完善。

党的十八大以来，司法体制改革贯彻落实了司法责任制、司法人员分类管理等一系列改革举措并取得重大成果。这次修订法官法，有利于及时巩固改革成果，提高司法质量效率；有利于推进高素质法官队伍建设，切实提高法官管理水平，维护法官合法权益，保障法官依法履职；有利于同新修改的公务员法、人民法院组织法相衔接，完善中国特色社会主义法律体系。对于提高司法公信力，努力让人民群众在每一个司法案件中感受到公平正义，也具有重要意义。

为了使大家准确把握法律内容，全国人大常委会法制工作委员会刑法室参加法官法修改的同志结合参与法官法修改研究工作的思考和体会，撰写了《中华人民共和国法官法解读》一书。该书由全国人大常委会法制工作委员会刑法室主任王爱立任主编。参加撰写的有全国人大常委会法制工作委员会刑法室雷建斌、黄永、许永安、王宁、张义健、黄星、陈远鑫、伊繁伟、马曼、张金勇、董晴等同志。

该书从立法工作的角度，结合法官法修改、研究过程中的有关情况，对立法背景及条文规定等进行了较为详尽的阐述。希望本书的出版能够对社会各界研究、理解和适用法官法提供参考和帮助。由于水平和时间有限，不足之处敬请读者批评指正。

作　者

2019年5月

目　　录

附　录

第一章　总　　则

第一条　为了全面推进高素质法官队伍建设，加强对法官的管理和监督，维护法官合法权益，保障人民法院依法独立行使审判权，保障法官依法履行职责，保障司法公正，根据宪法，制定本法。

条文主旨

本条是关于法官法的立法目的和立法根据的规定。

立法背景

1. 法官法立法目的及意义

法官法是规范审判权行使主体、构建我国法官制度的专门法律，是完善法官队伍管理和监督、提高法官职业保障的基本依据。法官法于1995年2月28日经第八届全国人民代表大会常务委员会第十二次会议通过。2001年第九届全国人民代表大会常务委员会对法官法作了修改，进一步完善了担任法官的学历等任职条件，增加了对法官的法律监督等相关内容，明确规定，国家对初任法官、检察官和取得律师资格实行统一的司法考试制度。2017年第十二届全国人民代表大会常务委员会第二十九次会议通过了《关于修改〈中华人民共和国法官法〉等八部法律的决定》，再次对法官法等作了修改。主要是完善法律职业准入制度，健全国家统一法律职业资格考试制度，这也是党的十八届四中全会提出的重要任务。修改后规定：(1) 初任法官采用考试、考核的办法，按照德才兼备的标准，从通过国家统一法律职业资格考试取得法律职业资格并且具备法官条件的人员中择优提出人选。(2) 国家对初任法官实行统一法律职业资格考试制度，由国务院司法行政部门商最高人民法院等有关部门组织实施。通过以上修改完善，法官法明确规定了法官的权利义务、选任管理、培训考核、任职回避、工资福利、辞职辞退等制度，对于提高法官队伍素质、推进建立法官制度、加强法官职业化建设发挥了十分重要的作用。

近年来，随着依法治国方略逐步推进，司法体制改革不断深化，人民法院工作出现了许多新情况新问题，对法院队伍建设和法官管理体制提出了更高要求。实践表明，法官法关于法官的权利义务、任职条件、选任机制、职业保障等很多内容，需要适应新形势新任务的发展，进一步做出修改完善。一是，要贯彻落实党中央重大决策部署，深化司法体制改革的重要任务。党的十八大以来，以习近平同志为核心的党中央对深化司法体制改革，保障司法公正作出一系列决策部署，司法体制改革取得重大成果。修改法官法，对于全面落实司法责任制等重大改革任务，巩固司法体制改革成果，进一步提高审判质量效率和司法公信力，具有重要意义。二是，要适应司法审判工作新的发展变化，适应全面推进高素质法官队伍建设的客观需要。现行法官法于 1995 年颁布施行，二十多年来，人民法院的审判工作和司法环境发生了巨大变化，建立在法官法基础上的法官队伍在职业素养、管理模式、职业保障等方面已经难以适应司法审判工作的新要求。修改法官法，对于保障法官依法履行职责，适应新形势新要求，全面加强法官队伍建设，落实“五个过硬”总要求，具有重要意义。三是，修改法官法是完善中国特色社会主义法律体系的重要任务。法官法是中国特色社会主义法律体系的重要组成部分。随着刑事诉讼法、民事诉讼法、行政诉讼法、人民法院组织法、人民检察院组织法等法律不断完善，修改法官法，进一步明确法官的义务权利、任职条件、选任机制、管理体制和职业保障，对于维护法律之间的和谐统一，具有重要意义。

本条经过多次修改。1995 年《中华人民共和国法官法》第一条规定，为了保障人民法院依法独立行使审判权，保障法官依法履行职责，提高法官的素质，实现对法官的科学管理，根据宪法，制定本法。2001 年修改时将本条修改为：“为了提高法官的素质，加强对法官的管理，保障人民法院依法独立行使审判权，保障法官依法履行职责，保障司法公正，根据宪法，制定本法。”2019 年修改法官法时对本条主要做了三处修改，一是，将“提高法官的素质”，修改为“全面推进高素质法官队伍建设”。这主要是落实习近平总书记关于“要旗帜鲜明把政治建设放在首位，努力打造一支党中央放心、人民群众满意的高素质政法队伍”和党的十八届四中全会关于“建设高素质法治专门队伍”的要求，体现了对法官队伍政治、业务等各方面素质的全面要求。二是，增加了加强对法官监督的内容，将“加强对法官的管理”修改为“加强对法官的管理和监督”。这体现了司法责任制改革精神，进一步加强对法官履职的监督的要求。三是，增加了“维护法官合法权益”的内容。近年来，社会上侵害法官合法权益的违法犯罪行为时有发生，保护司法人员依法履行职责是司法体制改革的重要内容，因此在本条中增加了维护法官合法权益的内容。在总则中增加这一规定，体现了对法官合法权益的重视。以本条为统领，在具体章节中也增加了保护法官权益方面的内容：增加规定“法官的职业尊严和人身安全受法律保护”；细化侵害法官人身权益的情形，对法官人身安全保护措施的规定作出进一步明确以增强可操作性；等等。

2. 各方面提出的意见

2017 年 12 月提请第十二届全国人大常委会审议的法官法修订草案第一条规定：“为推进法官正规化、专业化、职业化建设，加强对法官的管理，保障人民法院依法独立行使审判权，保障法官依法履行职责，保障司法公正，根据宪法，制定本法。”有的建议增加“维护法官合法权益”的内容。有的建议将“推进法官正规化、专业化、职业化建设”修改为“建设高素质法官队伍”，以更准确、更全面地体现对法官队伍建设的总体要求。有的提出，“推进法官正规化、专业化、职业化建设”的表述不妥，似乎之前法官队伍不正规，而且法官本来就是一种职业，没必要规定职业化。

法官法修订草案二次审议稿增加了“维护法官合法权益”的表述。有的建议调整表述顺序，将本条修改为“为了保障司法公正，保障人民法院依法独立行使审判权，保障法官依法履行职责，推进法官正规化、专业化、职业化建设，加强对法官的管理，维护法官合法权益，根据宪法，制定本法”。有的建议增加加强对法官的“监督”的内容。

条文解读

1. 关于法官法的立法目的

本条规定的法官法的立法目的包括六个方面的内容：

（1）全面推进高素质法官队伍建设。

本条规定的高素质既包括政治素质，也包括业务素质、道德素质等各方面的要求。全面推进高素质法官队伍建设是实现全面依法治国、建设社会主义法治国家的人才保障，也是实现司法公正的前提。党的十八届四中全会《中共中央关于全面推进依法治国若干重大问题的决定》提出，全面推进依法治国，必须大力提高法治工作队伍思想政治素质、业务工作能力、职业道德水准，着力建设一支忠于党、忠于国家、忠于人民、忠于法律的社会主义法治工作队伍，为加快建设社会主义法治国家提供强有力的组织和人才保障，同时提出建设高素质法治专门队伍。根据党的十八届四中全会决定的要求，建设高素质法官队伍要把思想政治建设摆在首位，加强理想信念教育，深入开展社会主义核心价值观和社会主义法治理念教育，坚持党的事业、人民利益、宪法法律至上。要抓住司法机关各级领导班子建设这个关键，突出政治标准，把善于运用法治思维和法治方式推动工作的人选拔到领导岗位上来。畅通立法、执法、司法部门干部和人才相互之间以及与其他部门具备条件的干部和人才交流渠道。在2019年中央政法工作会议上，习近平总书记再次强调，要坚持党对政法工作的绝对领导，要旗帜鲜明把政治建设放在首位，努力打造一支党中央放心、人民群众满意的高素质政法队伍。加快推进政法队伍革命化、正规化、专业化、职业化建设。本法在第十二条法官的条件中明确规定，法官要“拥护中华人民共和国宪法，拥护中国共产党领导和社会主义制度”“具有良好的政治、业务素质和道德品行”，在第三十一条中规定，“对法官应当有计划地进行政治、理论和业务培训”。

关于建设包括法官在内的高素质法治专门队伍，十八届四中全会决定也提出了明确、具体的要求：推进法治专门队伍正规化、专业化、职业化，提高职业素养和专业水平。完善法律职业准入制度，健全国家统一法律职业资格考试制度，建立法律职业人员统一职前培训制度。建立从符合条件的律师、法学专家中招录法官、检察官制度，畅通具备条件的军队转业干部进入法治专门队伍的通道，健全从政法专业毕业生中招录人才的规范便捷机制。加强边疆地区、民族地区法治专门队伍建设。加快建立符合职业特点的法治工作人员管理制度，完善职业保障体系，建立法官、检察官专业职务序列及工资制度。建立法官、检察官逐级遴选制度。初任法官、检察官由高级人民法院、省级人民检察院统一招录。上级人民法院、人民检察院的法官、检察官一般从下一级人民法院、人民检察院的优秀法官、检察官中遴选。以上都属于“全面推进高素质法官队伍建设”的内容，在本法其他章中有具体的细化，这里不再展开。另外，本法还规定了法官的条件、任免，以及法官的管理、考核、职业保障等制度，这些规定都是提高法官队伍素质的重要法律保障。

2017 年 1 月，《中共中央关于新形势下加强政法队伍建设的意见》明确了新形势下政法队伍建设的指导思想、目标任务，提出了加强和改进政法队伍建设的政策措施，要求牢牢把握政治过硬、业务过硬、责任过硬、纪律过硬、作风过硬的总要求，坚持中国特色社会主义政法队伍正规化、专业化、职业化方向，深入推进思想政治、业务能力、纪律作风建设，努力建设一支信念坚定、执法为民、敢于担当、清正廉洁的政法队伍。具体包括，加强思想政治建设，加强履职能力建设，加强纪律作风建设，加强政法领导班子和领导干部队伍建设，健全职业保障体系等内容。

（2）加强对法官的管理和监督。

法官是依法行使国家审判权的人员，为了保证国家审判权的正确行使，必须加强对法官的管理和监督，并且要将这种管理和监督制度化、法律化，在此意义上可以说法官法也是法官管理法、监督法。关于加强对法官的管理，本法总则明确要求，法官应当勤勉尽责，清正廉明，恪守职业道德。本法还具体规定了一系列法官的义务及制度：明确规定了法官的义务，要求法官必须严格遵守宪法和法律，秉公办案，不得徇私枉法，要依法接受法律监督和人民群众监督；明确规定了法官的条件、遴选与任免，法官的考核、奖励和惩戒；明确规定了法官的任职回避、工资福利、辞职辞退等制度；等等。法官法的这些规定确立了较为完备的法官管理制度，使对法官的各项管理工作有法可依，是加强对法官管理的重要法律保障。1995 年法官法在第一条中规定加强对法官的科学管理，2001 年修改法官法时将“科学管理”改为“管理”，这并不是否定对法官进行科学管理的重要性。审判活动自身特有的规律性决定了法官的工作具有很强的专业性，因此，法官的管理必须反映其本身的工作性质和特点，实行科学管理。但是，科学管理只是在加强对法官的管理中需要注意的一个方面，它并不能包括法官管理的所有内容。将科学管理改为管理，其涵盖的面更广泛了。

2019 年修改法官法时在加强对法官管理的基础上，增加了加强对法官监督的内容。司法责任制、员额制等是本轮司法体制改革的重要内容。这些改革要求健全审判权运行机制，突出员额法官主体地位，赋予独任法官、合议庭依法独立裁判的权力，实现“让审理者裁判，由裁判者负责”的改革目标。但从实践看，个别地方也出现了一些新问题，主要是改革后相应的监督管理机制没有健全或者没有真正落实，导致一些地方案件裁判标准不统一，“同案不同判”“类案相反判”的现象有所增加，影响司法公信力和司法权威，因此加强对法官的监督是很有必要的。本法第八条规定了“法官在职权范围内对所办理的案件负责”，较为全面规定了惩戒制度。这些规定既是司法责任制的体现，也是加强对法官监督的具体要求。此外，加强对法官的监督，还应充分发挥审判监督的作用，完善人民法院组织法规定的审判委员会、专业法官会议制度，以及完善院长、庭长特定情况下的事中监督权。本法第二条关于法官范围的规定中保留了庭长、副庭长的内容客观上有利于对法官的监督。

（3）维护法官合法权益。

本条有关“维护法官合法权益”的内容是本次修改法官法新增的规定，也是本法立法的重要目的之一。维护法官合法权益是确保法官依法履职的基础，在此意义上，可以说法官法也是法官权益保障法。近年来，社会上侵害法官合法权益的违法犯罪行为时有发生，增加这一规定更有现实意义。尤其是，保护司法人员依法履行职责是司法体制改革的重要内容，进一步完善法官权益保障方面的规定也是落实司法体制改革要求的重要体现。除本条规定之外，本法也相应完善了惩处对法官实施打击报复行为的规定，增加规定法官的“职业尊严和人身安全受法律保护”，并细化了侵害法官人身权益的情形。如，本法第五十五条规定，法官的职业尊严和人身安全受法律保护。任何单位和个人不得对法官及其近亲属打击报复。对法官及其近亲属实施报复陷害、侮辱诽谤、暴力侵害、威胁恐吓、滋事骚扰等违法犯罪行为的，应当依法从严惩治。第五十六条规定，法官因依法履行职责遭受不实举报、诬告陷害、侮辱诽谤，致使名誉受到损害的，人民法院应当会同有关部门及时澄清事实，消除不良影响，并依法追究相关单位或者个人的责任。第五十七条规定，法官因依法履行职责，本人及其近亲属人身安全面临危险的，人民法院、公安机关应当对法官及其近亲属采取人身保护、禁止特定人员接触等必要保护措施。

（4）保障人民法院依法独立行使审判权。

《中华人民共和国宪法》第一百三十一条规定，人民法院依照法律规定独立行使审判权，不受行政机关、社会团体和个人的干涉。本条有关保障人民法院依法独立行使审判权的规定也是贯彻宪法精神的直接体现。法官作为人民法院中依法行使国家审判权的审判人员，其职责、义务和权利的设置直接决定了人民法院独立行使审判权这一宪法规定的实现程度与效果。

保障人民法院依法独立行使审判权包括三层含义。首先，我国的审判权属于人民法院，其他任何机关不得行使，这是由我国宪法确立的一项基本原则。其次，人民法院独立行使审判权，不受任何机关、团体和个人的干涉。这里的干涉是指非法干预和干扰，而不能将其与合法的监督相混淆。根据我国宪法的规定，各级人民法院向同级人民代表大会及其常务委员会负责，受其监督；人民检察院作为国家法律监督机关，对人民法院执行国家法律的情况有监督的权力；人民群众和其他社会组织，对人民法院的工作也有监督权、批评建议权。最后，人民法院必须依法行使审判权。独立性并非任意性，人民法院的审判活动必须严格依照宪法和人民法院组织法、与案件相关的实体法以及相应的程序法的规定进行。

本法关于全面推进高素质法官队伍建设，加强对法官的管理和监督，维护法官合法权益的规定实质上是为了确保人民法院依法独立行使审判权，进而实现司法公正。确保人民法院独立行使审判权，一个重要方面是要防止非法干涉司法活动的行为。党的十八届四中全会《中共中央关于全面推进依法治国若干重大问题的决定》提出，各级党政机关和领导干部要支持法院、检察院依法独立公正行使职权。建立领导干部干预司法活动、插手具体案件处理的记录、通报和责任追究制度。任何党政机关和领导干部都不得让司法机关做违反法定职责、有碍司法公正的事情，任何司法机关都不得执行党政机关和领导干部违法干预司法活动的要求。对干预司法机关办案的，给予党纪政纪处分；造成冤假错案或者其他严重后果的，依法追究刑事责任。健全行政机关依法出庭应诉、支持法院受理行政案件、尊重并执行法院生效裁判的制度。完善惩戒妨碍司法机关依法行使职权、拒不执行生效裁判和决定、藐视法庭权威等违法犯罪行为的法律规定。建立健全司法人员履行法定职责保护机制。非因法定事由，非经法定程序，不得将法官、检察官调离、辞退或者作出免职、降级等处分。以上要求对于保障人民法院依法独立行使审判权具有非常重要的意义。为切实保障人民法院依法独立行使审判权，本法在总则第七条中进一步明确规定，法官依法履行职责，受法律保护，不受行政机关、社会团体和个人的干涉。在第五十四条中规定，任何单位或者个人不得要求法官从事超出法定职责范围的事务。对任何干涉法官办理案件的行为，法官有权拒绝并予以全面如实记录和报告；有违纪违法情形的，由有关机关根据情节轻重追究有关责任人员、行为人的责任。第十一条关于法官权利的规定中明确规定，法官享有非因法定事由、非经法定程序，不被调离、免职、降职、辞退或者处分的权利。

（5）保障法官依法履行职责。

法官是人民法院审判权的具体行使者，为法官依法履行职责、开展审判活动提供必要的条件，是法官正确、及时履行职责的前提，是人民法院审判工作得以顺利进行的前提，也是保障人民法院依法独立行使审判权的前提。因此，制定法官法的目的之一，就是保障法官有条件依法履行职责。本法规定了法官的职责、义务和权利，法官的条件和遴选，法官的任免，法官的管理，法官的考核、奖励和惩戒，法官的职业保障等，为保障法官依法履职提供了法律依据。保障法官依法履行职责还意味着要加强对法官的依法监督和管理，保证法官不得滥用职权违法办案，也不得懈怠法定职责，玩忽职守、不履行或不认真履行职责。

2016 年 7 月 28 日，中共中央办公厅、国务院办公厅出台了《保护司法人员依法履行法定职责规定》。这一规定也是贯彻落实《中共中央关于全面推进依法治国若干重大问题的决定》的有关要求，建立健全司法人员依法履行法定职责保护机制而制定的。相关内容也在本法中做出了具体规定，这里不再展开。

（6）保障司法公正。

《中共中央关于全面推进依法治国若干重大问题的决定》指出，公正是法治的生命线。司法公正对社会公正具有重要引领作用，司法不公对社会公正具有致命破坏作用。必须完善司法管理体制和司法权力运行机制，规范司法行为，加强对司法活动的监督，努力让人民群众在每一个司法案件中感受到公平正义。

在法治国家中，司法权具有最终性，司法活动是解决社会纠纷的最后程序，也是社会公正的最终保障。司法权的最终性决定了司法公正是司法活动的出发点和归宿。公正的司法可以及时有效化解社会矛盾，维护社会稳定和发展。司法不公甚至于司法腐败不仅不能维护社会稳定，而且会造成矛盾激化，影响人民群众对国家政权的信任和支持，后果非常严重。影响司法公正的因素是多方面的，保障司法公正也必须从各方面入手，采取综合性措施，而建立一支高素质的公正廉洁的法官队伍无疑是保障司法公正的重要环节。因此，法官法的立法目的之一，就是要以法律手段来规范法官的选任、管理、奖惩等活动。全面推进高素质法官队伍建设，加强对法官的管理和监督，维护法官合法权益，保障人民法院依法独立行使审判权，保障法官依法履行职责，归根结底，就是要实现司法公正。

2. 关于法官法的立法依据

本条规定，“根据宪法，制定本法”。这包括两个方面的意思：一是，本法的制定根据来源于宪法。二是，本法的规定不得同宪法相抵触。宪法是国家的根本法，是中国特色社会主义法律体系的统帅、核心和基础，是一切立法活动的根据。一切法律、行政法规和地方性法规都不得同宪法相抵触。现行宪法第三章第八节第一百二十八条至第一百三十三条对人民法院的设置、组织和职权作了规定。法官是人民法院中具体行使国家审判权的人员，其审判的职权也来源于宪法。《中华人民共和国宪法》第六十七条规定了审判员的任免。另外，法官的有些权利义务也来自于宪法。如，《中华人民共和国宪法》第二十七条规定，一切国家机关实行精简的原则，实行工作责任制，实行工作人员的培训和考核制度，不断提高工作质量和工作效率，反对官僚主义。一切国家机关和国家工作人员必须依靠人民的支持，经常保持同人民的密切联系，倾听人民的意见和建议，接受人民的监督，努力为人民服务。国家工作人员就职时应当依照法律规定公开进行宪法宣誓。关于培训，本法第三十条规定，初任法官实行统一职前培训制度。第三十一条规定，对法官应当有计划地进行政治、理论和业务培训。法官的培训，应当理论联系实际、按需施教、讲求实效。关于监督，本法除了在本条的立法目的中明确规定了要加强对法官的监督的内容，还在本法第十条法官的义务中规定，法官要依法接受法律监督和人民群众监督。另外，本法第十条法官在依照法定程序产生后在就职时应当公开进行宪法宣誓的规定也是直接源自宪法。关于《中华人民共和国宪法》第五条规定的“一切法律、行政法规和地方性法规都不得同宪法相抵触”，本法在第二条关于法官范围的规定中，保留了审判员的称谓，与《中华人民共和国宪法》第六十七条有关审判员的规定是一致的。

相关规定

《中华人民共和国宪法》第6条、第27条、第131条；《中共中央关于全面推进依法治国若干重大问题的决定》；《中共中央关于新形势下加强政法队伍建设的意见》

第二条　法官是依法行使国家审判权的审判人员，包括最高人民法院、地方各级人民法院和军事法院等专门人民法院的院长、副院长、审判委员会委员、庭长、副庭长和审判员。

条文主旨

本条是关于法官范围的规定。

立法背景

1. 法官范围修改的背景

1995 年、2001 年、2017 年的法官法第二条均规定："法官是依法行使国家审判权的审判人员，包括最高人民法院、地方各级人民法院和军事法院等专门人民法院的院长、副院长、审判委员会委员、庭长、副庭长、审判员和助理审判员。"由此明确了法官概念的内涵和外延，对法官的法律地位、职责身份和人员范围做了一般性的界定。

2017 年 12 月提请全国人大常委会第十二届全国人大常委会第三十一次会议审议的法官法修订草案将本条修改为："法官是依法行使审判权的国家公职人员。"法官的范围中取消了审判员和助理审判员。对于这一修改，在关于该草案的说明中作了解释：（1）关于审判员。为推进法官正规化、专业化、职业化建设，提升法官职业尊荣感，草案取消了审判员称谓，统称为法官。（2）关于助理审判员。司法改革试点中，各地法院已基本不再任命助理审判员，其部分职责也逐步由法官助理取代。因此，草案在法官职务中取消了助理审判员设置。（3）关于法官职务范围。2017 年法官法规定法官职务包括院长、副院长、审判委员会委员、庭长、副庭长、审判员和助理审判员 7 类。将法官职务从高到低阶梯化排列，不利于司法责任制的落实，也和弱化法官科层制管理方向不符。为此，草案不再以列举方式明确法官的职务范围。

在审议过程中，有的常委委员、地方和部门提出，审判员的称谓是宪法中使用的，2018 年 10 月通过的人民法院组织法对法院审判人员的组成作了规定，法官法对法官具体包括哪些人应当予以明确。经研究，依照人民法院组织法的有关规定，本条修改为："法官是依法行使国家审判权的审判人员，包括最高人民法院、地方各级人民法院和军事法院等专门人民法院的院长、副院长、审判委员会委员、庭长、副庭长和审判员"。

2. 各方面提出的意见

修订草案初次审议时在第二条规定，“法官是依法行使审判权的国家公职人员”。有的意见提出，司法改革中未入员额的曾经法定程序任命的审判员是否仍具有法官身份不明确。有的提出，草案将2017年法官法规定的“法官是依法行使国家审判权的审判人员”中“审判人员”删去，没有宪法依据。还有的意见提出，修订草案对法官包括哪些人未做明确，法官和审判员称谓是什么关系不清楚，建议明确。

条文解读

与2017年法官法相比，本条规定取消了助理审判员的规定，这是司法责任制、员额制改革的重要体现，也是党中央关于司法队伍建设，以及司法人员分类管理制度改革的要求。

法官是行使国家审判权的审判人员。审判工作具有很强的专业性，因此作为审判活动的具体承担者的法官必须由经过严格专业教育培训并经过严格的遴选和法定的程序而任命的专业人士担任。对法官的管理也应考虑审判工作特有的规律性，实施专门化管理。本法第二十六条规定，法官实行单独职务序列管理。《中华人民共和国人民法院组织法》第四十五条规定，人民法院的法官、审判辅助人员和司法行政人员实行分类管理。对法官实行专门化管理，一方面意味着法官要与审判机关以外的其他国家机关如行政机关的工作人员的管理不同，要改变过去那种笼统的作为“干部”进行管理的做法，实现法官队伍的专业化、职业化、去行政化。党的十八届四中全会提出，要加快建立符合职业特点的法治工作人员管理制度，建立法官、检察官专业职务序列制度。明确各类司法人员工作职责，实行办案质量终身负责制。但一段时间以来，存在案件层层审批、层层请示的做法，不符合审判独立性原则，权责不明、责任难定的问题比较突出。在案件审批制度下，裁判出现错误仅追究承办法官责任，也有失公允。《最高人民法院关于完善人民法院司法责任制的若干意见》（2015 年 9 月 21 日　法发〔2015〕13 号）规定，司法责任制在职权配置上让审理者裁判，在责任承担上由裁判者负责，一旦发生错案，就要启动追责程序。司法责任制改革是我们全面深化司法体制改革必须牢牢牵住的“牛鼻子”。完善司法责任制，是建立权责统一、权责明晰、权力制约的司法权运行机制的关键，也是深化司法体制改革的核心，对于促进严格公正司法具有十分重要的意义。另外，要实现“让审理者裁判、由裁判者负责”的改革目标，关键在人。只有通过改革，科学合理配置人员，让优秀人才向办案一线集聚，通过竞争实现“能者上”，去除司法行政化标签，建立符合法官职业特点的司法人员管理制度，才能使法官专注办案，不断提升办案效率，保障案件质量，破解“案多人少”矛盾，满足人民群众日益增长的多元司法需求，让人民群众有实实在在的获得感。因此，在人民法院内部，也要实行科学的职位分类管理，对于人民法院内直接行使国家审判权的人员与承担其他审判辅助等相关工作的人员要分别确定相应的符合各自工作特点的管理方式。这是推进司法人员分类管理改革中的法官员额制改革的重要内容。本法第二十五条规定，法官实行员额制管理。通过员额制，确保品行端正、经验丰富、专业水平较高的优秀法律人才成为员额法官，为推进司法责任制改革夯实基础，也是推进法官队伍正规化、专业化、职业化的基础。另外，还要不断完善员额法官惩戒退出机制，实现司法队伍的良性循环。对于不能独立办案、案件质效较差等无法胜任工作的员额法官，要通过科学考核、依法追责，使其有序退出员额。根据《中华人民共和国人民法院组织法》第四十五条的规定，法院内部工作人员具体分为三个类别：法官、审判辅助人员、司法行政人员。根据本条的规定，法官仅限于人民法院内经依法任命的具体承担审判工作的人员。人民法院内从事司法行政工作的人员如行政、后勤人员，从事审判辅助工作的人员如法警、书记员等不属于法官。为了进一步明确法官的范围，本条还采用列举的方式规定，法官包括最高人民法院、地方各级人民法院和军事法院等专门人民法院的院长、副院长、审判委员会委员、庭长、副庭长和审判员。除法官法明确列举的人员外，其他人员均不属于法官。

与2017年12月最高人民法院提请常委会初次审议的法官法修订草案所规定的“法官是依法行使审判权的国家公职人员”相比，本条保留了审判员的称谓，这是为了与宪法中的审判员的称谓相一致，也与人民法院组织法的规定是一致的。《中华人民共和国人民法院组织法》第四十条规定：“人民法院的审判人员由院长、副院长、审判委员会委员和审判员等人员组成。”另外，本条保留了原法官法有关庭长、副庭长的内容。这是加强对法官监督的必要保障。除院长具有法定的个案审判监督权以外，院长、庭长作为法院的组织管理者应当确保法院中心工作即审判工作的正常开展，承担与其职务相适应的审判管理和审判监督职责。特别是在改革初期，法官职业化素质还不尽如人意，东中西部发展极不平衡，院长、庭长的审判管理和监督权有利于保障裁判质量和司法公正。

相关规定

《中华人民共和国宪法》第67条；《中华人民共和国人民法院组织法》第2条、第4条、第40条；《中华人民共和国地方各级人民代表大会和地方各级人民政府组织法》第44条；《保护司法人员依法履行法定职责规定》；《最高人民法院关于落实司法责任制完善审判监督管理机制的意见（试行）》

第三条　法官必须忠实执行宪法和法律，维护社会公平正义，全心全意为人民服务。

条文主旨

本条是关于法官的基本要求的规定。

立法背景

1. 对法官的基本要求修改的背景及意义

1995 年《中华人民共和国法官法》第三条规定："法官必须忠实执行宪法和法律，全心全意为人民服务。"据此，明确了法官的基本义务和基本要求。2001 年、2017 年的法官法保留了这一规定。2019 年法官法为贯彻落实习近平总书记关于"努力让人民群众在每一个司法案件中都感受到公平正义"的指示要求，并立足法官坚持公正司法、维护社会公平正义的职能，增加了"维护社会公平正义"这一基本要求。另外，保留了"法官必须忠实执行宪法和法律""全心全意为人民服务"这两个基本要求，以保持立法的连续性、稳定性和权威性，同时，也适应新时代的新要求，赋予其新时代的新内涵。立足于新时代新的历史方位和发展要求，本条规定既是对以习近平新时代中国特色社会主义思想为指导的新时代全面深化司法体制改革核心宗旨和使命的法律落实和体现，也与宪法、人民法院组织法、公务员法以及本法第一条的规定相衔接。新时代确立了司法体制改革新的历史征程和重大使命，突出强调了宪法作为治国理政总章程、党和人民意志集中体现的法律地位和法律权威，把坚持以人民为中心确立为新时代坚持和发展中国特色社会主义的基本方略之一，为法官职责使命的确定指明了方向，提供了基本遵循。《中华人民共和国宪法》第五条第四款、第五款规定："一切国家机关和武装力量、各政党和各社会团体、各企业事业组织都必须遵守宪法和法律。一切违反宪法和法律的行为，必须予以追究。任何组织或者个人都不得有超越宪法和法律的特权。"《中华人民共和国人民法院组织法》第三条规定："人民法院依照宪法、法律和全国人民代表大会常务委员会的决定设置"；第六条规定："人民法院坚持司法公正，以事实为根据，以法律为准绳，遵守法定程序，依法保护个人和组织的诉讼权利和其他合法权益，尊重和保障人权"。《中华人民共和国公务员法》第十四条规定了公务员应当履行的义务，其中第一项为“忠于宪法，模范遵守、自觉维护宪法和法律，自觉接受中国共产党领导”，第三项为“忠于人民，全心全意为人民服务，接受人民监督”。因此，为认真贯彻落实习近平总书记关于“努力让人民群众在每一个司法案件中都感受到公平正义”的指示要求，更好地体现全面深化司法体制改革成果，确保党中央关于维护宪法实施、坚持人民主体地位的重要决策部署通过法定程序转化为国家意志，用法律制度明确法官在新时代新的历史方位上所负有的重要职责和使命，并确保以宪法为核心的中国特色社会主义法律体系的系统性、稳定性和连续性，本条对2017年法官法中体现这一意旨和要求的规定予以保留，并丰富其语义上的时代内涵，同时增加“维护社会公平正义”这一法官的职责要求，规定“法官必须忠实执行宪法和法律，维护社会公平正义，全心全意为人民服务”。

2. 各方面提出的意见

本条在修改过程中，关于“法官必须忠实执行宪法和法律”的规定，有的建议修改为“法官必须忠实遵守和执行宪法和法律”，有的建议修改为“法官必须忠实履行宪法和法律赋予的职责”，还有的建议为“法官必须忠于宪法、忠实执行法律”。另外，有的建议，增加“维护社会公平正义”这一基本要求。

条文解读

本条包括如下几个方面的内容：

（1）关于法官法对法官的基本要求。

这里对法官的基本要求，也即法官因其职位、职责所负有的基本义务。相较于本法第十条规定的法官应当履行的义务，本条的义务更具根本性、一般性，是法官在国家审判权的行使和实现过程中对国家、机构和组织、个人等一般性主体承担的一般性义务，体现的是法官作为国家司法体系中的重要一环，所承载的对于实现司法目的和价值具有宗旨性、终极性的职责和使命。本法第十条规定的法官义务相对更具具体性、特殊性，是法官在具体案件办理及相关职务行为的履行过程中对特定法律关系主体所负有的特殊性义务，体现的是法官在代表国家具体行使审判权的过程中必须遵守的强制性要求，是为确保审判权的每一次正确行使而对法官设定的为或不为一定行为的必要尺度。这里的基本义务在理解上需要注意以下几点：第一，这一基本义务所体现的法律关系的义务主体是所有法官，也即本法第二条所规定的“依法行使国家审判权的审判人员，包括最高人民法院、地方各级人民法院和军事法院等专门人民法院的院长、副院长、审判委员会委员、庭长、副庭长和审判员”。法官这一义务主体所对应的权利主体是不特定的一般人，包括国家、各类机构和组织，以及个人。第二，该法律关系的客体，也即设定该基本义务的根据是法官依法获得的代表国家行使审判权的职务权力，以及法官作为国家审判机关的工作人员，所承载的实现国家司法制度价值和功能的职责和使命。因此，须要对法官手中掌握的审判权加以严格的规范和限制，通过设定基本的义务要求，来防止法官在权力行使中可能的偏离宗旨和使命的不当行为，确保审判权所承载的制度价值和目标获得有效实现。第三，该基本义务的内容是忠实执行宪法和法律，维护社会公平正义，全心全意为人民服务。也即该义务要求法官要积极作为，必须依法履行职责，忠实执行宪法和法律，维护司法公正和社会公平正义，维护国家、社会、组织和个人的合法权益，确保党全心全意为人民服务的宗旨得到根本实现。第四，该基本义务具有强制性，法官承担的是一种“应当”行为的命令式义务，且是一种比“应当”要求更高更强的“必须”性义务，也即法官必须使其行使审判权过程中的所有行为都致力于忠实执行宪法和法律，维护社会公平正义，全心全意为人民服务的根本宗旨和目标，不得偏离，不容推卸，不得拒绝。

（2）关于“法官必须忠实执行宪法和法律”的基本要求。

党的十九大报告强调，坚持党的领导、人民当家作主、依法治国有机统一是社会主义政治发展的必然要求，并指出，党的领导是人民当家作主和依法治国的根本保证，人民当家作主是社会主义民主政治的本质特征，依法治国是党领导人民治理国家的基本方式，三者统一于我国社会主义民主政治伟大实践。习近平总书记多次强调，依法治国是党领导人民治理国家的基本方略，法治是治国理政的基本方式，要更加注重发挥法治在国家治理和社会管理中的重要作用，全面推进依法治国，加快建设社会主义法治国家。习近平总书记指出，坚持依法治国，首先要坚持依宪治国；坚持依法执政，首先要坚持依宪执政；全面贯彻实施宪法，是建设社会主义法治国家的首要任务和基础性工作。宪法是国家的根本法，是治国安邦的总章程，是党和人民意志的集中体现。宪法作为国家各种制度和法律法规的总依据，确立了社会主义法制的基本原则，明确规定中华人民共和国实行依法治国，建设社会主义法治国家，国家维护社会主义法制的统一和尊严，具有最高的法律地位、法律权威、法律效力，具有根本性、全局性、稳定性、长期性。全国各族人民、一切国家机关和武装力量、各政党和各社会团体、各企业事业组织，都必须以宪法为根本的活动准则，并且负有维护宪法尊严、保证宪法实施的职责。任何组织或者个人，都不得有超越宪法和法律的特权。宪法的生命在于实施，宪法的权威也在于实施。法官是依法行使国家审判权的审判人员、国家工作人员，是法治工作队伍、法治专门队伍的重要组成部分，负有严格贯彻实施宪法和法律的重要职责，其依法行使审判权本身既是贯彻实施宪法、确保法律正确有效实施的重要内容，也是其坚强保障。因此，法官更应当明确依法治国主体责任，切实发挥法治实践、引领、示范和带头作用，牢固树立宪法至上的思想，自觉以宪法为最高行为规范，把法律作为基本的行为准则，切实通过审判活动将国家法律适用到现实生活中，切实保证司法公正，不断提高司法公信力，努力维护社会公平正义，实现国家各项事业和各项工作以及社会生活各个环节都纳入法治轨道。因此，本条将“忠实执行宪法和法律”作为对法官的一项基本要求加以规定。具体来说，就是要求法官必须保持对宪法和法律的忠诚，严格执行宪法和法律，以自己的全部智慧和才干维护宪法和法律的权威，以自己的一言一行来促进宪法和法律的正确有效实施，凡是有利于宪法和法律实施的事情都尽最大的力量去做，凡是有害于和不利于宪法和法律实施的事情都予以坚决反对，自觉弘扬宪法精神，切实维护宪法和法律的权威。

需要注意的是，本条所规定的“忠实执行宪法和法律的义务”与第十条第一项所规定的“严格遵守宪法和法律”是一般义务和特殊义务的关系，前者侧重强调的是法官作为国家审判机关的审判人员，因其从事的审判活动和审判职责本身对不特定国家机关、社会组织和个人负有的基本义务，承载的是促进审判权和国家司法制度正确有效实施和实现的宗旨和使命；后者指的是法官在具体案件的处理中，对具体案件的当事人负有的义务，强调的是法官在具体案件的办理中应当严格在宪法和法律规定的范围内办事，严格依照法定职权、遵循法定程序，不得有超越宪法法律之外的特权，不得以言代法、以权压法、逐利违法、徇私枉法。

(3) 关于法官必须“维护社会公平正义”的基本要求。

习近平总书记多次强调，要努力让人民群众在每一个司法案件中感受到公平正义。公正是法治的生命线。司法是维护社会公平正义的最后一道防线，司法公正对社会公正具有重要引领作用，司法不公对社会公正具有致命破坏作用。所以，司法的权威在于公正，人民群众评价司法工作合格不合格、效果好不好的标准也是是否公正。《中华人民共和国人民法院组织法》第六条规定：“人民法院坚持司法公正，以事实为根据，以法律为准绳，遵守法定程序，依法保护个人和组织的诉讼权利和其他合法权益，尊重和保障人权。”法官作为司法机关的一员，作为直接行使审判权的审判人员，其工作的任务和目标就是实现和维护司法公正，并通过公正的司法活动维护社会公平正义。因此，本条把“维护社会公平正义”作为对法官的一项基本要求加以规定。要做到这一要求：第一，要坚定理想信念，树立法治信仰，恪守司法良知，把对党的忠诚、对法治的坚守、对公正的维护，切实落实到热爱党的事业、践行党的宗旨上，体现在严格司法、公正司法的实际行动中，为党和人民掌好用好司法权。第二，要坚持以事实为根据，以法律为准绳，坚持程序公正与实体公正相统一，确保认定事实清楚、适用法律正确、审判程序合法、裁判结果公正，让每一起案件都经得起法律、历史和人民的检验。第三，要坚持原则、敢于担当、清正廉洁，不为人情所扰、不为利益所惑、不为权势所屈，永葆忠于党、忠于国家、忠于人民、忠于法律的政治本色，始终坚守公正廉洁司法的底线。第四，要恪守法官职业道德，严守法官行为规范，深化司法公开，树立法官良好形象，不断提升司法公信力，努力让人民群众在每一个司法案件中感受到公平正义。

（4）关于法官必须“全心全意为人民服务”的基本要求。

我国宪法规定，我国是人民民主专政的社会主义国家。人民民主专政的核心是一切权力属于人民，人民当家作主。习近平总书记多次强调指出，我国社会主义民主是维护人民根本利益的最广泛、最真实、最管用的民主；发展社会主义民主政治就是要体现人民意志、保障人民权益、激发人民创造活力，用制度体系保证人民当家作主。《中华人民共和国宪法》第二十七条第二款规定：“一切国家机关和国家工作人员必须依靠人民的支持，经常保持同人民的密切联系，倾听人民的意见和建议，接受人民的监督，努力为人民服务。”人民群众是社会主义国家的主人，国家机构及其工作人员的任务就是反映人民的愿望和要求，全心全意为人民服务。法官作为直接行使国家审判权的审判人员，作为国家司法制度体系的重要一环，其所行使的权力是人民赋予的，当然也必须在行使权力的过程中全心全意为人民服务，保证人民当家作主落实到国家政治生活和社会生活之中。因此，本条把全心全意为人民服务作为一项对法官的基本要求加以规定。要做到这一要求：第一，法官在行使审判权时要始终坚持以人民为中心的发展思想，从内心深处打牢司法为民的服务理念和思想基础，不断增强对司法的人民性的理论认同、感情认同和实践认同，严格依法办事，公正司法，切实履行好维护国家政治安全、确保社会大局稳定、促进社会公平正义、保障人民安居乐业的职责使命，努力维护最广大人民的根本利益，保障人民群众对美好生活的向往和追求。第二，法官行使权力时，必须以人民公仆的身份，以事实为根据，以法律为准绳，兢兢业业，耐心细致，认真地审理每一起案件，依法公正对待人民群众的诉求，依法保障公民的合法权益得到维护，保证公民的各项合法权利得到落实，努力让人民群众在每一个司法案件中都感受到公平正义，决不能让不公正的审判伤害人民群众感情、损害人民群众权益。第三，法官在行使审判职权、在办理案件的过程中，要认真履行以案释法的主体责任，弘扬社会主义法治精神，努力培育社会主义法治文化，积极维护宪法和法律的权威，让广大人民群众充分相信法律、自觉运用法律，使广大人民群众认识到宪法和法律不仅是全体公民必须遵循的行为规范，而且是保障公民权利的法律武器。第四，法官在为人民服务的过程中必须是全心全意的，而不是三心二意、敷衍了事，着力维护广大人民群众特别是弱势群体的合法权益，重点解决损害群众权益的突出问题，决不允许利用手中的权力谋取私利，不允许滥用权力侵犯群众合法权益。

相关规定

《中华人民共和国宪法》第 2 条、第 5 条、第 27 条；《中华人民共和国人民法院组织法》第 3 条、第 6 条；《中华人民共和国公务员法》第 14 条

第四条　法官应当公正对待当事人和其他诉讼参与人，对一切个人和组织在适用法律上一律平等。

条文主旨

本条是关于法官办案应当坚持公正对待、平等适用法律原则的规定。

立法背景

本条是 2019 年修订法官法增加的规定，2017 年法官法未作规定。针对的是法官居中裁判、中立裁判的要求所作出的规定，法官对待诉讼参与人应当不偏不倚，对原告、被告平等适用法律，在刑事案件中不偏袒公诉方，全面查清法律事实，维护法律权威，促进社会公平正义。《中华人民共和国法官职业道德基本准则》（2010 年 12 月 6 日　法发〔2010〕53 号）第十三条规定，法官自觉遵守司法回避制度，审理案件保持中立公正的立场，平等对待当事人和其他诉讼参与人，不偏袒或歧视任何一方当事人，不私自单独会见当事人及其代理人、辩护人。《最高人民法院关于全面深化人民法院改革的意见》中提出，突出审判在诉讼制度中的中心地位，使改革成果能够充分体现审判权的独立性、中立性、程序性和终局性特征。《最高人民法院关于在审判执行工作中切实规范自由裁量权行使保障法律统一适用的指导意见》中也对法官行使自由裁量权提出要遵循公正原则。要秉持司法良知，恪守职业道德，坚持实体公正与程序公正并重。坚持法律面前人人平等，排除干扰，保持中立，避免偏颇。上述有关改革文件的规定，对法官中立裁判提出了明确要求。本条在总结司法实践经验的基础上，将这一原则表述为法官公正对待和平等适用法律原则。

公正中立对待当事人原则也是世界各国或地区对法官职业操守的基本要求之一。例如，《美国联邦法官行为守则》中守则 3 规定，法官应当公平、中立无偏、勤勉地履行职责。联合国《班加罗尔司法行为原则》提出了法官履职的六大原则，其中有两条涉及这方面的规定：一是，公正是司法机关正确履行司法职能的基本原则，公正不仅适用于判决本身也适用于审判过程；二是，确保法律面前人人平等是履行司法职责的基本原则。我国香港地区《法官行为指引》中规定，法官应当大公无私，大公无私的精神是当法官的基本条件，无论在庭里庭外，法官的行为都要保持外界对法官大公无私的信心，法官除了需要在事实上做到不偏不倚之外，还要让外界相信法官是不偏不倚的。我国台湾地区“法官法”规定，法院应依据宪法及法律，本于良心，超然、独立、公正审判，不受任何干涉。由此可以看出，法官公正对待来到法庭之上的当事人是履职的基本原则和要求之一。

条文解读

本条包括两个方面的内容：

(1) 公正对待当事人和其他诉讼参与人。

根据《中华人民共和国刑事诉讼法》第一百零八条的规定，刑事诉讼中的当事人是指被害人、自诉人、犯罪嫌疑人、被告人、附带民事诉讼的原告人和被告人；诉讼参与人是指当事人、法定代理人、诉讼代理人、辩护人、证人、鉴定人和翻译人员。民事、行政诉讼中的诉讼参加人包括当事人、法定代理人、诉讼代理人等。公正对待是法官履职和维护司法公正的基本要求，基本含义就是不偏袒任何一方，居中裁判，公平公正对待民事诉讼的原告、被告，行政诉讼中的原告、被告，以及刑事诉讼法中的被告人和被害人，公正对待辩护人和公诉人等。例如，在行政诉讼中，行政机关和行政相对人在力量对比上往往不平衡，法官应当公正对待双方，保障各方诉讼权利。要依法审查认定证据，行政诉讼法规定，被告对作出的行政行为负有举证责任，应当提供作出该行政行为的证据和所依据的规范性文件。被告不提供或者无正当理由逾期提供证据，视为没有相应证据。法官在办理行政案件中，应当适用上述有关证据规则的规定，对行政机关行政行为违法的，应当依法作出判决。在刑事诉讼活动中，法官应当公正对待公诉人、被告人及其辩护律师，充分保障各方诉讼权利，特别是应当全面审查质证，按照刑事诉讼法的有关规定，严格执行非法证据排除规则，既要惩罚犯罪，也要保障无罪的人不受追究。同时，为了做到不偏不倚，法官办案过程中要做到不受非法干涉、干预。对任何干涉法官办理案件的行为，法官有权拒绝并予以全面如实记录和报告；有违纪违法情形的，由有关机关根据情节轻重追究有关责任人员、行为人的责任。

法官“公正对待”当事人和其他诉讼参与人可以从两个方面理解。一是，公正对待的根本要求和实现就是“依法”。在研究过程中，也有专家提出，依法、服从法律是法官工作的全部，建议将“公正”修改为“依法公正”。应当说，法官做到了依法办案也就是做到了公正对待。一方面，要按照法律规定的权利义务规范去裁判，要全面客观审查认定事实和证据，准确理解和适用法律；另一方面，要按照诉讼法的规定，严格按照法定程序执法办案，充分保障当事人和其他诉讼参与人的诉讼权利，避免执法办案中的随意行为。二是，公正对待的另一个要求是法官秉持客观公正的立场，对当事人的争议和诉求全面审查，依法调取各方面证据，防止在民事、行政案件中偏袒一方，在刑事案件中既要惩罚犯罪，也要保障无罪的人不受刑事追究。这一点在检察官法中作了明确规定，主要是基于检察官职业特色和实践中可能出现偏差作出的规定，法官也应注意这方面的要求，从而做到在当事人和诉讼参与人之间秉持客观公正的立场。《中华人民共和国刑事诉讼法》第五十二条规定：“审判人员、检察人员、侦查人员必须依照法定程序，收集能够证实犯罪嫌疑人、被告人有罪或者无罪、犯罪情节轻重的各种证据。严禁刑讯逼供和以威胁、引诱、欺骗以及其他非法方法收集证据，不得强迫任何人证实自己有罪。必须保证一切与案件有关或者了解案情的公民，有客观地充分地提供证据的条件，除特殊情况外，可以吸收他们协助调查。”《中华人民共和国民事诉讼法》第六十四条规定：“当事人对自己提出的主张，有责任提供证据。当事人及其诉讼代理人因客观原因不能自行收集的证据，或者人民法院认为审理案件需要的证据，人民法院应当调查收集。人民法院应当按照法定程序，全面地、客观地审查核实证据。”《中华人民共和国人民法院组织法》第二条中规定，“人民法院通过审判刑事案件、民事案件、行政案件以及法律规定的其他案件，惩罚犯罪，保障无罪的人不受刑事追究”。上述法律规定表明，法官公正对待当事人应当忠实于事实真相，全面审查证据，做到对当事人不偏不倚、不枉不纵。

（2）对一切个人和组织在适用法律上一律平等。

本条前一句规定的是公正对待当事人和其他诉讼参与人，后一句在对象上作了调整，扩展到一切个人和组织。在研究过程中，也有意见提出，本条规范的对象是当事人和诉讼参与人，对后一句应当删去“个人和组织”。但考虑到适用法律人人平等原则不仅包括当事人之间，也包括对案件当事人之外的将来可能成为当事人的人，这样规定包括性更强。法律面前人人平等是我国法律的基本原则，是厉行法治的基本要求，是社会主义法治必须遵循的基本原则。《中华人民共和国宪法》第三十三条第二款规定，中华人民共和国公民在法律面前一律平等。其他基本法律中也有规定，如《中华人民共和国刑法》第四条规定，对任何人犯罪，在适用法律上一律平等。不允许任何人有超越法律的特权。《中华人民共和国刑事诉讼法》第六条规定，对于一切公民，在适用法律上一律平等，在法律面前，不允许有任何特权。《中华人民共和国民事诉讼法》第八条规定，民事诉讼当事人有平等的诉讼权利。人民法院审理民事案件，应当保障和便利当事人行使诉讼权利，对当事人在适用法律上一律平等。《中华人民共和国行政诉讼法》第八条规定，当事人在行政诉讼中的法律地位平等。《中华人民共和国人民法院组织法》第五条也规定，人民法院审判案件在适用法律上一律平等，不允许任何组织和个人有超越法律的特权，禁止任何形式的歧视。上述法律中规定的平等原则的实现，必然要求落实在人民法院审判工作之中，具体就是法官对一切个人和组织在适用法律上一律平等，这是落实法律面前人人平等的重要一环，法官法的规定也是宪法规定的法律面前人人平等原则的具体化。

对一切个人和组织在适用法律上一律平等，既包括适用实体法的平等，也包括适用程序法上的平等。法官办理案件，不允许因当事人的性别、种族、宗教信仰、身份、地位、经济状况等的不同而在适用法律上不平等，不允许有特权，也不允许有歧视。特别是在程序权利的保障方面，法官审判案件适用的法律不只是实体法，还包括程序法。审理的全过程，本身就是程序法的适用过程。违反正当程序审理案件，本身就是违法的，还会导致作出错误的裁判。行政诉讼法特别规定当事人在行政诉讼中的法律地位平等，就是考虑到行政机关在行政法律关系中相对于行政相对人处于优势地位，因此在行政诉讼中特别强调双方法律地位平等，行政机关作为被告不享有特权，法官不得歧视行政相对人，应充分保障其诉讼权利，在诉讼程序上公平公正对待双方。

需要注意的是，法官应当公正对待当事人和其他诉讼参与人，主要是指法官居于中立，不得偏袒，在当事人之间“一碗水端平”，但是这并不意味着，所有当事人和其他诉讼参与人的诉讼地位和权利义务是完全一样的。例如，刑事诉讼案件中的公诉人、被告人和被害人的诉讼地位是有差别的，被告人和被害人的诉讼权利和法律地位是不一样的，法庭上法官对待被害人和被告人的方式也是有所不同的。因此，公正对待并不意味着同等对待、完全一样的对待，均应当以法律规定的诉讼权利为准。

相关规定

《中华人民共和国宪法》第 33 条；《中华人民共和国人民法院组织法》第 2 条；《中华人民共和国刑法》第 4 条；《中华人民共和国刑事诉讼法》第 6 条、第 52 条；《中华人民共和国民事诉讼法》第 8 条、第 64 条；《中华人民共和国行政诉讼法》第 8 条；《中华人民共和国法官职业道德基本准则》第 13 条

第五条　法官应当勤勉尽责，清正廉明，恪守职业道德。

条文主旨

本条是关于法官的职业伦理的规定。

立法背景

关于法官职业伦理的相关内容在2017年法官法中有类似的规定。2017年法官法第三章“义务和权利”第七条对法官应当履行的义务作了规定。其中第五项规定，法官应当清正廉明，忠于职守，遵守纪律，恪守职业道德。2019年修订法官法，将2017年法官法作为“义务和权利”的该项内容调整补充到“总则”部分规定，形成了关于法官职业伦理的单独规定。

此外，本条规定与公务员法的相关规定也有一定程度的衔接。法官在性质上仍属于公务员，具有普通公务员的共性。《中华人民共和国公务员法》第十四条对公务员应当履行的义务作了规定，其中第四项规定，公务员应当忠于职守，勤勉尽责，服从和执行上级依法作出的决定和命令，按照规定的权限和程序履行职责，努力提高工作质量和效率；第六项规定，公务员应当带头践行社会主义核心价值观，坚守法治，遵守纪律，恪守职业道德，模范遵守社会公德、家庭美德；第七项规定，公务员应当清正廉洁，公道正派。其中，“勤勉尽责”“恪守职业道德”“勤政廉洁”等属于公务员应当履行的义务。需要注意的是，法官作为行使审判权的特殊公务员，又不同于普通公务员。《中华人民共和国公务员法》第三条第二款规定，法律对法官的义务、权利和管理另有规定的，从其规定。因此，在2019年修订的法官法中，根据司法人员管理和司法权运行的一般性规律，将上述符合审判属性和法官职业特殊性的规范，如“勤勉尽责”“恪守职业道德”“勤政廉洁”等单独提炼和总结，形成符合法官职业特色的职业伦理。法官不仅要遵守公务员法规定的相关义务，还要着重遵守法官职业的伦理，这也契合了公务员法中将法官归属于特殊性质公务员的精神。

2017年12月，第十二届全国人大常委会第三十一次会议对法官法修订草案进行了初次审议。修订草案稿一次审议稿在本条中规定，法官应当“清正廉洁”。审议过程中，有的常委委员和有关方面提出，法官作为司法工作人员，应具有实事求是、明辨是非的能力，建议保留2017年《中华人民共和国法官法》第七条第五项中“清正廉明”的表述。2018年12月，第十三届全国人大常委会第七次会议对法官法修订草案二次审议稿进行了审议，修订草案二次审议稿采纳了上述建议。修订草案第三次审议时，对本条未再作修改。

条文解读

法官作为行使国家审判权的公务员，除应具备一般公务员的条件、要求和素养外，还应具备相应的职业伦理。本条规定，法官应当勤勉尽责，清正廉明，恪守职业道德。

勤勉尽责是指法官的工作态度。本法第八条规定了法官的具体职责，包括依法参加合议庭审判或者独任审判刑事、民事、行政诉讼以及国家赔偿等案件；依法办理引渡、司法协助等案件，以及法律规定的其他职责。其中每项工作都是法官依法行使国家审判权的一个方面，关系重大，责任重大，任务繁重。将相关职责履行好，需要法官时刻保持勤勉尽责。

勤勉尽责有两层意思，一是，法官应主动履行职责，担当负责。例如，在刑事方面，法官应通过办理刑事案件发挥惩治犯罪、保护人民，维护国家安全和社会稳定的作用。具体而言，法官应通过严惩危害国家安全、暴力恐怖等犯罪维护国家政治安全特别是政权安全、制度安全；通过严惩各类涉黑犯罪和危害公共安全、社会秩序的犯罪，维护社会安宁；通过严惩贪污贿赂等腐败犯罪，巩固发展对反腐败斗争的压倒性胜利；通过严惩食品、药品、环境、安全生产等涉民生类犯罪，保护人民群众生命财产安全；通过严惩涉网络犯罪营造健康清朗的网络环境；通过严惩侵害妇女儿童权益犯罪保护弱势群体安全。法官在办理各类案件中，应坚持宽严相济的刑事政策，严格落实非法证据排除，切实防范和避免冤假错案，以加强人权司法的保障。以上每一项工作都需要法官在办理刑事案件的过程中认真调查核实证据材料，保障被告人、辩护人和其他诉讼参与人的诉讼权益，严格实施非法证据排除，对构成犯罪的人追究刑事责任，并保障无罪的人不受刑事追究。

二是，法官职业要求法官应勤勉履职。新时代人民群众日益增长的对美好生活的向往，对审判工作提出了更高的要求。人民法院依法应该受理的案件实现了有案必立、有诉必理，使刑事、民事、行政等各种案件大幅上升，法官办案量逐年增加，更依赖法官在履行职责时勤勉尽责。此外，一些涉民生案件如教育、就业、医疗、养老、消费等领域的案件与人民群众的切身利益息息相关，影响范围大，社会关注度高，这就要求法官在办理案件的过程中更加勤勉尽责，对案件事实的认定客观、公正和准确；在释案说理的过程中，既要说明裁判所依据的法律规范以及适用法律规范的理由，也要讲明情理，体现法理情相协调，符合社会主义核心价值观；所作出的判决书、裁定书要讲究文理，语言规范，表达准确，逻辑清晰，增强说理效果，努力通过审判起到定分止争和价值引领作用，实现法律效果与社会效果的有机统一。

根据本条的规定，法官还应“清正廉明”。这里有以下三层意思。第一，清正廉明是审判职业的基本要求。法官不仅是国家公务员，而且是司法工作人员，依法行使国家审判权，通过审判刑事案件、民事案件、行政案件以及法律规定的其他案件，惩罚犯罪，保障无罪的人不受刑事追究，解决民事、行政纠纷，保护个人和组织的合法权益，监督行政机关依法行使职权。法官的工作与人民群众有密切联系。如果法官品行不端，不仅有损自身形象，也会严重削弱判决结果的公信力。因此，从事法官职业需要清正廉明，要做到品行正派、廉洁奉公、不以权谋私、不徇私枉法、严格自律，认真践行社会主义核心价值观，保障法官工作顺利进行。第二，清正廉明是高素质法官队伍的内在要求。法官队伍职业的特殊性和职责的重要性，决定了法官必须是清正廉明的典范，必须比其他公务人员有更高的清廉标准和要求。第三，清正廉明是高水平审判工作的重要保障。审判工作关系人民群众的切身利益，判决结果对社会风尚和价值趋向也有重要影响。法官在审判案件时，不仅需要有理有据依法办案，还需要注意增强审理裁判行为的公正度、透明度，判决结果要符合法律，符合常理常情，并通过不断规范审判活动，提升司法公信力和司法权威，以切实维护诉讼当事人合法权益，促进社会和谐稳定。总体来看，清正廉明是法官的职业本色。法官需要通过风清气正的职业形象和实事求是、明辨是非的能力，不断提升维护公平正义的水平。

法官应当“恪守职业道德”。《中华人民共和国法官职业道德基本准则》对法官职业道德的内容作了详细规定，其中法官职业道德的核心是公正、廉洁、为民；基本要求有五大项，包括忠诚司法事业、保证司法公正、确保司法廉洁、坚持司法为民、维护司法形象。每项内容也都有相应的内涵。如“坚持司法为民”要求法官要牢固树立以人为本、司法为民的理念，强化群众观念，重视群众诉求，关注群众感受，自觉维护人民群众的合法权益；要注重发挥司法的能动作用，积极寻求有利于案结事了的纠纷解决办法，努力实现法律效果与社会效果的统一；要认真执行司法便民规定，努力为当事人和其他诉讼参与人提供必要的诉讼便利，尽可能降低其诉讼成本；还要尊重当事人和其他诉讼参与人的人格尊严，避免盛气凌人、“冷硬横推”等不良作风，尊重律师，依法保障律师参与诉讼活动的权利等。在“维护司法形象”中要求，法官要坚持学习，精研业务，忠于职守，秉公办案，惩恶扬善，弘扬正义，保持昂扬的精神状态和良好的职业操守；要坚持文明司法，遵守司法礼仪，在履行职责过程中行为规范、着装得体、语言文明、态度平和，保持良好的职业修养和司法作风；要加强自身修养，培育高尚道德操守和健康生活情趣，杜绝与法官职业形象不相称、与法官职业道德相违背的不良嗜好和行为，遵守社会公德和家庭美德，维护良好的个人声誉；法官退休后应当遵守国家相关规定，不利用自己的原有身份和便利条件过问、干预执法办案，避免因个人不当言行对法官职业形象造成不良影响。

随着时代的发展，法官职业道德的内容也在不断丰富和完善。

特别是司法体制改革之后，建立主审法官、合议庭办案责任制，法官职业道德建设更显重要。总之，职业道德是法官政治信仰、工作宗旨、职业伦理和道德品质的体现和重要载体，对引导和规范法官正确履职尽责具有十分重要的作用。法官需要切实做到保障司法公正，提高司法效率，保持清正廉洁，遵守司法礼仪，加强自身修养，约束业外活动。通过职业化建设，使职业道德的要求成为每一位法官必须具备的基本素质和品格，成为其生命和灵魂的一部分。

需要注意的是，法官遵守职业伦理的情况将影响法官的考核。本法第四十一条规定，对法官考核的内容包括职业道德、工作作风等内容。法官遵守职业伦理的情况将作为法官晋升、选拔任用、培养教育的重要依据。

相关规定

《中华人民共和国公务员法》第 3 条、第 14 条；《中华人民共和国法官法》第 41 条

第六条　法官审判案件，应当以事实为根据，以法律为准绳，秉持客观公正的立场。

条文主旨

本条是关于法官审判案件的基本原则和立场的规定。

立法背景

本条是法官法总则中新增加的规定。2017 年《中华人民共和国法官法》第七条规定了法官应当履行的义务。其中第二项规定，法官“审判案件必须以事实为根据，以法律为准绳，秉公办案，不得徇私枉法”。在法官法修订的过程中，有关方面提出，以事实为根据，以法律为准绳，应当是法官履行职责的一项基本原则，建议在法官法总则中规定。修订后的法官法采纳了这一建议，将 2017 年法

官法“义务和权利”章中关于法官义务的此项规定，调整补充到总则部分，明确为法官履行职责的原则。

2018年12月，全国人大常委会对法官法草案进行了第二次审议。会后，有关部门和一些专家学者建议增加法官秉持客观公正立场的规定，其主要理由是，法官审判案件，不论是审理刑事、民事还是行政等案件，都需要坚持客观公正的立场，否则将难以实现人民法院的任务，即不能通过国家授予的审判权完成惩罚犯罪，实现不枉不纵；做到定分止争，保护人民权益；监督依法行政，维护社会公平正义的司法任务。通过后的法官法采纳了上述意见，作了本条规定，即法官审判案件，应当以事实为根据，以法律为准绳，秉持客观公正的立场。

条文解读

本条规定，法官审判案件，应当以事实为根据，以法律为准绳，秉持客观公正的立场。

法官审判案件是法官依法行使审判权的主要体现。本法第八条规定了法官的职责，包括依法参加合议庭审判或者独任审判刑事、民事、行政以及国家赔偿等案件；依法办理引渡、司法协助等案件以及从事法律规定的其他职责。法官在履行上述职责时，应当“以事实为根据，以法律为准绳”。这里有以下三层意思：

一是，遵守该原则是法官审判案件的前提。该原则在刑事、民事、行政诉讼法中都有相应规定。《中华人民共和国刑事诉讼法》第六条中规定，“人民法院、人民检察院和公安机关进行刑事诉讼，必须依靠群众，必须以事实为根据，以法律为准绳”。《中华人民共和国民事诉讼法》第七条规定：“人民法院审理民事案件，必须以事实为根据，以法律为准绳。”《中华人民共和国行政诉讼法》第五条规定：“人民法院审理行政案件，以事实为根据，以法律为准绳。”如果法官履行职责时违背了该原则，必将与以该原则作为立法基础的诉讼法的各项规定不一致，在程序和实体上出现偏差，影响案件顺利审理，甚至酿成错案。法官审判刑事、民事、行政等案件以及办理其他案件的时候，都应遵循该原则。

二是，为实现公正司法的目标，法官需要按照该原则的要求规范履职。党的十八届四中全会提出，要保证公正司法。公正是法治的生命线。司法公止对社会公正具有重要引领作用，司法不公对社会公正具有致命破坏作用。必须完善司法管理体制和司法权力运行机制，规范司法行为，加强对司法活动的监督，努力让人民群众在每一个司法案件中感受到公平正义。如何规范司法行为，以什么标准监督司法，以及如何衡量公正司法，对于法官审判案件来说，最核心的就是有无坚持以事实为依据，以法律为准绳的原则。通过此标准检验法官履职，能够促进审判工作实现公正司法。

三是，法官需要通过践行该原则，提高司法公信力。人民信赖司法才会选择司法途径解决问题。司法途径作为化解社会矛盾的重要方式，需要具有公信力，树立司法权威。如果法官履行职责，能够切实做到以事实为依据，以法律为准绳，不仅能发挥人民法院在促进社会和谐中的重要作用，而且能极大地压缩通过不法行为解决矛盾纠纷的空间。人民信赖司法，信仰法治，能清朗社会环境，为实现依法治国提供持续的内生动力。

具体而言，“以事实为根据”是法官审判案件的出发点。无论是刑事诉讼中认定行为人有罪无罪、罪重罪轻，正确适用刑罚，还是民事诉讼中认定当事人之间的法律权利义务关系，正确划分法律责任，还是行政诉讼中正确认定行政行为是否合法合理，都要以事实为根据。对事实情况既不夸大，也不缩小，做到客观公正，不因案件的不同、当事人的不同而不同。所谓事实，是指人民法院、人民检察院、公安机关进行刑事诉讼所查证的事实，或者在民事、行政诉讼中当事人依法举证证明或人民法院依法查证所认定的事实，是以客观存在，经过查证属实，有证据证明的事实，或者依据相关法律由法院司法认知的事实，而不是靠主观想象、推测和怀疑。法官审理案件必须以客观存在的、经过调查属实的、有证据证明的事实为根据。事实总是通过证据还原和反映的，不存在没有证据支持的事实。要遵循证据规则，用来认定事实的证据应当合法、客观，具有关联。特别是在办理刑事案件中，要严格排除非法证据，避免发生冤假错案。当然，法官审判案件时所根据的“事实”也不是要求百分之百还原案件真实事实和真相，这里的“事实”是通过证据反映的法律意义上的事实。法官审判案件要基于证据反映出的事实作出判决。法官在审查、采纳证据时，是根据刑事法律所规定的犯罪要件，或者根据民事、行政法律对事实要件的要求进行的，要达到法律规定的证明标准。例如，刑事案件中认定被告人有罪要达到证据确实充分，事实清楚，排除合理怀疑的程度。这样的事实，是一种法律事实。

以法律为准绳是指法官必须以法律为标准，审判案件必须严格按照法律规定，并以法律规定作为审判案件的依据。这里的法律既包括实体法，也包括程序法。例如，认定是否构成犯罪，适用刑法的规定；对犯罪嫌疑人是否采取强制措施，是否开庭审判等，依照刑事诉讼法的规定进行。有些证据虽然能够最直接真实地反映事实的真相，但是由于是通过类似刑讯逼供等非法方式获取的，也应依法予以排除，不作为审判证据等。这里的法律，除了全国人大及其常委会制定的法律和法律解释，在民事、行政诉讼中还可能包括行政法规、地方性法规等。根据《中华人民共和国立法法》第一百零四条的规定，最高人民法院、最高人民检察院作出的属于审判、检察工作中具体应用法律的解释，应当主要针对具体的法律条文，并符合立法的目的、原则和原意。法官在审判案件的过程中，也可以适用对于符合立法目的、原则和原意的具体应用法律的解释。总之，以法律为准绳，就是强调法官只能以法律为客观尺度。实践中，法官在审理一些案件的时候，有时具有较大程度的自由裁量权。法官作出的判决应严格依照法律，贯彻法律所具有的精神，不能出现以言代法、以权代法，不能出现以个别观点曲解法律的情况。

法官履行职责还应“秉持客观公正的立场”。这里的“客观”

要求法官审判案件要实事求是，不偏不倚，避免陷入当事方的立场；不能因个人倾向、喜恶或者受到其他因素影响作出主观性、情绪性的评价；不能隐瞒、忽略或者修饰、夸大反映客观实情的证据；不能限制、损害或者恣意放任诉讼当事人和参与人行使诉讼权利等。“公正”的要求也是多方面的。例如，在审判案件时，不能因党派、性别、民族、年龄、出身、信仰、文化以及远近亲疏等因素而在证据采信、程序适用、保障当事人及诉讼参与人庭审权利等方面尺度不一；在审判案件时，法官要站位正确、依法裁判、程序正当，不能具有偏颇、倾向和偏袒的行为，避免可能影响公正审判的因素；在审判案件时，法官应充分说法释法，提供公正裁判的依据。特别是对于法律适用存在法律规范竞合或者冲突的，法官应当说明选择的理由。有些民事案件没有明确的法律规定作为裁判直接依据的，法官应当首先寻找最相似的法律规定作出裁判；如果没有最相似的法律规定，法官可以依据习惯、法律原则、立法目的等作出裁判，并合理运用法律方法对裁判依据进行充分论证和说理。法官行使自由裁量权处理案件时，应当坚持合法、合理、公正和审慎的原则，充分论证运用自由裁量权的依据，并阐明自由裁量所考虑的相关因素，最大程度保障裁判的公正性；在审判案件时，法官应努力追究公平正义，判决结果应符合社会主义核心价值观，避免出现违背法理，与常识常理常情不符的判决；等等。

因此，“客观公正的立场”要求法官应秉持客观、维护公平、实现正义，既要追求实体公正，也要符合程序公正；既要客观公正履行职责，又要通过履职促进公平正义。法官客观公正的立场充分体现在法官审判案件的全过程。

相关规定

《中华人民共和国人民法院组织法》第 6 条；《中华人民共和国刑事诉讼法》第 6 条；《中华人民共和国民事诉讼法》第 7 条；《中华人民共和国行政诉讼法》第 5 条

第七条　法官依法履行职责，受法律保护，不受行政机关、社会团体和个人的干涉。

条文主旨

本条是关于法官依法履职受法律保护，以及依法审判案件不受干涉的规定。

立法背景

2017年《中华人民共和国法官法》第四条规定："法官依法履行职责，受法律保护。"第八条关于法官应当享有的权利中第二项规定，法官"依法审判案件不受行政机关、社会团体和个人的干涉"。2019年修订在原有规定的基础上，既重申了法官依法履职受法律保护，又将法官依法审判案件不受行政机关、社会团体和个人干涉的内容移入总则部分，作为一项重要原则加以规定。这一修改充分体现了法官法保障法官依法履行职责，维护法官合法权益的立法精神，也明确了各有关方面应当支持法官依法履职，不得干涉法官依法审判案件，并为法官排除非法干预，依法独立公正行使职权提供了法律依据。之所以作上述修改，主要的考虑如下：

一是，根据有关方面意见，对实践情况作出有针对性的回应。虽然2017年法官法已经确立了法官依法履职受法律保护的原则，并将法官依法审判案件不受行政机关、社会团体和个人干涉明确为法官的一项权利，但是在实践中，干涉法官正常履职的情况仍时有发生。为此，有必要在法律中作进一步的明确和强调。

二是，落实中央司法体制改革的要求。党的十八届四中全会通过的《中共中央关于全面推进依法治国若干重大问题的决定》中明确指出，要保证公正司法，提高司法公信力，需要完善确保依法独立公正行使审判权和检察权的制度。各级党政机关和领导干部要支持法院、检察院依法独立公正行使职权。建立领导干部干预司法活动、插手具体案件处理的记录、通报和责任追究制度。任何党政机关和领导干部都不得让司法机关做违反法定职责、有碍司法公正的事情，任何司法机关都不得执行党政机关和领导干部违法干预司法活动的要求。对干预司法机关办案的，给予党纪政纪处分；造成冤假错案或者其他严重后果的，依法追究刑事责任。同时，明确司法机关内部各层级权限，健全内部监督制约机制。司法机关内部人员不得违反规定干预其他人员正在办理的案件，建立司法机关内部人员过问案件的记录制度和责任追究制度。完善主审法官、合议庭、主任检察官、主办侦查员办案责任制，落实谁办案谁负责。建立健全司法人员履行法定职责保护机制。非因法定事由，非经法定程序，不得将法官、检察官调离、辞退或者作出免职、降级等处分。

三是，总结和巩固有关保障法官依法履职，防止非法干预案件审判的司法体制改革的成果。《最高人民法院关于全面深化人民法院改革的意见》（2015 年）第五十五条提出，建立防止干预司法活动的工作机制。配合中央有关部门，推动建立领导干部干预审判执行活动、插手具体案件处理的记录、通报和责任追究制度。按照案件全程留痕要求，明确审判组织的记录义务和责任，对于领导干部干预司法活动、插手具体案件的批示、函文、记录等信息，建立依法提取、介质存储、专库录入、入卷存查机制，相关信息均应当存入案件正卷，供当事人及其代理人查询。第五十六条规定，健全法官履行法定职责保护机制。合理确定法官、审判辅助人员的工作职责、工作流程和工作标准。明确不同主体、不同类型过错的甄别标准和免责事由，确保法官依法履职行为不受追究。非因法定事由，未经法定程序，不得将法官调离、辞退或者作出免职、降级等处分。完善法官申诉控告制度，建立法官合法权益因依法履职受到侵害的救济机制，健全不实举报澄清机制。在国家和省一级分别设立由法官代表和社会有关人员参与的法官惩戒委员会，制定公开、公正的法官惩戒程序，既确保法官的违纪违法行为及时得到应有惩戒，又保障其辩解、举证、申请复议和申诉的权利。随着人民法院司法体制改革的深入，保障法官依法履职的政策文件也陆续出台，如《保护司法人员依法履行法定职责规定》《领导干部干预司法活动、插手具体案件处理的记录、通报和责任追究规定》《司法机关内部人员过问案件的记录和责任追究规定》《人民法院落实〈保护司法人员依法履行法定职责规定〉的实施办法》等。这些都是司法体制改革中保障法官依法履职，防止非法干预案件审判的重要成果，有必要将其上升为法律制度。

法官法修订草案一审稿没有修改 2017 年法官法关于法官依法履职受法律保护，以及不得干涉法官依法审判案件的规定，即在总则部分第六条规定，法官依法履行职责，受法律保护；在“法官的责任、义务和权利”一章中，第十条第二项规定，法官依法审判案件不受行政机关、社会团体和个人的干涉。在 2017 年 12 月全国人大常委会第一次审议中及会后，有的常委委员、地方、部门和社会公众提出，保护司法人员依法履行职责是司法体制改革的重要内容。近年来，社会上侵害法官、检察官合法权益的违法犯罪行为时有发生，建议进一步完善法官、检察官权益保障方面的规定。全国人大宪法和法律委员会经研究，建议在法官法修订草案二次审议稿中对该部分作出进一步的完善，将法官法修订草案第十条中规定的“依法审判案件不受行政机关、社会团体和个人的干涉”调整充实到总则第六条中加以规定。同时，在法官法修订草案其他部分还增加了多处维护法官合法权益的内容。通过后的法律对本条未再作修改，只是调整了条文序号。本条为本法第七条。

条文解读

法官是具体行使国家审判权的人员，对法官依法履行职责提供法律保护，是法官正常开展审判工作的前提。法官依法履职受法律保护可以从两个方面理解：一是，法官履行职责的行为属于依法进行。法官的职责是由宪法、人民法院组织法、法官法、刑事诉讼法、民事诉讼法、行政诉讼法等诉讼法律以及其他程序的或实体的法律规定的。法官必须在法律规定的范围内履行职责，开展工作，不得超越或者滥用职权，也不得放弃或者懈怠职守。法官履行职责不仅实体上要于法有据，在程序上也必须严格依法进行。二是，法官依法履行职责的行为，应当受到法律的保护。法官是代表人民法院具体行使审判权的司法工作人员，如果法官履行职责的活动不能得到法律的支持与保护，那么法律的权威性就无从树立，法律就无法得以贯彻执行。

本条规定具体包括以下几个方面的含义：

一是，要依法保障法官切实拥有履行法官职责所必需的职权，做到有职有权。例如，在司法责任制改革中，人民法院要明确法官的办案主体地位，确定人民法院院长、副院长、审判委员会委员、庭长、副庭长、审判员等法官，以及人民法院内设组织机构的权力清单，明确法官依法办理案件的权限，保证法官依法开展审判工作不受非法干涉。具体到审判工作，如明确保障法官有权就参与审理案件的证据采信、事实认定、法律适用、裁判结果、诉讼程序等问题独立发表意见。

二是，要依法为法官顺利履行职责提供必要条件和保障。一方面，要在实体上保障法官顺利履职，明确法官具有不受干涉的权利。例如本法第十一条第二项规定，法官非因法定事由、非经法定程序，不被调离、免职、降职、辞退或者处分。第五十三条规定了非因法定情形，不得将法官调离审判岗位等。这些规定，都是为了保障法官依法履职，避免法官被非法调离审判岗位。另一方面，要在程序上保障法官顺利履职。例如，惩戒法官要依照法定程序，根据不同情形分别处理。对于错案的认定，应当法官惩戒委员会审议认定，提出审查意见。法官可以对惩戒委员会提出的审查意见提出异议。考评法官也要依照法定程序进行。法官对考核结果如果有异议，可以申请复核等。

三是，为保障法官依法履行职责，要依法为其提供不断提升职业能力的机会和条件，如必要的工作条件、培训机会、福利待遇等，并随着经济的发展，不断改善法官依法履职的必备条件，为法官顺利开展工作提供良好的保障。同时，还应当依法保障法官及其近亲属的人身、财产和住所安全。例如，对办理恐怖活动犯罪、黑社会性质组织犯罪、重大毒品犯罪、邪教组织犯罪等危险性高的案件的法官及其近亲属，要根据情况按照有关规定采取出庭保护、禁止特定人员接触以及其他必要的保护措施；必要时，对法官的近亲属还可以按照规定采取隐匿身份的保护措施等。为此，本法第五十五条规定，法官的职业尊严和人身安全受法律保护。任何单位和个人不得对法官及其近亲属打击报复。对法官及其近亲属实施报复陷害、侮辱诽谤、暴力侵害、威胁恐吓、滋事骚扰等违法犯罪行为的，应当依法从严惩治。第五十七条规定，法官因依法履行职责，本人及其近亲属人身安全面临危险的，人民法院、公安机关应当对法官及其近亲属采取人身保护、禁止特定人员接触等必要保护措施。

四是，明确任何行政机关、社会团体和个人不得干涉法官依法履行职责。实践中过问、插手、干预法官审判案件的情况时有发生，如有的通过“写条子”“打招呼”等方式干预案件，乃至直接插手案件审理，左右办案进程，影响审判结果等。这些非法干涉法官依法履职的行为，直接影响司法公正，干扰法官依法履职，应当予以严格禁止。为此，除本条中规定法官依法履职不受干涉外，第五十四条还规定，任何单位或者个人不得要求法官从事超出法定职责范围的事务。对任何干涉法官办理案件的行为，法官有权拒绝并予以全面如实记录和报告；有违纪违法情形的，由有关机关根据情节轻重追究有关责任人员、行为人的责任。

五是，法官合法权益受到侵害的，要有有效的救济手段。法官依法行使审判权，难免会使一些个人或者单位的利益受到影响，特别是拒绝非法干涉，容易遭到打击报复。为此，保障法官依法履职，还需要为法官在自身合法权益受到非法侵害时，提供有效的救济手段。例如，在调查核实对法官履职的举报、控告和申诉的过程中，当事法官享有知情、申辩和举证的权利。法官惩戒委员会在审议法官错案责任案件时，法官有要求进行听证、要求相关人员回避等权利。法官因依法履职遭受不实举报、诬告陷害、利用信息网络等方式侮辱诽谤，致使名誉受到损害的，有要求人民法院会同有关部门及时澄清事实，消除不良影响，维护法官良好声誉，并依法追究相关单位或者个人的法律责任的权利等。

此外，还需要明确的是，法官依法履职既需要切实保障职权，还需要切实承担责任，职权和责任二者相互统一，缺一不可。有权无责，权力缺乏监督，容易导致权力滥用。在此意义上，法官依法履职，受法律保护，不代表不接受法律监督和人民群众监督。例如，根据监察法的规定，监察机关应对法官履职行为进行监督，促进廉洁司法。根据宪法、人民检察院组织法等法律的规定，检察机关对诉讼活动进行监督，法官应依法审理检察机关提出的抗诉案件，及时办理检察建议，共同维护司法公正等。

相关规定

《中华人民共和国法官法》第 8 条、第 11 条、第 38 条、第 42 条、第 43 条、第 48—50 条、第 52—57 条、第 64 条、第 65 条；《中共中央关于全面推进依法治国若干重大问题的决定》；《保护司法人员依法履行法定职责规定》；《领导干部干预司法活动、插手具体案件处理的记录、通报和责任追究规定》；《司法机关内部人员过问案件的记录和责任追究规定》；《人民法院落实〈保护司法人员依法履行法定职责规定〉的实施办法》

第二章　法官的职责、义务和权利

第八条　法官的职责：

（一）依法参加合议庭审判或者独任审判刑事、民事、行政诉讼以及国家赔偿等案件；

（二）依法办理引渡、司法协助等案件；

（三）法律规定的其他职责。

法官在职权范围内对所办理的案件负责。

条文主旨

本条是关于法官的职责和法官办案责任制的规定。

立法背景

1. 对法官的职责修改的背景

2017 年法官法对法官职责作了高度概括性的规定，只列举了两项，第二项是“法律规定的其他职责”的兜底性规定。有关方面提出，该规定过于概括，只列两项也不符合立法技术规范的要求，应当结合有关法律规定和实践对法官的职责进一步细化。2019 年修订对法官职责主要作了以下修改：一是，增加了审理国家赔偿案件；二是，增加了引渡、司法协助等涉外案件。同时，根据司法责任制的要求，增加规定法官在职权范围内对所办理的案件负责。

2. 各方面提出的意见

2017 年修订草案第七条规定：“法官的职责：（一）依法参加合议庭审判或者独任审判案件，并对所办理的案件负责；（二）法律规定的其他职责。”在征求有关方面意见的过程中，有的地方、部门和社会公众建议增加“终身负责”表述，将第一项中“并对所办理的案件负责”修改为“并对所办理的案件终身负责”。

修订草案二次审议稿第八条规定：“法官的职责：（一）依法参加合议庭审判案件或者独任审判案件，并对所办理的案件负责；（二）法律规定的其他职责。”在常委会二次审议过程中，有的常委委员建议法官职责中增加“法院执行”。在征求有关方面意见过程中，有的专家提出，人民法院的院庭长对案件具有审判监督管理职责，有的案件是审判委员会决定的，这些情况下如出现错案，不能完全由法官负责，建议参照检察官法草案的相应规定，修改为“在职权范围内对所办理的案件负责”；有的社会公众提出，“对所办理的案件负责”是对履职的要求，不属于职责本身的内容，建议删去。

条文解读

本条共分两款。第一款包括三项，具体规定了法官的职责。第一项规定，“依法参加合议庭审判或者独任审判刑事、民事、行政诉讼以及国家赔偿等案件”。法官是具体行使国家审判权的审判人员，因此法官的主要职责就是审判案件。审判案件是指法官依照法律的规定，通过对案件的审理，以查明案件事实，并适用法律以作出判决的活动。根据人民法院组织法以及刑事诉讼法、民事诉讼法等法律的规定，人民法院审判案件采用合议制和独任制两种审判组织形式。采用合议制审理的案件，一般由审判员组成合议庭，一审案件也可以由审判员与人民陪审员组成合议庭。对于简单的民事案件和基层人民法院适用简易程序、速裁程序的刑事案件，可以由审判员一人独任审判。法官履行审判职责的具体方式就是参加合议庭，作为合议庭成员审理案件，或者独任审理案件。

第一项的案件包括两大类。一是，刑事、民事、行政诉讼案件，即通常所说的“三大诉讼”案件，这是法官审理案件类型的主要部分。对于三大诉讼案件的范围毋庸赘言，需要注意的是公益诉讼。

2017年6月，第十二届全国人大常委会第二十八次会议通过《关于修改〈中华人民共和国民事诉讼法〉和〈中华人民共和国行政诉讼法〉的决定》，对民事诉讼法、行政诉讼法作了修改，规定人民检察院作为诉讼一方的公益诉讼，审理公益诉讼案件适用相应的民事诉讼、行政诉讼程序，也可以说属于民事案件或者行政案件。

二是，国家赔偿案件。国家赔偿案件是人民法院审判工作中的重要组成部分。国家赔偿法通过法律形式，确立了我国的国家赔偿制度。根据国家赔偿法的规定，我国国家赔偿分为行政赔偿、刑事赔偿、民事与行政诉讼中司法赔偿三部分。《中华人民共和国国家赔偿法》第十四条规定，行政赔偿的“赔偿义务机关在规定期限内未作出是否赔偿的决定，赔偿请求人可以自期限届满之日起三个月内，向人民法院提起诉讼。赔偿请求人对赔偿的方式、项目、数额有异议的，或者赔偿义务机关作出不予赔偿决定的，赔偿请求人可以自赔偿义务机关作出赔偿或者不予赔偿决定之日起三个月内，向人民法院提起诉讼”；第二十五条规定，刑事赔偿的“赔偿请求人不服复议决定的，可以在收到复议决定之日起三十日内向复议机关所在地的同级人民法院赔偿委员会申请作出赔偿决定；复议机关逾期不作决定的，赔偿请求人可以自期限届满之日起三十日内向复议机关所在地的同级人民法院赔偿委员会申请作出赔偿决定”。《中华人民共和国人民法院组织法》第三十五条规定，中级以上人民法院设赔偿委员会，依法审理国家赔偿案件。赔偿委员会由三名以上法官组成，成员应当为单数，按照多数人的意见作出决定。因此，国家赔偿案件是法官审判的重要案件类型。在修订草案修改研究过程中，修订草案三次审议稿第八条第二项对法官依法办理国家赔偿、引渡、司法协助等案件作了规定。有的常委委员提出，国家赔偿案件是人民法院审判工作的重要组成部分，且与引渡、司法协助等案件有较大差别，建议进一步修改完善，将国家赔偿案件与刑事、民事、行政诉讼案件并列规定，与引渡、司法协助案件分别规定，据此作出了修改，将国家赔偿案件与三大诉讼案件并列规定。国家赔偿案件解决的是行政机关、司法机关与相对人之间，因行政行为、司法行为是否侵权、应否赔偿等引发的纠纷、争议问题。从案件性质而言，国家赔偿案件属于具有双方对抗性的特定主体的侵权案件；从工作性质而言，国家赔偿工作属于人民法院的基础审判工作，与三大诉讼的性质、地位相同。国家赔偿中的行政赔偿，根据法律规定，则更是需要依托行政诉讼程序予以实现，司法赔偿部分只是由于侵权机关中有法院、检察院等审判及监督机关，而设计为决定程序。但究其性质，应定位于审判工作。因此，与三大诉讼案件并列规定是合适的。

第二项规定，依法办理引渡、司法协助等案件，属于涉外类型案件。一是，办理引渡案件。2000 年 12 月，第九届全国人大常委会第十九次会议通过了引渡法，建立了引渡法律制度。根据引渡法的相关规定，引渡工作中涉及人民法院审理的职权包括：

（1）对引渡请求的审查。《中华人民共和国引渡法》第二十二条："高级人民法院根据本法和引渡条约关于引渡条件等有关规定，对请求国的引渡请求进行审查，由审判员三人组成合议庭进行。"第二十四条规定："高级人民法院经审查后，应当分别作出以下裁定：（一）认为请求国的引渡请求符合本法和引渡条约规定的，应当作出符合引渡条件的裁定。如果被请求引渡人具有本法第四十二条规定的暂缓引渡情形的，裁定中应当予以说明；（二）认为请求国的引渡请求不符合本法和引渡条约规定的，应当作出不引渡的裁定。根据请求国的请求，在不影响中华人民共和国领域内正在进行的其他诉讼，不侵害中华人民共和国领域内任何第三人的合法权益的情况下，可以在作出符合引渡条件的裁定的同时，作出移交与案件有关财物的裁定。"

（2）决定采取有关引渡强制措施。高级人民法院收到引渡请求书及其所附文件和材料后，对于不采取引渡逮捕措施可能影响引渡正常进行的，应当及时作出引渡逮捕的决定。对被请求引渡人不采取引渡逮捕措施的，应当及时作出引渡监视居住的决定。

(3) 向外国提出引渡请求。请求外国准予引渡或者引渡过境的，应当由负责办理有关案件的省、自治区或者直辖市的审判、检察、公安、国家安全或者监狱管理机关分别向最高人民法院、最高人民检察院、公安部、国家安全部、司法部提出意见书，并附有关文件和材料及其经证明无误的译文。最高人民法院、最高人民检察院、公安部、国家安全部、司法部分别会同外交部审核同意后，通过外交部向外国提出请求。此外，根据我国与有关国家引渡条约的具体规定，法院还可对有关事项作出决定或审查。

二是，办理司法协助案件。这里的司法协助包括国际司法协助，也包括涉港澳台的区际司法协助；包括民商事司法协助，也包括刑事司法协助。

第一，民事诉讼法第二十七章对民事领域司法协助作了专门规定，据此，人民法院办理民事司法协助案件的主要职权包括：

(1) 根据中华人民共和国缔结或者参加的国际条约，或者按照互惠原则，人民法院和外国法院可以相互请求，代为送达文书、调查取证以及进行其他诉讼行为。

(2) 向外国申请执行判决、裁定。《中华人民共和国民事诉讼法》第二百八十条第一款规定："人民法院作出的发生法律效力的判决、裁定，如果被执行人或者其财产不在中华人民共和国领域内，当事人请求执行的，可以由当事人直接向有管辖权的外国法院申请承认和执行，也可以由人民法院依照中华人民共和国缔结或者参加的国际条约的规定，或者按照互惠原则，请求外国法院承认和执行。"

(3) 处理外国申请执行外国法院判决、裁定。《中华人民共和国民事诉讼法》第二百八十一条、第二百八十二条规定："外国法院作出的发生法律效力的判决、裁定，需要中华人民共和国人民法院承认和执行的，可以由当事人直接向中华人民共和国有管辖权的中级人民法院申请承认和执行，也可以由外国法院依照该国与中华人民共和国缔结或者参加的国际条约的规定，或者按照互惠原则，请求人民法院承认和执行。""人民法院对申请或者请求承认和执行的外国法院作出的发生法律效力的判决、裁定，依照中华人民共和国缔结或者参加的国际条约，或者按照互惠原则进行审查后，认为不违反中华人民共和国法律的基本原则或者国家主权、安全、社会公共利益的，裁定承认其效力，需要执行的，发出执行令，依照本法的有关规定执行。违反中华人民共和国法律的基本原则或者国家主权、安全、社会公共利益的，不予承认和执行。”

（4）处理外国仲裁裁决的执行。国外仲裁机构的裁决，需要中华人民共和国人民法院承认和执行的，应当由当事人直接向被执行人住所地或者其财产所在地的中级人民法院申请，人民法院应当依照中华人民共和国缔结或者参加的国际条约，或者按照互惠原则办理。

第二，办理刑事司法协助案件。2018 年 10 月，第十三届全国人大常委会第六次会议通过了国际刑事司法协助法，作为我国国际刑事司法协助的国内法。同时，我国已经批准和加入了包括《联合国反腐败公约》和《联合国打击跨国有组织犯罪公约》等多项含有刑事司法协助内容的国际公约，批准了近 60 件有关刑事司法协助的双边条约。根据国际刑事司法协助法等规定，人民法院法官办理的国际刑事司法协助事项主要包括：

（1）审查处理有关刑事司法协助请求。《中华人民共和国国际刑事司法协助法》第六条规定，国家监察委员会、最高人民法院、最高人民检察院、公安部、国家安全部等部门是开展国际刑事司法协助的主管机关，按照职责分工，审核向外国提出的刑事司法协助请求，审查处理对外联系机关转递的外国提出的刑事司法协助请求，承担其他与国际刑事司法协助相关的工作。

（2）量刑承诺。对于限制追诉的承诺，由最高人民检察院决定；对于量刑的承诺，由最高人民法院决定。

（3）作出有关决定。例如，外国对于协助执行中华人民共和国查封、扣押、冻结涉案财物的请求有特殊要求的，在不违反中华人民共和国法律的基本原则的情况下，可以同意。需要由司法机关作出决定的，由人民法院作出。外国对于返还被查封、扣押、冻结的违法所得及其他涉案财物有特殊要求的，在不违反中华人民共和国法律的基本原则的情况下，可以同意。需要由司法机关作出决定的，由人民法院作出决定。

（4）审查处理被判刑人向外国移管后的申诉。移管被判刑人对原生效判决提出申诉的，应当向中华人民共和国有管辖权的人民法院提出。

（5）作出刑罚转换裁定。根据国际刑事司法协助法的规定，被判刑人向我国移管的，人民检察院应当制作刑罚转换申请书并附相关材料，提请刑罚执行机关所在地的中级人民法院作出刑罚转换裁定。人民法院应当依据外国法院判决认定的事实，根据刑法规定，作出刑罚转换裁定。对于外国法院判处的刑罚性质和期限符合中华人民共和国法律规定的，按照其判处的刑罚和期限予以转换；对于外国法院判处的刑罚性质和期限不符合中华人民共和国法律规定的，按照有关原则确定刑种、刑期。

第三项是法律规定的其他职责。根据我国法律的规定，法官除了依法参加合议庭审判案件或者独任审判案件以外，还具有其他一些职责。第一项规定的是三大诉讼案件和国家赔偿案件，第二项是涉外司法协助案件，除上述案件外，还有一些案件与诉讼案件密切相关但又不具有诉讼属性的司法工作职责。有的虽然可以说是广义的民事案件、刑事案件或者行政案件，但与第一项中的民事诉讼、刑事诉讼、行政诉讼等诉讼性质的案件还是有所区别的，不具有诉讼的两方对抗性质。

根据人民法院组织法、刑事诉讼法、民事诉讼法、行政诉讼法等现有法律规定，这类职责主要有：（1）裁定减刑、假释。（2）审查决定强制医疗。（3）审查决定行政行为的强制执行。（4）审查决定反恐安置教育决定。（5）调解协议确认。（6）仲裁裁决的撤销、执行。根据《中华人民共和国仲裁法》第二十条、第四十六条、第五十八条等规定，人民法院负有依法裁定仲裁协议是否有效、受理并裁定仲裁委员会提交的仲裁申请人的证据保全申请、裁定撤销仲裁委员会的裁决、受理仲裁申请人申请执行。(7) 选民资格确认。(8) 对公正债权文书的审查执行。(9) 发布支付令。(10) 审查发布人身安全保护令。(11) 与审判案件相关的司法工作职责和保障诉讼活动的措施：(诉前) 证据保全、(诉前) 财产保全、对妨害诉讼的决定给予强制措施，依法收集、调取证据，依法解决下级法院管辖权争议，提出司法建议等。(12) 办理执行异议案件。《中华人民共和国民事诉讼法》第二百二十五条规定，当事人、利害关系人认为执行行为违反法律规定的，可以向负责执行的人民法院提出书面异议。当事人、利害关系人提出书面异议的，人民法院应当自收到书面异议之日起十五日内审查，理由成立的，裁定撤销或者改正；理由不成立的，裁定驳回。需要注意的是，在研究过程中，也有意见提出，在法官职责中增加"执行"，这与执行异议裁定是不一样的职责。有的执行工作由人民法院负责，有的法官也可能参与。但本条中未明确列明，人民法院组织法中对人民法院职权的规定中也未明确执行工作，这主要是考虑到，有关执行体制改革还在进一步探索完善之中。(13) 指导人民调解委员会的调解工作。《中华人民共和国人民法院组织法》第二十五条第二款规定，基层人民法院对人民调解委员会的调解工作进行业务指导。(14) 司法救助案件。近年来，国家不断建立完善司法救助制度，这方面的案件也逐渐增多。但法官司法救助案件的职责有的是在办理刑事诉讼、民事侵权等诉讼案件过程中开展的，也可以说，有的司法救助案件也是有关刑事诉讼、民事诉讼案件的一部分。

本条第二款规定，法官在职权范围内对所办理的案件负责。这是有关法官办案责任制的规定。"由审理者裁判，由裁判者负责"的司法责任制改革是本轮司法体制改革的一项重要内容。《中华人民共和国人民法院组织法》第八条规定，人民法院实行司法责任制，建立健全权责统一的司法权力运行机制。一方面，法官员额制改革赋予法官依法独立审判的职权，另一方面也加强对法官履职的监督，强调对案件质量负责。本款规定包括两层意思：一是，对所办理的案件负责。包括对案件事实认定和适用法律负责，也包括对程序公正负责。实体错误或者适用程序错误的案件都应承担相应责任。对所办理的案件负责，包括对案件质量、案件程序等的负责，负责也是终身的，但应当实事求是地按照法官审理案件当时的情况判断是否属于错案和承担责任。根据有关规定，法官应当对其履行审判职责的行为承担责任，在职责范围内对办案质量终身负责。法官在审判工作中，故意违反法律法规的，或者因重大过失导致裁判错误并造成严重后果的，依法应当承担违法审判责任。法官有违反职业道德准则和纪律规定，接受案件当事人及相关人员的请客送礼、与律师进行不正当交往等违纪违法行为，依照法律及有关纪律规定另行处理。

二是，在“职权范围”内负责。负责应当基于权责一致的原则。在研究过程中，草案曾规定法官对所办理的案件负责。有的意见提出，人民法院的院长、庭长对案件具有审判监督管理职责，有的案件是由审判委员会决定的。这些情况下如出现错案，不能完全由法官负责，建议修改为“在职权范围内对所办理的案件负责”。法律据此作了修改。对于审判委员会、合议庭改变案件结论的，法官仅对个人意见和作出的决定负责。《最高人民法院关于完善人民法院司法责任制的若干意见》规定，合议庭审理的案件，合议庭成员对案件的事实认定和法律适用共同承担责任。进行违法审判责任追究时，根据合议庭成员是否存在违法审判行为、情节、合议庭成员发表意见的情况和过错程度合理确定各自责任。审判委员会讨论案件时，合议庭对其汇报的事实负责，审判委员会组成人员对其本人发表的意见及最终表决负责。案件经审判委员会讨论的，构成违法审判责任追究情形时，根据审判委员会组成人员是否故意曲解法律发表意见的情况，合理确定组成人员责任。审判委员会改变合议庭意见导致裁判错误的，由持多数意见的委员共同承担责任，合议庭不承担责任。审判委员会维持合议庭意见导致裁判错误的，由合议庭和持多数意见的委员共同承担责任。合议庭汇报案件时，故意隐瞒主要证据或者重要情节，或者故意提供虚假情况，导致审判委员会作出错误决定的，由合议庭成员承担责任，审判委员会委员根据具体情况承担部分责任或者不承担责任。

此外，在认定是否错案、法官是否应当承担责任时，要注意遵循审判工作规律，不得因为案件被改判就追究法官的责任。《最高人民法院关于完善人民法院司法责任制的若干意见》第二十八条规定，因下列情形之一，导致案件按照审判监督程序提起再审后被改判的，不得作为错案进行责任追究：（1）对法律、法规、规章、司法解释具体条文的理解和认识不一致，在专业认知范围内能够予以合理说明的；（2）对案件基本事实的判断存在争议或者疑问，根据证据规则能够予以合理说明的；（3）当事人放弃或者部分放弃权利主张的；（4）因当事人过错或者客观原因致使案件事实认定发生变化的；（5）因出现新证据而改变裁判的；（6）法律修订或者政策调整的；（7）裁判所依据的其他法律文书被撤销或者变更的；（8）其他依法履行审判职责不应当承担责任的情形。

相关规定

《中华人民共和国国家赔偿法》第 14 条、第 25 条；《中华人民共和国人民法院组织法》第 22 条、第 35 条；《中华人民共和国仲裁法》第 20 条、第 46 条、第 58 条；《最高人民法院关于完善人民法院司法责任制的若干意见》第 28 条、第 30 条、第 31 条

第九条　人民法院院长、副院长、审判委员会委员、庭长、副庭长除履行审判职责外，还应当履行与其职务相适应的职责。

条文主旨

本条是关于人民法院内担任一定职务的法官履行职责的规定。

立法背景

1. 相关背景情况

本条是1995年制定法官法时所作的规定。1995年《中华人民共和国法官法》第六条规定："院长、副院长、审判委员会委员、庭长、副庭长除履行审判职责外，还应当履行与其职务相适应的职责。"根据人民法院组织法和本法的规定，人民法院的院长、副院长、审判委员会委员、庭长、副庭长本身是法官，因此履行审判职责是其基本职责。同时，人民法院的院长、副院长、审判委员会委员、庭长、副庭长又担任审判管理职务，这些人员依法还承担与所担任职务相关的职责。因此，法律规定，这些人员除履行法官的审判职责外，还应当履行与其所担任的职务相适应的职责。

实践中，人民法院院长的其他职责主要有两类，一类是与人民法院审判活动直接相关的职责，如凡是重大的或者疑难的案件，需要提交审判委员会讨论的，由院长提交审判委员会讨论决定；对本院已经发生法律效力的判决和裁定，如果发现在认定事实上或者在适用法律上确有错误，提交审判委员会处理；指定合议庭的审判长；决定审判人员的回避；决定对妨害诉讼者给予强制措施等。另一类是与审判活动没有直接联系的职责，如处理法院的日常行政事务性工作。人民法院副院长的其他职责主要是根据分工协助院长工作。庭长、副庭长的其他职责也分为两类，一类是与审判活动直接相关的，如决定合议庭的组成，指定审判长等；一类是负责管理本庭日常行政事务性工作。人民法院审判委员会委员的其他职责主要是指参加审判委员会，讨论决定本院重大的或者疑难的案件和其他有关审判工作的问题，以及总结审判经验。

2019年修订法官法，对本条未作实质性修改，只是在表述上更加准确，但需要注意的是，在近年来开展的司法体制改革中，人民法院院长、副院长、审判委员会委员、庭长、副庭长作为法官的审判职责以外的其他职责，在内涵和外延上都发生了很大变化，需要结合司法体制改革的实践，重新认识和理解。主要是，随着全面依法治国方略深入推进，司法体制改革不断深化，特别是十八届四中全会要求，完善确保依法独立公正行使审判权，建立领导干部干预司法活动、插手具体案件处理的记录、通报和责任追究制度。人民法院推出一系列改革措施，包括全面推进以司法责任制为核心的改革，让审理者裁判、由裁判者负责，确保人民法院依法独立公正行使审判权。按照这些改革要求，人民法院院长、副院长、审判委员会委员、庭长、副庭长作为法官的审判职责以外的其他职责的范围也相应作了较大的调整和变化。例如，过去案件经审判员审理后，往往还要经副庭长、庭长、副院长、院长等层层审批，最后才作出判决，有的导致“审者不判、判者不审、权责不明、权责不一”等情形。为贯彻中央关于深化司法体制改革的总体部署，优化审判资源配置，明确审判组织权限，完善人民法院的司法责任制，确保法官依法独立公正履行审判职责，《最高人民法院关于完善人民法院司法责任制的若干意见》明确了院长、庭长、审判委员会、法官各自的职责。2018 年通过的人民法院组织法进一步明确了法官对案件的事实认定和法律适用负责。上述规定，既保证人民法院院长、副院长、审判委员会委员、庭长、副庭长依法履行相应的审判管理职责，又防止简单以行政化方式对案件进行干预，回到请示审批的老路上来。当然，司法体制改革还在不断深化，如何既发挥法官依法行使职权的主观能动性，又加强对法官依法履职的有效监督，确保司法公正，还需要根据审判实践的情况，合理确定和配置审判职权，并不断完善相关机制。为此，法官法中对人民法院院长、副院长、审判委员会委员、庭长、副庭长审判职责以外的其他职权没有作细化的规定，为相关改革和实践留有一定空间，具体可以在司法体制改革实践中不断探索和完善，但总的要求是依照人民法院组织法和法官法的规定，既要保障法官有职有权，依法履行职责，审判案件，又要有利于加强监督，保证法官依法公正行使职权，真正做到审理者裁判、裁判者负责。

2. 各方面提出的意见

在常委会审议过程中，有的常委委员建议将“与其职务相适应的职责”明确为“审判监督、审判管理的职责”，以严格限定其职权范围，防止审判权运行中的行政化。

在征求有关方面意见的过程中，有的地方、部门和社会公众建议将“审判职责”修改为“法官职责”；取消基层法院庭长、副庭长设置。主要理由为：一是基层法院业务庭人员少，再设庭长、副庭长，实际办案的法官就更少；二是符合司法改革精神，有利于法院去行政化；三是有利于减少干扰法官独立行使审判权的因素。

有的专家学者提出，“与其职务相适应的职责”具体所指不清楚，需要进一步明确。有的部门建议对庭长、副庭长的具体职责作出明确规定。

条文解读

根据本条的规定，人民法院院长、副院长、审判委员会委员、庭长、副庭长除履行审判职责外，还应当履行与其职务相适应的职责。这一规定包括以下两层意思：

第一，人民法院院长、副院长、审判委员会委员、庭长、副庭长应当履行审判职责。

《中华人民共和国人民法院组织法》第四十条规定，人民法院的审判人员由院长、副院长、审判委员会委员和审判员等人员组成。本法第二条规定，法官是依法行使国家审判权的审判人员，包括最高人民法院、地方各级人民法院和军事法院等专门人民法院的院长、副院长、审判委员会委员、庭长、副庭长和审判员。根据上述规定，院长、副院长、审判委员会委员、庭长、副庭长本身就是法官，自然应当履行法官最基本的职责，即审判职责。实际上，在近年来的司法体制改革中，强调人民法院院长、副院长、审判委员会委员、庭长、副庭长应当办理案件，是改革的重要内容。为了保证上述人员依法履行审判职责，《最高人民法院关于完善人民法院司法责任制的若干意见》规定，进入法官员额的院长、副院长、审判委员会专职委员、庭长、副庭长应当办理案件。院长、副院长、审判委员会专职委员每年办案数量应当参照全院法官人均办案数量，根据其承担的审判管理监督事务和行政事务工作量合理确定。庭长每年办案数量参照本庭法官人均办案数量确定。对于重大、疑难、复杂的案件，可以直接由院长、副院长、审判委员会委员组成合议庭进行审理。本条所说的“审判职责”，根据本法第八条规定，主要是审判刑事、民事、行政等案件，依法办理国家赔偿、引渡、司法协助等案件，以及办理法律规定的其他案件等审判职责。

第二，人民法院院长、副院长、审判委员会委员、庭长、副庭长还应当履行与其职务相适应的职责。

实践中，人民法院院长、副院长、审判委员会委员、庭长、副庭长作为法官，除应当履行审判职责外，本身又担任相关职务，因此还需要依法承担法院的其他职责。同时，法官履行其他职责，也应当与其职务相适应，而不能要求其履行与职务不相关的职责。关于上述人员的职责，人民法院组织法对院长、副院长的职责有明确规定；《最高人民法院关于完善人民法院司法责任制的若干意见》对院长、副院长、审判委员会委员、庭长、副庭长需要履行的与其职务相适应的职责也作了明确规定。

（1）院长、副院长的其他职责。人民法院组织法和《最高人民法院关于完善人民法院司法责任制的若干意见》对人民法院的院长、副院长的职责作了具体明确的规定。如《中华人民共和国人民法院组织法》第三十八条第二款规定，审判委员会会议由院长或者院长委托的副院长主持。第三十九条第一款规定，合议庭认为案件需要提交审判委员会讨论决定的，由审判长提出申请，院长批准。第四十一条规定，人民法院院长负责本院全面工作，监督本院审判工作，管理本院行政事务。人民法院副院长协助院长工作。第四十三条规定，地方各级人民法院副院长、审判委员会委员、庭长、副庭长和审判员由院长提请本级人民代表大会常务委员会任免。第四十二条规定，最高人民法院副院长、审判委员会委员、庭长、副庭长和审判员由院长提请全国人民代表大会常务委员会任免。最高人民法院巡回法庭庭长、副庭长，由最高人民法院院长提请全国人民代表大会常务委员会任免。《最高人民法院关于完善人民法院司法责任制的若干意见》规定，院长除依照法律规定履行相关审判职责外，还应当从宏观上指导法院各项审判工作，组织研究相关重大问题和制定相关管理制度，综合负责审判管理工作，依法主持法官考评委员会对法官进行评鉴，以及履行其他必要的审判管理和监督职责；按照审判权与行政管理权相分离的原则，探索实行人事、经费、政务等行政事务集中管理制度，必要时可以指定一名副院长专门协助院长管理行政事务。

（2）审判委员会委员的其他职责。人民法院组织法对人民法院的审判委员会的职责作了具体明确的规定。如《中华人民共和国人民法院组织法》第三十六条第一款规定，各级人民法院设审判委员会。审判委员会由院长、副院长和若干资深法官组成。第三十七条规定：“审判委员会履行下列职能：（一）总结审判工作经验；（二）讨论决定重大、疑难、复杂案件的法律适用；（三）讨论决定本院已经发生法律效力的判决、裁定、调解书是否应当再审；（四）讨论决定其他有关审判工作的重大问题。最高人民法院对属于审判工作中具体应用法律的问题进行解释，应当由审判委员会全体会议讨论通过；发布指导性案例，可以由审判委员会专业委员会会议讨论通过。”根据上述规定，人民法院审判委员会委员依法参加审判委员会会议，履行相应的职责。

（3）庭长、副庭长的其他职责。《最高人民法院关于完善人民法院司法责任制的若干意见》对人民法院的庭长的职责作了具体明确的规定。例如，《最高人民法院关于完善人民法院司法责任制的若干意见》规定，庭长除依照法律规定履行相关审判职责外，还应当从宏观上指导本庭审判工作，研究制定各合议庭和审判团队之间、内部成员之间的职责分工，负责随机分案后因特殊情况需要调整分案的事宜，定期对本庭审判质量情况进行监督，以及履行其他必要的审判管理和监督职责。

相关规定

《中华人民共和国人民法院组织法》第38条；《中华人民共和国人民检察院组织法》第33条、第36—43条；《中华人民共和国法官法》第2条、第8条；《最高人民法院关于完善人民法院司法责任制的若干意见》

第十条　法官应当履行下列义务：

（一）严格遵守宪法和法律；

（二）秉公办案，不得徇私枉法；

（三）依法保障当事人和其他诉讼参与人的诉讼权利；

（四）维护国家利益、社会公共利益，维护个人和组织的合法权益；

（五）保守国家秘密和审判工作秘密，对履行职责中知悉的商业秘密和个人隐私予以保密；

（六）依法接受法律监督和人民群众监督；

（七）通过依法办理案件以案释法，增强全民法治观念，推进法治社会建设；

（八）法律规定的其他义务。

条文主旨

本条是关于法官应当履行的义务的规定。

立法背景

人民法院的法官作为依法行使国家审判权的审判人员，法律赋予了其神圣的职责。同时，为了保障其依法履行好法官职责，法律还对其规定了相应的义务。根据本法第一条规定的立法目的，本法

第二章在关于法官职责的规定后即规定了法官应当履行的义务。

2017年《中华人民共和国法官法》第七条规定，法官应当履行下列义务：(1) 严格遵守宪法和法律；(2) 审判案件必须以事实为根据，以法律为准绳，秉公办案，不得徇私枉法；(3) 依法保障诉讼参与人的诉讼权利；(4) 维护国家利益、公共利益，维护自然人、法人和其他组织的合法权益；(5) 清正廉明，忠于职守，遵守纪律，恪守职业道德；(6) 保守国家秘密和审判工作秘密；(7) 接受法律监督和人民群众监督。在2019年修订法官法的过程中，有关方面提出，审判案件以事实为根据，以法律为准绳，应当是法官履行职责的一项基本原则，建议在法官法总则中规定。立法机关经研究，将2017年法官法中有关审判案件以事实为根据，以法律为准绳的表述由第三章移至总则中作为一项基本原则加以规定，以突出强调这一社会主义法治的基本要求。另外，还根据党中央建立以案释法制度的要求和有关方面的意见，参照近期制定或者修改的其他法律规定，对其他有关法官义务的规定作了一些补充调整。

本条规定还注意了与公务员法的衔接。《中华人民共和国公务员法》第十四条规定了公务员应当履行的义务，其中第一项规定了"忠于宪法，模范遵守、自觉维护宪法和法律"的义务，考虑到这是对包括法官在内的所有公务员的基本要求，本条也作了相应规定。对于该条规定的公务员其他义务，本条没有重复规定，而是主要根据法官作为行使国家审判权的审判人员的职业特点，作出有针对性的规定。

最初提请全国人大常委会审议的修订草案删除了2017年法官法规定的"严格遵守宪法和法律"、"不得徇私枉法"等义务规定，在全国人大常委会对法官法修订草案进行第一次审议过程中，有的常委会委员提出，这些规定很有现实针对性，应当保留，不宜删去。立法机关经研究，修订草案二审稿采纳了这一建议，恢复了有关规定。

修订草案二次审议稿规定，法官应当依法保障诉讼参与人的诉讼权利，有的常委会组成人员建议将"依法保障诉讼参与人的诉讼权利”修改为“依法保障当事人和其他诉讼参与人的诉讼权利”。立法机关经研究，修订草案三审稿采纳了这一建议，作了相应修改。

条文解读

本条分八项规定了法官主要应当履行的义务。

本条第一项是严格遵守宪法和法律。宪法是国家的根本法，是治国安邦的总章程，具有最高的法律效力，是一切法律的制定依据。宪法规定了国家的根本制度和根本任务，体现了国家和人民的根本利益。宪法赋予了人民法院审判权，规定了人民法院审判案件的一些基本原则，如依照法律规定独立行使审判权，不受行政机关、社会团体和个人的干涉，公开审判，保障被告人获得辩护等。全国人大及其常委会根据宪法制定的人民法院组织法、法官法、几部诉讼法等法律，对人民法院和法官的职权和行使职权的规范作了规定。法官是国家审判权的具体运作者，是司法者，法官的这一特殊身份要求法官在行使审判权时，必须依据宪法和法律的规定，在宪法和法律规定的职权范围内，按照法律规定的程序，依照法律的规定进行审判活动，依法办案，不能违背宪法和法律，随意作出判决。同时，法官作为公务员和公民个人，在履行审判职责外，在日常社会生活中，也应当模范地遵守法律，做好全民守法的表率。因此，法官法将严格遵守宪法和法律规定为法官履行职责的首要义务。

本条第二项是秉公办案，不得徇私枉法。这是要求法官办理案件、行使职权，必须是出于公心，而不是为了谋取私利、照顾私情，或者出于某个地区、部门的局部利益，以地方保护主义或者部门保护主义去办理案件，更不得在办理案件过程中搞权力寻租、利益输送。这是对法官职业素质和品行操守最基本的要求。法官行使的是国家审判权，其权力的运用直接关系到当事人的切身利益，关系到执法的统一，关系到司法的公正和法律的尊严。法官要通过审判权的行使，实现社会公平正义，体现法律的严肃和权威；要通过审判权的行使，维护国家利益，维护公民、法人和其他组织的合法权益；

要通过审判权的行使，惩罚犯罪，保护人民，维护社会秩序、经济秩序，保障社会主义现代化建设的顺利进行。秉公办事对维护法律的尊严尤其重要。为了防止司法工作人员的渎职行为，刑法在渎职罪中明确规定了徇私枉法罪、民事、行政枉法裁判罪，对于司法工作人员徇私枉法、徇情枉法，对明知是无罪的人而使他受追诉、对明知是有罪的人而故意包庇不使他受追诉，或者在刑事、民事、行政审判活动中故意违背事实和法律作枉法裁判的，应当依法追究刑事责任。

本条第三项是依法保障当事人和其他诉讼参与人的诉讼权利。这里规定的当事人，包括刑事诉讼中的被害人、自诉人、犯罪嫌疑人、被告人、附带民事诉讼的原告人和被告人，民事诉讼、行政诉讼中的原告、被告等。其他诉讼参与人是指当事人以外的诉讼参与人，包括刑事诉讼法中规定的“诉讼参与人”，即法定代理人、诉讼代理人、辩护人、证人、鉴定人和翻译人员，也包括民事诉讼法、行政诉讼法中规定的“诉讼参加人”。依照法律的规定，在不同的诉讼、不同的诉讼阶段，诉讼参与人享有相应的诉讼权利，如被告人的辩护权、律师的调查取证权、证人的出庭作证权、当事人的上诉权、反诉权等，诉讼参与人的诉讼权利贯穿整个诉讼过程的始终。依法保障当事人和其他诉讼参与人的诉讼权利，是审判活动正常进行和保障公正审判的前提，是法官在审判案件过程中必须履行的义务。这里参照刑事诉讼法等法律规定，将这一项的表述修改为依法保障“当事人和其他诉讼参与人”的诉讼权利。

本条第四项是维护国家利益、公共利益，维护个人和组织的合法权益。法官行使国家审判权，是代表国家对案件进行审判，必须维护国家利益和公共利益。同时，法官还应当代表国家维护个人和组织的正当的合法权益。这里的个人包括我国公民，也包括外国人、无国籍人；组织包括法人，即营利法人、非营利法人和特别法人，以及未取得法人资格的个人独资企业、合伙企业等非法人组织。这里参照人民法院组织法等法律规定，将“自然人、法人和其他组织”的表述改为“个人和组织”。

本条第五项是保守国家秘密和审判工作秘密，对履行职责中知悉的商业秘密和个人隐私予以保密。法官在审判工作中会遇到涉及国家秘密的案件。严格保守国家秘密是一名法官必须履行的义务。对于涉及国家秘密的案件，应当严格按照法律规定的程序办理。根据诉讼法律规定，涉及国家秘密的案件一律不公开审理。法官还应当保守审判工作秘密，对于审理案件中形成的按照有关规定不应当透露的与审判工作有关的材料、信息等，不得泄露。对于法官在审理案件时知悉的当事人的商业秘密和个人隐私，也应当严格按照诉讼法律的规定、审判纪律以及其他相关法律规定予以保密，不得随意散播。对于违法泄露国家秘密、审判工作秘密、商业秘密和个人隐私的，应当按照保守国家秘密法、本法及其他相关法律等规定处理，构成犯罪的，应当依法追究刑事责任。这里根据诉讼法律的规定，增加了法官对履行职责中知悉的商业秘密和个人隐私予以保密的规定，进一步明确了法官保密义务，以更好地维护当事人和其他诉讼参与人的合法权益。

本条第六项是接受法律监督和人民群众监督。这里的接受法律监督和人民群众监督包含以下内容：第一，宪法、人民法院组织法等法律规定，人民法院对同级人民代表大会及其常委会负责，受其监督并向其报告工作，人民法院的审判活动要受同级人大及其常委会的监督，在人民代表大会及其常委会对人民法院进行的法律监督和工作监督中也会涉及对法官履行职责的活动进行监督。第二，宪法和监察法规定，各级监察委员会是行使国家监察职能的专责机关，依法对所有行使公权力的公职人员进行监察，对其依法履职、秉公用权、廉洁从政从业以及道德操守情况进行监督，包括对法官进行监督。法官利用职权实施的贪污贿赂等犯罪，由监察机关进行调查。第三，宪法、人民检察院组织法、诉讼法律规定，人民检察院是国家法律监督机关，对人民法院的审判活动进行法律监督，包括对法官依法履职的活动进行监督。对于法官在审判活动中有违背法律的地方，人民检察院有权提出纠正意见。对于法官利用职权实施的徇私枉法、枉法裁判等犯罪，人民检察院可以依法立案侦查。第四，法官的审判活动还要受其他国家机关、社会团体和组织的监督，对于人民法院审判活动违背法律规定的，其他国家机关、社会团体和组织有权提出意见。第五，法官的审判活动还受广大人民群众的监督。人民法院的审判权归根结底是人民赋予的，其公正审判代表了广大人民群众的利益，同时也应当接受人民群众的监督。

本条第七项是通过依法办理案件以案释法，增强全民法治观念，推进法治社会建设。党的十八届四中全会通过的《中共中央关于全面推进依法治国若干重大问题的决定》中提出，实行国家机关“谁执法谁普法”的普法责任制，建立法官、检察官、行政执法人员、律师等以案释法制度。2017 年 5 月，中共中央办公厅、国务院办公厅印发了《关于实行国家机关“谁执法谁普法”普法责任制的意见》，要求建立法官、检察官、行政执法人员、律师等以案释法制度。“以案释法”，是指法官通过依法办理案件、具体适用法律的活动，起到阐明规则、释明法理，从而解疑释惑的作用。判决书、裁定书、决定书等法律文书应当围绕争议焦点充分说理，深入解读法律。法官可以通过公开开庭、巡回法庭、庭审现场直播、生效法律文书统一上网和公开查询等生动直观的形式，开展以案释法。这项工作对于宣传普及法律，促进全民守法，推进法治社会建设，具有重要意义。2019 年修订法官法，在法官义务中增加了以案释法的规定。

本条第八项是法律规定的其他义务。即本条前七项之外的其他法律规定的法官义务。包括公务员法规定的公务员的义务，诉讼法律规定的法官在诉讼程序中的义务等。

相关规定

《中华人民共和国宪法》第 128—133 条；《中华人民共和国公务员法》第 14 条；《中华人民共和国刑事诉讼法》第 8 条、第 14

条、第 54 条；《中华人民共和国民事诉讼法》第 8 条、第 14 条；《中共中央关于全面推进依法治国若干重大问题的决定》；《关于实行国家机关“谁执法谁普法”普法责任制的意见》

第十一条　法官享有下列权利：

（一）履行法官职责应当具有的职权和工作条件；

（二）非因法定事由、非经法定程序，不被调离、免职、降职、辞退或者处分；

（三）履行法官职责应当享有的职业保障和福利待遇；

（四）人身、财产和住所安全受法律保护；

（五）提出申诉或者控告；

（六）法律规定的其他权利。

条文主旨

本条是关于法官享有哪些权利的规定。

立法背景

本法第八条和第十条规定了法官的职责和义务，法官的权利是法官依法独立公正履行法定职责，履行法定义务的重要保障。法官权利依法得到有效的保障和维护，法官的职业尊严和权威才能有效树立和维护，法官才能排除各种非法干扰，没有后顾之忧地致力于公正司法，进而保障法律得到正确实施，社会公平正义得到充分彰显。因此，维护法官合法权益既是法官法立法目的之一，也体现和贯穿于法官法的各个部分，是法官法的重要内容。

2001 年修改的《中华人民共和国法官法》第八条对法官的权利进行了规定，内容包括八项，除了本条规定的内容外，还包括依法审判案件不受行政机关、社会团体和个人的干涉，获得劳动报酬、享受保险、福利待遇，参加培训和辞职。在法官法修改的过程中，有的常委委员、地方、部门和社会公众提出，保护司法人员依法履行职责是司法体制改革的重要内容。近年来，社会上侵害法官、检察官合法权益的违法犯罪行为时有发生，建议进一步完善法官、检察官权益保障方面的规定。立法机关经过研究，对法官法该条的内容进行了修改完善：一是将“依法审判案件不受行政机关、社会团体和个人的干涉”调整到总则第七条作为一项基本原则进行规定，并修改为“法官依法履行职责，受法律保护，不受行政机关、社会团体和个人的干涉”；二是将“获得劳动报酬、享受保险、福利待遇”修改为“履行法官职责应当享有的职业保障和福利待遇”。

此外，在审议过程中，有的常委委员、地方和部门提出，法官法有的规定与公务员法重复，建议通盘研究，做好衔接。为此，考虑到《中华人民共和国公务员法》第十三条中规定了公务员享有参加培训、申请辞职的权利，可以不作重复性规定，删去了原条文中法官享有的参加培训和辞职的权利，增加了兜底条款“法律规定的其他权利”，并在本法第六十八条中作了衔接性规定，即有关法官的权利、义务和管理制度，本法已有规定的，适用本法的规定；本法未作规定的，适用公务员管理的相关法律法规。

条文解读

本法第八条规定了法官的职责，第十条规定了法官的义务，为了保障法官依法履行职责，保障司法公正，维护法官合法权益，本条规定了法官权利。根据本条的规定，人民法院的法官依法享有下列权利：

1. 履行法官职责应当具有的职权和工作条件

法官是具体行使国家审判权的司法工作人员，法官法以及相关法律赋予了法官职责，有责必有权，权责应一致，履行法官职责，就需要赋予其履行职责所必需的各项权利。关于法官职责，本法第八条有明确规定，即依法参加合议庭审判或者独任审判刑事、民事、行政诉讼以及国家赔偿等案件，依法办理引渡、司法协助等案件，以及法律规定的其他职责。同时，关于法官履行上述职责时的权利，相关法律都还有相应的规定，刑事诉讼法、民事诉讼法、行政诉讼法、国际刑事司法协助法、引渡法、国家赔偿法和其他相关法律中都规定了法官办理相关案件时的相应职权。例如，根据《中华人民共和国刑事诉讼法》第一百九十一条的规定，法官可以讯问被告人；根据《中华人民共和国刑事诉讼法》第一百九十四条的规定，法官可以询问证人、鉴定人；根据《中华人民共和国民事诉讼法》第一百三十九条的规定，法官有权就有关问题进行调查；根据《中华人民共和国民事诉讼法》第一百五十条的规定，法官有权在法定事由出现后决定中止审理；根据《中华人民共和国行政诉讼法》第五十六条的规定，法官有权在法定情形下裁定在诉讼期间停止执行行政行为；根据《中华人民共和国国际刑事司法协助法》第六十四条的规定，法官有权依据外国法院判决认定的事实，根据我国刑法规定，作出刑罚转换裁定。这些职权在相关法律中均有明确规定，都应当依法予以保障。

此外，为了进行正常的审判活动，法官还必须具备相应的工作条件，这里的工作条件包括符合标准的审判场所和法庭，审判场所需要符合安全标准和要求，配备必要的设施，配备工作需要的办公设备，按照国家规定为法官发放法官服装和法袍等。

2. 非因法定事由、非经法定程序，不被调离、免职、降职、辞退或者处分

法官依法履职受法律保护，法官不得被任意去职，这是最基本的法官职业保障和要求。这里规定的法定事由和法定程序是指法律明确规定了对于哪些情况下法官才被调离、免职、降职、辞退或者处分，同时法官的调离、免职、降职、辞退或者处分，得依照宪法和法律规定的任免权限和程序办理。

法定事由主要包括：根据本法第五十三条的规定，除下列情形外，不得将法官调离审判岗位：（1）按规定需要任职回避的；（2）按规定实行任职交流的；（3）因机构调整、撤销、合并或者缩减编制员额需要调整工作的；（4）因违纪违法不适合在审判岗位工作

的；（5）法律规定的其他情形。

根据本法第二十条的规定，法官被免职的事由包括：（1）丧失中华人民共和国国籍的；（2）调出所任职人民法院的；（3）职务变动不需要保留法官职务的，或者本人申请免除法官职务经批准的；（4）经考核不能胜任法官职务的；（5）因健康原因长期不能履行职务的；（6）退休的；（7）辞职或者依法应当予以辞退的；（8）因违纪违法不宜继续任职的。

根据本法第四十六条的规定，具有贪污贿赂、徇私舞弊、枉法裁判的，隐瞒、伪造、变造、故意损毁证据、案件材料的，泄露国家秘密、审判工作秘密、商业秘密或者个人隐私的，故意违反法律法规办理案件，因重大过失导致裁判结果错误并造成严重后果等十项情形的，应当给予处分；构成犯罪的，依法追究刑事责任。

关于法定程序，本法第十八条规定，法官的任免，依照宪法和法律规定的任免权限和程序办理。各级人民法院的审判员、副庭长、庭长、审判委员会委员、副院长都需经各级人大常委会任免。如果需要对法官调离、免职、降职、辞退或者处分等，也需要依照法律规定，经过法定的程序进行。

此外，有关文件中也有类似规定，十八届四中全会通过的《中共中央关于全面推进依法治国若干重大问题的决定》提出："非因法定事由，非经法定程序，不得将法官、检察官调离、辞退或者作出免职、降级等处分"。中共中央办公厅、国务院办公厅公布的《保护司法人员依法履行法定职责的规定》第四条规定，非因法定事由，非经法定程序，不得将法官、检察官调离、免职、辞退或者作出降级、撤职等处分。

3. 履行法官职责应当享有的职业保障和福利待遇

法官的职业保障和福利待遇在本法第七章法官的职业保障中有较为详细的规定，具体内容包括任何单位或个人不得要求法官从事超出法定职责范围的事务，法官的职业尊严和人身安全受法律保护，还包括按照法官等级享有国家规定的工资待遇，享受国家规定的津贴、补贴、奖金、保险和福利待遇，退休后，享受国家规定的养老金和其他待遇。同时，法官实行单独职务序列管理，但也是国家公务员，因此国家公务员法规定的有关公务员的职业保障和福利待遇等，除法官法有特别规定的以外，法官法未作规定的，也适用于法官。

4. 人身、财产和住所安全受法律保护

法官担负维护国家法律，惩治犯罪分子，解决民事纠纷，保护国家、集体和个人的合法权益的任务，其在依法审理案件过程中，难免会影响到他人的利益，甚至会招致打击报复，因此本法对法官的人身、财产和住所的安全受保护专门作了规定。本法第五十五条、第五十六条、第五十七条对此权利内容有具体详细的规定，包括任何单位和个人不得对法官及其近亲属打击报复，法官因依法履行职责，本人及其近亲属人身安全面临危险的，人民法院、公安机关应当对法官及其近亲属采取人身保护、禁止特定人员接触等必要保护措施等。

5. 提出申诉或者控告

申诉权和控告权是宪法赋予每一个公民的法律权利，法官自身的权利也可能受到损害，法官对于自身权利受到侵害或者对处理不服时，也应当有寻求法律救济的权利。根据法官法、公务员法、监察法等法律规定，法官对于侵犯本人权利特别是人事处理、职业保障等方面的权利的行为，可以依法提出申诉或控告。当然，法官提出申诉和控告，应当实事求是，不得捏造事实，诬告、陷害他人。本法第六十四条明确规定，对于国家机关及其工作人员侵犯本法第十一条规定的法官权利的行为，法官有权提出控告；公务员法第十五章对申诉与控告的有关内容作出了具体明确的规定；《中华人民共和国监察法》第四十九条对政务处分等的复审和复核进行了规定。《人民法院落实〈保护司法人员依法履行法定职责规定〉的实施办法》第七条规定，法官对国家机关及其工作人员有干预司法活动，妨碍公正司法的；要求法官从事超出法定职责范围事务的；限制或者压制法官独立、充分表达对参与审理案件的意见的；超越职权或者滥用职权，将法官调离、免职、辞退或者作出降级、撤职等处分的；对法官的依法履职保障诉求敷衍推诿、故意拖延不作为的；玩忽职守，处置不力，导致依法履职的法官或其近亲属的人身、财产权益受到侵害的；侵犯法官的休息权、休假权的等九项情形的，法官有权提出控告。

6. 法律规定的其他权利

本条前五项根据法官职业特点，具体列举了法官应当享有的权利。除上述五项明确列举的权利之外，法官还享有本法以及其他相关法律赋予的广泛的权利，难以在此一一列举，因此本项作了兜底性规定。实际上，为了维护法官合法权益，本法在多处都有有关法官权利的规定，具体如：第三十一条规定，对法官应当有计划地进行政治、理论和业务培训；第三十四条规定，法官申请辞职，应当由本人书面提出，经批准后，依照法律规定的程序免除其职务；第四十九条规定，法官惩戒委员会审议惩戒事项时，当事法官有权申请有关人员回避，有权进行陈述、举证、辩解等。除法官法外，公务员法等法律中有关权利的规定，有的对于法官也同样适用，如《中华人民共和国公务员法》第十三条规定的参加培训、申请辞职的权利等。此外，有关文件中对法官的权利也有体现。例如，中共中央办公厅、国务院办公厅公布的《保护司法人员依法履行法定职责规定》第二十条规定，依法保障法官、检察官的休息权和休假权。法官、检察官在法定工作日之外加班的，应当补休；不能补休的，应当在绩效考核奖金分配时予以平衡。

在该条的理解适用中，需要注意以下问题：维护法官的合法权益，保障法官依法履行职责，对其权利进行保护的理念贯穿于本法的立法过程和本法的条文之中，本条规定的法官权利的内容在其他条文中得到了细化。本法还对法官的处分、奖励、工资和退休等具体制度，作出了由国家另行规定或按照有关规定办理的规定。中央文件如十八届四中全会决定，中共中央办公厅、国务院办公厅《保护司法人员依法履行法定职责规定》中对法官的权利也有一些具体的规定。这些规定和制度安排，也为法官权利的实现提供了有力的保障。

相关规定

《中华人民共和国公务员法》第 13 条、第 15 条；《中华人民共和国监察法》第 49 条；《中华人民共和国刑事诉讼法》第 191 条、第 194 条；《中华人民共和国民事诉讼法》第 139 条、第 150 条；《中华人民共和国行政诉讼法》第 56 条；《中华人民共和国国际刑事司法协助法》第 64 条；《保护司法人员依法履行法定职责的规定》第 4 条、第 20 条

第三章　法官的条件和遴选

第十二条　担任法官必须具备下列条件：

（一）具有中华人民共和国国籍；

（二）拥护中华人民共和国宪法，拥护中国共产党领导和社会主义制度；

（三）具有良好的政治、业务素质和道德品行；

（四）具有正常履行职责的身体条件；

（五）具备普通高等学校法学类本科学历并获得学士及以上学位；或者普通高等学校非法学类本科及以上学历并获得法律硕士、法学硕士及以上学位；或者普通高等学校非法学类本科及以上学历，获得其他相应学位，并具有法律专业知识；

（六）从事法律工作满五年。其中获得法律硕士、法学硕士学位，或者获得法学博士学位的，从事法律工作的年限可以分别放宽至四年、三年；

（七）初任法官应当通过国家统一法律职业资格考试取得法律职业资格。

适用前款第五项规定的学历条件确有困难的地方，经最高人民法院审核确定，在一定期限内，可以将担任法官的学历条件放宽为高等学校本科毕业。

条文主旨

本条是关于担任法官必须具备的条件的规定。

立法背景

1. 对担任法官条件的修改背景及主要变化

法官是代表人民法院直接行使审判权的审判人员，法官政治素质、专业素养、司法理念、业务能力的好坏，直接影响着司法的质量、效率和公信力的高低，关系着人民群众的司法需求能否得到更好满足，关系着国家安全和社会稳定能否得到有效维护。因此，人民法院在国家机构体系中以及法官在审判权具体行使中的重要地位，决定了法律对法官的条件须做严格的规定。1995 年《中华人民共和国法官法》对担任法官的政治、年龄、文化、专业、资历以及身体状况等都做了较为具体的规定。同时，1995 年《中华人民共和国法官法》第十二条第一款规定："初任审判员、助理审判员采用公开考试、严格考核的办法，按照德才兼备的标准，从具备法官条件的人员中择优提出人选。"

2001 年，随着依法治国基本方略的逐步实施，社会主义市场经济的迅速发展，法院审判工作愈发繁重，对法官的要求也越来越高。为此，2001 年法官法修改时提高了担任法官的条件。第一，为保证法官的业务素质，提高审判水平，提高了担任法官的学历要求，延长了担任法官需从事法律工作的时间，并为了避免最高人民法院、高级人民法院法官经验不足的问题，又针对不同级别法院，设置不同的法官条件。第二，对当时已任职的但又不具备提高后的法官条件的，规定了例外条款和过渡措施。第三，考虑到我国经济文化发展存在区域不平衡问题，针对我国少数经济、文化欠发达地方，按照提高后的学历条件选任法官存在一定困难的情况，增加了对这些地方放宽学历条件的规定。另外，为了提高司法人员专业素质，加强司法人员队伍建设，保证优秀法律人才进入法官队伍，拓宽法官选任渠道，以形成科学的法官选任机制，2001 年法官法决定将法官、检察官初任考试与律师资格考试统一起来，设立国家司法考试制度，并在该法第五十一条规定，国家对初任法官、检察官和取得律师资格实行统一的司法考试制度。为了与该制度相衔接，将1995年法官法第十二条第一款的初任法官人选条件修改为："初任法官采用严格考核的办法，按照德才兼备的标准，从通过国家统一司法考试取得资格，并且具备法官条件的人员中择优提出人选。"

党的十八大以来，随着依法治国的全面推进，亟需建设一支高素质的法治专门队伍，大力提高法治工作队伍思想政治素质、业务工作能力、职业道德水准，着力建设一支忠于党、忠于国家、忠于人民、忠于法律的社会主义法治工作队伍，为加快建设社会主义法治国家提供强有力的组织和人才保障。为了推进法治专门队伍正规化、专业化、职业化，提高职业素养和专业水平，党的十八届四中全会提出要"完善法律职业准入制度，健全国家统一法律职业资格考试制度"，从源头上把好法治专门队伍的素质关。为贯彻落实党的十八届四中全会精神，2015年12月，中共中央办公厅、国务院办公厅印发《关于完善国家统一法律职业资格制度的意见》。该意见规定，建立健全国家统一法律职业资格考试制度，将现行司法考试制度调整为国家统一法律职业资格考试制度；并明确了法律职业人员的范围，规定"担任法官、检察官、律师、公证员、法律顾问、仲裁员（法律类）及政府部门中从事行政处罚决定审核、行政复议、行政裁决的人员，应当取得国家统一法律职业资格"；规定"取得国家统一法律职业资格必须同时具备下列条件：拥护中华人民共和国宪法，具有良好的政治、业务素质和道德品行；具备全日制普通高等学校法学类本科学历并获得学士及以上学位，或者全日制普通高等非法学类本科及以上学历并获得法律硕士、法学硕士及以上学位或获得其他相应学位且从事法律工作三年以上；参加国家统一法律职业资格考试并获得通过。法律法规另有规定的除外"。为完善法律职业准入制度，健全国家统一法律职业资格考试制度，落实党的十八届四中全会提出的重要任务，2017年9月，第十二届全国人民代表大会常务委员会第二十九次会议审议通过《关于修改〈中华人民共和国法官法〉等八部法律的决定》，对有关法律中涉及法律职业资格制度等部分条款进行修改补充，为推进法律职业资格制度提供法律保障。根据该决定：一是，将2001年《中华人民共和国法官法》第十二条第一款修改为："初任法官采用考试、考核的办法，按照德才兼备的标准，从通过国家统一法律职业资格考试取得法律职业资格并且具备法官条件的人员中择优提出人选"；二是，将第五十一条修改为："国家对初任法官实行统一法律职业资格考试制度，由国务院司法行政部门商最高人民法院等有关部门组织实施"。

党的十九大以来，随着全面依法治国深入推进，司法体制改革不断深化，国家统一法律职业资格制度改革、人民法院人员分类管理制度改革和法官员额制改革扎实有序推进，对法官队伍建设和法官管理体制提出了新的更高要求。2019年法官法再次对担任法官的条件作出修改完善，主要包括如下方面：

第一，提高了对法官的政治素质要求。按照习近平总书记关于"要旗帜鲜明把政治建设放在首位，努力打造一支党中央放心、人民群众满意的高素质政法队伍"的指示要求，以及党的十八届四中全会关于"大力提高法治工作队伍思想政治素质、业务工作能力、职业道德水准，着力建设一支忠于党、忠于国家、忠于人民、忠于法律的社会主义法治工作队伍"的决策部署，并与《中华人民共和国公务员法》第十三条关于担任公务员的条件的第三项，也即"拥护中华人民共和国宪法，拥护中国共产党领导和社会主义制度"的规定相一致，2019年法官法将2017年第九条第一款第三项"拥护中华人民共和国宪法"的规定，修改为"拥护中华人民共和国宪法，拥护中国共产党领导和社会主义制度"，以更好地体现对法官队伍政治素质的严格要求。

第二，明确了对法官的道德品行要求。为了贯彻落实党的十八届四中全会关于"大力提高法治工作队伍思想政治素质、业务工作能力、职业道德水准"的要求，并与《中共中央办公厅、国务院办公厅关于完善国家统一法律职业资格制度的意见》关于取得国家统一法律职业资格必须“拥护中华人民共和国宪法，具有良好的政治、业务素质和道德品行”的规定，以及《中华人民共和国公务员法》第十三条关于公务员任职条件中第四项，也即“具有良好的政治素质和道德品行”的规定相衔接，2019 年法官法将 2017 年第九条第一款第四项“有良好的政治、业务素质和良好的品行”的规定，修改为“具有良好的政治、业务素质和道德品行”，以更好地体现对法官队伍政治、业务、道德等方面素质的全面要求。

第三，完善了担任法官的身体条件的表述。2017 年《中华人民共和国法官法》第九条第一款第五项对担任法官的身体条件的表述为“身体健康”，这种表述方式有些笼统，针对性不强，且容易造成法律适用中因为语义模糊而带来的随意解释的可能。另外，《中华人民共和国公务员法》第十三条第五项关于公务员任职的身体条件的规定为：“具有正常履行职责的身体条件和心理素质”。由此，为了提高法律用语的精确性，并与公务员法关于担任公务员的身体条件要求相衔接，2019 年法官法将这一规定修改为“具有正常履行职责的身体条件”。

第四，提高了担任法官的学历条件。习近平总书记多次就建设高素质社会主义法治工作队伍、完善法律职业准入制度作出重要论述、重要指示，强调要把能力建设作为一项重要任务，坚持从源头抓起，改革和完善司法考试制度。党的十八届四中全会做出“完善法律职业准入制度，健全国家统一法律职业资格考试制度”的决策部署。《中共中央办公厅、国务院办公厅关于完善国家统一法律职业资格制度的意见》明确将司法考试制度调整为国家统一法律职业资格考试制度。其中，关于取得法律职业资格的条件，规定“具备全日制普通高等学校法学类本科学历并获得学士及以上学位，或者全日制普通高等非法学类本科及以上学历并获得法律硕士、法学硕士及以上学位或获得其他相应学位且从事法律工作三年以上”。按照该意见要求，2017 年 9 月全国人民代表大会常务委员会审议通过了《关于修改〈中华人民共和国法官法〉等八部法律的决定》，对相关法律中涉及对法律职业人员范围、取得法律职业资格的条件等作出规定。2018 年 4 月 28 日，司法部制定发布了《国家统一法律职业资格考试实施办法》，细化规定了法律职业资格考试的报名条件、组织实施、违纪处理、资格授予管理等内容，为法律职业资格考试的组织实施等工作提供了重要的规范依据。为贯彻落实中央决策部署，体现法律职业准入制度改革最新成果，2019 年法官法将 2017 年第九条第一款第六项中有关学历条件的规定，修改为“具备普通高等学校法学类本科学历并获得学士及以上学位；或者普通高等学校非法学类本科及以上学历并获得法律硕士、法学硕士及以上学位；或者普通高等学校非法学类本科及以上学历，获得其他相应学位，并具有法律专业知识”。同时，将 2017 年法官法这一条款中的法律工作年限的规定，分离开来，单独作为一项规定。这样修改，提高了法律职业资格考试的报名专业学历门槛，有利于夯实法官的法律专业知识基础和法学理论素养，从源头上保证法律职业人员的专业素养和专业能力，更好提升法治专门队伍的正规化、专业化、职业化水平。

第五，提高了担任法官的法律工作年限条件。2019 年法官法对担任法官的学历条件和法律工作年限条件分别在两条中作了规定。这主要是考虑到学历和职业经历体现的是不同的专业能力和业务素质，不能相互折抵。法律职业既需要专业知识理论方面的素养，也需要法律应用能力方面的专业能力。参加国家统一法律职业资格考试并取得法律职业资格这一条件，仅可以解决法官职业对于法律专业知识的要求，不能充分体现法官从业者的法律实践能力。专业能力的获得与提高，必须通过具体的法律职业实践才能获得。因此，对法律工作年限条件做单独规定，以此来强调对担任法官所需的法律实践能力的要求。另外，按照相关文件要求，法官需要任法官助理满五年（含试用期），2019 年法官法将本科学历从事法律工作的年限从 2017 年法官法中的“二年”，提高到“五年”。同时，为了基层人民法院吸引更多高学历法律人才进入法官队伍，2019 年法官法对法学类硕士、博士毕业从事法律工作的年限适当放宽，分别规定为四年、三年。

第六，将初任法官的条件纳入本条一并规定。1995 年、2001 年、2017 年法官法对法官的条件和初任法官的人选要求分别在不同条文中加以规定。初任法官须取得法律职业资格是党的十八大以来司法体制改革推进法官队伍专业化建设的重要举措，2019 年法官法将分散在两条中的条件合并规定，以更好地体现改革成果，也与人民法院组织法、公务员法等的规定相衔接。《中华人民共和国人民法院组织法》第四十七条规定，“法官从取得法律职业资格并且具备法律规定的其他条件的人员中选任”。《中华人民共和国公务员法》第二十五条第二款规定：“国家对行政机关中初次从事行政处罚决定审核、行政复议、行政裁决、法律顾问的公务员实行统一法律职业资格考试制度，由国务院司法行政部门商有关部门组织实施。”《国家统一法律职业资格考试实施办法》第二条第二款规定：“初任法官、初任检察官，申请律师执业、公证员执业和初次担任法律类仲裁员，以及行政机关中初次从事行政处罚决定审核、行政复议、行政裁决、法律顾问的公务员，应当通过国家统一法律职业资格考试，取得法律职业资格。”

第七，提高了对困难地区的学历条件要求。对适用一般的学历条件确有困难的地方，将学历条件由之前的“高等院校法律专业专科毕业”修改为“高等学校本科毕业”。最高人民法院在提请全国人大常委会审议法官法修订草案时所作的说明中提出，主要是考虑，目前法律大专学历报名和通过人数均较少。以 2016 年为例，法律大专学历报名人数（15452 人）占 2.6%，通过人数（1031 人）只占 1.3%。因此，将学历条件修改为高等学校本科毕业，既有效解决了部分地区法官人数不足的问题，又符合加强法官正规化、专业化、职业化建设的要求。

此外，取消了担任法官的年龄条件的规定。1995 年、2001 年、2017 年法官法都规定，担任法官必须年满二十三周岁。这是为了避免法官因年纪过轻，社会阅历和生活经验不足，而影响对审判权的正确、公正行使。2019 年法官法删除了 2017 年第九条第一款第二项“年满二十三周岁”的规定。这主要是考虑到 2019 年法官法提高了担任法官的学历条件和法律工作年限的规定，本科学历从事法律工作满五年，才有资格成为法官，这就决定了初任法官的年龄通常将超过二十七周岁，实际上已符合法官职业对一定社会阅历的要求。加之，法官实行员额制之后，法官遴选条件和程序更加严格，已经可以在事实上有效避免法官年龄过低的情况发生，没有必要再专门对年龄条件作出规定。

2. 各方面提出的意见

（1）关于学历条件。2017 年法官法修订草案初次审议稿规定，担任法官必须“具备全日制普通高等学校法学类本科学历并获得学士及以上学位；或者全日制普通高等学校非法学类本科及以上学历，并获得法律硕士、法学硕士及以上学位；或者全日制普通高等学校非法学类本科及以上学历，获得其他相应学位，并具有法律专业知识”。对此，各方面提出的意见包括：第一，建议严格学历条件。有的意见提出，应严格担任法官的条件，法官须法学科班出身，建议删去“或者全日制普通高等学校非法学类本科及以上学历，获得其他相应学位，并具有法律专业知识”的规定。第二，建议放宽学历条件。有的意见提出，该项规定排除了通过自考等方式取得相应学历的人员担任法官，不利于对人才的选拔，建议删除全日制要求。有的建议将对非法学类的要求修改为“全日制普通高等学校非法学类本科及以上学历，获得其他相应学位，并从事法律工作五年以上”。有的提出，取得学历能否同时获得学位，各学校要求不完全一样，建议规定取得学历即可，不必对学位作要求。第三，建议对现任法官区别对待。有的意见提出，应实行“老人老办法”，认为员额制改革中，部分法官未能入额，这些人员在实行统一法律职业资格考试制度之前已具有法官身份，如严格按照法官法修订草案关于学历条件、统一法律职业资格等方面的要求不予入额，不利于保持队伍稳定。因此，建议增加有关规定，授权有关部门制定过渡办法，或者规定全日制学历的条件要求只适用于初任法官，对之前已担任过法官助理多年的，非全日制学历也可以，以体现“老人老办法”。

（2）关于法律工作年限条件。2017 年法官法修订草案初次审议稿规定，担任法官必须“从事法律工作满五年”。有的意见提出，从事法律工作的年限根据学历不同有所区分，对高学历相应缩短年限，规定为本科五年、硕士三年、博士两年，以吸引高学历人才。还有的建议细化“从事法律工作”的范围，便于操作。

（3）关于放宽部分地区的学历条件。2017 年法官法修订草案初次审议稿第十一条第二款规定：“适用第一款第六项规定的学历条件确有困难的地方，经最高人民法院审核确定，在一定期限内，可以将担任法官的学历条件放宽为高等学校本科毕业。”有的建议，将少数民族地区法官的学历条件放宽到法学专科。还有的建议，对西部边远地区法官学历条件放宽为“高等学校专科毕业”。

条文解读

本条共分二款。第一款是关于担任法官必须具备的一般条件。根据本条第一款的规定，担任法官必须具备如下条件：

（1）具有中华人民共和国国籍。即法官必须是中国公民，不能是外国人或者无国籍人。国籍是自然人被确定属于某一国家成员的法律上的资格或者身份，是区分本国人和外国人的唯一标准。就国籍的对内意义而言，一个人一旦取得某一国家的国籍后，就可以享受该国宪法和法律规定的权利，同时也承担该国宪法和法律规定的义务。《中华人民共和国宪法》第三十三条规定，“凡具有中华人民共和国国籍的人都是中华人民共和国公民”，“任何公民享有宪法和法律规定的权利，同时必须履行宪法和法律规定的义务”。因此，担任法官是公民的一种政治权利，只有是一国的公民才能够享有此项权利。具有中华人民共和国国籍是法官应当具备的首要条件。根据我国国籍法的规定，我国国籍采取血统主义为主并辅之以出生地主义的混合方式取得，即父母双方一方为中国公民，本人出生在中国的，具有中国国籍；父母双方或者一方为中国公民，本人出生在外国的，具有中国国籍，但父母双方或者一方为中国公民并定居在外国，本人出生时即具有外国国籍的，不具有中国国籍；父母无国籍或者国籍不明，定居在中国，本人出生在中国的，具有中国国籍；外国人或者无国籍人愿意遵守中国宪法和法律，并符合一定条件的，可以加入中国国籍。根据国籍法的规定，我国不承认双重国籍，因此法官也不得在拥有中国国籍的同时取得其他国的国籍。

（2）拥护中华人民共和国宪法，拥护中国共产党领导和社会主义制度。宪法以法律的形式确认了中国各族人民奋斗的成果，规定了国家的根本制度和根本任务，是国家的根本法，具有最高的法律效力。全国各族人民、一切国家机关和武装力量、各政党和各社会团体、各企业事业组织，都必须以宪法为根本的活动准则，并且负有维护宪法尊严、保证宪法实施的职责。法官作为直接行使国家审判权的审判人员，无论在其行使职权的过程中，还是在日常生活中，都应该遵守宪法。在这里，法官拥护宪法具有更深的涵义，要求法官不仅要忠实执行宪法、自觉遵守宪法，还应当在审判活动中时刻维护宪法权威，坚决捍卫宪法尊严。

拥护中国共产党领导和社会主义制度，是对法官的根本要求。习近平总书记多次强调，要旗帜鲜明把政治建设放在首位，努力打造一支党中央放心、人民群众满意的高素质政法队伍。《中华人民共和国宪法》第一条第二款规定："社会主义制度是中华人民共和国的根本制度。中国共产党领导是中国特色社会主义最本质的特征。禁止任何组织或者个人破坏社会主义制度。"《中华人民共和国公务员法》第十三条第三项规定，公务员应当"拥护中华人民共和国宪法，拥护中国共产党领导和社会主义制度"。法官作为中华人民共和国公民，作为公务员、作为政法队伍的一员，也必须拥护中国共产党的领导，拥护社会主义制度，始终坚持中国共产党对人民法院工作的绝对领导，坚决维护以习近平同志为核心的党中央权威和集中统一领导，坚定不移走中国特色社会主义法治道路，确保党的路线方针政策在人民法院得到不折不扣贯彻执行，努力让人民群众在每一个司法案件中感受到公平正义，努力使人民群众的获得感、幸福感、安全感更充实、更有保障、更可持续。

（3）具有良好的政治、业务素质和道德品行。法官是行使国家审判权的国家机关工作人员，法官必须拥护宪法所规定的国家的政治制度和基本原则，必须有较高的政治觉悟和敏锐的洞察力，较强的政治责任感，只有这样才能完成宪法和法律赋予法官的职责和使命，可以说良好的政治素质是法官做好工作的政治基础。良好的业务素质，是指法官必须精通业务，熟悉审判工作，能够正确运用法律手段解决案件中的问题。良好的道德品行，是对法官的道德修养的要求。道德以观念的形态存在于个人的意识或习惯性的行为之中，在人的潜意识深处发挥着重要的作用。一个人只有具备良好的道德才会行为端正，遵纪守法。法官作为行使审判权的审判人员，更应当具备良好的品德和言行，自觉维护社会公德、遵守职业道德，举止文明等，只有这样才能担负神圣的司法审判职责，坚守法律底线，严格公正廉洁司法，努力让人民群众在每一个司法案件中感受到公平正义，维护国家安全和社会和谐稳定。

（4）具有正常履行职责的身体条件。健康的身体条件是顺利完成一项工作的必备基础。这里对能够“正常履行职责的身体条件”要求，是针对法官职位的要求而言的，也即法官的身心健康状况应当能够胜任他所担任的审判工作。实践中，要综合法官职位的实际情况，客观确定正常履职的身体条件标准。

（5）学历条件。也即具备普通高等学校法学类本科学历并获得学士及以上学位；或者普通高等学校非法学类本科及以上学历并获得法律硕士、法学硕士及以上学位；或者普通高等学校非法学类本科及以上学历，获得其他相应学位，并具有法律专业知识。这样规定，一是为了满足新时代全面依法治国战略的深入推进对高素质法治专门队伍的需求，从源头上保证法律职业人员的专业素养和专业能力，更好提升法治专门队伍的正规化、专业化、职业化水平。二是为了与《中共中央办公厅、国务院办公厅关于完善国家统一法律职业资格制度的意见》中关于法律职业范围和取得法律职业资格的条件的规定相衔接，即这里规定的学历条件和国家统一法律职业资格的考试条件是一致的。

根据国务院1986年12月发布的《普通高等学校设置暂行条例》第二条的规定，普通高等学校是指以通过国家规定的专门入学考试的高级中学毕业学生为主要培养对象的全日制大学、独立设置的学院和高等专科学校高等职业学校。根据教育部的统计，截至2017年5月31日，全国高等学校共计2914所。其中，普通高等学校2631所（含独立学院265所），成人高等学校283所。

本项规定包括三种学历要求：

一是，具备普通高等学校法学类本科学历并获得学士及以上学位。我国高等学校本科教育阶段的学科设置可以从“学科门类”“专业类学科”“学科专业”三个层次进行划分。目前，我国将所有本科专业归并为“学科门类”，在其下分设“专业类学科”，再之下分设具体“专业”。具体以法学为例：（1）在学科门类层次，设有法学这一学科门类。目前，学科门类共有13种，法学是其中之一。具体包括：哲学、经济学、法学、教育学、文学、历史学、理学、工学、农学、医学、军事学、管理学、艺术学。（2）在专业类学科层次，法学这一学科门类分为6种专业类学科，包括：法学类、政治学类、社会学类、民族学类、马克思主义理论类、公安学类。这是通常所说的“大法学”。本项规定的法学类即这里的专业类学科意义上的法学类。（3）在专业这一层次，法学类这一专业类学科又分为5种专业：法学、知识产权、监狱学、信用风险管理与法律防控、国际经贸规划。需要说明的是，本科学位是按照学科门类授予的。因此，如政治学与行政学专业的本科生，其专业类学科属于政治学类，但按照学科门类授予“法学学士”学位；专业为监狱学的本科生，其专业类学科为法学类，学科门类为法学，按照学科门类授予“法学学士”学位。

研究生培养阶段（包含硕士、博士研究生），学科划分、用语等与本科教育阶段并非一一对应的关系。各学科总体分为“一级学科”和“二级学科”两个层次，由国务院授权的高等学校和科学研究机构授予硕士学位和博士学位。2016年教育部办公厅印发《关于统筹全日制和非全日制研究生管理工作的通知》，将研究生分为“全日制”与“非全日制”。“全日制”研究生为脱产在校学习，国家财政拨付一定生活补助；“非全日制”研究生不脱产学习，国家财政不予补助。2017年起，教育部、国家发展改革委员会按全日制和非全日制两类分别编制和下达全国博士、硕士生招生计划，但是在教育培养上，全日制和非全日制研究生招生考试培养、标准都是统一的。

二是，普通高等学校非法学类本科及以上学历并获得法律硕士、法学硕士及以上学位。这里是针对非法学类本科人员的学历要求，除普通高等学校非法学类本科及以上学历外，还要同时获得法律硕士、法学硕士及以上学位。

三是，普通高等学校非法学类本科及以上学历，获得其他相应学位，并具有法律专业知识。这里是针对普通高等学校非法学类本科及以上学历，获得其他相应学位，未获得“法律硕士、法学硕士及以上学位”的情形，要求具有“法律专业知识”。2001年法官法修改后，实践中对于具有“法律专业知识”通常解释为包括取得高等教育法律类专业证书；通过国家司法考试，取得《法律职业资格证书》；2001年以前通过初任法官全国统一考试，取得《初任审判员、助理审判员考试合格证书》；或者参加初任检察官全国统一考试，成绩合格；或者通过律师资格考试，取得《律师资格证书》；从事法律工作五年以上等情形。需要注意的是，根据《国家统一法律职业资格考试实施办法》第九条第五项的规定，具有法律专业知识主要是指“从事法律工作满三年”。另外，该办法第二十二条规定：“本办法实施前已取得学籍（考籍）或者已取得相应学历的高等学校法学类专业本科及以上学历毕业生，或者高等学校非法学类专业本科及以上学历毕业生并具有法律专业知识的，可以报名参加国家统一法律职业资格考试。”这主要是为了解决法律职业资格考试制度与原司法考试制度的衔接问题，按照《中共中央办公厅、国务院办公厅关于完善国家统一法律职业资格制度的意见》确定的“老人老办法、新人新办法”原则所作的规定。

需要注意的是，本项中规定的学历和学位条件是要同时具备的，仅有学历，没有本项规定的学位，也不符合本项规定的条件。

（6）法律工作年限条件。也即从事法律工作满五年。其中，获得法律硕士、法学硕士学位，或者获得法学博士学位的，从事法律工作的年限可以分别放宽至四年、三年。这是对法官法律职业能力的专业要求。法官是具体适用法律、将法律规定具体加以实践应用的法律职业，需要专业的实践能力为基础，才能对案件作出公正客观、合乎法律规定、合乎法理人情的准确适当处理，所以规定法官需要具备一定的法律职业经历和社会阅历积累。这里的“从事法律工作”主要包括从事国家或者地方的立法工作，审判、检察工作，公安、国家安全、监狱管理等工作，律师，法学教学和研究工作，政法委员会以及政府部门重点法制工作等。其中审判、检察工作应以从事审判、检察机关的审判、检察业务为宜。近年来，我国司法领域改革力度大，对于“从事法律工作”的具体范围有必要根据法律实践的具体情况予以掌握。需要注意的是，这里的从事法律工作满五年和《国家统一法律职业资格考试实施办法》的从事法律工作满三年的时间不能叠加计算，是两个单独的条件，即对于普通高等学校非法学类本科及以上学历，获得其他相应学位，从事法律工作满三年才能视为具有法律专业知识，在此基础上还要另外从事法律工作满五年才能符合这里的法律工作年限要求。

（7）初任法官应当通过国家统一法律职业资格考试取得法律职业资格。初任法官须取得法律职业资格是党的十八大以来司法体制改革推进法官队伍专业化建设的重要举措。《中华人民共和国人民法院组织法》第四十七条规定，法官从取得法律职业资格并且具备法律规定的其他条件的人员中选任。本法的规定与人民法院组织法有关法官的条件的规定是一致的，只是考虑要和之前已被任命为法官但未通过国家统一法律职业资格考试的情况相区别，对本项条件限定为初任法官，即初次担任法官的情况。

实行国家统一法律职业资格考试，是培养选拔高素质法官人才的基础性制度。根据本项的规定，初任法官须通过国家统一法律职业资格考试取得法律职业资格。这里的国家统一法律职业资格考试制度，是从国家统一司法考试制度演变而来的。党的十八届四中全会提出，完善法律职业准入制度，健全国家统一法律职业资格考试制度。为了完善法律职业资格制度，将通过国家统一司法考试的人员，从法官、检察官、律师、公证员扩大到从事行政处罚决定审核、行政复议、行政裁决的工作人员，以及法律顾问、仲裁员（法律类），同时将“国家统一司法考试”修改为“国家统一法律职业资格考试”，具体由国务院司法行政部门商最高人民法院、最高人民检察院等有关部门组织实施。实行国家统一法律职业资格考试前取得的国家统一司法考试合格证书、律师资格凭证，与国家统一法律职业资格证书具有同等效力。

本条第二款是关于适用一般的法官学历条件确有困难的地方，可以将学历条件放宽的规定。根据本款的规定，适用第一款第五项规定的学历条件确有困难的地方，经最高人民法院审核确定，在一定期限内，可以将担任法官的学历条件放宽为高等学校本科毕业。这里规定的确有困难的地方主要是指经济欠发达，按本条第一款第五项规定的条件选任法官确有困难的一些边远地区和少数民族地区的个别地方。

应当注意的是，本条第二款规定是根据我国目前的实际情况作出的安排。随着我国经济社会的不断发展和教育水平的提高，把握上应越来越严，把好入口关。在实践中对“确有困难的地方”的具体掌握上应当把握三点：一是，这里所说的确有困难是指按本条第一款第五项规定的条件选任法官确有困难，而不是指经济欠发达的所有地区，更不能随意开口子；二是，这种放宽条件的地区必须经最高人民法院审核确定，各地方不能自行确定；三是，这种放宽条件的做法仅于一定期限内，各地应当积极创造条件，尽快达到法律所规定的要求，而不能无期限地放宽条件，否则，从长远看，不利于确有困难的地方的法制建设与发展。

相关规定

《中华人民共和国宪法》第 1 条、第 33 条；《中华人民共和国人民法院组织法》第 47 条；《中华人民共和国公务员法》第 14 条、第 25 条；《中华人民共和国国籍法》第 3 条、第 5—7 条；《中华人民共和国高等教育法》第 15 条、第 16 条、第 21 条、第 22 条；《普通高等学校设置暂行条例》；《中共中央关于全面推进依法治国若干重大问题的决定》；《中共中央办公厅、国务院办公厅关于完善国家统一法律职业资格制度的意见》；《国家统一法律职业资格考试实施办法》

第十三条　下列人员不得担任法官：

（一）因犯罪受过刑事处罚的；

（二）被开除公职的；

（三）被吊销律师、公证员执业证书或者被仲裁委员会除名的；

（四）有法律规定的其他情形的。

条文主旨

本条是关于不得担任法官的人员的规定。

立法背景

1. 对不得担任法官情形的修订背景

1995 年《中华人民共和国法官法》第十条规定：“下列人员不

得担任法官：（一）曾因犯罪受过刑事处罚的；（二）曾被开除公职的。”2001 年法官法修正时对本条未作修改。2014 年 10 月，党的十八届四中全会通过《中共中央关于全面推进依法治国若干重大问题的决定》，提出要建立终身禁止从事法律职业制度，对因违法违纪被吊销执业证书的律师和公证员，终身禁止从事法律职业。2015 年 12 月，《中共中央办公厅、国务院办公厅关于完善国家统一法律职业资格考试制度的意见》提出要加强对法律职业人员违法失信行为的惩戒，建立全国统一的法律职业暂停、吊销制度，让行为失范的法律职业人员在受到吊销法律执业证书后，终身不得再从事法律相关工作。为了落实中央相关规定，与终身禁止从事法律职业的决定精神相一致，加大对法律职业人员违法失信行为的惩戒，2019 年修订法官法时，在不得担任法官的人员中，增加“曾被吊销律师、公证员执业证书的”。对于仲裁员私自会见当事人、代理人或者接受当事人、代理人的请客送礼，情节严重的，或者在仲裁案件时有索贿受贿，徇私舞弊，枉法裁决行为的，依照《中华人民共和国仲裁法》第三十八条的规定，应当予以除名。对于被仲裁委员会除名的仲裁员，也不宜担任法官，因此本法增加“被仲裁委员会除名的”。本条同时规定了“有法律规定的其他情形的”，作为担任法官禁止性规定的兜底条款。

2. 各方面提出的意见

法官法修订草案审议过程中，有的提出，有的人构成犯罪但被人民法院依法免予刑事处罚，这些人也不适宜担任法官，建议增加“免予刑事处罚”的情形。有的者建议将“因犯罪受过刑事处罚的”修改为“曾被人民法院依法判决构成犯罪的”以包括被免予刑事处罚的情形。有的提出，《中华人民共和国刑事诉讼法》第一百七十七条第二款规定，对于犯罪情节轻微，依照刑法规定不需要判处刑罚或者免除刑罚，人民检察院可以作出不起诉决定。建议规定对被人民检察院作出不起诉决定的犯罪嫌疑人，也不宜担任法官。有的建议增加“被纳入失信被执行人名单的”。法官应当具有良好的政治、业务素养和道德品行。“诚信”是社会主义核心价值观之一，是整个社会提倡的美德，由于拒不履行法院生效裁判，被列入“失信被执行人名单”的，显然不符合法官具有“良好的道德品行”的条件，不能担任法官。

有的建议增加“取得其他国家居留权的”。《中华人民共和国法官法》第十二条规定，担任法官必须满足具有中华人民共和国国籍的条件，取得其他国家居留权的或者丧失中华人民共和国国籍的，不符合法官条件。

条文解读

法官是行使国家审判权的司法人员。司法是维护社会公平正义、实施权利救济的最后一道防线。习近平总书记提出，要努力让人民群众在每一个司法案件中都感受到公平正义。法官在审判案件时，对事实的认定、法律的适用起到决定性作用，对公民的人身、财产权利以及机关、企业、事业单位等主体的权利义务产生决定性影响，行使的国家审判权是庄严而神圣的。法官作为行使司法权的主体，应当成为忠于法律、信仰法律、遵守法律的楷模。不仅如此，法官还应当具有较一般民众更高的道德素养，并严格要求自己，让诉讼参与人和普通民众产生信任，感受到裁判者的公正，才能树立司法权威。本条规定了因个人品行原因，哪些人员不得担任法官。根据本条规定，下列人员不得担任法官：

一是，因犯罪受过刑事处罚的。这里规定的犯罪既包括故意犯罪，也包括过失犯罪。刑事处罚是指刑法规定对犯罪的人所给予的惩罚，包括主刑，即管制、拘役、有期徒刑、无期徒刑、死刑，也包括附加刑，即罚金、剥夺政治权利、没收财产。只要是被法院生效判决宣告有罪并判处刑罚的，无论是怎样的罪行，无论判处什么样的刑罚，无论是否适用附加刑以及是否适用缓刑，都不得担任法官。规定因犯罪受过刑事处罚的不能担任法官，主要出于以下考虑：一方面，犯罪行为是危害国家安全、人民民主专政的政权和社会主义制度，侵犯国有财产和劳动群众集体所有的财产、公民私人所有的财产权利，破坏公民的人身权利、民主权利和其他权利等刑法规定的危害社会的行为，对社会造成的危害很大，不符合社会主义价值观。虽然在刑罚执行完毕后，犯罪的人有权在社会中享有同其他人同等的学习、生活和工作，但其犯罪行为触犯了社会道德底线，与法官作为司法裁判者应当遵守法律，公正司法的职业道德要求是不符合的。另一方面，允许有犯罪记录的人员担任法官，不符合公正司法和维护良好司法形象的要求。公正是司法的生命线。公正司法落实到审判工作中，体现为遵守司法纪律、保守审判秘密、注重司法礼仪、维护司法形象。因犯罪受到刑罚处罚的人员，其个人品行曾被予以否定性评价，而法官作为法律裁判者，则需要向社会传达模范守法、公正司法的良好形象。受到刑罚处罚的人员担任法官，可能会造成社会疑虑和不信任，影响司法公正形象。对于受过刑事处罚的，一律不得担任法官。

二是，被开除公职的。在我国，被开除公职是指公务员以及参照公务员法管理的人员，法律、法规授权或者受国家机关依法委托管理公共事务的组织中从事公务的人员，国有企业管理人员，公办的教育、科研、文化、医疗卫生、体育等单位中从事管理的人员以及其他依法履行公职的人员，因有违法犯罪行为或者有影响履职的不当行为被用人单位开除。开除的原因有很多，如散布有损宪法权威、中国共产党和国家声誉的言论，组织或者参加旨在反对宪法、中国共产党领导和国家的集会、游行、示威等活动；组织或者参加非法组织，组织或者参加罢工；挑拨、破坏民族关系，参加民族分裂活动或者组织、利用宗教活动破坏民族团结和社会稳定；不担当，不作为，玩忽职守，贻误工作；拒绝执行上级依法作出的决定和命令；对批评、申诉、控告、检举进行压制或者打击报复；弄虚作假，误导、欺骗领导和公众；贪污贿赂，利用职务之便为自己或者他人谋取私利；违反财经纪律，浪费国家资财；滥用职权，侵害公民、法人或者其他组织的合法权益；泄露国家秘密或者工作秘密；在对外交往中损害国家荣誉和利益；参与或者支持色情、吸毒、赌博、迷信等活动；违反职业道德、社会公德和家庭美德；违反有关规定参与禁止的网络传播行为或者网络活动；违反有关规定从事或者参与营利性活动，在企业或者其他营利性组织中兼任职务；旷工或者因公外出、请假期满无正当理由逾期不归。总的来看，被开除公职的原因大致有两类：一是有违法犯罪行为，二是有影响履职的不当行为。依照《中华人民共和国公务员法》第二十六条的规定，被开除公职的，不得录用为公务员。同时，其他一些法律也有被开除人员的一些职业禁止性规定，如不得担任检察官、人民警察、律师、公证员、驻外外交人员、拍卖师、从事司法鉴定等。根据本条的规定，无论出于何种原因被开除公职，均不得担任法官。

三是，被吊销律师、公证员执业证书的或者被仲裁委员会除名的。律师、公证员、仲裁员都是法律职业群体，相关法律、法规对其从业都有很多政治、业务、品行要求。因违纪违法等违反律师法、公正法、仲裁法的要求，被吊销律师、公证员执业证书的或者被仲裁委员会除名的，其同样不符合法官的要求。允许这些人担任法官，会对司法公正性、公信力和司法权威造成冲击。律师法、公证法对吊销执业证书的情形、权限和程序，仲裁法对仲裁员除名的情形、权限和程序作了明确规定。《中华人民共和国律师法》第四十九条规定，律师有下列行为之一，情节严重的，由省、自治区、直辖市人民政府司法行政部门吊销其律师执业证书：（1）违反规定会见法官、检察官、仲裁员以及其他有关工作人员，或者以其他不正当方式影响依法办理案件的；（2）向法官、检察官、仲裁员以及其他有关工作人员行贿，介绍贿赂或者指使、诱导当事人行贿的；（3）向司法行政部门提供虚假材料或者有其他弄虚作假行为的；（4）故意提供虚假证据或者威胁、利诱他人提供虚假证据，妨碍对方当事人合法取得证据的；（5）接受对方当事人财物或者其他利益，与对方当事人或者第三人恶意串通，侵害委托人权益的；（6）扰乱法庭、仲裁庭秩序，干扰诉讼、仲裁活动的正常进行的；（7）煽动、教唆当事人采取扰乱公共秩序、危害公共安全等非法手段解决争议的；(8) 发表危害国家安全、恶意诽谤他人、严重扰乱法庭秩序的言论的；(9) 泄露国家秘密的。律师因故意犯罪受到刑事处罚的，由省、自治区、直辖市人民政府司法行政部门吊销其律师执业证书。《中华人民共和国公证法》第四十二条规定，公证员有下列行为之一，情节严重的，由省、自治区、直辖市人民政府司法行政部门吊销公证员执业证书：(1) 私自出具公证书的；(2) 为不真实、不合法的事项出具公证书的；(3) 侵占、挪用公证费或者侵占、盗窃公证专用物品的；(4) 毁损、篡改公证文书或者公证档案的；(5) 泄露在执业活动中知悉的国家秘密、商业秘密或者个人隐私的；(6) 依照法律、行政法规的规定，应当给予处罚的其他行为。因故意犯罪或者职务过失犯罪受刑事处罚的，应当吊销公证员执业证书。《中华人民共和国仲裁法》第三十四条规定，仲裁员有下列情形之一的，必须回避，当事人也有权提出回避申请：(1) 是本案当事人或者当事人、代理人的近亲属；(2) 与本案有利害关系；(3) 与本案当事人、代理人有其他关系，可能影响公正仲裁的；(4) 私自会见当事人、代理人，或者接受当事人、代理人的请客送礼的。第五十八条规定，当事人提出证据证明裁决有下列情形之一的，可以向仲裁委员会所在地的中级人民法院申请撤销裁决：(1) 没有仲裁协议的；(2) 裁决的事项不属于仲裁协议的范围或者仲裁委员会无权仲裁的；(3) 仲裁庭的组成或者仲裁的程序违反法定程序的；(4) 裁决所根据的证据是伪造的；(5) 对方当事人隐瞒了足以影响公正裁决的证据的；(6) 仲裁员在仲裁该案时有索贿受贿，徇私舞弊，枉法裁决行为的。第三十八条规定，仲裁员有本法第三十四条第四项规定的情形，情节严重的，或者有本法第五十八条第六项规定的情形的，应当依法承担法律责任，仲裁委员会应当将其除名。依照这些规定，被吊销律师、公证员执业证书的或者被仲裁委员会除名的，是不符合法律职业从业要求的，因此本法规定这些人不得担任法官。

四是，有法律规定的其他情形的。随着社会生活的发展变化，上述三种情形无法穷尽所有不得担任法官的情形，故增加了不得担任法官的禁止性规定的兜底条款。例如，为保障法官任职的公正性，《中华人民共和国法官法》第二十二条对法官兼职其他职务作了规定，法官不得兼任人民代表大会常务委员会的组成人员，不得兼任行政机关、监察机关、检察机关的职务，不得兼任企业或者其他营利性组织、事业单位的职务，不得兼任律师、仲裁员和公证员。对于担任这些职务的人员，在其任职期间不得同时担任法官。再如，违反治安管理处罚法受治安管理处罚的行为和被予以党纪处分的行为，如打架斗殴、侮辱诽谤他人、盗窃、寻衅滋事，但是尚不构成犯罪的，公安机关给予其治安管理处罚；某些公职人员因违反党纪，被予以纪律处分，严重者被开除中国共产党党籍的；因不履行法院已经生效的裁判文书被依法列为失信惩戒对象的等，如果经审查不符合担任法官的政治、业务、道德品行条件的，依据《中华人民共和国法官法》第十二条的规定，也不能任命为法官。

实践中需要注意的问题如下：一是，关于犯罪情节轻微未受刑事处罚的，能否担任法官的问题。根据《中华人民共和国刑法》第三十七条的规定，对于犯罪情节轻微不需要判处刑罚的，根据案件的不同情况，予以训诫或者责令具结悔过、赔礼道歉、赔偿损失，或者由主管部门予以行政处罚或者行政处分。虽然本条规定因犯罪受过刑事处罚的不得担任法官，没有对犯罪情节轻微未受到刑事处罚的能否担任法官作出规定，但本法第十二条规定，法官应具有良好的政治、业务素质和道德品行。对于犯罪情节轻微未受刑事处罚的，如经审查不符合担任法官的政治、道德品行等条件的，也不应任命为法官，已经任命为法官的，可以依据第二十条的规定免除其法官职务。二是，本条是关于不得担任法官人员范围的规定，上述人员不符合法官的条件，应当将其排除在法官人选范围外。对于担任法官后又有本条第一项、第二项行为的，依照本法第二十条、第四十六条、第四十七条的相关规定，应当依法提请免除其法官职务。

相关规定

《中华人民共和国刑法》第37条；《中华人民共和国刑事诉讼法》第177条；《中华人民共和国公务法》第26条；《中华人民共和国检察官法》第13条；《中华人民共和国人民警察法》第26条；《中华人民共和国律师法》第7条；《中华人民共和国仲裁法》第34条、第38条；《中华人民共和国公证法》第20条；《中华人民共和国驻外外交人员法》第7条；《中华人民共和国拍卖法》第15条；《全国人民代表大会常务委员会关于司法鉴定管理问题的决定》第4条；《中共中央关于全面推进依法治国若干重大问题的决定》；《中共中央办公厅、国务院办公厅关于完善国家统一法律职业资格考试制度的意见》

第十四条　初任法官采用考试、考核的办法，按照德才兼备的标准，从具备法官条件的人员中择优提出人选。

人民法院的院长应当具有法学专业知识和法律职业经历。副院长、审判委员会委员应当从法官、检察官或者其他具备法官条件的人员中产生。

条文主旨

本条是关于初任法官人选和院长、副院长、审判委员会委员人选的产生的规定。

立法背景

2017年《中华人民共和国法官法》第十二条规定："初任法官采用考试、考核的办法，按照德才兼备的标准，从通过国家统一法律职业资格考试取得法律职业资格并且具备法官条件的人员中择优提出人选。人民法院的院长、副院长应当从法官或者其他具备法官条件的人员中择优提出人选。"

2019 年修订主要作了以下几处修改：一是，将 2017 年《中华人民共和国法官法》第十二条第一款规定的法官需具备“通过国家统一法律职业资格考试取得法律职业资格”移入本法第十二条中，作为担任法官的条件之一。二是，将担任人民法院院长的条件与担任副院长的条件分列，规定院长应当具有法学专业知识和法律职业经历；副院长、审判委员会委员应当从法官、检察官或者其他具备法官条件的人员中产生。

本条规定注意了与人民法院组织法和公务员法的衔接。《中华人民共和国公务员法》第七条规定，公务员的任用，坚持德才兼备、以德为先，坚持五湖四海、任人唯贤，坚持事业为上、公道正派，突出政治标准，注重工作实绩。《中华人民共和国人民法院组织法》第四十一条规定，人民法院院长负责本院全面工作，监督本院审判工作，管理本院行政事务。人民法院副院长协助院长工作。第四十七条规定，法官从取得法律职业资格并且具备法律规定的其他条件的人员中选任。初任法官应当由法官遴选委员会进行专业能力审核。上级人民法院的法官一般从下级人民法院的法官中择优遴选。院长应当具有法学专业知识和法律职业经历。副院长、审判委员会委员应当从法官、检察官或者其他具备法官、检察官条件的人员中产生。

法官法修订草案二次审议稿第十二条、第十四条对担任法官的任职条件和应当具备法律职业资格条件分别作了规定。有的意见提出，初任法官、检察官须取得法律职业资格是党的十八大以来司法体制改革推进法官、检察官队伍专业化建设的重要举措，建议将分散在两条中的条件合并规定，以更好地体现改革成果。立法部门经研究，建议采纳上述意见，将初任法官、检察官应当通过国家统一法律职业资格考试取得法律职业资格的规定，移入法官、检察官任职条件一条中统一规定，也与人民法院组织法、人民检察院组织法有关规定相衔接。

条文解读

本条共分两款。第一款是关于初任法官人选的产生的规定。初任法官采用考试、考核的办法，按照德才兼备的标准，从具备法官条件的人员中择优提出人选。本法第一条中明确本法的立法目的之一是全面推进高素质法官队伍建设。人民法院代表国家和人民的意志执行法律，而法官作为司法者，其素质尤为重要，这就需要我们从法官人选资格入手，把好入口关，按照德才兼备的标准，通过考试、考核的办法，从具备法官条件的人员中择优提出人选，努力建立精通法律、熟悉业务、政治坚定、清正廉明的法官队伍。

初任法官人选的标准有一个随时间演进的过程。1995 年《中华人民共和国法官法》第十二条第一款规定："初任审判员、助理审判员采用公开考试、严格考核的办法，按照德才兼备的标准，从具备法官条件的人员中择优提出人选。"当时要求的具备法官条件包括：具有中华人民共和国国籍；年满二十三岁；拥护中华人民共和国宪法；具有良好的政治、业务素质和良好的品行；身体健康；高等院校法律专业毕业或者高等院校非法律专业毕业具有法律专业知识，工作满二年的，或者获得法律专业学士学位，工作满一年的，获得法律专业硕士学位、法律专业博士学位的，可以不受上述工作年限的限制。2001 年，国家开始实行统一司法考试制度，法官法进行了相应修改，将本条第一款修改为："初任法官采用严格考核的办法，按照德才兼备的标准，从通过国家统一司法考试取得资格，并且具备法官条件的人员中择优提出人选。"明确将通过国家统一司法考试取得资格作为初任法官人选的条件。2017 年，统一司法考试制度修改为国家统一法律职业资格考试，法官法对本条再次作了相应修改。2019 年修改法官法，根据有关方面的意见，将"通过国家统一法律职业资格考试取得法律职业资格"移至第十二条担任法官须具备的条件中。

"采用考试、考核的办法"是初任法官人选的具体选拔方法，法官法对初任法官的选拔一直都有着较为严格的要求。对此，1995年法官法规定“采用公开考试、严格考核的办法”，2001年法官法规定“采用严格考核的办法”，2017年法官法规定“采用考试、考核的办法”。根据有关规定，考试重点考察法官人选分析案件事实、归纳争议焦点、正确适用法律、制作司法文书等实际办案能力；考核主要考察在从事其他相关工作方面的实绩、能力等情况，例如对于担任法官助理、检察官助理的，可以考察其办案数量、质量和效果。这里的具备法官条件是指初任法官必须符合本法第十二条规定的条件，即（1）具有中华人民共和国国籍；（2）拥护中华人民共和国宪法，拥护中国共产党领导和社会主义制度；（3）具有良好的政治、业务素质和道德品行；（4）具有正常履行职责的身体条件；（5）具备普通高等学校法学类本科学历并获得学士及以上学位；或者普通高等学校非法学类本科及以上学历并获得法律硕士、法学硕士及以上学位；或者普通高等学校非法学类本科及以上学历，获得其他相应学位，并具有法律专业知识；（6）从事法律工作满五年。其中获得法律硕士、法学硕士学位，或者获得法学博士学位的，从事法律工作的年限可以分别放宽至四年、三年；（7）初任法官应当通过国家统一法律职业资格考试取得法律职业资格。适用上述第五项规定的学历条件确有困难的地方，经最高人民法院审核确定，在一定期限内，可以将担任法官的学历条件放宽为高等学校本科毕业。同时，根据本法第十三条的规定，初任法官人选不能有以下情形：（1）因犯罪受过刑事处罚的；（2）被开除公职的；（3）被吊销律师、公证员执业证书或者被仲裁委员会除名的；（4）有法律规定的其他情形的。

本条第二款是关于人民法院的院长、副院长、审判委员会委员人选条件的规定。2019年修订，将担任人民法院的院长的条件与担任副院长、审判委员会委员的条件分列，分别规定不同的要求，规定除人民法院院长外，副院长、审判委员会委员应当从法官、检察官或者其他具备法官条件的人员中产生。这样规定，主要是考虑到充分发挥包括法官在内的法律职业共同体的专业能力，保障人民法院依法履行职责。

本法第九条规定，人民法院的院长除履行审判职责外，还应当履行与其职务相适应的职责。《中华人民共和国人民法院组织法》第四十一条规定，人民法院院长负责本院全面工作，监督本院审判工作，管理本院行政事务。实践中，人民法院院长人选的来源有两种：一是从法院系统内部择优提出人选；二是从法院系统外部提出人选。两种方式并存有利于加强法院队伍建设，且已经被实践证明行之有效。由于法院院长职责的要求，院长人选应当具有法学专业知识和法律职业经历，以保障人民法院院长职能的发挥。总结法官法的修改历程，担任人民法院院长的人选要求，随着社会发展、司法专业化的加强，而不断提高。1995 年法官法要求院长人选“应当从具有实际工作经验的人员中择优提出人选”；2001 年法官法要求“应当从法官或者其他具备法官条件的人员中择优提出人选”，2017 年法官法也作了同样的规定。2019 年修改后的法官法规定“应当具有法学专业知识和法律职业经历”，进一步体现了专业化的要求。这里的法学专业知识是指熟悉并掌握法学专业知识，法律职业经历是指从事过与法律相关的职业，如担任过从事行政处罚决定审核、行政复议、行政裁决、法律顾问工作的公务员以及律师、公证员、法律类仲裁员等。

本条第二款对人民法院副院长、审判委员会委员的人选也做了明确规定，即副院长、审判委员会委员应当从法官、检察官或者其他具备法官条件的人员中产生。根据该款的规定，人民法院副院长、审判委员会委员的人选有两种：一是从法官、检察官中提出人选；二是从具备法官法规定的担任法官条件的人员中提出人选，即需要符合本法第十二条规定的担任法官的条件。

在该条的理解适用中，还需要注意以下问题：

第一，本条第一款中规定的“初任法官”，是指第一次担任法官职务的。本法施行后，对于初次担任法官的人员，应当按照修改后法律的规定执行，需要符合本法第十二条的规定，同时不具有本法第十三条规定的情形。需要特别指出的是，根据有关规定，原通过国家司法考试取得的法律职业资格，继续有效。

第二，根据本条第二款的规定，人民法院的副院长和审判委员会委员人选除从法官、检察官人员中产生外，还可以从其他具备法官条件的人员中产生。如果这些人员是初次担任法官，在本法施行后，根据本法第十二条的规定，需要满足通过国家统一法律职业资格考试取得法律职业资格的条件。

相关规定

《中华人民共和国法官法》第12条、第13条；《中华人民共和国公务员法》第7条；《中华人民共和国人民法院组织法》第41条、第47条

第十五条　人民法院可以根据审判工作需要，从律师或者法学教学、研究人员等从事法律职业的人员中公开选拔法官。

除应当具备法官任职条件外，参加公开选拔的律师应当实际执业不少于五年，执业经验丰富，从业声誉良好，参加公开选拔的法学教学、研究人员应当具有中级以上职称，从事教学、研究工作五年以上，有突出研究能力和相应研究成果。

条文主旨

本条是关于从律师、法学专家等中公开选拔法官的规定。

立法背景

本条规定是2019年修订法官法增加的规定。党的十八届四中全会提出，畅通立法、执法、司法部门干部和人才相互之间以及与其他部门具备条件的干部和人才交流渠道，建立从符合条件的律师、法学专家中招录立法工作者、法官、检察官制度。为落实上述要求，

有关部门制定并公开发布了《从律师和法学专家中公开选拔立法工作者、法官、检察官办法》。这也是司法体制改革中为进一步提升法官队伍素质所作出的一项重要改革举措。同时，从律师或者法学教学、研究人员等从事法律职业的人员中公开选拔法官，扩大法官产生范围，使法官来源更广、结构更合理，有利于建设高素质法官队伍。《中共中央办公厅、国务院办公厅关于完善国家统一法律职业资格制度的意见》对法律职业范围和取得法律职业资格、法律职业资格考试、统一法律职业培训等作了规定，形成了法律职业共同体的基本结构和精神。这一职业群体包括法官、检察官、律师、公证员、法律顾问、仲裁员（法律类）及政府部门中从事行政处罚决定审核、行政复议、行政裁决的人员、立法工作者、法学教育研究工作者等。因此，形成法律职业共同体之间的交流和互动是建立法律职业共同体制度的一个重要方面。本条规定是在总结司法体制改革成果和有关方面改革试点经验的基础上所作的规定。

2017 年 12 月修订草案第十四条规定："人民法院根据实际，从律师、法学专家等从事法律职业的人员中公开选拔法官。除应具备法官任职条件并取得法律职业资格外，参加公开选拔的律师应当实际执业不少于五年，从业声誉良好；参加公开选拔的法学专家应具有讲师及以上职称，从事教学或者科研五年以上，有突出研究能力和优秀研究成果。"

在常委会第一次审议过程中，有的常委委员提出，对于依据本条公开选拔的法官，应主要考虑业务能力和特殊的职位要求，不应当受基层工作经验的限制，建议增加规定不受本法第十六条有关工作年限等条件的限制。在征求有关方面意见的过程中，有的地方建议增加可以从"检察官、立法工作者、司法行政人员、人民警察、从事行政复议人员、公证员"中公开选拔法官；有的地方、部门建议将"从事教学或者科研"修改为"从事法学教学或者科研"；有的部门提出，"讲师及以上职称"不能包括科研机构的法学专家，建议修改为"中级及以上职称"；有的地方提出，公开选拔范围包括律师、法学专家“等”，但第二款仅对律师、法学专家公开选拔条件作了规定，建议增加一款“其他从事法律职业的人员选拔条件另行规定”；有的地方提出，根据本条规定公开选拔的法官，是否适用第十六条关于初任法官到基层法院任职的规定，需要进一步明确。

条文解读

本条共分两款。第一款对公开选拔作了原则性规定，人民法院可以根据审判工作需要，从律师或者法学教学、研究人员等从事法律职业的人员中公开选拔法官。根据上述公开选拔文件规定，人民法院、人民检察院应当将从符合条件的律师、法学专家中公开选拔法官、检察官纳入队伍建设规划，并采取切实措施予以落实，将这一工作常态化、制度化，在招录、遴选法官、检察官工作中，应当根据工作实际预留适当数量的岗位用于从律师、法学专家中公开选拔法官、检察官。目前，实践中一些法院开展了从社会公开选拔法官的做法。需要注意的是，本条强调的是人民法院可以根据审判工作需要开展相关公开选拔工作。根据本法第十七条、第六十七条等的规定，一般而言，上级人民法院的法官一般通过逐级遴选产生，基层人民法院的法官应当主要从法官助理中选拔，因此对外公开选拔应当根据法院审判工作需要，从队伍结构和合理需求出发，充分考虑现实需要。例如，针对当前具有国际化视野、善于处理涉外审判业务的法官人才缺乏的情况，为加强涉外法官人才储备建设，可以有针对性地从通晓境外法律制度并具有成功处理国际法律事务经验的律师中公开选拔法官，对于精通某些特殊专业领域的律师也可以加大公开选拔力度。

公开选拔的范围除律师和法学专家以外，还包括其他从事法律职业的人员。对于这一问题，在研究过程中，有意见提出，进一步扩大公开选拔的对象，将立法工作者、司法行政人员、人民警察、从事行政复议人员、公证员等也明确为公开选拔范围。本条对其他法律职业人员未作规定，但从相关政策精神看，是包括上述范围的。有的提出，公开选拔范围包括律师、法学专家“等”，但第二款仅对律师、法学专家公开选拔条件作了规定，建议增加一款“其他从事法律职业的人员选拨条件另行规定”。法学专家、律师以外人员参加公开选拔的，都应当具备本法规定的法官任职条件，其他具体条件将来还可以在实践中进一步探索完善。考虑到目前实践中主要是从律师、法学专家中公开选拔，因此本条第二款对其选拔条件作了专门规定。

本条第二款是有关公开选拔条件的规定。一是，应当具备法官任职条件。本法第十二条对担任法官的任职条件作了规定，一共有七项，包括：（1）具有中华人民共和国国籍；（2）拥护中华人民共和国宪法，拥护中国共产党领导和社会主义制度；（3）具有良好的政治、业务素质和道德品行；（4）具有正常履行职责的身体条件；（5）具备普通高等学校法学类本科学历并获得学士及以上学位；或者普通高等学校非法学类本科及以上学历并获得法律硕士、法学硕士及以上学位；或者普通高等学校非法学类本科及以上学历，获得其他相应学位，并具有法律专业知识；（6）从事法律工作满五年。其中获得法律硕士、法学硕士学位，或者获得法学博士学位的，从事法律工作的年限可以分别放宽至四年、三年；（7）初任法官应当通过国家统一法律职业资格考试取得法律职业资格。上述条件，参加公开选拔的律师、法学专家都应当具备。这是参加公开选拔的前提条件，除此以外，本法对参加公开选拔的律师、法学专家的条件又分别作了规定。

二是，参加公开选拔的律师的条件。第一，应当实际执业不少于五年。以律师身份执业不少于五年，同时强调实际执业要求，防止有的律师在律所挂名，但未实际从事律师业务，而是从事其他行业，这样规定的目的是对办案能力和经验提出要求。第二，执业经验丰富。执业五年是从时间上所作的要求，执业经验丰富是从实际执业水平和工作成果上作出的要求，在执业期间应当办理一定数量的案件，具有相关丰富经验，防止有的人虽然从事律师执业，但办案较少，案件类型简单，业绩不好、实际办案经验不丰富的人被公开选拔为法官，这也是从办案能力方面提出的要求。第三，从业声誉良好。对于违反律师法、律师职业道德和律师执业行为规范等规定，在执业活动中存在严重背离职业使命、违反职业道德行为，或者违法违纪，或者受到律师行业协会严重处分等声誉不良的，不得公开选拔为法官。

三是，参加公开选拔的法学专家的条件。法学专家即从事法学教学、研究人员，主要是高等学校、科研院所中从事法学教学、研究的人员。这些人员具有丰富的法学理论知识和较高的理论水平，从这部分人中公开选拔法官，有利于促进法官队伍知识结构的优化，为实践中复杂疑难案件提供智力支持。第一，参加选拔人员应当具有中级以上职称。草案在研究过程中曾规定："参加公开选拔的法学专家应具有讲师及以上职称"。有关方面提出，讲师的提法不全面，没有包括科研院所中研究员称谓的情况，也不规范，建议修改为"中级以上职称"。高校、科研院所中具有中级以上职称包括高等学校中的讲师（助理教授）、副教授、教授，以及科研院所中的助理研究员、副研究员、研究员等。第二，从事教学、研究工作五年以上。这是硬性的时间要求。第三，有突出研究能力和相应研究成果。这是从能力水平提出的实质要求，参加公开选拔的法学专家应当有相应研究成果，以证明其研究能力。对于具有法律实务工作经验的可以优先考虑。

根据有关公开选拔办法的规定，律师、法学专家具有下列情形之一的，不得参加法官公开选拔：（1）被刑事处罚或者因违法违纪被辞退、开除或者吊销执业证书的；（2）有妨害司法公正行为的；（3）因违反职业道德、学术道德、执业纪律或者行业规范受到惩戒、处罚的；（4）受过党纪政纪处分的；（5）涉嫌违法违纪正在接受审查尚未结案的等。

在研究过程中，也有意见提出，向社会公开选拔的法官应当对级别作出适当限制，如四级高级以下法官可以向社会公开选拔。同时，根据拟选拔法官等级的不同，对律师、法学专家作出不一样的条件要求。目前，从一些地方的实践看，向社会公开选拔法学专家和律师，也存在条件要求严格，优秀专家和律师不愿意来等现实情况。将来都需要在实践中进一步研究解决。

理解本条，还需要注意以下问题：一是，从律师、法学专家中公开选拔的法官是否都到基层法院任职的问题。本法第十七条规定，初任法官一般到基层人民法院任职。在常委会审议过程中，有意见提出，对于依据本条公开选拔的法官，应主要考虑业务能力和特殊的职位要求，不应当受要求基层工作经验到基层任职的限制，建议增加规定不受本法第十六条有关工作年限等条件的限制。对于从律师、法学专家中公开选拔初任法官的，可以不受到基层人民法院任职的限制，不作硬性要求，这样有助于选拔优秀人才进入法官队伍，否则可能对选拔范围产生影响。因此，可以说本条规定属于第十七条中“一般”以外的情形。二是，律师、法学专家公开选拔为法官后，成为公务员，应当遵守有关公务员管理的规定，特别是有关禁止性规定，如不得持有非上市公司的股份，不得在企业或者其他营利性组织中兼任职务等。同时，应当遵守有关法官任职回避的规定。律师、法学专家被选拔为法官的，应当按照本法第二十四条等关于任职回避的要求，其父母、配偶、子女在拟任职人民法院辖区内开办律师事务所或者从事司法鉴定、司法拍卖等与司法活动利益相关职业的，应当不再担任律师事务所设立人、合伙人。根据有关规定，在一年试用期内未能按照规定进行任职回避的，视为试用不合格，不予录用。

相关规定

《从律师和法学专家中公开选拔立法工作者、法官、检察官办法》第 8 条、第 13 条

第十六条 **省、自治区、直辖市设立法官遴选委员会，负责初任法官人选专业能力的审核。**

省级法官遴选委员会的组成人员应当包括地方各级人民法院法官代表、其他从事法律职业的人员和有关方面代表，其中法官代表不少于三分之一。

省级法官遴选委员会的日常工作由高级人民法院的内设职能部门承担。

遴选最高人民法院法官应当设立最高人民法院法官遴选委员会，负责法官人选专业能力的审核。

条文主旨

本条是关于法官遴选委员会的规定。

立法背景

1. 相关背景情况

本条是2019年修订法官法时新增加的规定。我国正处在全面建成小康社会的关键时期，必须更加注重发挥法治在国家治理和社会管理中的重要作用。在新的形势下，保障法律实施、维护社会公平正义的责任更加艰巨，化解矛盾纠纷、维护社会和谐稳定的任务更加繁重，人民法院作为国家审判机关，在司法运行过程中发挥着重要的作用。徒法不足以自行，法官作为人民法院的组成人员，具体行使国家审判权，加强法官队伍建设是实现公正司法的重要保障。当前，法官队伍在司法理念、司法能力、司法作风等方面与党和人民的要求还不能完全适应，司法裁判的公信力还不是很高，这些都影响和制约着司法权威。十八届三中全会提出，确保依法独立公正行使审判权检察权，建立符合职业特点的司法人员管理制度，健全法官、检察官、人民警察统一招录、有序交流、逐级遴选机制。十八届四中全会提出，建设高素质法治专门队伍，推进法治专门队伍正规化、专业化、职业化，提高职业素养和专业水平，建立法官、检察官逐级遴选制度；初任法官、检察官由高级人民法院、省级人民检察院统一招录，一律在基层人民法院、人民检察院任职；上级人民法院、人民检察院的法官、检察官一般从下一级人民法院、人民检察院的优秀法官、检察官中遴选。这里所说的遴选就是慎重选择、严格选拔、优中选优之意。为贯彻落实十八届三中、四中全会精神，进一步推进司法体制改革，2015 年 2 月，《最高人民法院关于全面深化人民法院改革的意见》提出了一系列确保高素质法官队伍建设的改革举措，包括法官分类管理制度、法官员额制度、法官选任制度、司法责任制等，并明确在国家和省一级分别设立法官遴选委员会。2016 年 5 月，《中央组织部、最高人民法院、最高人民检察院关于建立法官检察官逐级遴选制度的意见》明确要求遴选法官、检察官，体现司法职业特点，公开公平公正，从实际出发，积极稳妥推进，确保遴选工作的科学性和公信力，并对遴选的范围、条件、组织实施等作了规定。但实践中，有一些地方遴选工作存在入额论资排辈、平衡照顾，入额后办案责任不落实等问题，影响了司法责任制改革深入推进。为进一步规范法官、检察官遴选标准、程序，保障司法责任制改革健康有序开展，2017 年 3 月，《中央政法委关于严格执行法官、检察官遴选标准和程序的通知》对遴选法官的要求作了进一步细化规定，同时还要求充分发挥遴选委员会专业性把关作用。上述一系列规定，保证遴选法官做到严格标准、择优录取，防止遴选中论资排辈、迁就照顾，使真正业务水平高，司法经验丰富，能够独立办案的人员进入法官队伍。法官遴选委员会的设立不仅可以帮助选拔优秀人才进入法官队伍，还可以更好地维护审判权的独立，减少各种不当干预。

为了巩固上述司法体制改革成果，将经过司法实践检验证明行之有效的经验和做法上升为法律，2019 年法官法修订在法律中增加规定，明确设立法官遴选委员会，并明确法官遴选委员会的职责、组成等。

2. 各方面提出的意见

（1）2017 年 12 月修订草案第十五条规定：“设立最高人民法院

法官遴选委员会，负责最高人民法院法官人选专业能力的审核。省、自治区、直辖市设立法官遴选委员会，负责初任法官人选专业能力的审核。省级法官遴选委员会的组成人员应当包括地方各级人民法院法官代表和社会有关代表，其中法官代表不少于三分之一。省级法官遴选委员会在高级人民法院设立办公机构，负责法官遴选委员会的日常工作。”

在常委会第一次审议过程中，有的常委委员提出，本法应进一步细化法官遴选委员会的职权、作用和工作程序等。有的委员提出，法官遴选委员会应由本院院长主持。有的全国人大代表提出，法官应德才兼备，可以突出对专业能力的审核，但不能只审核“专业能力”，建议将草案规定的遴选委员会负责法官人选专业能力的审核，修改为“负责法官人选的审核，尤其是专业能力的审核”，或者不作规定。

在征求有关方面意见的过程中，有的地方、院校建议明确最高人民法院遴选委员会由谁设立，是否设立在最高人民法院；有的地方建议对最高人民法院遴选委员会的人员组成作出规定，增加社会代表。

有的地方建议提高法官代表比例，修改为“不少于半数”，与法官惩戒委员会中法官的比例一致。有的部门提出，为加强对法官遴选工作的社会监督，建议对社会有关代表不少于一定比例作出规定。有的地方、部门和院校提出，“社会有关代表”的具体组成不明确，建议按照《关于司法体制改革试点若干问题的框架意见》的规定，对社会有关代表范围作出指引性规定，包括组织人事部门、经验丰富的法官、人大代表、律师、法学学者等人员；有的地方建议明确党委政法委、组织人事部门等人员。有的部门提出，“社会有关代表”的表述不能包括党政机关的代表，建议进一步研究。

有的院校建议对法官遴选委员会的职权、职能、审查程序等作具体规定，增强操作性。

有的地方提出，实践中多个省市采取设置一个统一的法官检察官遴选委员会的模式，草案规定的是分设模式，建议对是否统一设置予以研究。

有的部门提出，根据机构编制管理相关规定，除专项机构编制法律法规外，其他法律法规不宜就机构编制事项作出具体规定。按照中央深化司法体制改革要求，目前省以下法院、检察院正在推进内设机构改革，总的要求是精简整合内设机构。从实践来看，法官遴选委员会、法官惩戒委员会均未单设办公室，日常工作由现有职能部门承担，总体运行顺畅，因此建议删去“省级法官遴选委员会在高级人民法院设立办公机构，负责法官遴选委员会的日常工作”的规定。有的地方建议明确由法院相关内设机构承担法官遴选委员会的日常工作。

（2）修订草案二次审议稿第十六条规定：“省、自治区、直辖市设立法官遴选委员会，负责初任法官人选专业能力的审核。省级法官遴选委员会的组成人员应当包括地方各级人民法院法官代表、其他从事法律职业的人员和有关方面代表，其中法官代表不少于三分之一。省级法官遴选委员会的日常工作由高级人民法院的内设职能部门承担。遴选最高人民法院法官应当设立最高人民法院法官遴选委员会，负责法官人选专业能力的审核。”

在常委会第二次审议过程中，有的常委会组成人员建议遴选委员会的组成人员中“其他从事法律职业的人员”包括“律师”。

有的委员建议对最高人民法院法官遴选委员会的人员组成、日常办公机构作相应规定。有的全国人大代表提出，除初任法官外，对法官晋级选拔到上级法院担任法官的，也应经过遴选委员会进行专业能力审核把关。

在修订草案二次审议稿向社会公众征求意见时，有的社会公众建议将法官级别晋升纳入遴选委员会的审核范围。

3. 有关国家法官遴选制度

（1）美国的法官遴选制度。美国联邦法官由总统提出法官人选，参议院经过本院司法委员会审查后，举行投票表决，获批准后，便成为联邦法院的法官。美国各州法院法官遴选制度分为三类：一是，任命制。法官由州长直接任命，经所在州的议会承认；有的州是根据法院提交的候选人名单中由州议会或者州长对其进行必要的考察后进行任命；有的州由议会或法院作出任命。二是，选举制。先由某一政党提名，再进行选举；或由议会选举法官。三是，选举与任命的中间方式。州设置法官候选人的提请委员会，在出现法官空缺时，由该委员会提供3名候选人名单给州长，由州长从3人中选出1人，任命其为法官，但能否连任，在州进行下一届大选时，若该法官获得多数选民支持则连任一届，若未获得多数支持的，将不再出任法官。

（2）德国的法官遴选制度。德国分为联邦法官和州法官，德国法官的遴选机构是司法部。州司法部负责州内法官遴选，主要是初任法官的遴选，并由州司法部部长任命。联邦司法部负责联邦法官的遴选，联邦法官一般均从州法官中产生，由州法院的顾问委员会推选法官，司法遴选委员会经过筛选，向联邦司法部部长提交名单，若司法部部长对人选有异议，一般会协商解决，司法部部长认可名单后，提交总统任命。

（3）日本的法官遴选制度。在日本，下级法院的法官由最高法院提名，内阁任命。最高法院提名权由最高法院大法官会议决定，最高法院设立“下级法官提名咨询委员”，并在8个高等法院管区设立地区委员会，该委员会由法官、检察官、律师和学者组成，负责收集信息，提出初步的咨询意见，审核候选人是否适合担任法官，供大法官们表决提名时参考。最高法院院长由内阁提名，天皇任命；院长以外的法官，由内阁任命。

条文解读

本条共分四款。第一款是关于省级设立法官遴选委员会的规定。根据本款规定，省、自治区、直辖市设立法官遴选委员会，负责初任法官人选专业能力的审核。

第一款规定包括两层含义：一是，省、自治区、直辖市设立法官遴选委员会。需要注意的是，这里所说的法官遴选委员会，是由省、自治区、直辖市设立的，而不是由省、自治区、直辖市的高级人民法院自行设立的。同时，在省级设立法官遴选委员会，是总结近年来探索的法官实行省以下统管的司法体制改革举措的经验，作出的法律规定。法官素质是司法公正的首要保障，是独立行使审判权的重要前提。一直以来，全面提高法官队伍建设科学化水平，努力打造一支政治坚定、能力过硬、作风优良、公正廉洁的高素质法院队伍，实现“努力让人民群众在每一个司法案件中都感受到公平正义”的工作目标，都是法官队伍建设的总体要求。为全面推进高素质法官队伍建设，按照中央司法体制改革总体要求，《最高人民法院关于全面深化人民法院改革的意见》提出，建立法官员额制度，改革法官选任制度，在省一级设立由法官代表和社会有关人员参与的法官遴选委员会，制定公开、公平、公正的选任程序，确保品行端正、经验丰富、专业水平较高的优秀法律人才成为法官人选，实现法官遴选机制与法定任免机制的有效衔接。

二是，法官遴选委员会的职责，就是负责初任法官人选专业能力的审核。这里所说的初任法官，是指第一次担任法官，之前未曾担任过法官。根据本法第十二条的规定，初任法官应当通过国家统一法律职业资格考试取得法律职业资格，并且符合担任法官的其他条件。由于法官遴选委员会具有专业性和中立性，能够更好地从专业角度对初任法官人选的专业能力进行审核，真正让业务水平高、司法经验丰富、审判能力强的人员进入法官队伍。

本条第二款是关于省级法官遴选委员会组成的规定。

法官遴选委员会依法承担对初任法官人选的专业能力进行审核的重要职责，应当由政治素质高、专业能力强、职业操守好的人员组成，并且应当具有专业性和广泛代表性，既要有经验丰富的法官代表，也要有社会人士代表。根据本款规定，省级法官遴选委员会的组成人员应当包括以下几类人员：一是，地方各级人民法院法官代表，且法官代表不少于三分之一。法官代表的人选，需要考虑基层人民法院的法官、中级人民法院的法官、高级人民法院的法官，如有必要也要考虑专门人民法院的法官。而且，法官代表的人数不能少于遴选委员会总人数的三分之一，这样规定主要是保障法官的权利。二是，其他从事法律职业的人员。具体可以考虑从律师、立法机关和政府中从事法制工作的人员等法律职业人员中选任代表。三是，有关方面代表。具体可以考虑从人大代表、政协委员、组织人事等部门，以及其他社会各界中选任代表。

本条第三款是关于省级法官遴选委员会日常工作的规定。

根据本款规定，省级法官遴选委员会的日常工作由高级人民法院的内设职能部门承担。这里所说的日常工作主要包括法官遴选事项的规划、启动，对初任法官人选法官资格、工作履历、工作绩效情况进行收集、核实，以及组织会议等事务性工作。内设职能部门，一般是指高级人民法院中负责组织人事工作的政治部。

本条第四款是关于最高人民法院法官遴选委员会的规定。

最高人民法院是国家最高审判机关，最高人民法院的法官代表国家司法形象，守护着公平正义的最后一道防线。最高人民法院法官的遴选事关审判工作大局，尤为重要，遴选最高人民法院法官要充分考虑到最高人民法院的职能定位、人员现状、案件数量和工作特点，规则需要更精细、标准更加严格、程序更加完善。本款对遴选最高人民法院法官遴选委员会作了规定，具体包含两层意思：

第一，遴选最高人民法院法官应当设立最高人民法院法官遴选委员会。最高人民法院法官遴选委员会担负着优中选优、把好最高人民法院法官“入口”的重要职责，承载着人民群众对公平正义的期盼，对于地方各级人民法院推进司法体制改革，建设高素质法官队伍，具有重要的示范和指导作用。最高人民法院法官遴选委员会也应当具有广泛代表性，包括经验丰富的法官代表、其他从事法律职业的人员和有关方面代表。从实践情况来看，最高人民法院在员额制改革中设立的法官遴选委员会，成员包括最高人民法院法官、最高人民检察院检察官，中央组织部、中央政法委、全国人大有关部门的人员，全国人大代表、全国政协委员等。

第二，最高人民法院法官遴选委员会，负责法官人选专业能力的审核。最高人民法院法官应当是好中选优、能中选强，能够成为全国法官的标杆。这就要求遴选委员会切实发挥好专业能力审查把关作用，强化专业把关，恪守公平公正，真正把业务水平高、司法经验丰富、审判业绩突出的高素质人才选拔出来。需要注意的是，这里规定的是法官人选，既包括初任法官，也包括其他初次进入最高人民法院的法官。这与本条第一款关于省级法官遴选委员会负责初任法官专业能力审核的规定不完全相同。从最高人民法院法官遴选委员会开展工作的实际情况来看，遴选委员会享有充分的审议权，审议过程中，委员们对候选人的入额资格、办案绩效、测评考核等情况如果存在疑问的，随时可以要求遴选委员会办公室工作人员作出说明，表决时不划定差额比例或指标，更不指定淘汰人选，由委员们根据审议情况自主决定差额人选，并当场宣布表决结果。

在该条的理解适用中，还需要注意以下两个问题：第一，省、自治区、直辖市设立的法官遴选委员会，不仅对省、自治区、直辖市高级人民法院法官人选的专业能力进行审核，还要负责对本省、自治区、直辖市内各中级人民法院、基层人民法院，以及海事法院、知识产权法院、金融法院等专门人民法院法官的专业能力进行审核。

第二，本条规定了省、自治区、直辖市法官遴选委员会和最高人民法院法官遴选委员会。根据本条的规定，省、自治区、直辖市法官遴选委员会负责对本辖区内的基层人民法院、中级人民法院、高级人民法院和专门人民法院的初任法官的专业能力进行审核，也就是说，只对初任法官进行审核。最高人民法院法官遴选委员会不仅对进入最高人民法院的初任法官的专业能力进行审核，还要对从中级人民法院、高级人民法院、专门人民法院通过遴选方式或者其他方式进入最高人民法院的法官的专业能力进行审核。也就是说，凡初次进入最高人民法院的法官人选，都需要由最高人民法院遴选委员会对其专业能力进行审核。

相关规定

《中华人民共和国法官法》第12条；《最高人民法院关于全面深化人民法院改革的意见》第50条；《中央组织部、最高人民法院、最高人民检察院关于建立法官检察官逐级遴选制度的意见》；《中央政法委员会关于严格执行法官、检察官遴选标准和程序的通知》

第十七条　初任法官一般到基层人民法院任职。上级人民法院法官一般逐级遴选；最高人民法院和高级人民法院法官可以从下两级人民法院遴选。参加上级人民法院遴选的法官应当在下级人民法院担任法官一定年限，并具有遴选职位相关工作经历。

条文主旨

本条是关于初任法官任职以及逐级遴选制度的规定。

立法背景

1. 对初任法官任职以及逐级遴选增加规定的背景

法官的职责是通过办理案件，实现司法公正，其所从事的审判工作需要专业知识、法律推理能力和运用法律的能力，要熟悉司法层级及运作，并能准确理解社会情况、把握社情民意，这些需要在办理案件过程中逐步历练积累。不仅我国法律对法官的产生尤其上级人民法院法官的产生规定了严格的条件和程序，相关国家和地区也同样规定了比较严格的条件和程序。例如，德国规定了逐级晋升机制。逐级晋升是指被任命为法官后，应先在初级法院工作一定的期限，期满后，还需要经过法院进行的考验和审查，才能成为上级法院的法官。德国联邦法院法官的遴选主要采用晋升的方式。德国联邦法院的法官几乎都曾经是州法官，这给那些经验丰富的法官一个晋升的通道。当联邦法院法官的名额出现空缺时，各州的主管部长负责推荐候选人再由司法遴选委员会对候选人进行初步筛选，最终由遴选委员会投票确定。遴选委员会投票选举候选人主要考虑的因素有：专业资格、籍贯、党派倾向和政治因素。在日本，要成为法官，有着严格的程序。法官的准入门槛较高，这主要体现在国家司法考试较为严格，通过率很低。要成为法官，首先要通过统一的司法考试获得法曹资格，然后成为司法研修生；其次从司法研修毕业生中选任候补法官；最后当候补法官10年以上才能被遴选为法官。日本对于不同层级法院的法官任职资格还作出了明确的规定，法院的层级越高，所要求的相应资历也越高。为充分了解和考核候选法官，日本最高法院成立了下级法院法官提名咨询委员会以及下属的地区委员会，用来专门收集候选者的工作、德行、国民意见等信息，为遴选法官提供参考。日本对最高法院院长和法官的任命更是严格，设置了国民审查制度，即他们被任命后需要提交国民进行审查。国民审查制度既是法官遴选制度的一部分，又是法官惩戒制度的重要元素。

本条是2019年法官法修订新增加的内容，将司法体制改革中执行法官遴选有关规定的情况在法律中进一步予以明确。法官逐级遴选制度是司法体制改革的重要内容，为推进法官队伍正规化、专业化、职业化建设，提供了有力的制度保障。建立公平公正公开的遴选机制，规范遴选和任职条件、标准和程序，有利于把政治业务素质好、职业操守正的优秀法律人才选好用好，确保司法公正。国家高度重视建立并逐步完善法官逐级遴选制度。2013年11月，《中共中央关于全面深化改革若干重大问题的决定》提出，建立符合职业特点的司法人员管理制度，健全法官、检察官、人民警察统一招录、有序交流、逐级遴选机制。2014年10月，党的十八届四中全会通过的《中共中央关于全面推进依法治国若干重大问题的决定》对法官遴选制度提出具体方案：初任法官由高级人民法院统一招录，一律在基层法院任职。上级人民法院、人民检察院的法官、检察官一般从下一级人民法院、人民检察院的优秀法官、检察官中遴选。《中央组织部、最高人民法院、最高人民检察院关于建立法官检察官逐级遴选制度的意见》以及司改有关文件规定，对初任法官到基层法院任职、参加遴选工作年限和相关工作经历等作出具体规定：中级以上人民法院法官，一般通过逐级遴选方式产生。最高人民法院和高级人民法院可以在下两级人民法院范围内遴选法官。中级、高级人民法院遴选法官人选一般在下级人民法院担任法官五年以上，并具有遴选职位三年以上相关工作经历；最高人民法院遴选法官人选一般在下级人民法院担任法官八年以上，并具有遴选职位五年以上相关工作经历。

根据我国刑事、民事、行政诉讼法等相关法律和规定，上级人民法院审理相对于基层人民法院有重大影响或者疑难、复杂的第一审案件，同时承担着上诉案件审理以及指导下级人民法院案件审理等职能。在上级人民法院从事审判工作更需要熟练适用法律的业务能力、丰富的审理案件经验、较高的政治法律素养以及良好的道德品行。我国建立法官逐级遴选制度的意义在于依照法定程序和条件，公正地选拔具有较高法律素养和能力，在任职法院工作得到认可的法官，保证其将任职的上级人民法院审判权能被正确地行使，对于法律的有效实施、司法权的合理行使、社会公平正义的维护均具有至关重要的作用。一方面，可以从源头上保障法官的职业素养和水平。通过法官遴选制度，法院可以设置一定的标准和条件，遴选出具有较高法律素养和法律水平的法官，从而提高我国法官整体质量，形成一个高标准高要求高素质的法官群体。另一方面，有助于实现司法公正和树立司法权威。法官遴选制度将对法官的选拔放在阳光下，让人民能够真真切切地感受到司法制度。这不仅有助于让司法公正变成一种看得见的公正，同时也有利于树立司法权威。法官逐级遴选制度，即基层任职，既充实基层司法一线办案力量，又可以建立法律职业从基层起步，逐级向上级法院晋升的法官培养晋升格局，有利于形成良好的法官职务序列。

2. 各方面提出的意见

2017 年 12 月法官法修订草案和 2018 年 12 月份法官法修订草案二次审议稿对逐级遴选制度作出规定：初任法官一般到基层人民法院任职。中级以上人民法院法官，一般通过逐级遴选方式产生。最高人民法院和高级人民法院可以在下两级人民法院范围内遴选法官。中级、高级人民法院遴选法官人选一般在下级人民法院担任法官五年以上，并具有遴选职位三年以上相关工作经历；最高人民法院遴选法官人选一般在下级人民法院担任法官八年以上，并具有遴选职位五年以上相关工作经历。各有关方面对这条规定提出以下意见：

一是关于初任法官一般到基层任职。有的意见提出，党的十八届四中全会决定规定，初任法官、检察官一律在基层法院、检察院任职，建议将“一般”改为“应当”。有的意见提出，严格执行初任法官、检察官一般到基层任职的规定，可能导致中级以上人民法院、地市级以上人民检察院难以招录到法官助理、检察官助理，可以考虑法律层面作原则表述，为相关部门留下灵活掌握的空间。有的意见提出，中级以上人民法院已经以法官助理身份招录到法院的人员担任法官职务的，是否一律到基层人民法院任职，任职后又以何种途径回到原人民法院，建议对这些问题予以明确。有的意见提出，对本法施行以前有基层法官工作经历后调入中级以上人民法院的，不应要求再到基层人民法院担任法官。有的意见提出，该规定缺乏弹性，不利于调动法官助理工作积极性，建议允许符合条件的法官助理可以直接在任职法院遴选为法官。

二是关于逐级遴选。有的意见建议，将“下两级”修改为“下级”，将“一般通过逐级遴选产生”修改为“应当有一定比例通过逐级遴选方式产生”。有的意见提出，逐级遴选严格限制任职年限和职位相关工作经历，可能导致人选范围过窄、遴选周期过长，不利于及时遴选优秀法官。有的意见提出，大学本科毕业年龄一般为二十二岁，进入法院工作后，比较顺利的话两年后被任命为法官，再有五年工作经历后遴选到中级人民法院，参加最高人民法院遴选时，最低年龄要40岁左右，考虑到该年龄段的职务等级、家庭等因素，参加遴选的人员可能比较少，建议考虑实际情况。

三是关于工作年限、相关工作经历。有的意见提出，遴选条件规定得过细不利于发挥遴选制度的实际作用，各地情况不同，每次遴选需求也不同，建议法律中不作硬性规定，适当放宽，具体任职年限和遴选职位相关工作经历年限由“两高”会同有关部门根据实际情况制定。有的意见建议，降低工作年限，修改为“中级、高级人民法院遴选法官人选一般在下级人民法院担任法官三年以上，并具有遴选职位两年以上相关工作经历；最高人民法院遴选法官人选一般在下级人民法院担任法官五年以上，并具有遴选职位五年以上相关工作经历”。有的意见提出，基层人民法院案件多，法官少，压力大，为防止基层法人民院法官流失，建议将上述工作年限都规定为八年。有的意见提出，遴选法官人选除规定工作年限外，还应规定相应的办案数量。

条文解读

一是，初任法官一般到基层人民法院任职。这里的初任法官，是指初次担任法官的情形，主要是指以前并未任命过审判员或者助理审判员的，通过考核、考试的方式，经法官遴选委员审核通过，并经同级人大常委会任命后进入员额制法官队伍的情形。对于在司法体制改革前，已经被任命为审判员或者助理审判员的，在改革之初并未进入员额制法官队伍，后又经考核、考试进入员额制法官队伍的，由于曾担任过法官，不属于初任的情形。这里的基层人民法院，一般是指区、县人民法院。根据《中华人民共和国人民法院组织法》第十二条的规定，我国的人民法院组织体系由最高人民法院、地方各级人民法院和专门人民法院组成。其中，最高人民法院是国家最高审判机关。地方各级人民法院分为基层人民法院、中级人民法院和高级人民法院三级。专门人民法院，包括军事法院等。此外，全国人大常委会还专门作出决定，在新疆生产建设兵团设立人民法院。总的来说，我国的法院组织体系设四级，即最高人民法院、高级人民法院、中级人民法院和基层人民法院。这是以行政区划为基础的组织体系。本条规定的到基层人民法院任职，一般是指到区、县人民法院担任法官。对于初任法官的任职法院，在司法体制改革中已有探索并积累了经验。2016 年 5 月，《中央组织部、最高人民法院、最高人民检察院关于建立法官检察官逐级遴选制度的意见》规定，地市级人民法院法官助理、人民检察院检察官助理，初任法官、检察官的，应当到基层人民法院、人民检察院任职；省级以上人民法院法官助理、人民检察院检察官助理，初任法官、检察官的，一般到基层人民法院、人民检察院任职。员额制实施前在地市级以上人民法院、人民检察院已任命为法官、检察官但未入额，且仍在审判部门协助办案的，可以在本院参加法官遴选，在本院任职。法官法总结前期司法体制改革经验，规定初任法官一般到基层人民法院任职。

二是，上级人民法院法官一般逐级遴选产生，最高人民法院和高级人民法院法官可以从下两级人民法院遴选。逐级遴选，是指上一级人民法院法官从下一级人民法院遴选产生，即最高人民法院从高级人民法院遴选产生、高级人民法院从中级人民法院遴选产生、中级人民法院从基层人民法院遴选产生。其中，最高人民法院和高级人民法院遴选法官有特殊规定，可以从下两级人民法院遴选，即最高人民法院法官可以从高级人民法院、中级人民法院等两级法院中政治素养高、审判案件经验丰富、专业能力强、熟悉所在法院管辖案件的法官择优遴选到最高人民法院。省级人民法院法官可以从中级人民法院、基层人民法院法官等两级法院中遴选产生。

三是，被遴选到上级人民法院担任法官，应当符合规定要求的工作年限。2017 年法官法修订草案和法官法修订草案二次审议稿规定，中级、高级人民法院遴选法官人选一般在下级人民法院担任法官五年以上，并具有遴选职位三年以上相关工作经历；最高人民法院遴选法官人选一般在下级人民法院担任法官八年以上，并具有遴选职位五年以上相关工作经历。在审议和修改过程中，有的意见提出，严格限制任职年限和职位相关工作经历，可能导致人选范围过窄、遴选周期过长，不利于及时遴选优秀法官，建议删除或者适当降低年限和工作经历要求。经研究，修改为“参加上级人民法院遴选的法官应当在下级人民法院担任法官一定年限，并具有遴选职位相关工作经历”，对一定年限和工作经历作原则性规定。之所以规定担任法官一定年限，是因为审判经验需要在具体工作中积累，审判案件的能力需要在司法实践中逐步提高，所以要求法官有一定年限审理案件的经验。本条对年限不作具体规定，并不是对年限不作要求，而是让用人法院根据审判工作需要、岗位职责以及员额空缺等情况，来进行综合确定。关于相关工作经历，要求法官有参加合议庭审判或者独任审理等办理相关案件等与被遴选法官职位相关的工作经验，对相关业务经验的具体要求可以由上级法院根据工作需要和实际情况，在遴选时予以明确，如上级法院刑事审判庭遴选法官是否需要刑事审判经验等。最高人民法院可以根据法院工作需要，综合各方面情况，对年限和工作经历作出进一步具体规定。

相关规定

《中华人民共和国人民法院组织法》第 12 条；《中华人民共和国检察官法》第 17 条；《中共中央关于全面深化改革若干重大问题的决定》；《中共中央关于全面推进依法治国若干重大问题的决定》；《中共中央办公厅、国务院办公厅关于加强法官检察官正规化专业化职业化建设全面落实司法责任制的意见》；《中央组织部、最高人民法院、最高人民检察院关于建立法官检察官逐级遴选制度的意见》

第四章　法官的任免

第十八条　法官的任免，依照宪法和法律规定的任免权限和程序办理。

最高人民法院院长由全国人民代表大会选举和罢免，副院长、审判委员会委员、庭长、副庭长和审判员，由院长提请全国人民代表大会常务委员会任免。

最高人民法院巡回法庭庭长、副庭长，由院长提请全国人民代表大会常务委员会任免。

地方各级人民法院院长由本级人民代表大会选举和罢免，副院长、审判委员会委员、庭长、副庭长和审判员，由院长提请本级人民代表大会常务委员会任免。

在省、自治区内按地区设立的和在直辖市内设立的中级人民法院的院长，由省、自治区、直辖市人民代表大会常务委员会根据主任会议的提名决定任免，副院长、审判委员会委员、庭长、副庭长和审判员，由高级人民法院院长提请省、自治区、直辖市人民代表大会常务委员会任免。

新疆生产建设兵团各级人民法院、专门人民法院的院长、副院长、审判委员会委员、庭长、副庭长和审判员，依照全国人民代表大会常务委员会的有关规定任免。

条文主旨

本条是关于法官任免的规定。

立法背景

本条规定与2018年修订的人民法院组织法相衔接，并体现了司法体制改革的精神。2018年修订的人民法院组织法对最高人民法院、地方各级人民法院、专门人民法院的法官任免均作出了规定。其第四十二条规定，最高人民法院院长由全国人民代表大会选举，副院长、审判委员会委员、庭长、副庭长和审判员由院长提请全国人民代表大会常务委员会任免。最高人民法院巡回法庭庭长、副庭长，由最高人民法院院长提请全国人民代表大会常务委员会任免。第四十三条规定，地方各级人民法院院长由本级人民代表大会选举，副院长、审判委员会委员、庭长、副庭长和审判员由院长提请本级人民代表大会常务委员会任免。在省、自治区内按地区设立的和在直辖市内设立的中级人民法院院长，由省、自治区、直辖市人民代表大会常务委员会根据主任会议的提名决定任免，副院长、审判委员会委员、庭长、副庭长和审判员由高级人民法院院长提请省、自治区、直辖市人民代表大会常务委员会任免。同时，人民法院组织法对新疆生产建设兵团人民法院、专门人民法院法官任免也作出了规定。其第十四条规定，在新疆生产建设兵团设立的人民法院的组织、案件管辖范围和法官任免，依照全国人民代表大会常务委员会的有关规定。第十五条第二款规定，专门人民法院的设置、组织、职权和法官任免，由全国人民代表大会常务委员会规定。

2017年《中华人民共和国法官法》第十一条第三款规定了民族自治地方和助理审判员的任免程序。根据司法体制改革精神和2018年修订的人民法院组织法，民族自治地方属于地方各级人民法院范畴，不再单独规定。以前，在人民法院内部存在助理审判员这一职务，作为法官被任命为审判员之前的过渡期。在当时的情况下，这种做法有利于法官更好地履行自己的审判职责，提高业务能力和综合素质。考虑到实际工作的需要，人民法院的助理审判员由本院院长任免。随着司法体制改革的推进，现在已经取消了助理审判员制度，增设法官助理作为审判辅助人员，相应删除了关于助理审判员任命的规定。

2017年法官法修订草案规定，在省、自治区内按地区设立和直辖市内设立的中级人民法院院长、副院长、审判委员会委员和其他法官由高级人民法院院长提请省、自治区、直辖市的人民代表大会常务委员会任免。有的意见提出，《中华人民共和国地方各级人民代表大会和地方各级人民政府组织法》第四十四条第十一项规定，省、自治区、直辖市的人民代表大会常务委员会根据主任会议的提名，决定在省、自治区内按地区设立的和在直辖市内设立的中级人民法院院长的任免。《中华人民共和国人民法院组织法》第四十三条也作了相应规定。2017年法官法修订草案中由院长提请的规定，与地方组织法、人民法院组织法的规定相矛盾。经研究，对该意见予以采纳。

条文解读

本条共分六款。第一款是关于法官任免的依据的规定。即法官任免必须依照宪法和法律的有关规定进行。人民法院是国家的审判机关，它肩负着通过审判刑事案件、民事案件、行政案件以及法律规定的其他案件，惩罚犯罪，保障无罪的人不受刑事追究，解决民事、行政纠纷，保护个人和组织的合法权益，监督行政机关依法行使职权，维护国家安全和社会秩序，维护社会公平正义，维护国家法制统一、尊严和权威，保障中国特色社会主义建设顺利进行的神圣使命。为了保证法官依法履行职责，忠实执行宪法和法律，全心全意为人民服务，我国宪法和有关法律对法官任免规定了严格的程序和权限。《中华人民共和国宪法》第一百零一条第二款规定，县级以上的地方各级人民代表大会选举并且有权罢免本级人民法院院长。第一百三十三条规定，最高人民法院对全国人民代表大会和全国人民代表大会常务委员会负责。地方各级人民法院对产生它的国家权力机关负责。人民法院组织法也对最高人民法院、地方各级人民法院、专门人民法院的法官任免作出了规定。《全国人民代表大会常务委员会关于新疆维吾尔自治区生产建设兵团设置人民法院和人民检察院的决定》，对新疆生产建设兵团人民法院的法官任免作出规定。关于设立海事法院、知识产权法院、金融法院的决定以及海事诉讼特别程序法，对有关海事法院、知识产权法院、金融法院的法官任免作出规定。上述规定均为法官任免的依据。因此本条在第一款中强调，法官的任免，必须严格依照宪法和法律规定的任免权限和程序办理。未依宪法和法律规定的任免权限和程序进行任命的，任何人不能行使国家审判权。同时，法官的任免必须严格依照宪法和法律规定的任免权限和程序办理，也要求国家权力机关更好地行使任免法官的权力，推进法治工作队伍建设。

本条第二款是关于最高人民法院院长的选举和罢免以及副院长、审判委员会委员、庭长、副庭长和审判员的任免程序及权限的规定。本条第二款的规定是与宪法和人民法院组织法规定的任免程序和权限衔接一致的。《中华人民共和国宪法》第六十二条第八项规定，全国人民代表大会选举最高人民法院院长；第六十七条第十二项规定，全国人民代表大会常务委员会根据最高人民法院院长的提请，任免最高人民法院副院长、审判员、审判委员会委员和军事法院院长。

根据本条第二款的规定，最高人民法院院长由全国人民代表大会主席团提名，经有效投票方得当选。最高人民法院院长可以主动提出辞职，也可以由主席团、三个以上的代表团或者十分之一以上的代表提出罢免案予以罢免。最高人民法院的副院长、审判委员会委员、庭长、副庭长和审判员由院长提名后由全国人大常委会审议通过产生。值得注意的是，庭长、副庭长是否由人大常委会任免，有过反复。考虑到庭长、副庭长是人民法院内部管理职位，根据司法责任制改革的精神，庭长、副庭长不再审核签发法律文书。在人民法院组织法修订草案中，对庭长、副庭长的任免未作规定。但在审议过程中，有的意见提出，庭长、副庭长由人大常委会任免，是现行地方组织法、监督法的规定，实践中他们承担了部分审判管理工作，由人大常委会任命也是可以的，不会影响司法责任制的落实。2018 年 10 月 26 日第十三届全国人大常委会第六次会议通过的人民法院组织法保留了庭长、副庭长由人大常委会任命的规定。

人民代表大会制度是我国的根本政治制度，全国人民代表大会是最高国家权力机关，全国人民代表大会常务委员会是它的常设机关。全国人大及其常委会的一项重要职权，就是产生中央层级的其他国家机关，包括最高人民法院。最高人民法院作为最高审判机关，其领导人员和庭长、副庭长、审判员由全国人大及其常委会选举和任免，是人大行使人事任免权的重要内容，也充分体现了最高审判机关由最高国家权力机关产生，对最高国家权力机关负责的宪法精神。

本条第三款是关于最高人民法院巡回法庭庭长、副庭长的任免程序及权限的规定。本条是此次修改新增加的内容。2014 年 10 月，十八届四中全会提出，优化司法职权配置，最高人民法院设立巡回法庭。2015 年 1 月 28 日，最高人民法院第一巡回法庭在广东省深圳市挂牌，巡回区为广东、广西、海南三省区，后又增加湖南省有关案件管辖权。2015 年 1 月 31 日，第二巡回法庭在辽宁省沈阳市挂牌，巡回区为辽宁、吉林、黑龙江三省区。2016 年 11 月 1 日，为推进全面依法治国、维护司法公正，中共中央总书记习近平主持召开中央全面深化改革领导小组第二十九次会议，批准最高人民法院在第一、第二巡回法庭的基础上，增设四个巡回法庭。2016 年 12 月，第三巡回法庭在南京成立，审理江苏、上海、浙江、福建、江西五省市范围内有关案件；第四巡回法庭在郑州成立，主要审理河南、山西、湖北、安徽四省范围内有关案件；第五巡回法庭在重庆成立，管辖区域包括重庆、四川、云南、贵州、西藏等五省区；第六巡回法庭在西安成立，审理陕西、甘肃、青海、宁夏、新疆五省区有关案件。最高人民法院本部直接受理北京、天津、河北、山东、内蒙古五省区市有关案件。

关于最高人民法院巡回法庭的性质，《中华人民共和国人民法院组织法》第十九条第二款规定，巡回法庭是最高人民法院的组成部分。《最高人民法院关于巡回法庭审理案件若干问题的规定》第二条规定，巡回法庭是最高人民法院派出的常设审判机构。由此可见，巡回法庭在组织体系上并非独立的法院，而是最高人民法院的组成部分，在审级关系上仍与最高人民法院的内设审判机构属于同一审级。因此，巡回法庭的庭长、副庭长仍应由最高人民法院院长提请全国人民代表大会常务委员会任免。

2017 年提请全国人大常委会审议的法官法修订草案中，没有对巡回法庭庭长、副庭长的任免作出规定，这一规定是在法官法修订草案二次审议稿中增加的。一是，有的意见提出，最高人民法院设立巡回法庭是落实党的十八届四中全会的重大改革举措，巡回法庭与最高人民法院内设的审判庭性质不同、责任更为重大，对其庭长、副庭长由全国人大常委会任免应当专门作出规定。二是，2018 年修订的人民法院组织法已经通过实施，为与其规定保持一致，应对巡回法庭庭长、副庭长的任免作出规定。

本条第四款是关于地方各级人民法院院长的选举和罢免以及副院长、审判委员会委员、庭长、副庭长和审判员的任免程序及权限的规定。

根据《中华人民共和国宪法》第一百零一条第二款的规定，县级以上的地方各级人民代表大会选举并且有权罢免本级人民法院院长。《中华人民共和国地方各级人民代表大会和地方各级人民政府组织法》第四十四条第十一项规定，县级以上的地方各级人民代表大会常务委员会按照人民法院组织法的规定，任免人民法院副院长、庭长、副庭长、审判委员会委员、审判员。《中华人民共和国人民法院组织法》第四十三条第一款规定，地方各级人民法院副院长、审判委员会委员、庭长、副庭长和审判员由本院院长提请本级人民代表大会常务委员会任免。

根据《中华人民共和国人民法院组织法》第十三条的规定，地方各级人民法院分为高级人民法院、中级人民法院和基层人民法院。高级人民法院包括省高级人民法院、自治区高级人民法院、直辖市高级人民法院。中级人民法院包括省、自治区辖市的中级人民法院，在直辖市内设立的中级人民法院，自治州中级人民法院，在省、自治区内按地区设立的中级人民法院。基层人民法院包括县、自治县人民法院，不设区的市人民法院，市辖区人民法院。除在省、自治区内按地区设立的和在直辖市内设立的中级人民法院外，我国地方人民法院大部分是按行政区划设置的：31 个省、自治区、直辖市均设立高级人民法院；自治州、设区的市设立中级人民法院；县、自治县、区设立基层人民法院。上述地方人民法院，与地方各级人民代表大会对应设立，因此他们的有关人员由同级人大及其常委会产生。

对于地方各级人民法院院长的任免，根据地方各级人民代表大会和地方各级人民政府组织法的规定，由本级人民代表大会主席团或者代表联合提名，经差额选举，过半数票后票高者当选。对于地方各级人民法院副院长、审判委员会委员、庭长、副庭长和审判员，由地方各级人大常委会进行任免。

本条第五款是关于在省、自治区内按地区设立的和直辖市内设立的中级人民法院院长、副院长、审判委员会委员、庭长、副庭长和审判员的任免程序及权限的规定。

由于上述中级人民法院没有直接对应的人民代表大会，其法官不能通过人民代表大会选举的方式产生，只能通过人大常委会直接任免的方式进行。而且，该类中级人民法院的设立主要由省级人大常委会批准决定，故其法官的任免权应由省级人大常委会行使。目前，全国有 7 个地区、3 个盟，均设立了中级人民法院；4 个直辖市共设立了 15 个中级人民法院；此外，还有湖北省在天门、仙桃、潜江三个不设区的市设立汉江中级人民法院，河南省在济源市（不设区的市）设立济源中级人民法院，河北省设立雄安新区中级人民法院，海南省在海口、三亚以外的地区设立海南第一中级人民法院和第二中级人民法院等。这些中级人民法院的院长由省、自治区、直辖市人大常委会根据主任会议的提名决定任免；副院长、审判委员会委员、庭长、副庭长和审判员，由高级人民法院院长提请省、自治区、直辖市人大常委会任免。

本条第六款是关于新疆生产建设兵团各级人民法院、专门人民法院的院长、副院长、审判委员会委员、庭长、副庭长和审判员的任免办法的规定。

根据第六款的规定，新疆生产建设兵团各级人民法院、专门人民法院的法官任免均由全国人大常委会另行规定。新疆生产建设兵团是党政军企合一的特殊组织，实行特殊体制，自行管理内部的行政、司法事务。新疆生产建设兵团人民法院的前身是建立于二十世纪五十年代的新疆军区生产建设兵团军事法院，1975 年随新疆生产建设兵团的撤销而撤销，1984 年恢复重建。长期以来，新疆生产建设兵团人民法院认真履行审判职能，办理了大量案件，为维护兵团和全疆的社会稳定，促进经济发展，加强民族团结，巩固祖国边防，发挥了重要作用。为解决新疆生产建设兵团人民法院的法律地位不清、法官职务任免缺乏依据等问题，1998 年 12 月 29 日，第九届全国人民代表大会常务委员会第六次会议通过了《关于新疆维吾尔自治区生产建设兵团设置人民法院和人民检察院的决定》，明确新疆维吾尔自治区高级人民法院生产建设兵团分院院长、副院长、审判委员会委员、庭长、副庭长、审判员，新疆维吾尔自治区生产建设兵团中级人民法院院长、副院长、审判委员会委员、庭长、副庭长、审判员，由自治区高级人民法院院长提请自治区人民代表大会常务委员会任免；基层人民法院院长、副院长、审判委员会委员、庭长、副庭长、审判员，由新疆维吾尔自治区高级人民法院生产建设兵团分院任免。截至 2017 年 5 月，新疆生产建设兵团人民法院共有 43 个，其中高级人民法院分院 1 个，中级人民法院 13 个，基层人民法院 29 个。此次修订法官法，增设本款，就是为了与人民法院组织法等相衔接，在法律层面明确新疆生产建设兵团人民法院法官任免权限和程序，使其各项工作于法有据、有法可依。

根据《中华人民共和国人民法院组织法》第十五条的规定，专门人民法院包括军事法院和海事法院、知识产权法院、金融法院等。其中，军事法院共分为三级，即高级军事法院、中级军事法院和基层军事法院。各级军事法院的设立和分布基本与军事部署同步，与地域省市分布无关。我国的高级军事法院为：中国人民解放军军事法院。中级军事法院共7个，分别为：东部战区军事法院、南部战区军事法院、西部战区第一军事法院、西部战区第二军事法院、北部战区军事法院、中部战区军事法庭和总直属军事法院。基层军事法院共25个，与各中级军事法院相对应，分别为：上海、南京、杭州、合肥、福州军事法院；长沙、广州、南宁、海口、昆明、驻香港部队军事法院；成都、拉萨军事法院；兰州、西宁、乌鲁木齐军事法院；沈阳、哈尔滨、济南军事法院；北京、石家庄、郑州、武汉、西安军事法院，以及直属军事法院。根据《中华人民共和国宪法》第六十七条第十二项的规定，中国人民解放军军事法院院长由最高人民法院院长提请全国人大常委会任免。

实践中，对于海事法院、知识产权法院和金融法院的设置、组织、职权和法官任免，均由全国人大常委会以决定的形式予以规范。1984年，第六届全国人大常委会第八次会议通过《全国人民代表大会常务委员会关于在沿海港口城市设立海事法院的决定》，规定海事法院院长由所在地的市人民代表大会常务委员会主任提请本级人民代表大会常务委员会任免。海事法院副院长、庭长、副庭长、审判员和审判委员会委员，由海事法院院长提请所在地的市人民代表大会常务委员会任免。2014年8月31日，第十二届全国人大常委会第十次会议通过《全国人民代表大会常务委员会关于在北京、上海、广州设立知识产权法院的决定》，规定知识产权法院院长由所在地的市人民代表大会常务委员会主任会议提请本级人民代表大会常务委员会任免。知识产权法院副院长、庭长、审判员和审判委员会委员，由知识产权法院院长提请所在地的市人民代表大会常务委员会任免。2018 年 4 月 27 日，第十三届全国人大常委会第二次会议通过《全国人民代表大会常务委员会关于设立上海金融法院的决定》，规定上海金融法院院长由上海市人民代表大会常务委员会主任会议提请本级人民代表大会常务委员会任免。上海金融法院副院长、审判委员会委员、庭长、副庭长、审判员由上海金融法院院长提请上海市人民代表大会常务委员会任免。上述法律规定，对军事法院、海事法院、知识产权法院和金融法院等专门人民法院的法官任免提供了明确的法律依据。

相关规定

《中华人民共和国宪法》第 62 条、第 67 条、第 101 条、第 133 条；《中华人民共和国人民法院组织法》第 14 条、第 15 条、第 42 条、第 43 条；《中华人民共和国地方各级人民代表大会和地方各级人民政府组织法》第 44 条

第十九条　法官在依照法定程序产生后，在就职时应当公开进行宪法宣誓。

条文主旨

本条是关于法官就职时进行宪法宣誓的规定。

立法背景

国家公职人员在任职时向宪法宣誓，是世界上多数国家普遍采取的一种制度。宪法宣誓仪式通过庄重的形式强化宪法精神，有助于增强宣誓人和参加、观看仪式的人员对宪法的敬畏感，促进宣誓人铭记对宪法所作出的庄严承诺；有助于提高宪法意识，培育宪法信仰。世界上大多数有成文宪法的国家都实行宪法宣誓制度。在 142 个有成文宪法的国家中，规定相关国家公职人员必须宣誓拥护或效忠宪法的有 97 个。关于宪法宣誓的主体、内容、程序，各国做

法不尽相同，一般都在有关人员开始履行职务之前或就职时举行宣誓。

我国宪法宣誓制度的建立，经历了党中央决策、全国人大常委会制定和完善有关法律、写入国家根本法的过程。2014 年以前，我国法律只在香港特别行政区基本法、澳门特别行政区基本法中规定了特别行政区行政长官等主要官员就职宣誓制度。2014 年 10 月，党的十八届四中全会通过的《中共中央关于全面推进依法治国若干重大问题的决定》，在“健全宪法实施和监督制度”部分中明确提出，建立宪法宣誓制度，凡经人大及其常委会选举或者决定任命的国家工作人员正式就职时公开向宪法宣誓。习近平总书记在关于该决定的说明中，就建立宪法宣誓制度的背景和意义专门作了阐释。根据党的十八届四中全会精神，2015 年 6 月，第十二届全国人大常委会第十五次会议通过了《全国人民代表大会常务委员会关于实行宪法宣誓制度的决定》，对宪法宣誓制度的适用范围、宣誓誓词、宣誓活动的组织等作了规定。该决定第一条规定，各级人民代表大会及县级以上各级人民代表大会常务委员会选举或者决定任命的国家工作人员，以及各级人民政府、人民法院、人民检察院任命的国家工作人员，在就职时应当公开进行宪法宣誓。第二条规定，宣誓誓词为：我宣誓：忠于中华人民共和国宪法，维护宪法权威，履行法定职责，忠于祖国、忠于人民，恪尽职守、廉洁奉公，接受人民监督，为建设富强、民主、文明、和谐的社会主义国家努力奋斗！此后，全国人大常委会和地方各级人大及其常委会，国务院和地方各级人民政府，最高人民法院、最高人民检察院和地方各级人民法院、人民检察院开始依法组织国家工作人员宪法宣誓仪式。2018 年 2 月，第十二届全国人大常委会第三十三次会议对《全国人民代表大会常务委员会关于实行宪法宣誓制度的决定》进行了修订，主要是根据党中央深化国家监察体制改革的精神，增加了各级监察委员会主任、副主任、委员进行宪法宣誓的规定，根据党的十九大报告和十九大修改的党章，对宪法宣誓誓词中有关奋斗目标的表述作出修改，将誓词修改为：我宣誓：忠于中华人民共和国宪法，维护宪法权威，履行法定职责，忠于祖国、忠于人民，恪尽职守、廉洁奉公，接受人民监督，为建设富强民主文明和谐美丽的社会主义现代化强国努力奋斗！2018 年 3 月，第十三届全国人大一次会议通过了宪法修正案，在《中华人民共和国宪法》第二十七条中增加一款作为第三款，规定“国家工作人员就职时应当依照法律规定公开进行宪法宣誓”，宪法宣誓制度作为国家机关及其工作人员履行职责的重要规范载入了国家的根本法。2018 年 3 月 17 日，习近平同志在第十三届全国人大一次会议上当选中华人民共和国主席、中华人民共和国中央军事委员会主席，面对全体代表和全国各族人民，手抚宪法进行了庄严宣誓。这是中华人民共和国主席第一次依法在就职时进行宪法宣誓。大会选举和决定任命的其他国家机关工作人员也在会议上进行了宪法宣誓。这一庄严仪式，对于彰显宪法权威，增强公职人员宪法观念，激励公职人员忠于和维护宪法，在全社会增强宪法意识、树立宪法权威，起到了重要的作用。

法官作为依法行使国家审判权的审判人员，在就职时公开进行宣誓，对于增强法官职业使命感、责任感和荣誉感，激励法官严格依法履职，具有重要意义。从实践中的情况看，在国家工作人员实行统一的宪法宣誓制度以前，法院系统就普遍组织了法官就职宣誓活动。2012 年 12 月，最高人民法院印发了《中华人民共和国法官宣誓规定（试行）》，对法官宣誓制度的适用范围、宣誓誓词、宣誓仪式的组织等作了规定。根据该规定，初次担任或重新担任法官职务的人员，应当以公开宣告誓词的方式，对忠实执行宪法和法律，全心全意为人民服务，公正廉洁司法，自觉接受监督，作出郑重承诺。法官宣誓誓词为：我是中华人民共和国法官，我宣誓：忠于祖国，忠于人民，忠于宪法和法律，忠实履行法官职责，恪守法官职业道德，遵守法官行为规范，公正司法，廉洁司法，为民司法，为维护社会公平正义而奋斗！《全国人民代表大会常务委员会关于实行宪法宣誓制度的决定》第三条规定，全国人民代表大会选举的最高人民法院院长，在依照法定程序产生后，进行宪法宣誓，宣誓仪式由全国人民代表大会会议主席团组织。第六条规定，全国人大常委会任命的最高人民法院副院长、审判委员会委员、庭长、副庭长、审判员和军事法院院长，在依照法定程序产生后进行宪法宣誓，宣誓仪式由最高人民法院组织。第七条规定，最高人民法院任命的国家工作人员，在就职时进行宪法宣誓，宣誓仪式由最高人民法院组织。第九条规定，地方各级人民代表大会及县级以上地方各级人大常委会选举或者决定任命的国家工作人员，以及地方各级人民政府、监察委员会、人民法院、人民检察院任命的国家工作人员，在依照法定程序产生后，进行宪法宣誓。宣誓的具体组织办法由省、自治区、直辖市人大常委会参照该决定制定，报全国人大常委会备案。上述规定，是法官就职时进行宪法宣誓的法律依据。2015 年以来，各级人大及其常委会选举或者任命的法官在就职时，依照法律规定进行了宪法宣誓。2018 年 3 月 18 日，第十三届全国人大一次会议选举产生的最高人民法院院长周强，在会议举行的宪法宣誓仪式上依法进行了宣誓。这是我国最高人民法院院长、首席大法官首次依法进行宪法宣誓。

2019 年修订法官法，为贯彻落实宪法关于国家公职人员宪法宣誓的规定，与《全国人民代表大会常务委员会关于实行宪法宣誓制度的决定》相衔接，总结法官宪法宣誓制度实施的经验，在法官任命程序的规定之后，增加了一条关于法官就职时应当公开进行宪法宣誓的规定。

条文解读

本条规定可以从以下几个方面理解和把握：

第一，法官宪法宣誓在法官依照法定程序产生后进行。宪法、人民法院组织法和本法对法官的产生程序作了规定。根据上述法律规定，不同层级和不同职务法官的产生程序不同。最高人民法院院长由全国人民代表大会选举，副院长、审判委员会委员、庭长、副庭长和审判员，由最高人民法院院长提请全国人大常委会任免。最高人民法院巡回法庭庭长、副庭长，由最高人民法院院长提请全国人大常委会任免。地方各级人民法院院长由本级人民代表大会选举，副院长、审判委员会委员、庭长、副庭长和审判员，由院长提请本级人大常委会任免。在省、自治区内按地区设立和直辖市内设立的中级人民法院院长，由省、自治区、直辖市人大常委会根据主任会议的提名决定任免，副院长、审判委员会委员、庭长、副庭长和审判员，由高级人民法院院长提请省、自治区、直辖市人大常委会任免。新疆生产建设兵团各级人民法院、专门人民法院院长、副院长、审判委员会委员、庭长、副庭长和审判员，依照全国人大常委会的有关规定任免。这里规定的依照法定程序产生就是根据上述规定，由有权选举或者任命的机关依照选举或者任命程序产生。

第二，法官的宪法宣誓在法官就职时进行。“就职”是正式就任职务。进行宪法宣誓是宪法和法律规定的法官就职的必经程序，所有法官在依法产生后，就任职务时都应当依法进行宣誓。

第三，法官的宪法宣誓应当公开进行。宪法宣誓作为庄严的仪式，要起到彰显宪法权威，激励鼓舞宣誓人和参加人员，增强全民宪法意识的作用，应当公开进行，组织有关人员参加仪式。实践中，参加法官宪法宣誓仪式的一般有选举或者任命法官的人大代表、人大常委会组成人员，法院的其他法官和工作人员等，有条件的还可以通过电视、互联网等媒体对宪法宣誓仪式进行直播。

对于法官宪法宣誓仪式的具体组织，《全国人民代表大会常务委员会关于实行宪法宣誓制度的决定》第八条作了规定。宣誓仪式根据情况，可以采取单独宣誓或者集体宣誓的形式。单独宣誓时，宣誓人应当左手抚按《中华人民共和国宪法》，右手举拳，诵读誓词。集体宣誓时，由一人领誓，领誓人左手抚按《中华人民共和国宪法》，右手举拳，领诵誓词；其他宣誓人整齐排列，右手举拳，跟诵誓词。宣誓场所应当庄重、严肃，悬挂中华人民共和国国旗或者国徽。宣誓仪式应当奏唱中华人民共和国国歌。负责组织宣誓仪式的人大、法院等机关，可以根据法律规定并结合实际情况，对宣誓的具体事项作出规定。

相关规定

《中华人民共和国宪法》第27条第3款；《全国人民代表大会常务委员会关于实行宪法宣誓制度的决定》；《中共中央关于全面推进依法治国若干重大问题的决定》

第二十条　法官有下列情形之一的，应当依法提请免除其法官职务：

（一）丧失中华人民共和国国籍的；

（二）调出所任职人民法院的；

（三）职务变动不需要保留法官职务的，或者本人申请免除法官职务经批准的；

（四）经考核不能胜任法官职务的；

（五）因健康原因长期不能履行职务的；

（六）退休的；

（七）辞职或者依法应当予以辞退的；

（八）因违纪违法不宜继续任职的。

条文主旨

本条是关于免除法官职务的条件的规定。

立法背景

1. 相关背景情况

本条是1995年制定法官法时所作的规定。1995年《中华人民共和国法官法》第十三条规定："法官有下列情形之一的，应当依法提请免除其职务：（一）丧失中华人民共和国国籍的；（二）调出本法院的；（三）职务变动不需要保留原职务的；（四）经考核确定为不称职的；（五）因健康原因长期不能履行职务的；（六）退休的；（七）辞职、辞退的；（八）因违纪、违法犯罪不能继续任职的；（九）因其他原因需要免职的。”法官的职业保障不仅关乎法官个人的职业尊严和职业安全感，更关乎维护和树立司法权威。因此，在法律上明确规定免除法官职务的情形，是依法加强法官管理的需要，也是为法官依法履职提供坚实法律保障，消除法官后顾之忧的必然要求。《中共中央关于全面推进依法治国若干重大问题的决定》要求，建立健全司法人员依法履行法定职责保护机制。为落实中央精神，2016 年 7 月，中共中央办公厅、国务院办公厅印发《保护司法人员依法履行法定职责规定》明确要求，法官依法履行法定职责受法律保护。非经法定程序，不得将法官、检察官调离、免职、辞退或者作出降级、撤职等处分，并对法官调离、免职、辞退、降级、撤职的情形作了具体明确的规定。本条的主要内容是 1995 年法官法的规定，2019 年修订法官法，根据各方面的意见对本条作了进一步的补充和完善。

一是，增加了本人申请免除法官职务经批准的情形。这样规定，主要是实践中有的法官因健康、家庭、工作等原因，提出不再继续担任法官职务的申请，经组织人事部门批准后，需要免除其法官职务。需要注意的是，这里的申请免除法官职务，与申请辞去公职是不同的，申请免除法官职务并不离开法院，而是保留公务员身份，在法院的非审判岗位继续工作。

二是，将“调出本法院”修改为“调出所任职人民法院”，修改后的表述更加准确、规范。

三是，将“经考核确定为不称职的”修改为“经考核不能胜任法官职务的”。这样修改是根据法官职业特点和近年来检察官员额制改革的实践作出的。因为 2017 年法官法的规定是根据公务员管理的规定，年度考核的结果分为四个等次：优秀、称职、基本称职和不称职。对年度考核不称职的法官，要予以免职。2019 年经调整后，对两种考核作了区分，这里的考核是指按照员额制要求，对法官办案业绩进行考核后，达不到规定要求，表明办案能力不胜任法官要求，因而对其工作岗位作出调整，使其退出办案岗位，调整到其他岗位任职。这一措施体现了员额制改革中能上能下、能进能出的精神。另外，法官也是公务员，如果作为公务员的年度考核连续两年不称职，按照公务员法的规定，应当作出辞退的处理，辞退就是要求其退出公务员队伍，即不仅要免除其法官职务，而且要解除其公职身份。关于对法官的年度考核和辞退，以及依据考核结果的辞退，本法第四十二条作了规定。同时，也适用公务员法的有关规定。

四是，将“辞退的”修改为“依法应当予以辞退的”。主要是考虑到法官是实行单独职务序列管理的公务员，其任职是经相关权力机关任命的，如果要辞退，需要依法办理相关免职手续。另外，也与公务员法的规定相衔接，《中华人民共和国公务员法》第八十八条规定了对公务员予以辞退的情形。

五是，将“因违纪、违法犯罪不能继续任职的”修改为“因违纪违法不宜继续任职的”。只是作了文字修改，这里的违法行为包含犯罪行为。

2. 各方面提出的意见

2017 年法官法修订草案第二十条规定：“法官有下列情形之一的，应当依法提请免除其法官职务：（一）丧失中华人民共和国国籍的；（二）调出本法院的；（三）职务变动不需要保留法官职务的；（四）办案质量效率连续两年不达标，无法胜任法官职务的；（五）因健康原因长期不能履行职务的；（六）退休的；（七）辞职或者被辞退的；（八）因违纪、违法犯罪不能继续任职的。”

在征求有关方面意见过程中，有的地方建议明确提请免除的主体和决定免除的主体。有的地方提出，第四项规定办案质量效率连续两年不达标，第五项规定因健康原因长期不能履行职务，其中“办案质量”“效率”没有明确标准，且不应以效率作为考核标准，建议删除该项；有的地方建议将“长期”明确为“一年”，或者

“两年”。有的地方建议增加一项“因符合任职回避条件需要调离法官岗位的”，作为免除法官职务的一项情形。

在常委会第二次审议过程中，有的常委委员提出，法院系统内从一个法院调到其他法院担任法官的，不需要免除法官职务，建议将第二项“调出本法院的”修改为“调离审判工作岗位的”。

有的全国人大代表建议将第四项中“办案业绩考核”修改为“绩效考核”。有的专门委员会委员提出，“办案业绩”考核科学体系尚未建立，实践中可能操作不了，进一步研究有无其他表述。建议将第五项中的“长期”明确为“二年”或“三年”。建议增加“法官申请免除法官职务的”，作为免除法官职务的一种情形。

3. 有关国家法官身份保障的规定

（1）任期保障。国外法官的任期分为任期制和终身制两种。实行任期制的国家，任期规定长短不一。例如，匈牙利法律规定，法官的首次任职期限为三年，但经考评合格后，可以任职到70岁退休为止。巴拿马法律规定，最高法院的法官任期可以长达18年。在美国，州法院的法官任期一般是4年到15年不等。美国联邦法官实行终身制，只要法官的身体健康，并且没有受到弹劾，可以一直担任法官。英国、德国、新加坡等国规定了法官普遍较高的退休年龄，实际上也等同于规定了法官任期的终身制。例如，英国上议院高级法官的退休年龄为70岁，大法官的退休年龄为75岁；德国法官退休年龄也普遍超过60岁；新加坡规定法官的退休年龄可以到65岁。

（2）免职条件保障。世界各国规定的法官免职事由主要有：因身体健康原因不适宜继续履职；严重渎职或犯有其他违法行为；被弹劾；失去国民信任；本人要求辞职；身兼数职等。对于这些事由的真实性，必须由法定机关依据严格的法定程序进行调查。例如，美国联邦法院的法官只能通过弹劾被免职，而被弹劾的理由是犯有“叛国罪和受贿罪等”，并且在程序上也极为严格。新加坡法官免除程序，只有在因不当行为或因身体原因不能履行职责时，经总理或首席大法官咨询总理并向总统提出，方可启动，然后由总统任命的调查委员会调查具体情况，调查情况后还要听取法官本人的意见，之后才可以决定是否免去其法官职务。日本宪法规定，法官经由国家任命后，通常不得对其调动、免职，除非是因为身体健康原因不能继续履职，或者犯有渎职罪或者被国会弹劾。法国法律规定，法官在任职期限内，非因可弹劾之罪，非经法定程序，不得对其进行撤换、免除或者要求其提前退休。

条文解读

本条规定了以下八种应当依法提请免除法官职务的情形：

第一，丧失中华人民共和国国籍的。根据本法第十二条的规定，担任法官的条件之一，就是要具有中华人民共和国国籍。因此，如果其丧失了中华人民共和国国籍，即不具备担任法官的条件。根据我国国籍法的规定，这里所说丧失中华人民共和国国籍，既包括定居外国的中国公民，自愿加入或者取得外国国籍的情形，也包括中国公民是外国人的近亲属或者定居在外国或者有其他正当理由，向我国有关部门申请退出中国国籍并获得批准的情况。这两种情况，一种是自动丧失了中国国籍，一种是退出中国国籍，都可以导致丧失中华人民共和国国籍的法律效果。随着改革开放的不断深化，对外交往和人员往来日益频繁，如果有的担任法官职务的人，由于个人、家庭等各种原因加入外国国籍的，或者自己主动申请退出中国国籍的，按照我国国籍法的规定即丧失中国国籍，这样就不再符合继续担任法官的国籍条件，应当依法免除其法官职务。

第二，调出所任职人民法院的。我国宪法、人民法院组织法和其他有关法律对最高人民法院和地方各级人民法院法官职务的任免，规定了相应的任免权限和程序。对调出所任职人民法院的，不再属于原任职人民法院的法官，即应当依法免除其职务。需要注意的是，有的情况下，调出任职法院的法官可能是到其他法院继续担任法官工作。在这种情况下，按照现有法律规定，也应当依法免除其原任职的法院的法官职务。如果要到所调往的法院担任法官，需要调往法院所在地的相应的人民代表大会及其常务委员会依照相关法律规定重新任命。

第三，职务变动不需要保留法官职务的，或者本人申请免除法官职务经批准的。法官是依法行使国家审判权的审判人员，如果因为职务变动，不需要再保留法官职务的，自然应当依法免除其法官职务。这里的职务变动，主要是指该法官因职务调整，到本法院其他岗位任职，不再担任审判职务，不承担审判职责的情况，如调任到本院行政管理岗位等。

除上述职务变动原因外，实践中也有的情况下，法官本人因健康、家庭、工作等个人原因，不愿意继续担任法官职务，自己申请免除职务。如果是这种情况，需要由本人提出申请，并按照管理权限批准。如果申请获得批准，就应当相应免除其法官职务。

第四，经考核不能胜任法官职务的。法官是依法行使国家审判权的审判人员，法官的基本职责就是依法审判案件，判断法官是否胜任法官职务，要根据对法官审判工作实绩的考核。实践中，审判工作实绩是法官业绩考核的核心内容，主要包括办案数量、办案质量、办案效率和办案效果等方面。如果法官经考核不胜任法官职务的，就应当依法免除其法官职务，这也是实行员额制改革，通过优中选优，建设高素质法官队伍的必然要求。

第五，因健康原因长期不能履行职务的。由于法官职业本身就是依法行使审判权，办理案件，定分止争。特别是在当前我国处于社会转型时期，各种社会矛盾多发，案多人少的矛盾非常突出，法官工作压力和负担很重，而法官员额是有限的，如果因为身体健康原因长期不能履行法官职务的，就应依法免除其法官职务，及时补充其他法官承担工作任务。当然，法官由于健康原因不能继续履行法官职务，依法免除其职务，不影响其按照国家有关规定享有医疗等待遇，并按照规定安排其他可以适应的工作。

第六，退休的。法官实行单独职务序列管理，但也是国家公务员。关于法官的退休，目前是按照国家公务员法的规定执行的。根据国家公务员法的规定，这里的“退休”包括两种情况，一是达到国家规定的退休年龄或者完全丧失工作能力的，应当退休。二是提前退休，即符合下列条件之一的，本人自愿提出申请，经任免机关批准，可以提前退休：（1）工作年限满三十年的；（2）距国家规定的退休年龄不足五年，且工作年限满二十年的；（3）符合国家规定的可以提前退休的其他情形的。考虑到法官工作的性质和特点，本法第六十二条规定，法官的退休制度，根据审判工作特点，由国家另行规定。如果将来国家就法官退休另行制定了不同于普通公务员的退休规定，则法官退休就应当依照本法和国家的另行规定执行。

第七，辞职或者依法应当予以辞退的。对法官本人提出辞职的，应当由其本人提出书面申请，对符合条件，按照管理权限批准的，应依照法律规定的程序免除其职务。关于辞退法官，本法第三十五条规定，辞退法官应当依照法律规定的程序免除其职务。至于具有哪些情形的可以予以辞退，本法未作具体规定。对此，需要按照国家公务员法的规定执行。根据《中华人民共和国公务员法》第八十八条的规定，公务员有下列情形之一的，予以辞退：（1）在年度考核中，连续两年被确定为不称职的；（2）不胜任现职工作，又不接受其他安排的；（3）因所在机关调整、撤销、合并或者缩减编制员额需要调整工作，本人拒绝合理安排的；（4）不履行公务员义务，不遵守法律和公务员纪律，经教育仍无转变，不适合继续在机关工作，又不宜给予开除处分的；（5）旷工或者因公外出、请假期满无正当理由逾期不归连续超过十五天，或者一年内累计超过三十天的。法官如果具有上述情形之一依法予以辞退的，应当提请免除其法官职务。

第八，因违纪违法不宜继续任职的。这里所说的违纪违法是广义上的，既包括违反党纪、政纪及违反其他相关法律的行为，也包括违反法官法所规定的对法官的禁止性规定。如果法官有违纪违法行为，且根据其违纪违法的具体情况不宜继续任职的，就应当依法免除其法官职务。

在该条的理解适用中，还需要注意以下两个方面的问题：

第一，本条第四项规定的“经考核不能胜任检察官职务的”与本法第六章法官的考核、奖励和惩戒中规定的年度考核实际有联系又有区别的，不能完全等同。本条规定的考核是针对法官作为行使审判权的审判人员的考核，考核内容主要应当是其审判业绩，目的是考核其是否能够胜任法官工作。而本法第六章规定的年度考核，是针对法官作为公务员的年度考核，考核内容更为全面，除了审判工作实绩外，还包括职业道德、审判作风等，考核结果分为优秀、称职、基本称职和不称职。因此，有的法官可能因为身体等原因，办案业绩未能达标，不适宜继续在审判岗位工作，但作为公务员本身，是称职的，可以免除其法官职务，调整到其他非审判岗位工作。但是，法官如果是在年度考核中连续两年不称职，按照公务员法的规定，就应当辞退。当然，这是从两种考核的性质、目的、内容、法律效果方面进行比较。实践中，为了便于操作，减轻负担，各地往往将两项考核一并进行，即实行一次考核，两边使用，这也是可以的。总之，本条规定的考核主要是能否胜任法官职务的考核，是更高、更专门、更有针对性的要求。如果法官经考核不能达到法院规定的标准，不能胜任法官职务的，就要依法免除其法官职务；如果法官在公务员年度考核中连续两年不称职，就要按照公务员法的规定处理。

第二，实践中，有的法院或者相关部门为了干部交流培养等原因，可能会安排法官进行短时间的轮岗、挂职，或者安排法官承担临时性重要工作等，这种短期内暂时离开审判岗位的情况下，法官职务可能还需要保留，则可以暂不免去法官职务。

相关规定

《中华人民共和国公务员法》第88条、第92条、第93条；《中华人民共和国法官法》第40—42条；《保护司法人员依法履行法定职责规定》

第二十一条　发现违反本法规定的条件任命法官的，任命机关应当撤销该项任命；上级人民法院发现下级人民法院法官的任命违反本法规定的条件的，应当建议下级人民法院依法提请任命机关撤销该项任命。

条文主旨

本条是关于对违反本法规定的条件任命法官的，应当如何处理的规定。

立法背景

本法第十二条规定了担任法官必须具备的条件，第十八条规定了法官的任免权限和程序，对于违反本法规定的条件任命法官的，应当如何处理，本条进行了明确规定。

2017 年《中华人民共和国法官法》第十四条规定，对于违反本法规定的条件任命法官的，一经发现，做出该项任命的机关应当撤销该项任命；上级人民法院发现下级人民法院法官的任命有违反本法规定的条件的，应当建议下级人民法院依法撤销该项任命，或者建议下级人民法院依法提请同级人民代表大会常务委员会撤销该项任命。2019 年法官法修订删去了原条文中建议下级人民法院依法撤销该项任命的规定。这样修改的主要考虑是，按照 2019 年修订后的《中华人民共和国法官法》第二条，法官包括各人民法院院长、副院长、审判委员会委员、庭长、副庭长、审判员，不再设置助理审判员，而按照 2017 年法官法的规定，法官还包括助理审判员，人民法院的助理审判员由本院院长任免。因此，对于违反法律规定的条件任命的助理审判员，按照 2017 年法官法的规定，应由其所在的人民法院院长撤销任命；如果是上级人民法院发现的，则自然应由上级人民法院建议下级人民法院撤销任命。既然不再设置助理审判员，按照法官法、人民法院组织法等法律的规定，人民法院的法官都是由相应的人大及其常委会依法任命的，如果发现违反条件任命法官的，只能由相应的任命机关撤销任命，而不能由相关人民法院自行撤销，因此本条修改就删去了上述建议下级人民法院依法撤销任命的规定。

条文解读

法官作为人民法院的组成人员，具体行使国家审判权，加强法官队伍建设是实现公正司法的重要保障。当前，法官队伍在司法理念、司法能力、司法作风等方面与党和人民的要求还不能完全适应，司法裁判的公信力还不是很高，这些都影响和制约着司法权威。为此，十八届三中全会提出，确保依法独立公正行使审判权检察权，建立符合职业特点的司法人员管理制度。十八届四中全会提出，建设高素质法治专门队伍，推进法治专门队伍正规化、专业化、职业化，提高职业素养和专业水平。为了落实中央要求，深化司法体制改革，加强法官队伍建设，有关方面在改革中以建立单独职务序列管理为抓手，一方面加强法官职业保障，提高法官待遇，另一方面严格法官任职条件，探索建立法官员额制、法官逐级遴选制度等，就是为了通过严格选拔、优中选优，使真正业务水平高、司法经验丰富、能够独立办案的人员进入法官队伍，以全面建设高素质的法官队伍。2019 年法官法修改，总结司法体制改革经验和做法，对法官的任职条件、遴选程序、应当依法免除法官职务的情形等，都作了严格规定。本条则是为防止实践中一些地方可能存在的，法官选任中违反法律规定的条件任命法官的情况的发生，而作出的有针对性的规定，如个人学历、履历弄虚作假，或者政治、业务素质和道德品行不符合要求等。一旦发现有不符合法官条件的人员任命为法官的情形，必须坚决予以纠正。

根据本条的规定，违反本法规定的条件任命法官的，主要是指违反本法第十二条、第十三条和第十四条规定的条件。本法第十二条对担任法官必须具备的条件作了明确规定，第十三条对哪些人员不得担任法官作了明确规定，第十四条则对人民法院院长、副院长和审判委员会委员的条件作了专门规定。这些都是在任命法官时，应当严格审查的条件。如果在法官任命过程中，因为工作不够严格细致，或者徇私舞弊等，使不符合法律规定的条件的人员被任命为法官的，如不具有中华人民共和国国籍、道德品行败坏、不具备相应学历条件、不具有法律规定的统一法律职业资格、因犯罪受过刑事处罚、被开除公职、被吊销律师或公证员执业证书的等，对于这些违反规定的条件任命法官的情形，一经发现，应当撤销法官任命。

违反本法规定的条件任命法官的，应当由任命机关撤销该项任命。首先，根据《中华人民共和国各级人民代表大会常务委员会监督法》第四十四条的规定，县级以上地方各级人民代表大会常务委员会在本级人民代表大会闭会期间，可以撤销由它任命的本级人民法院副院长、庭长、副庭长、审判委员会委员、审判员、中级人民法院院长的职务。其次，根据《中华人民共和国人民法院组织法》第四十二、四十三条和本法第十八条的规定，最高人民法院的副院长、审判委员会委员、庭长、副庭长和审判员，由院长提请全国人大常委会撤销；最高人民法院巡回法庭庭长、副庭长，由院长提请全国人民代表大会常务委员会撤销；地方各级人民法院的副院长、审判委员会委员、庭长、副庭长和审判员由院长提请本级人大常委会撤销；在省、自治区内按地区设立和直辖市内设立的中级人民法院的院长，由省、自治区、直辖市人大常委会根据主任会议的决定撤销，副院长、审判委员会委员、庭长、副庭长和审判员，由高级人民法院院长提请省、自治区、直辖市的人大常委会撤销。

上级人民法院发现下级人民法院法官的任命有违反本法规定的条件的，应当建议下级人民法院依法提请任命机关撤销该项任命。这里规定的是建议，主要考虑是上下级法院之间不是领导关系，而是监督关系。根据《中华人民共和国人民法院组织法》第十条的规定，最高人民法院监督地方各级人民法院和专门人民法院的审判工作，上级人民法院监督下级人民法院的审判工作。上下级法院之间的监督关系，是因为法院的审判职能不同于行政机关的行政管理职能和检察机关的法律监督职能，是由人民法院的性质、特点和审判工作规律决定的。与法官法规定不同，《中华人民共和国检察官法》第二十二条对上级人民检察院发现违反法律规定的条件任命检察官的，规定上级人民检察院应当“要求”下级人民检察院依法提请任命机关撤销该项任命。检察官法“要求”的规定与法官法“建议”的规定体现了上下级人民检察院之间的法律关系与上下级人民法院之间法律关系的差别。当然，虽然法官法规定的是建议下级人民法院提请任命机关撤销该项任命，但其前提条件是相关任命违反了法官法规定的条件，因此下级人民法院收到上级人民法院的建议后，如果确实存在违反法律规定的条件的，应当依法提请任命机关撤销任命，而不能因为是“建议”，就即使发现违反法律规定，也不执行。同时，上级人民法院也可以向下级人民法院所在的人大常委会反映相关情况。

此外，发现违反本法规定的条件任命法官的渠道是多样的，包括群众举报、案件当事人的反映、法院系统的人事管理、组织部门的人事审查、纪委监察部门的线索、人大常委会的日常工作等，不管是在哪个环节发现了违反法律规定的条件任命法官的情况，都应当按照法定程序，由法院院长提请人大常委会撤销任命。

在该条的理解适用中，需要注意：法官的任命事关高素质法官队伍建设，是法官制度的核心内容，各有关部门应当把好关口，把符合法官条件，具有良好的政治、业务素质、道德品行和相应工作资质和经验的人选拔到法官队伍中来。对发现违反本法规定的条件任命法官的，除由任命机关撤销任命外，还应当查明原因，对因徇私情或私利，或严重不负责任，导致错误任命的责任人员，以及在个人材料和履历上隐瞒真相、弄虚作假的相关人员，都应当依照相关规定予以处理。

相关规定

《中华人民共和国人民法院组织法》第 10 条、第 42 条、第 43 条；《中华人民共和国各级人民代表大会常务委员会监督法》第 44 条

第二十二条　法官不得兼任人民代表大会常务委员会的组成人员，不得兼任行政机关、监察机关、检察机关的职务，不得兼任企业或者其他营利性组织、事业单位的职务，不得兼任律师、仲裁员和公证员。

条文主旨

本条是关于法官不得兼任特定职务的规定。

立法背景

2017 年《中华人民共和国法官法》第十五条规定："法官不得兼任人民代表大会常务委员会的组成人员，不得兼任行政机关、检察机关以及企业、事业单位的职务，不得兼任律师。"2018 年 3 月 20 日，为了深化国家监察体制改革，加强对所有行使公权力的公职人员的监督，实现国家监察全面覆盖，深入开展反腐败工作，推进国家治理体系和治理能力现代化，第十三届全国人民代表大会第一次会议通过《中华人民共和国监察法》，明确了监察机关的定位和职权。为了保障人民法院依照法律规定独立行使审判权，有必要在本法中明确法官不得兼任监察机关的职务。此外，在法官法修订的过程中，有关方面提出，法官兼任营利性组织的职务或者兼任仲裁员、公证员的，也会影响其裁判行为的中立性，不利于维护司法权威，建议增加相关规定。经研究，修订后的法官法对法官不得兼任特定职务的范围作了调整，在原来规定的"不得兼任行政机关、检察机关以及企业、事业单位的职务，不得兼任律师"的基础上，增加规定不得兼任监察机关、营利性组织的职务，不得兼任仲裁员和

公证员。

本条规定注意了与宪法以及全国人民代表大会组织法、地方各级人民代表大会和地方各级人民政府组织法、律师法等的衔接。《中华人民共和国宪法》第六十五条第四款规定："全国人民代表大会常务委员会的组成人员不得担任国家行政机关、监察机关、审判机关和检察机关的职务。"对此，《中华人民共和国全国人民代表大会组织法》第二十三条第三款、《中华人民共和国地方各级人民代表大会和地方各级人民政府组织法》第四十一条第三款也作了相应规定。《中华人民共和国律师法》第十一条第一款也规定："公务员不得兼任执业律师。"

在本法修改过程中，2017 年修订草案第二十二条第一款规定："法官不得兼任人民代表大会常务委员会的组成人员，不得兼任行政机关、检察机关以及企业、事业单位和其他营利性组织的职务，不得兼任律师、仲裁员和公证员。"未将监察机关列入法官不得兼职的范围。在常委会审议和征求意见过程中，一些常委会组成人员和社会公众建议，增加规定法官不得在监察机关任职的内容。

条文解读

法官是依法行使国家审判权的审判人员，其职责包括依法参加合议庭审判或者独任审判刑事、民事、行政以及国家赔偿等诉讼案件，依法办理引渡、司法协助等案件，以及法律规定的其他职责。法官担任其他职务，可能会与其司法职责造成冲突，阻碍其客观公正地审判案件。为了保证法官更好地履行职责，保障司法公正，本条规定法官不得兼任人民代表大会常务委员会的组成人员，不得兼任行政机关、监察机关、检察机关的职务，不得兼任企业或者其他营利性组织、事业单位的职务，不得兼任律师、仲裁员和公证员。这样规定主要是考虑到两个方面：

一是，《中华人民共和国宪法》第六十五条第四款规定："全国人民代表大会常务委员会的组成人员不得担任国家行政机关、监察机关、审判机关和检察机关的职务。”对此，《中华人民共和国全国人民代表大会组织法》第二十三条第三款、《中华人民共和国地方各级人民代表大会和地方各级人民政府组织法》第四十一条第三款也作了相应规定。《中华人民共和国宪法》第一百三十一条规定："人民法院依照法律规定独立行使审判权，不受行政机关、社会团体和个人的干涉。”这些职务可能与法官职务冲突。例如，全国人大常委会制定法律，如果其常委会组成人员同时担任法官，既是司法者又是立法者，则可能会影响法律的权威性；如果法官同时担任监察机关、检察机关的职务，则可能出现法官对自己调查、侦查的案件进行审判的情形，宪法、监察法、刑事诉讼法规定的分工负责、互相制约的原则就无法实现。同时，《中华人民共和国律师法》第十一条第一款也规定："公务员不得兼任执业律师。”因此，法官法、检察官法也应当作出相应的规定，落实宪法的规定，与律师法等的规定相衔接。

二是，考虑到法官主要是履行审判职责，而国家机关、企业事业单位都有可能成为诉讼案件的当事人，律师更是经常参与各类诉讼活动，仲裁员和公证员也很有可能是案件的相关方，如果法官可以兼任上述单位的职务或者兼任执业律师、仲裁员和公证员，法官实际上就成为一方当事人，很难秉持客观公正的立场，可能对法官依法审判案件产生不利的影响，造成司法不公正。因此，有必要规定法官不得兼任上述职务。

根据本条规定，法官不得兼任人民代表大会常务委员会的组成人员，不得兼任行政机关、监察机关、检察机关的职务，不得兼任企业或者其他营利性组织、事业单位的职务，不得兼任律师、仲裁员和公证员。这里所说的人民代表大会常务委员会的组成人员，根据宪法和有关法律的规定，是指全国人民代表大会常务委员会的委员长、副委员长、秘书长和委员，省、自治区、直辖市、自治州、设区的市的人民代表大会常务委员会的主任、副主任、秘书长和委员，以及县、自治县、不设区的市、市辖区的人民代表大会常务委员会的主任、副主任和委员。这里所说的行政机关，包括国务院、地方各级人民政府及其有关部门。监察机关包括国家监察委员会和地方各级监察委员会。检察机关，包括最高人民检察院、地方各级人民检察院和军事检察院等专门人民检察院。这里所说的企业，包括各种所有制形式的企业，如国有企业、私营企业、外商投资企业等，也包括各种类型的企业，如公司企业、合伙制企业、个人投资企业等。营利性组织是指各类以获取利润为目标的社会组织。事业单位，包括社会团体、文化卫生机构等。这里所说的律师，根据律师法的规定，是指依法取得律师执业证书，接受委托或者指定，为当事人提供法律服务的执业人员。仲裁员，是指符合一定条件，接受仲裁委员会的聘任，从事仲裁工作的人员。公证员，根据公证法的规定，公证员是符合公证法规定的条件，在公证机构从事公证业务的执业人员。上述有关职务，法官都不得兼任。也就是说，一个人不能既是法官，又同时担任任何上述有关职务。对于已经担任上述有关职务的人员，如果要任命其为法官，则该人员必须向有关单位辞去有关职务；如果一名法官要担任上述有关职务，则该法官应当依照本法的有关规定提出辞职并依照法律规定的程序免除其职务。

在该条的理解适用中，还需要注意以下问题：

（1）除本条规定的法官不得兼任特定职务外，法官兼职还应当遵守公务员法及国家关于公务员兼职的有关规定。法官属于公务员的一种，本法第六十八条规定，有关法官的权利、义务和管理制度，本法已有规定的，适用本法的规定；本法未作规定的，适用公务员管理的相关法律法规。《中华人民共和国公务员法》第四十四条规定，公务员因工作需要在机关外兼职，应当经有关机关批准，并不得领取兼职报酬。除公务员法外，国家还有一些关于公务员兼职的规定，法官也应当遵守。

（2）实践中，需要注意本条与本法第三十七条的关系。本法第三十七条规定，法官因工作需要经单位选派或者批准，可以在高等学校、科研院所协助开展实践性教学、研究工作，并遵守国家有关规定。《中共中央关于全面推进依法治国若干重大问题的决定》六、(三)“创新法治人才培养机制”中提出，健全政法部门和法学院校、法学研究机构人员双向交流机制，实施高校和法治工作部门人员互聘计划，重点打造一支政治立场坚定、理论功底深厚、熟悉中国国情的高水平法学家和专家团队，建设高素质学术带头人、骨干教师、专兼职教师队伍。本法第三十七条是为落实上述决定的规定而作出的专门规定。据此，法官在高等学校、科研院所协助开展实践性教学、研究工作是可以的，但同时应遵守本条不得兼职的规定。

相关规定

《中华人民共和国宪法》第 65 条；《中华人民共和国全国人民代表大会组织法》第 23 条；《中华人民共和国地方各级人民代表大会和地方各级人民政府组织法》第 41 条；《中华人民共和国律师法》第 11 条；《中共中央关于全面推进依法治国若干重大问题的决定》六、(三)

第二十三条　法官之间有夫妻关系、直系血亲关系、三代以内旁系血亲以及近姻亲关系的，不得同时担任下列职务：

(一) 同一人民法院的院长、副院长、审判委员会委员、庭长、副庭长；

(二) 同一人民法院的院长、副院长和审判员；

(三) 同一审判庭的庭长、副庭长、审判员；

(四) 上下相邻两级人民法院的院长、副院长。

条文主旨

本条是关于法官职务回避制度的规定。

立法背景

1995 年《中华人民共和国法官法》第十五条规定，法官之间有夫妻关系、直系血亲关系、三代以内旁系血亲以及近姻亲关系的，不得同时担任下列职务：（1）同一人民法院的院长、副院长、审判委员会委员、庭长、副庭长；（2）同一人民法院的院长、副院长和审判员、助理审判员；（3）同一审判庭的庭长、副庭长、审判员、助理审判员；（4）上下相邻两级人民法院的院长、副院长。2001年、2017年修改法官法时对本条未作变动。2019年，为贯彻落实党的十八届三中、四中全会精神以及中央文件有关要求，建立正规化、专业化、职业化的法官队伍，落实司法责任制，在司法实践中对法官进行了员额制改革，取消了助理审判员的职务设置。各地法院已基本不再任命助理审判员，而由法官助理在法官指导下负责审查案件材料、草拟法律文书等审判辅助事务。现行的人民法院组织法未对助理审判员作出规定，本条中相应删除了关于担任助理审判员的规定。

条文解读

规定法官的任职回避，主要是考虑到人民法院内部在人事、业务管理等方面有上下级领导和被领导的关系，上下级人民法院之间存在审判监督关系。对于有一定亲属关系的人，如果在同一人民法院、同一审判庭担任职务或者在上下相邻两级人民法院担任领导职务，形成一种领导与被领导、指导与被指导的关系，或者利用亲属关系在案件审理中形成对其他法官的优势关系，可能不利于公正处理案件，也不利于法官队伍的建设。因此，为了保证法官依法履行审判职责，促进人民法院的廉政建设，维护司法公正，本条规定了法官职务回避制度。

根据本条规定，法官的职务回避，是指具有法律规定的亲属关系的人，不得同时在人民法院担任法律规定的有关职务。依照本条规定应当实行回避的情形，主要是指法官之间有下列亲属关系之一的：（1）夫妻关系。根据《中华人民共和国婚姻法》第八条的有关规定，要求结婚的男女双方符合婚姻法规定，取得结婚证的，即确立夫妻关系。(2) 直系血亲关系，是指和自己有直接血缘关系的、生育自己的和自己生育的上下各代亲属，包括父母子女关系，祖父母孙子女关系、外祖父母外孙子女关系等。此外，本条还包括部分拟制血亲情形，即和自己无直接血缘关系，但因其符合一定法律条件，确认其与直系血亲具有同等权利和义务的亲属，如根据《中华人民共和国婚姻法》第二十六条的有关规定，养父母和养子女间的权利和义务，适用法律对父母子女关系的有关规定，对于养父母和养子女，应当按照直系血亲关系处理。(3) 三代以内旁系血亲关系，包括伯叔姑舅姨、兄弟姐妹、堂兄弟姐妹、表兄弟姐妹、侄子女、甥子女等。(4) 近姻亲关系，包括配偶的祖父母及父母、配偶的兄弟姐妹及其配偶、子女的配偶及子女配偶的父母、三代以内旁系血亲的配偶。

根据本条的规定，法官之间凡具有上述亲属关系的，不得同时担任下列职务：(1) 同一人民法院的院长、副院长、审判委员会委员、庭长、副庭长。例如，一名法官在某人民法院担任审判委员会委员，其有关亲属就不能在同一人民法院担任某审判庭副庭长。(2) 同一人民法院的院长、副院长和审判员。也就是说，人民法院的院长、副院长的有关亲属不得在同一人民法院的任何审判庭担任审判员。(3) 同一审判庭的庭长、副庭长、审判员。即具有法律规定应当任职回避的人不得在同一人民法院的同一审判庭担任法官。(4) 上下相邻两级人民法院的院长、副院长。即如果某人担任了某一人民法院的院长、副院长，他的有关亲属就不能再担任该人民法院的直接上级或者直接下级人民法院的院长、副院长。

根据《党政领导干部任职回避暂行规定》和最高人民法院制定的有关办法，法官职务回避，由本人提出回避申请或者所在人民法院的人事管理部门提出回避要求，按照有关管理权限进行审核，需要回避的，对其职务予以调整，并按照法律及有关规定办理任免手续。法官在录用、晋升、调配过程中应当如实地向人民法院申报应回避的亲属情况。各级人民法院在法官录用、晋升、调配过程中应当按照任职回避的规定严格审查。

本条规定还与公务员法作了衔接。《中华人民共和国公务员法》第七十四条第一款规定，公务员之间有夫妻关系、直系血亲关系、三代以内旁系血亲关系以及近姻亲关系的，不得在同一机关双方直接隶属于同一领导人员的职位或者有直接上下级领导关系的职位工作，也不得在其中一方担任领导职务的机关从事组织、人事、纪检、监察、审计和财务工作。法官的任职，应同时符合本法和公务员法的回避制度。

相关规定

《中华人民共和国公务员法》第74条；《中华人民共和国人民法院组织法》第2条、第40条；《中共中央关于全面推进依法治国若干重大问题的决定》四；《党政领导干部任职回避暂行规定》第3条

第二十四条　法官的配偶、父母、子女有下列情形之一的，法官应当实行任职回避：

（一）担任该法官所任职人民法院辖区内律师事务所的合伙人或者设立人的；

（二）在该法官所任职人民法院辖区内以律师身份担任诉讼代理人、辩护人，或者为诉讼案件当事人提供其他有偿法律服务的。

条文主旨

本条是关于法官任职回避的规定。

立法背景

党的十八大将不断提高司法公信力作为全面建成小康社会和深化改革开放的重要目标。十八届四中全会通过的《中共中央关于全

面推进依法治国若干重大问题的决定》针对执法司法不规范、不严格、不透明、不文明现象较为突出，群众对执法司法不公和腐败问题反映强烈的情况，对遏制司法腐败提出要求，“依法规范司法人员与当事人、律师、特殊关系人、中介组织的接触、交往行为。严禁司法人员私下接触当事人及律师、泄露或者为其打探案情、接受吃请或者收受其财物、为律师介绍代理和辩护业务等违法违纪行为，坚决惩治司法掮客行为，防止利益输送”“坚决破除各种潜规则，绝不允许法外开恩，绝不允许办关系案、人情案、金钱案”“对司法领域的腐败零容忍，坚决清除害群之马”。司法腐败产生的原因是复杂且多面的，人情关系是其中的一个重要原因。从实践中的情况看，确实存在有些司法人员的配偶、父母、子女，作为执业律师，利用司法人员的影响力违法办案，或进行不正当竞争的现象。另外，从程序公正和避免利益冲突的角度，规定因配偶、父母、子女关系，要求法官实行任职回避，也有利于树立人民法院公正司法的形象和威信，取得人民群众对法官依法独立公正行使职权的信赖。

为了维护司法公正和司法廉洁，防止法院领导干部及法官私人利益与公共利益发生冲突，最高人民法院于2011年出台了《关于对配偶子女从事律师职业的法院领导干部和审判执行岗位法官实行任职回避的规定（试行）》，规定人民法院领导干部和审判、执行岗位法官，其配偶、子女在其任职法院辖区内从事律师职业的，应当实行任职回避，以解决人情关系对审判执行工作的干扰，从源头上解决人民群众反映强烈的“人情案、关系案、金钱案”问题。该规定出台之后，社会各界普遍认为，法官的职业回避制度回应了人民群众对司法廉洁问题的关切，有利于防止法官私人利益与社会公共利益之间的冲突，有利于加强对法院内部人员的自我约束，在法官私人利益与社会公共利益最容易发生冲突的关键部位构建了“廉政隔离墙”。同时也从降低法官廉政风险方面，为广大法院干部提供了自我保护。该规定实施一段时间以来，取得了较好的社会效果。因此，2019年法官法修改规定了法官职业回避制度的内容，将实践中比较成熟的、效果好的做法通过法律的形式确定下来。总之，在任职回避问题上，只有这样从严要求，才能从体制机制上使人民群众看得见正义，也才能够通过不懈努力，实现让人民群众在每一个司法案件中感受到公平正义的目标。

2017《中华人民共和国法官法》第十七条第三款规定，法官的配偶、子女不得担任该法官所任职法院办理案件的诉讼代理人或者辩护人。这是从诉讼代理人或者辩护人回避的角度作出的规定。有观点提出，该规定限制了律师的执业，且法官对案件处理有最终决定权，律师只是为社会提供法律服务的执业人员，并不对案件的处理起决定作用，根据权责一致的原则，回避的主体应该是法官而非律师。此外，从实际执行情况来看，该款在适用中也存在一些问题，对法官的配偶和子女的监管难落地，导致有的当事人对所聘请的诉讼代理人或辩护人是法官的配偶或子女的情况并不知晓，也没有渠道知晓，案子到了法院后就可能出现需要紧急更换诉讼代理人或辩护人的情况，不利于当事人权利的维护。因此，法官法作为对法官进行管理的法律，从对法官从严要求的角度作出任职回避的规定，比对律师作出禁止性规定更符合法律的定位，也更有利于回应社会各界对法官回避利益冲突，保持客观中立立场的呼声。事实上对法官的从严管理也更容易落到实处，从而取得预期的效果。

条文解读

根据法院从严管理队伍的现实需要，本条规定了法官任职回避的两种情形，出现以下情形的，就不能再在原法院担任法官：

一是法官的配偶、父母、子女担任该法官所任职人民法院辖区内律师事务所的合伙人或者设立人的。根据律师法的规定，律师事务所的形式有合伙律师事务所和个人律师事务所等，律师事务所的合伙人或者设立人与律师事务所有千丝万缕的经济利益关系，合伙人、设立人与律师事务所办理的业务都有着关联。因此，法官的配偶、父母、子女在其所任职人民法院辖区内的律师事务所担任合伙人或者设立人的，法官应当实行任职回避。

这里规定的所任职人民法院辖区，是指所任职人民法院管辖案件的地域范围。对于最高人民法院的法官来说，辖区是全国范围；对于高级人民法院的法官来说，辖区是所在省、自治区、直辖市的范围；对于中级人民法院的法官来说，辖区是所在的地区；对于基层人民法院的法官来说，辖区是所在县（市）区。这里规定的配偶，包括法官的丈夫或者妻子，父母包括生父母、养父母和有扶养关系的继父母，子女包括法官的婚生子女、非婚生子女、养子女或者继子女。

二是法官的配偶、父母、子女在该法官所任职人民法院辖区内以律师身份担任诉讼代理人、辩护人，或者为诉讼案件当事人提供其他有偿法律服务的。刑事诉讼法规定，犯罪嫌疑人、被告人除自己行使辩护权以外，还可以委托一至二人作为辩护人；被害人及其法定代理人或者近亲属可以委托诉讼代理人。民事诉讼法和行政诉讼法规定当事人、法定代理人可以委托一至二人作为诉讼代理人。刑事、民事、行政诉讼法还对辩护人和诉讼代理人的人员范围进行了规定。这里规定的是“以律师身份”担任诉讼代理人、辩护人的情况，如果不是以律师身份担任辩护人、诉讼代理人，而是作为监护人、亲友而依法担任辩护人、诉讼代理人的，法官的任职不受限制。

这里之所以在担任诉讼代理人、辩护人之外，还规定了为诉讼案件当事人提供其他有偿法律服务，主要针对的是，为了规避法律规定，让他人替自己出庭，自己虽然不作为诉讼代理人、辩护人亲自出庭，但在幕后为当事人出谋划策，实际提供有偿法律服务的情况。另外，这里规定的是“诉讼案件”而非“案件”，提供其他有偿法律服务的范围是限定在诉讼案件的，不包括非诉讼案件。这主要是考虑到非诉讼案件主要业务范围是法律咨询、合同审查、公司上市、企业并购等方面，不涉及诉讼，一般情况下与法官没有直接利益关联，不会出现影响司法公正的情况。在法官法修订草案审议的过程中，也有部门提出该意见，这里的其他有偿法律服务包括提供咨询意见、起草诉讼文书等。

需要注意的是，本条规定的亲属范围是“配偶、父母、子女”，不包括其他亲属。这主要是考虑到，任职回避毕竟是一种避免利益冲突的预防性措施，范围不宜过大，而不像案件回避，只要存在可能影响案件公正审理的因素，都应当予以排除。同时，任职回避也是对公民担任法官权利的一种限制，不宜将任职回避的范围规定得太宽，毕竟法官本人对非直系亲属的职业选择、执业活动等，能够起到的影响作用也是比较有限的。而配偶、父母、子女与其他亲属关系不同，与法官本人为同一家庭的成员，属于关系亲密的经济共同体，限定在这个范围内是合适的。

此外，需要注意的是，除本条规定的法官的任职回避以外，我国刑事、民事和行政诉讼法还规定了诉讼回避制度，对于法官的其他亲属在其所任法院辖区内从事相关业务，可能影响对具体案件的公正审理的，法官应当依照有关规定进行个案回避。这些也都是确保程序公正的有效措施。具体规定如：根据《中华人民共和国刑事诉讼法》第二十九条的规定，审判人员是本案的当事人或者是当事人的近亲属的，本人或者他的近亲属和本案有利害关系的，应当回避；根据《中华人民共和国民事诉讼法》第四十四条的规定，审判人员与本案有利害关系的，与本案当事人、诉讼代理人有其他关系，可能影响对案件公正审理的，应当回避；根据《中华人民共和国行政诉讼法》第五十五条的规定，当事人认为审判人员与本案有利害关系或者有其他关系可能影响公正审判，有权申请审判人员回避。

在该条的理解适用中，还需要注意以下几个方面的问题：

第一，法官任职回避制度与刑事、民事和行政诉讼法规定的诉讼回避制度是两种不同的制度。诉讼回避着眼于个案，通过诉讼过程中的回避，确保法官审案在程序上的客观、公正，也消除诉讼当事人的疑虑，是世界上通行的一项司法原则和制度。而法官的任职回避制度则有别于诉讼回避，它是对法官执业权利的一种限制，其特点是不需要有具体诉讼案件的存在，而是基于法官的特定身份而对其作出的一种限制。从这个意义上讲，其影响的广度和深度，要更大于个案中的诉讼回避。

第二，法官任职回避制度有利于促进司法廉洁，提高人民法院司法公信力。各有关方面要充分认识法官任职回避制度的重要意义，推动该制度的落实。本条规定落到实处还需要配套政策和规定的出台和落实。目前，《最高人民法院关于对配偶子女从事律师职业的法院领导干部和审判执行岗位法官实行任职回避的规定（试行）》和《关于落实任职回避制度的实施方案》正在实施。2016 年中共中央办公厅出台的《从律师和法学专家中公开选拔立法工作者、法官、检察官办法》规定："律师、法学专家被选拔为法官、检察官的，其父母、配偶、子女在拟任职人民法院、人民检察院辖区内开办律师事务所、担任律师或者从事司法鉴定、司法拍卖等与司法活动利益相关职业的，应当按照任职回避的要求不再担任律师事务所设立人、合伙人或者退出股份、调整工作。"

针对实践中出现的问题，各地方也采取了相应的措施，如重庆市高级人民法院为防止法官的配偶和子女采取"隐形代理"方式规避任职回避制度，专门出台了关于禁止法官亲属隐形代理诉讼的规定。

此外，还存在法官的配偶、子女在基层的司法所为诉讼案件当事人提供有偿法律服务的情形，这在实践中也是不允许的。

相关规定

《中华人民共和国刑事诉讼法》第 29 条、第 33 条；《中华人民共和国民事诉讼法》第 44 条、第 58 条；《中华人民共和国行政诉讼法》第 31 条、第 55 条；《从律师和法学专家中公开选拔立法工作者、法官、检察官办法》；《最高人民法院关于对配偶子女从事律师职业的法院领导干部和审判执行岗位法官实行任职回避的规定（试行）》

第五章 法官的管理

第二十五条 **法官实行员额制管理。法官员额根据案件数量、经济社会发展情况、人口数量和人民法院审级等因素确定，在省、自治区、直辖市内实行总量控制、动态管理，优先考虑基层人民法院和案件数量多的人民法院办案需要。**

法官员额出现空缺的，应当按照程序及时补充。

最高人民法院法官员额由最高人民法院商有关部门确定。

条文主旨

本条是关于法官实行员额制管理的规定。

立法背景

法官实行员额制管理是司法体制改革的核心内容之一。党的十八届三中全会通过的《中共中央关于全面深化改革若干重大问题的决定》中提出，确保依法独立公正行使审判权检察权，完善司法人员分类管理制度。党的十八届四中全会通过的《中共中央关于全面推进依法治国若干重大问题的决定》中提出，要推进法治专门队伍正规化、专业化、职业化，提高职业素养和专业水平。根据司法体制改革要求，需要对法官实行有别于普通公务员的管理制度，建立法官员额制，对法官在编制限额内实行员额管理。

法官员额制有利于按司法规律优化配置人民法院的人力资源，以形成高素质的法官队伍，进一步保障“让审理者裁判，由裁判者负责”的司法责任制得到落实。在这个意义上，建立员额制是实现司法责任制，以及保障司法体制改革成功的一个重要方面。2017 年法官法、相关政策文件对法官的任职条件作了一些规定，但是对法官员额没有作出规定。长期以来，随着经济社会的发展，人民群众对司法的需求日益增长，人民法院审理的案件数量也不断增加。为适应实践需要，人民法院一直以来重视队伍建设，根据案件数量增加办案法官数量，但仍然面临很多问题。比如，法官岗位泛化，不少行政管理等非审判岗位人员被任命为法官，有的法官素质、能力不符合职业化、正规化、专业化要求，存在办案能力和办案质量不高，影响司法权威等问题。虽然随着时代的发展，人民法院保证公正司法的能力以及提高司法公信力的水平不断增强，但与人民群众日益增长的对美好生活的向往包括对司法公正和司法效率的要求相比，同推进国家治理体系和治理能力现代化目标相比，还存在不少不适应、不符合的地方。法官是一个专业性很强的职业，审判权必须由经过严格程序选任出来的群体来行使。从法治发达国家的情况看，审判权均由高度权威、职业化的法官群体来行使，并且对这一群体的数量做了一定的限制。通过推行法官员额制，一方面可以明确界定法官的职业和岗位，进一步彰显法官作为法院办案主体的性质定位，突出司法责任，也彰显法官的尊荣感。另一方面，经过严格法官遴选，也可使具备丰富法律专业知识和审判经验的法官行使审判权并将精力集中于办理案件，提高办案质量和效率，提高审判活动的严肃性和权威性，从而让人民群众在每一个司法案件中感受到公平正义，坚定法治信仰和信心。

为实施员额制改革，《中共中央办公厅、国务院办公厅关于加强法官检察官正规化专业化职业化建设全面落实司法责任制的意见》提出，“严格控制员额比例。以省（自治区、直辖市）为单位，按照中央规定的范围，严格控制法官、检察官员额比例。建立员额统筹管理、动态调整机制，由省级有关部门在总额度范围内明确辖区各法院、检察院员额控制的具体比例，确保员额配置向基层和案多人少矛盾突出的地区、单位倾斜”。对此，《中华人民共和国人民法院组织法》第四十六条规定，“法官实行员额制。法官员额根据案件数量、经济社会发展情况、人口数量和人民法院审级等因素确定。最高人民法院法官员额由最高人民法院商有关部门确定。地方各级人民法院法官员额，在省、自治区、直辖市内实行总量控制、动态管理”。本条对法官实行员额制管理也作了规定，与人民法院组织法予以衔接。同时，根据实践中的情况，进一步细化各级人民法院确定员额数量的方式。

2017 年 12 月，全国人大常委会对法官法修订草案进行了初次审议。法官法修订草案一次审议稿第二十六条规定，法官员额根据人民法院审级、案件数量以及经济社会发展情况、人口数量等因素确定。地方各级人民法院法官员额，在省、自治区、直辖市内实行总量控制，动态管理。常委会审议后，有的意见提出，员额制改革是本轮司法责任制改革的一项重要内容，涉及很多方面，建议修订草案更充分地反映相关内容，并体现员额向基层法院、“案多人少”法院倾斜的精神。有的意见提出，法官因退休、调动等原因退出员额，空缺的员额经常不能及时填补，建议增加相关规定要求及时补充空缺员额。有的意见提出，修订草案仅规定了省、自治区、直辖市级法官的员额制管理，缺少最高人民法院员额制管理的规定，建议增加相关规定。法官法修订草案二次审议稿采纳了上述意见，第二十五条规定，法官实行员额制管理。法官员额根据案件数量、经济社会发展情况、人口数量和人民法院审级等因素确定，在省、自治区、直辖市内实行总量控制、动态管理，优先考虑基层人民法院和案件数量多的地方的人民法院办案需要。法官员额出现空缺的，应当按照程序及时补充。最高人民法院法官员额由最高人民法院商有关部门确定。法官法修订草案三次审议稿又作了一处文字修改，删去了“案件数量多的地方的人民法院”中“地方的”规定，使表述更为准确。通过后的法官法作了本条的规定。

条文解读

本条共分为三款。第一款是关于法官实行员额制管理，法官员额的确定、配置原则的规定。本条第一款规定，法官实行员额制管理。员额制管理是司法人员分类管理的一项内容。人民法院在实行司法人员分类管理改革后，相关工作人员按照法官、审判辅助人员、司法行政人员三类管理。对法官实行员额制管理，包括确定员额数、进行遴选、实施单独职务序列管理、适用晋升办法、采取培训计划、给予福利待遇、设计考核奖励惩戒制度以及明确员额退出机制等，对法官与审判辅助人员、司法行政人员分开进行管理，保障法官依法履行职务的同时严格落实司法责任制。

确定法官员额是法官实行员额制管理的基础。本条第一款规定，法官员额根据案件数量、经济社会发展情况、人口数量和人民法院审级等因素确定，在省、自治区、直辖市内实行总量控制、动态管理，优先考虑基层人民法院和案件数量多的人民法院办案需要。这里有三层意思：

一是，多种因素共同确定法官员额数。这些因素主要是案件数量、经济社会发展情况、人口数量和人民法院审级等因素。这些因素是确定法官员额数的基础性因素。第一，法官员额数量与案件数量需要科学配备。随着法治化进程的推进，各级人民法院受理案件数量均逐年增多，各个法院员额法官数量要适应案件数量的需求。实践中，各地法院因经济发展等各方面因素影响，受理案件数量存在差异，比如东部经济发达地区受理案件数量大，西部欠发达地区则少得多，有的法院“案多人少”更为突出。在配备法官员额数量时要充分考量案件数量的因素。第二，法官员额数量与经济社会发展情况需要科学匹配。不同经济社会发展状态的地区，案件数量、类型、难度存在差异。相对来说，经济发展发达地区，生产活动、经济贸易活动等更为频繁，领域更为广泛，会产生大量案件，案件类型更为多样化，审理难度也更大，平均每案的办案时间也可能更长，需要的法官员额与经济社会发展状况薄弱的地区存在差异。比如，一些人民法院的所在地为港口、自贸区等，具有特殊的经济和社会环境，可能会产生大量新类型、高难度、高关注度的案件，也就需要较多经验丰富、能力水平高的法官办理案件。人民法院在确定员额数时，应对地区的经济社会发展特点和水平有所考虑。第三，法官员额数量与人口数量需要科学匹配。一般情况下，人民法院所在地区的人口数量上升，将影响案件数量上升。人民法院在确定员额数时，有必要根据人口数量及时调整。第四，法官员额数量与人民法院审级需要科学配备。考虑到审级的因素，基层人民法院一般承担了各类案件的一审，数量最多。有必要在确定员额数时更多地向基层人民法院倾斜。另外，员额数量的确定也需要兼顾法官受理的案件的难易程度。中级、高级人民法院以及一些专门人民法院，常办理二审案件或新类型、难度大、复杂的一审案件，在配备员额法官数量时也应考虑案件难度反映的工作量，准确衡量工作量的大小。第五，本款还规定了以上因素以外的“等因素”，即法官员额的确定还需要考虑一些其他因素，比如辖区面积因素。实践中，有些地区地广人稀，案件量少，按照案件数量，人口数量等因素分配法官员额，可能员额法官很少，影响法院正常开展审判工作。比如，根据法律规定应当由法官组成合议庭审判的，如果员额法官少于组成合议庭对法官人数的要求等。为保障法院正常履行审判职责，有必要适当调整法官员额。

二是，法官员额在省、自治区、直辖市内实行总量控制、动态管理。这一规定有以下三层意思：第一，根据司法体制改革实践经验的做法，在法律中确定由省、自治区、直辖市一级的人民法院统一调配其统管范围内人民法院的法官员额。第二，法官员额施行总量控制。总量控制是省、自治区、直辖市根据中央司法体制改革的整体部署，根据本区域人民法院的中央政法编制数核定统管范围内的法官员额数，并以本区域的实际情况和需要出发，确定实际允许法官入额的数量。从司法体制改革进行过程中员额制落实的情况看，有的地方实际允许法官入额的数量小于各地核定的法官员额数并可以根据各地各级法院情况适当调整。当然，总量控制既要有对量的控制，更要将量建立在科学合理测算的基础上。第三，员额实行动态管理。所谓动态管理，是在省级统管、总量控制的基础上，法官员额的数量既要有一定的稳定性，也要能够体现适应实践情况的灵活性，要做到在总体数量上的有增有减，即当增则增，当减则减；还要做到在空间、时间配置上的有进有出，即有需则进，无需则出。至于总量的测算确定，数量增减进出，则要按照本款规定，根据全省、自治区、直辖市范围内各级各类法院案件负担、员额配置的实际情况进行，及时调整。

三是，法官员额优先考虑基层人民法院和案件数量多的人民法院办案需要。在严格管理、总量控制的前提下，法官实行员额制要综合考虑不同审级、不同地区法院案件的类型和数量、人员配置以及辖区内经济社会发展状况、人口数量、辖区面积等因素，法官员额经省、自治区、直辖市内统一调配、动态调整，确保员额配置向基层、向一线、向案多人少矛盾突出的地区、单位倾斜。

本条第二款是关于法官员额空缺及时补充的规定。员额出现空缺，应当及时补充，这是法官员额制改革的题中应有之义。从实际情况看，本轮法官员额制改革，经过严挑细选，全国法官经遴选入额的数量比原有法官数量减少了不小的比例。本轮法官员额制改革基本结束以后，将来的法官员额相对比较稳定。因为法官退休、离职等原因，法官员额出现空缺的，应当及时补充。这一方面是及时补充办案力量的实际需要。另一方面使法官储备中的优秀人才能够及时获得任职，既有利于干部个人成长，也有利于高素质法官队伍的可持续发展。法官法修订草案审议过程中，有些地方反映，在法官员额空缺补充方面存在工作不够及时的情况。特别是对人案矛盾突出的法院、相关业务庭，法官员额空缺补充不及时的问题，整体上影响审判工作任务完成，加重其他法官的工作负担，也一定程度挫伤了待任后备力量的积极性，建议立法予以解决。为此，本款中对员额空缺应当及时补充作了明确规定。

本条第三款是关于最高人民法院法官员额确定的规定。根据本款规定，最高人民法院法官员额由最高人民法院商有关部门确定。

一是明确最高人民法院法官也实行法官员额制管理。二是最高人民法院作为国家最高审判机关，其机关性质、职能、案件任务等，都与地方各级人民法院不同，最高人民法院的法官员额，需要由最高人民法院结合本院审判工作的实际情况、需要，以及人员配备的情况等，综合考虑。同时，最高人民法院的法官员额确定，还涉及组织、人力资源、财政保障等各个方面的事项，除需要由最高人民法院根据自身工作需要总体考虑外，还需要有关部门根据国家机构设置，人、财、物管理等方面做通盘考虑。为此，本条第三款规定，由最高人民法院商有关部门确定。

实践中需要注意的是，按照中央关于推进法官员额制改革的要求，法官员额所占中央政法专项编制的比例要求是针对各省、自治区、直辖市法院的中央政法专项编制而言，可以在不同审级、地域进行适当调剂。不同地方经济社会发展水平差异大，在确定员额比例和基数时不宜一刀切。按照中央要求，应当在省一级统筹调控各地区、各层级法院员额数量，以人案匹配度和各级人民法院职能定位为依据，坚持员额比例向基层倾斜，向人案矛盾突出的地区倾斜。

相关规定

《中华人民共和国人民法院组织法》第46条

第二十六条　法官实行单独职务序列管理。

法官等级分为十二级，依次为首席大法官、一级大法官、二级大法官、一级高级法官、二级高级法官、三级高级法官、四级高级法官、一级法官、二级法官、三级法官、四级法官、五级法官。

条文主旨

本条是关于法官单独职务序列设置和等级种类的规定。

立法背景

1995年2月28日，第八届全国人大常委会第十二次会议审议通过的法官法，规定了法官的等级制度。第十六条第一款规定：法官的级别分为十二级。此前，我国的法官是参照公务员的系列确定级别，如副局级庭长、处级审判员等。这种级别的划分方法具有浓厚的行政色彩，不够科学，难以体现法官的性质和职业特点。根据1995年法官法相关规定，法官等级是表明法官级别和身份的称号，是国家对法官专业水平的确认。为贯彻实施法官等级制度，中组部、人事部和最高人民法院于1997年12月12日联合制定了《中华人民共和国法官等级暂行规定》，对法官等级的编制、评定、晋升、降低和取消等作了具体的规定。法官等级以法官所任职务、德才表现、业务水平、工作实绩和年限为评定依据，尽管法官等级参照公务员行政职级编制，但采取了一个法官职务对应多个法官等级、不同法官职务之间编制交叉的做法，与法官的职级、薪酬制度没有直接联系。

法官职务序列改革是一个逐步发展完善的过程。2004年，中央有关司法体制改革的文件提出，人民法院实行司法行政工作与审判业务相分离的管理制度，人员进行分类管理，设立单独法官职务序列。2006年，中央印发《关于进一步加强人民法院、人民检察院工作的决定》，提出逐步建立法官及辅助人员分类管理模式，再次强调建立法官单独职务序列。2008年，中央有关深化司法体制和工作机制改革的文件，明确要求制定与人民法院、人民检察院职业特点相适应的职数比例和职务序列的意见。2011年7月，中央组织部与最高人民法院联合印发了《法官职务序列设置暂行规定》以及配套文件《地方各级人民法院法官职数比例暂行办法》和《法官等级和级别升降暂行办法》。《法官职务序列设置暂行规定》参照公务员按职务层次管理的模式，将原法官等级制度进一步改造为法官职务层次，按改造后的法官等级实行单独职务序列管理，并在职数比例、配备规格、晋升年限、工资级别等方面做出了具体规定，对基层法院和法官给予了一定倾斜。

党的十八大和十八届三中全会后，中央对司法体制改革作出新的部署，特别是十八届四中全会强调，要加快建立符合职业特点的法治工作人员管理制度，建立法官专业职务序列及工资制度，推进以法官员额制为核心的人员分类管理改革，为全面实行法官办案责任制提供有力组织保障。2015 年 9 月，习近平总书记主持召开中央全面深化改革领导小组第 16 次会议，审议通过了法官、检察官单独职务序列改革、工资制度改革相关文件，为推动法官单独职务序列和工资制度改革提供了根本遵循。推进法官职务序列改革，是落实党的十八届四中全会精神和中央部署的一项重要任务，是进一步推进法官队伍正规化、专业化、职业化建设的关键步骤，在实行法院人员分类管理的改革中居于基础性地位，是当前人民法院全面深化司法改革的“牛鼻子”。

条文解读

本条共分两款。第一款规定了法官实行单独职务序列管理。建立法官单独职务序列，不是变相为法官“提职级、加工资”，而是要依托“四等十二级”法官等级制度，在实行法官员额制基础上，实现法官等级与行政职级脱钩，充分体现法官职业特点，实行有别于其他公务员的人事管理制度。根据我国宪法，人民法院是国家的审判机关，依法独立行使审判权。审判权不同于行政权。行政权是管理权，上下级之间是领导与被领导的服从关系，讲究上命下从、令行禁止；审判权是对案件事实和法律的判断权和裁决权，具有亲历性、中立性、程序性、终局性等特点。这就意味着，对审判工作和法官的管理迥异于行政权运行模式。长期以来，我国对法官实行与行政机关公务员基本相同的管理模式，在任免条件、职级晋升、业绩考核、职业保障等方面没有明显区别，实行行政化管理，法官之间实际存在上下级关系。这种管理体制不利于法官平等行使审判权，也不符合法官职业特点和审判工作规律。从严格意义上来说，法官等级主要代表资历深浅，并不意味着职位高低，等级不同的法官就同一起案件行使审判权时，权力平等，共同担责，不应存在“谁级别更高，谁审批把关”的现象。因此，为确保司法公正，应按照法官职业特点，推动实现法官等级与行政职级脱钩，建立法官单独职务序列。司法是维护社会公平正义的最后一道防线。法官行使审判权时，扮演着公平正义守护者角色，应当具备较高的法律素养，具有较丰富的社会经验，并受到更严格的司法责任和职业道德约束。正是因为这个原因，无论英美法系国家，还是大陆法系国家，都对法官的任职资格条件、选任程序和管理等作出了比较严格的单独规定。我国实行法官员额制改革后，对法官的职业要求将比其他公务员更加严格，主要体现在：一是入职门槛更高。初任法官必须经过国家公务员考试和国家统一法律职业资格考试，具有相应法律工作经历，并经过较长时间的任前培训。一名 28 周岁的大学毕业生，在市（地）以上行政机关可能已担任科级职务，但在法院却可能刚刚成为初任法官。二是肩负责任更重。根据中央统一要求，法官员额严格控制在中央政法专项编制的 39% 以内，入额法官将经过严格遴选。进入员额后，法官对其履行审判职责的行为承担责任，在职责范围内对办案质量终身负责。三是职业伦理更严。受审判工作特殊性影响，法官往往受到严格的职业伦理限制。比如，法官离任两年内不得以律师身份担任诉讼代理人或辩护人，终身不得担任原任职法院办理案件的诉讼代理人或辩护人（作为当事人的监护人或者近亲属代理诉讼或进行辩护的除外）；法官的配偶、父母、子女担任该法官所任职法院辖区内律师事务所的合伙人或者设立人，以及在该法官所任职法院辖区内以律师身份担任诉讼代理人、辩护人，或者为诉讼案件当事人提供其他有偿法律服务的，应当实行任职回避。改革后，新的法官等级含有德才表现、业务水平、审判工作实绩、工作年限、所任职务等丰富内涵，其核心是按照法官等级进行管理，法官等级与行政职级脱钩，与其他公务员职务层次没有对应关系。

本条第二款规定了法官等级设置。法官等级分为四等十二级，四等为首席大法官、大法官、高级法官、法官。大法官分为一级大法官、二级大法官；高级法官分为一级高级法官、二级高级法官、三级高级法官、四级高级法官；法官分为一级法官、二级法官、三级法官、四级法官、五级法官。在法官等级设置方面，打破了法官职务晋升的“天花板”，拓宽了法官职业发展空间。在法官等级晋升方式方面，实行按期晋升、择优选升和特别选升相结合的方式。各级法院法官只要认真履行职责，即使不担任领导职务，也能按照任职年限逐级晋升到一定等级。晋升较高法官等级的，实行比例或者数量控制。这样规定，既有利于法官安心在审判一线工作，又可以确保较高等级法官是优中选优，有利于优秀人才脱颖而出。建立法官单独职务序列，立足于法官从基层培养、基层锻炼、基层成长，坚持重点向市（地）以下法院倾斜，鼓励优秀人才向基层和办案一线岗位流动。较大幅度提高中级、基层法院中较高等级法官比例。择优选升高级法官的比例，越向下级法院比例越高。同时，还加大了对一线办案人员的工资倾斜力度。

相关规定

《中共中央关于全面推进依法治国若干重大问题的决定》；《中华人民共和国法官等级暂行规定》

第二十七条　最高人民法院院长为首席大法官。

条文主旨

本条是关于首席大法官的规定。

立法背景

我国法官职务序列制度是从法官等级制度的基础上产生的。

1995 年 2 月 28 日，第八届全国人大常委会第十二次会议审议通过的法官法，规定了法官的等级制度。第十八条第一款规定，法官的级别分为十二级。第二款规定，最高人民法院院长为首席大法官，二至十二级法官分为大法官、高级法官、法官。根据 1995 年法官法的相关规定，法官等级是表明法官级别和身份的称号，是国家对法官专业水平的确认。2001、2017 年修改法官法均延续了 1995 年法官法的规定。2019 年修订法官法将“最高人民法院院长为首席大法官”作为单独一条予以规定。

条文解读

根据本条的规定，首席大法官只有一人，即最高人民法院院长。最高人民法院院长经全国人民代表大会选举产生后，就成为首席大法官。根据这一规定，首席大法官是法定的，不需要再通过任何批准或者授予程序。从其他国家、地区有关院长的设置看，大陆法系国家和地区的法院多设置有院长职务，而英美法系国家和地区则没有院长这一职务称谓，其首席大法官是法院的首长。无论是英美法系，还是大陆法系，法院院长或首席法官均兼法律家、管理家、政治家多重角色，但因不同的法治传统，角色排序及其所对应的职权范畴呈现出较大差异。英美法系国家，如美国联邦最高法院首席大法官，根据司法独立的原则行使作为一名法官的司法审判权，其对其他法官的监督往往受制于司法独立原则而极为有限。但作为联邦法院系统的行政首脑，首席大法官负责协调监督法院最高行政权力的行使，建立起一套一贯的程序，同时还负责对司法系统中各法院的运转进行统计调查，要负责向国会提供关于司法会议工作的年度报告并提供立法建议，其对首席大法官的角色期待呈现为“法律家—管理家—政治家”的特点。我国法院设置及运行与大陆法系国家和地区更为接近。大陆法系国家和地区法官法普遍规定，院长由具法官之职的人兼任。因此，院长具有司法审判职权。当然更重要的是，院长被赋予法院首长的地位，对内管理行政事务，对外代表整个法院，大致呈现出“管理家—政治家—法律家”的角色体系。《中华人民共和国人民法院组织法》规定“最高人民法院院长由全国人民代表大会选举”，在当选之后，最高人民法院院长的法官等级即确定为首席大法官。另外，根据《中华人民共和国人民法院组织法》第四十一条的规定，人民法院院长负责本院全面工作，监督本院审判工作，管理本院行政事务。

相关规定

《中华人民共和国人民法院组织法》第41条

第二十八条　法官等级的确定，以法官德才表现、业务水平、审判工作实绩和工作年限等为依据。

法官等级晋升采取按期晋升和择优选升相结合的方式，特别优秀或者工作特殊需要的一线办案岗位法官可以特别选升。

条文主旨

本条是关于法官等级确定和晋升原则的规定。

立法背景

本法第二十六条规定了法官实行单独职务序列管理和“四等十二级”的法官等级设置。法官等级制度是2017年法官法就规定的制度，2019年修订后的法官法对法官等级“四等十二级”的具体设置也与2017年法官法相同。但在近年来全面深化司法体制改革、实行司法人员分类管理、法官单独职务序列和法官员额制的情况下，法官等级有了新的更重要的意义。本轮司法体制改革以前，法官、检察官和其他公务员一样具有行政级别，法官等级是和行政级别并行的一种法官衔级，类似于军人军衔、人民警察警衔、海关关衔，更多体现的是法官的资历、荣誉，法官的政治待遇、生活待遇等主要还是由行政级别决定。实行法官单独职务序列以后，法官、检察官的职务序列与行政职级脱钩，“四等十二级”的法官等级成为法官具有的唯一衔级，也是新形势下确定法官待遇的重要依据。法官等级的确定和晋升对于激励法官依法履行审判职责，努力提高政治业务水平，推进高素质法官队伍建设，具有重要意义。本条对法官等级的确定和晋升的原则作了规定。

2017 年《中华人民共和国法官法》第十九条规定，法官的等级的确定，以法官所任职务、德才表现、业务水平、审判工作实绩和工作年限为依据。2019 年修订法官法，考虑到根据法官单独职务序列改革的精神，法官职务序列与行政职级脱钩，在确认法官等级的依据中删去了“所任职务”。

本条规定体现了司法体制改革的重要内容。党的十八届四中全会通过的《中共中央关于全面推进依法治国若干重大问题的决定》提出，推进法治专门队伍正规化、专业化、职业化。2015 年 9 月 15 日，习近平总书记主持召开中央全面深化改革领导小组第十六次会议，审议通过了《法官、检察官单独职务序列改革试点方案》。会议强调，要突出法官、检察官职业特点，对法官、检察官队伍给予特殊政策，建立有别于其他公务员的单独职务序列。本条根据党中央决策部署，总结法官单独职务序列改革试点工作中行之有效的经验，增加一款对法官等级晋升的原则作出规定。

法官法修订草案一审稿规定，法官等级晋升采取按期晋升和择优选升相结合的方式，特别优秀或者工作特殊需要的法官可以特别选升。有的部门提出，建议按照中央有关改革文件精神，将特别选升的范围修改为特别优秀或者工作特殊需要的“一线办案岗位法官”。立法机关经研究，修订草案二审稿采纳了这一建议，作了相应修改。

条文解读

本条共分两款。第一款是关于法官的等级确定的依据的规定。根据本法第二十六条的规定，法官的等级分为四等十二级，依次为首席大法官、一级大法官、二级大法官、一级高级法官、二级高级法官、三级高级法官、四级高级法官、一级法官、二级法官、三级法官、四级法官、五级法官。除首席大法官按照法律规定为最高人民法院院长外，其他法官的等级需要经过等级评定来确定。本条规定了确定法官等级的四个依据。

一是德才表现。德才表现是确定法官等级的重要依据。德是指法官的思想品德状况。包括政治表现，也包括个人品德，遵守社会公德、家庭美德的情况等。才是指法官的才能、能力，包括法官的法学理论专业水平、办案能力、处理复杂局面化解矛盾的能力、做群众工作的能力等。法官的德才表现同时也是法官年度考核的重要内容。

二是业务水平。根据法官行使国家审判权的职业特点，法官的业务水平主要是指法官的审判业务水平，主要包括依法查明案件事实，准确适用法律，按照法定程序和时限要求作出裁判的业务水平，也包括与审判业务相关的总结审判规律、调查研究等业务水平。对于担任院、庭领导职务的法官来说，该法官对所任职法院或者审判庭的工作指导水平和管理水平也是业务水平中的重要内容。考察法官的业务水平，主要是看法官办理案件的质量和对所任职法院或者审判庭的管理能力，而不能仅仅看工作量的大小。

三是审判工作实绩。法官的审判工作实绩是指法官实际从事审判工作的成绩，包括法官的审判工作量，完成审判工作的质量情况等。对于法官审判工作实绩的考察，离不开一些数字和比率，如结案数量、结案率、上诉率、发回重审率等，但不能简单地以数字评判法官的办案质量，而应当根据具体情况作出客观全面的评价。法官的审判工作实绩是法官年度考核的重点。前面提到的法官的思想品德、审判业务和法学理论水平也都属于法官年度考核的内容。因此，在实际操作中，法官等级的确定，包括法官等级的晋升、降低等，都要以法官的年度考核结果为重要依据。

四是工作年限。法官的工作年限，体现了其工作经验的积累和资历的成长，也是确定法官等级的重要依据。根据中央有关改革文件的精神和本法规定，各级法院一定级别的法官，都可以按照法官的工作年限和考核结果确定法官等级。对于一定级别以上的法官，实行择优选升，但法官工作年限也是择优选升时考虑的重要因素。

本条第二款是关于法官晋升原则的规定。这一款是根据本轮司法体制改革的精神和实践经验新增加的规定。这一款规定了法官晋升的两种基本方式和一种特别情形。

法官晋升的两种基本方式是按期晋升和择优选升，这两种方式相结合构成法官晋升的基本原则。按期晋升，是指法官从事审判工作达到一定年限，经考核在审判工作实绩、职业道德、专业水平、工作能力、审判作风等方面合格的，就可以按期晋升到上一个法官等级。根据中央有关改革文件精神，每个层级的法院都有一定级别以下的法官可以实行按期晋升。这个实行按期晋升的法官的最高法官等级，形象的说法是“天花板”，高层级的法院高一些，低层级的法院低一些。但无论是高级法院还是基层法院，与本轮司法体制改革前实行的晋升行政职务的办法相比，广大法官的职业成长通道都得到了较大幅度的拓宽。择优选升，是指对于各级法院一定级别以上的法官，因工作需要和法官等级设置等原因，不能如同按期晋升那样，简单按照工作年限和考核结果到期就晋升，而要由法院按照法律和规定的条件和程序，从下一级别法官中选择优秀的人选晋升。择优选升需要对符合条件的人选进行相对于按期晋升考核更严格的考察，并在不同人选之间进行比较和竞争性的选拔，确定拟晋升的人选，还需要符合规定的等级设置。实行一定级别的按期晋升和一定级别以上的择优选升相结合的法官晋升制度，既可以保证大多数的法官都有比较充分的职业发展空间，特别是改变基层法院案件数量大、工作任务重但职数少，大量法官级别低、待遇差的局面，充分调动法官队伍的积极性，又能够通过竞争性选拔，将法官队伍中更优秀的人才晋升到更高的层次，激励法官努力提高政治业务素质和办案实绩，形成良好的选人用人导向，切实全面推进高素质法官队伍建设。

本条规定的法官晋升的特别情形，是特别优秀或者工作特殊需要的一线办案岗位法官可以特别选升。这一制度针对的对象一是特别优秀的法官，即审判工作实绩特别突出，表现优异的法官；二是工作特殊需要的一线办案岗位法官，如审理新领域新类型案件的紧缺人才等。一线办案岗位法官是指在审判工作第一线，直接负责办理案件工作的法官，其他岗位的法官不能适用这一规定。特别选升是指突破法律和有关规定关于晋升法官等级在任职时间、级别层次等方面的条件，也就是破格提升。对于特别选升应当从严掌握，并按照规定履行审批程序，真正实现把特别优秀或者工作特殊需要的人才选出来的目的。

本条规定了法官等级确定和晋升的原则，对于法官等级确定和晋升的具体办法，目前按照中央有关试点文件执行。根据本法第二十九条的规定，国家还须要另行制定有关规定。

第二十九条　法官的等级设置、确定和晋升的具体办法，由国家另行规定。

条文主旨

本条是关于法官的等级设置、确定和晋升的具体办法由国家另行规定的规定。

立法背景

按照2017年法官法的规定，法官实行等级制，具体等级设为四等十二级。同时，考虑到各级人民法院法官等级设定，法官具体等级的确定，以及法官等级的晋升等，情况比较复杂，2017年法官法在原则规定了法官等级基本制度后，作了授权规定，即法官的等级设置、确定和晋升的具体办法，由国家另行规定。2019年法官法修订，保留了原来关于由国家另行制定有关法官等级设置、确定和晋升的具体办法的规定。同时，在法律中进一步明确法官实行单独职务序列，明确了法官等级晋升的按期晋升、择优选升、特别选升等方式。这也是为了全面推进高素质法官队伍建设，总结和巩固近年来司法体制改革成果，依法健全法官单独职务序列管理制度。

从近年来关于加强法官队伍建设的规定看，有关方面为了全面落实司法责任制，在法官法规定的法官等级制度基本框架的基础上，出台了一系列关于法官等级设置、调整等方面的文件。这些文件多是具体落实中央要求和法律规定的举措，有力的保障和促进了高素质法官队伍建设。如《关于加强法官检察官正规化专业化职业化建设全面落实司法责任制的意见》中提出，法官、检察官单独职务序列以法官法、检察官法规定的“四等十二级”为基础，法官、检察官等级与行政职级脱钩，实行单独管理。等级晋升实行按期晋升和择优选升相结合，特别优秀或者工作特殊需要的一线办案岗位法官、检察官可以特别选升。最高人民法院、最高人民检察院二级高级法官、检察官及以下按期晋升，省级法院、检察院和直辖市中级人民法院、检察院分院三级高级法官、检察官及以下按期晋升，市地级法院、检察院和副省级城市中级人民法院、检察院以及直辖市区法院、检察院四级高级法官、检察官及以下按期晋升，县级法院、检察院一级法官、检察官及以下按期晋升。在规定等级比例内，县级法院、检察院的法官、检察官可以选升三级高级法官、检察官，市地级法院、检察院和副省级城市中级人民法院、检察院以及直辖市区法院、检察院的法官、检察官可以选升一级高级法官、检察官，省级法院、检察院和直辖市中级人民法院、检察院分院的法官、检察官可以选升一级高级法官、检察官。各级法院、检察院择优选升的高级法官、检察官中，在一线办案岗位的要保证有一定数量。

条文解读

为了具体落实员额制，实施法官单独职务序列管理制度，法官法规定了法官的等级制度。法官的等级制度涉及法官的等级划分、各级人民法院法官的等级设置、法官等级确定和晋升等一系列具体规定和办法。考虑到难以在法律中对这些操作层面的内容都作出具体明确的规定，法官法只对法官等级制度的一些主要原则和内容作了规定，同时规定具体办法由国家另行规定。

根据本条的规定，法官的等级设置、确定和晋升办法由国家另行规定。这里所说的法官的等级设置，主要是指本法第二十六条和第二十七条所规定的法官的等级划分，以及在各级和不同类型的人民法院中不同等级法官职位的设置。按照本法的规定，法官等级由高到低依次为首席大法官、一级大法官、二级大法官、一级高级法官、二级高级法官、三级高级法官、四级高级法官、一级法官、二级法官、三级法官、四级法官、五级法官。关于法官等级设置的细化性内容，需要国家另行规定，例如不同级别的法院、不同类型的法院，具体应设置哪些等级的法官职位，具体设置相应等级法官的数量、比例等，都需要根据实际情况进一步细化，科学设置省级、地（市）级、县级人民法院，副省级城市中级人民法院，直辖市中级人民法院分院，直辖市所属区、所属县的人民法院，副省级城市所属区人民法院的法官等级。

这里所说的法官的等级确定，是指对法官具体任为哪一个等级。有关法官等级确定的规定，主要包括确定法官等级的程序和依据，如等级确定的标准、等级确定的审批程序、批准权限以及需要进行等级确定的情形等。例如，初任法官的等级确定；从符合法官条件的律师或者法学教学、研究人员等从事法律职业的人员中公开选拔的法官的等级确定；对各级人民法院领导人员，包括院长、副院长、审判委员会专职委员的等级确定等。本法规定法官晋升采取按期晋升和择优选升相结合的方式，特别优秀或者工作特殊需要的一线办案岗位法官可以特别选升，因此法官等级确定工作很大一部分也涉及法官晋升后的等级确定。此外，本法第二十八条第一款规定，法官等级的确定，以法官德才表现、业务水平、审判工作实绩和工作年限等为依据。对于考核不符合法官任职要求，因工作能力或者其他原因不适合担任现任法官等级的，也需要确定如何降低法官等级。以上法官等级确定的具体办法，由国家另行规定。

这里所说的法官等级的"晋升办法"，是指法官在任职期间根据工作年限、能力、职务调整等变化，相应予以晋升其法官等级的具体办法。本法第二十八条第二款规定，法官等级晋升采取按期晋升和择优选升相结合的方式，特别优秀或者工作特殊需要的一线办案岗位法官可以特别选升。根据上述法律规定的晋升方式，其具体的晋升条件、要求、比例、特定等级晋升的审批权限等，都有待于在另行制定的国家规定中进一步细化。

根据本条的规定，关于法官等级设置、确定和晋升的具体办法在法官法中不作具体规定，由国家另行规定。有关方面在落实法官法规定，制定具体办法时，应按照法官法确定的法官等级制度的基本框架和原则，本着全面建设高素质法官队伍的总体要求，充分发挥法官单独职务序列管理的正向激励作用，科学设定有关上述内容的详细的、具有可操作性的规定，并还应当根据实践情况和需要及时修改完善。

相关规定

《中华人民共和国法官法》第25—28条；《中共中央办公厅、国务院办公厅关于加强法官检察官正规化专业化职业化建设全面落实司法责任制的意见》

第三十条　初任法官实行统一职前培训制度。

条文主旨

本条是关于初任法官统一职前培训制度的规定。

立法背景

本条是2019年法官法修订新增的条款，体现了司法体制改革的重要内容。

2017 年法官法规定了法官培训制度。2017 年《中华人民共和国法官法》第二十六条规定，对法官应当有计划地进行理论培训和业务培训。法官的培训，贯彻理论联系实际、按需施教、讲求实效的原则。为贯彻落实法官法规定的培训制度，最高人民法院也制定了相关规定并出台了司法解释，最高人民法院在法官培训条例中明确规定，拟任法官须接受任职资格培训，经过规定的培训，并考核合格的，方可任职。根据法官培训条例，法官培训分为预备法官培训、任职培训、晋级培训和续职培训。拟任法官的人员，须接受预备法官培训。预备法官培训应注重岗位规范、职业道德和审判实务的培训，培训时间不少于一年。2013 年，党的十八大提出要建立高素质的社会主义法治工作队伍，作为推进全面依法治国的重要力量。2014 年，党的十八届四中全会通过了《中共中央关于全面推进依法治国若干重大问题的决定》，指出要推进法治专门队伍正规化、专业化、职业化，提高职业素养和专业水平。完善法律职业准入制度，健全国家统一法律职业资格考试制度，建立法律职业人员统一职前培训制度。2015 年，《中共中央办公厅、国务院办公厅关于完善国家统一法律职业资格制度的意见》，提出要按照统一标准、分系统实施原则，建立法律职业人员任职前培训制度。现行《中华人民共和国公务员法》也对新录用公务员的培训制度作出了要求，第六十七条规定，机关对新录用人员应当在试用期内进行初任培训；对晋升领导职务的公务员应当在任职前或者任职后一年内进行任职培训；对从事专项工作的公务员应当进行专门业务培训。第六十八条第三款规定，公务员培训情况、学习成绩作为公务员考核的内容和任职、晋升的依据之一。

条文解读

根据本条的规定，初任法官都需要进行统一的职前培训。对初任法官进行职前培训是基于司法实践中审判工作的现实需要。法官作为依法行使国家审判权的审判人员，需要对案件的程序及实体做出独立判断，并且需要具备庭审准备、庭审主持、诉讼调解、制作裁判文书、根据事实适用法律以及处置突发事件等多种能力。我国正推进以审判为中心的诉讼制度改革，要防止出现初任法官因审判专业技能不足、司法经验缺乏而影响办案质量和效率的问题。尤其是在近年来案件数量激增、新类型案件不断涌现、公众对司法期待与要求不断提高的背景下，法官不仅应当精通法律，而且应当善于洞察当事人矛盾，平衡各方利益，既保障案件的法律效果，又实现社会效果。因此，对法官尤其是初任法官进行职业培训，对法治工作人才队伍建设与司法改革成效显得尤为重要。

在初任法官培训方面，大陆法系与英美法系都已形成一整套系统而又行之有效的制度设计。在大陆法系国家中，初任法官培训制度的最大特点是与初任法官遴选紧密结合。以德国为例，必须以通过第一次国家司法考试的方式结束大学的法律专业学习，然后在民事法院、检察官办公室、律师事务所、行政机关进行为期 2 年的专业实践，满足一定的条件后进行第二次国家考试并通过，才能取得担任法官的资格。当某州法院出现法官空缺后，取得任职资格的人员可以向所在州的司法部提出申请，成功通过选拔的，取得为期 3 年的见习法官身份，接受职业所需人际交往、压力排解控制、民事、刑事审判的专门培训，担任陪审法官，通过直接接触审判实务，迅速进入状态。有别于大陆法系，英美法系的初任法官培训不强调官方的、严格的任前培训，而是让未来法官们通过从事律师等职业在司法实践中获取专业经验。在英美法系国家中，法官往往来自取得律师资格且从事律师工作达到一定期限的律师。以英国为例，担任地方法院的法官（不包括治安法官），必须有不少于 7 年的出庭律师经历；担任高等法院法官，必须具有 10 年以上的出庭律师经历；担任最高上诉法院法官，必须具有 15 年以上出庭律师的经历。这种制度与英美法系国家信奉的“普通法从个别案件中抽象出规则然后运用到个案中的模式，要求富有实务经验的人来操作”的观点有关。尽管两大法系在初任法官培训的内容、方式以及与法官遴选制度关联度上存在明显的差异，但二者对法官司法实践经验和能力的重视却是高度一致的，不论是任职前的统一学习，或个人在长期司法实践中的磨砺，均对我国的初任法官培训制度有重要启示。

在我国现有诉讼制度和司法体制改革的背景下，初任法官必须通过国家统一法律职业资格考试并取得法律职业资格，且至少具有3到5年的法律工作经历，即具备一定的理论专业水平和司法实践基础。初任法官经考试、考核被选拔录用后，在已有法律知识、法律职业经历的基础上进行统一的职前培训，有利于形成更为成熟完备的法律知识体系、法律运作技巧和职业道德素养，更有利于初任法官迅速适应法院审判工作，也更符合建立正规化专业化职业化法官队伍的需要。

实行统一的职前培训中“统一”是指由国家指定的机构统一负责初任法官培训事项，执行统一的标准，按照统一的程序执行。职前是指初任法官经录取后，有资格成为正式法官审理案件前。最高人民法院在2006年修订的《法官培训条例》规定，拟任法官的人员，须接受预备法官培训。经过规定的培训，并考核合格的，方可任职。其中，最高人民法院设立国家法官学院统一负责预备法官培训事项，且培训时间不少于一年。培训结束后，统一发放由最高人民法院印制的合格证书，其参加培训的履历、成绩和鉴定应存入本人档案，作为任职、等级晋升的依据之一。

实行统一的职前培训中“职前培训”的内容，应当紧密结合法官的岗位需要及特点设置。《法官培训条例》中就提出，预备法官培训应注重岗位规范、职业道德和审判实务。法官职业道德基本准则中规定，法官职业道德的核心是公正、廉洁、为民，基本要求是忠诚司法事业、保证司法公正、确保司法廉洁、坚持司法为民、维护司法形象。培养初任法官的职业道德、规范岗位行为，是建设高素质的法官队伍、落实司法责任制的应有之义。另外，初任法官均已具有一定法律知识专业基础，培训的核心任务应是审判实务，让初任法官掌握必备职业技能，以适应审判工作的职业要求。当然，在统一培训标准和程序的前提下，具体培训内容及形式可由培训机构根据初任法官拟担任的职务等方面情况，贯彻理论联系实际的原则予以确定。

相关规定

《中华人民共和国公务员法》第 67 条、第 68 条；《中华人民共和国法官法》第 12 条、第 14 条、第 17 条；《中华人民共和国人民法院组织法》第 47 条

第三十一条　对法官应当有计划地进行政治、理论和业务培训。

法官的培训应当理论联系实际、按需施教、讲求实效。

条文主旨

本条是有关法官培训要求的规定。

立法背景

司法是实现社会正义的最后一道防线，法官队伍作为法治建设的主力军，更是这最后一道防线的守门人。法官只有政治、业务素质和道德品行等都过硬，才能让老百姓在每一个司法案件中感受到公平正义。法官的工作专业性强、涉及面广，不仅要具备扎实的法律功底，更需要丰富的司法实践经验。这些知识和经验，除在法学院接受法学教育外，主要是依靠从事法官职业后通过在工作中的学习和培训中获得。法官的教育培训理应贯穿法官职业生涯的始终，从法官准入到在职都需要通过专门的培训教育过程，使那些将要成为法官的人达到职业化法官的水平，同时也能使那些已经成为法官的人自身的素质不断得到提高，进而保障法官不断提升司法能力，在司法活动中实现司法公正。

世界其他国家一般也都根据自身情况建立了法官培训制度，法官培训是法官的权利，也是法官的义务。各国的法官培训制度一般也都分为两部分，包括法官的职前培训和在职培训。如法国的法官都毕业于国家法官学院，通过招考的学员以见习法官的身份在法官学院接受培训，时间共两年半，职前教育主要侧重实践部门的实习与考察，并有法官学院与实习单位的双重考核制度，以保障教育培训的效果；针对在职法官的教育，人民法院组织法明确规定“任何法官每年至少应有 5 天的培训期”，“法官参加继续教育的权利必须得到保证”。

德国对法官的职前培训方法是将见习法官分配到各地区法院或州地方法院进行教育培训，时间通常为三年。其间，见习法官与正式法官履行相同的职责，并参加相关的课程学习和研讨班，培训侧重实践性，审判技能的培养。对在职法官的培训，则通过法官学院进行，内容更多的是涉及社会热点法律问题和审判工作经常遇到的具体问题，实用性比较强。

美国对新任法官的岗前培训以基础教育为主，内容包括如何庭审、认定证据、办案程序、撰写判决意见书等，而对在职法官的培训主要侧重认知、观念和方法的更新，内容包括对颁布新法律的学习、办案效率和质量的提升等。培训形式以培训班为主，时间一般为 2 至 3 周，最长半年，最短 2 至 3 天。

我国 1995 年法官法就规定了法官培训的内容。2001 年法官法对有关内容未作修改。2001 年开始施行的最高人民法院的《法官培训条例》对法官培训的组织与管理、内容和形式、条件与保障、考核与责任作了更具体的规定，推动了法官培训的落实。

本条沿袭了 2001 年《中华人民共和国法官法》第二十六条的内容，并将“理论培训和业务培训”修改为“政治、理论和业务培训”。

在审议过程中，有的部门建议增加规定“对法官应当实行法官研修制度”；有的地方建议明确最低培训时间，规定为每三年参加培训的时间不少于三个月；有的地方建议将“贯彻理论联系实际”的表述修改为“实行理论联系实际”；有的地方建议删去第二款。

条文解读

本条共分两款，第一款是关于对法官进行政治、理论和业务培训的规定。

对法官的培训是提高法官素质，保证法官正确适用法律的重要措施。随着我国经济社会发展，人民法院审判领域也在不断扩展，案件的类型也在不断变化，法官原有的知识和经验需要通过不断的教育培训和更新，才能适应不断发展变化的审判工作的需要。因此，必须有计划地、不断地更新法官的知识，不断提高法官的政治、理论和业务水平。因此，法官法将培训作为专门内容作了规定。加强对政法干部的培训，也是中央的一贯精神。按照《法官培训条例》等相关文件的规定，我国的法院法官培训主要分为任职培训、晋级、续职培训等。任职培训是指初任法官，担任人民法院副庭长、庭长、审判委员会委员、副院长、院长等职务的培训。初任法官培训，是指对已经通过国家法律职业资格考试并准备拟任法官的人员的培训，拟任法官的任职资格培训应注重职业道德教育、相关法律专业理论以及岗位基础理论和审判实务的培训等；初任法院院长、副院长，晋升或调任地方各级人民法院院长、副院长的，应当在任职前或任职后接受任职培训；晋升高级法官必须接受晋级培训；法官在职期间，必须接受续职培训。

本条第一款规定“有计划地进行政治、理论和业务培训”，其中“有计划”是指要将法官培训制度化，分期、分批有针对性地对法官进行培训，而不能把培训当作临时工作或者抓抓放放。培训的内容包括三个方面，即政治、理论和业务培训，这次法官法修改，将政治培训的内容从理论培训中独立出来予以规定，强调了政治培训的重要性。这里的政治培训主要是指对法官进行思想政治培训，具体包括马列主义、毛泽东思想、邓小平理论、“三个代表”重要思想、科学发展观、习近平新时代中国特色社会主义思想等重要领域和内容；党的方针政策和有关文件、中央领导同志的讲话；国际国内时事等。理论培训主要是指法学理论培训，加强法官的理论培训旨在提高法官理论水平，提高法官的整体素质，提高法官研究问题、分析问题的能力。业务培训主要是指审判工作业务的培训，包括新颁行法律、司法解释的理解、庭审驾驭、证据审查认定、司法文书制作、流程管理等培训；审判工作中的新方法、新问题的研究和法律适用问题的研究。加强对法官的业务培训旨在使法官能够及时适应审判工作的需要，适应情况的变化，胜任审判任务。

本条第二款是关于培训原则的规定。根据本款的规定，法官培训应当遵循以下三项原则：

一是理论联系实际的原则。法官培训的理论联系实际的原则，主要是指对法官的培训既要注重理论水平的提高，又要注重实际工作能力的培训，二者不可偏废。在研究理论、学习理论的过程中，不能将理论束之高阁，或者把学习、研究理论变成学院式的纯理论研究，要结合实际的审判工作的情况去学习理论；而在研究实际问题时，要将问题提高到理论的高度去认识。这样才能使培训工作符合审判工作和提高法官素质的需要，以防止理论与实际的脱节。

二是按需施教的原则。按需施教是指法官培训应当从审判工作的实际需要和提高法官理论、业务水平的需要出发进行培训。主要包括两个方面的内容：一是根据审判工作情况的变化，学习新颁布的法律、司法解释等，研究审判实践中出现的新问题，以使法官的知识和实际工作能力能够适应审判工作新的需要；二是要根据培训对象特点，科学、灵活地调整培训内容，如对于经验丰富的资深法官可以补充、更新有关知识为主，拓展知识面。对于新任职法官，可针对他们的实践经验欠缺的情况，重点丰富他们的办案经验，着力提升其庭审驾驭能力、法律适用能力和裁判文书写作能力等实际工作能力。

三是讲求实效的原则。作为继续教育的一种类型，法官培训具有一些自身的规律和要求。法官培训时间一般不会太长，但需要接受大量的知识，这就要求培训以实效为出发点。注重法官培训的实效，主要包括制定有效、有针对性的培训计划和采取生动、效果好的培训教育方法。如可以采取案例教学的培训方法，由于参加培训的学员大都已有一定的实践经验，他们在实践中碰到了很多新问题，如果结合实践中的一些典型疑难案例讲授理论，采用案例教学，通过对这些疑难案例的讨论，既加深了学员的求知力和理解力，从理论上弄清了案件的实质所在，也有利于提高学员解决审判难题的能力。

需要注意的是，落实法官培训制度的过程中，培训的方式可以多样化。可以根据实际情况有针对性地开展在岗的新法律法规司法解释学习、审判业务研修等短时间的培训。在信息化背景下，除线下培训外，还可以补充采用网络培训的方式，推广网络教学，通过录制精品教学课件，开设“云端课堂”等方法加强资源共享，提高培训的便捷性和实效性。

相关规定

《中华人民共和国人民法院组织法》第 55 条；《法官培训条例》；《最高人民法院关于全面深化人民法院改革的意见》

第三十二条　法官培训情况，作为法官任职、等级晋升的依据之一。

条文主旨

本条是关于将法官培训情况作为其任职、等级晋升的依据的规定。

立法背景

法官的培训对于提高法官素质、提高法官的审判水平和审判质量具有重要意义，也是健全法官制度的重要方面。将法官的培训情况作为其任职、等级晋升的依据之一，是将法官培训与其任职、等级晋升有机结合起来，从而使法官培训成为法官管理中重要的组成部分，是法官培训制度化的具体体现，对于推动法官培训工作，健全法官培训机制，落实培训计划都具有重要意义。将法官培训情况规定为其任职、等级晋升的依据，也有利于保证参加培训的法官珍惜培训机会，努力学习，防止应付、走过场的情况发生。同时，将法官的培训情况，作为其任职、晋升的依据，也是任职、晋升条件本身的要求。担任一定的职务，晋升为高一级的法官，不仅要具有相应的审判工作经验、一定的工作年限，而且应当具备相应的理论水平和研究能力，而培训期间的情况也从一个方面反映了法官的理论水平、研究能力等方面的素质。

2017 年《中华人民共和国法官法》第二十八条就规定了法官在培训期间的学习成绩和鉴定，作为其任职、晋升的依据之一。2001 年开始施行的《法官培训条例》对法官培训的考核内容更是作了具体规定，如规定了法官资格培训合格的颁发合格证书，其他培训颁发结业证书，法官无正当理由拒不参加培训的，所在人民法院应督促其改正，并视情节轻重给予批评教育直至取消续职、晋级资格等内容。

本条沿袭了 2017 年《中华人民共和国法官法》第二十八条的内容，并对该规定的内容进行了完善，将“学习成绩和鉴定”修改为“培训情况”，将“晋升”修改为“等级晋升”。

条文解读

随着员额制和司法责任制改革在全国法院的全面落实，法官的政治素养、专业水平、办案能力、职业操守等都有了很大的提升，法官职业的专业化、职业化、正规化特色凸显。在这样的背景下，法官的培训显得更为重要。将法官的培训情况作为法官任职、等级晋升的依据之一，是法官培训的评价体系的重要内容。

一般来说，法官的培训会根据不同的培训对象，设置不同的课程和内容，目的是让法官符合所任职务和法官等级的要求。法官职前培训注重对法官的岗位规范、职业道德和审判实务的培训，以综合知识和职业技能培训为主。其中，综合知识主要注重政治理论、审判制度、法官的职责和权力、职业道德学习；而职业技能培训主要是对法官的法律思维方法、诉讼调节能力、法律适用能力，立案、审判、执行工作的基本规则和技能进行培训。法官的任职培训主要以提高法官履行岗位职责必备的管理与业务能力为主，包括政治理论与形势教育、领导科学、司法改革理论与实务等。法官晋级培训的对象为新晋级的高级法官，因此对他们的培训以高级法官履行岗位职责必备的知识和技能为主，主要包括对审判实践中遇到的新型、复杂、疑难案件的法律适用以及审判专业的前沿和理论热点、难点问题。续职培训主要注重对法官岗位专业知识的更新和审判业务技能的提高，通常，此类培训是为了让法官了解并适用新法律法规、司法解释、现代办公、职业思维和业务技能等。所以，培训的考勤、学习成绩和表现等情况可以反映法官是否符合其所任职务或所晋升的法官等级的理论功底和工作水平，应当作为其任职和等级晋升的依据之一。

根据《法官培训条例》及有关文件的规定，这里的法官任职是指初任法官，担任人民法院副庭长、庭长、审判委员会委员、副院长、院长等职务。这里的等级晋升是指根据本法第二十六条的规定，法官等级分为十二级，等级晋升是指法官的等级往上升一级，比如由一级法官晋升为四级高等法官，由四级高等法官上升为三级高等法官。根据《法官培训条例》及有关文件的规定，晋升高级法官，必须接受晋级资格培训。

需要注意的是，将法官培训情况作为法官任职、等级晋升的依据，实际上是法官培训的一种激励和约束机制，有助于法官培训的制度化，也有助于法官培训取得实效，全面推进高素质法官队伍建设。法官培训，对于法官来说，既是权利也是义务，是法官素质的重要保障手段。实践中，各级人民法院应当在最高人民法院的领导下，积极落实本条规定、《法官培训条例》和相关文件的精神，把该规定落到实处。

相关规定

《中华人民共和国公务员法》第68条；《法官培训条例》

第三十三条　法官培训机构按照有关规定承担培训法官的任务。

条文主旨

本条是关于法官培训机构及其职责的规定。

立法背景

本法第三十条至第三十二条规定了初任法官的统一职前培训、法官常规培训的内容、原则，并规定法官培训情况作为法官任职、等级晋升的依据之一。法官从事的审判工作是一项复杂的复合型智力劳动，专业性、技术性很强，要求审判工作者必须经过严格的职业训练，具有扎实的法学理论功底和娴熟的审判技能，具备准确理解法律、正确适用法律的能力，具备通过庭审排除干扰、去伪存真、查明事实的能力，具备通过裁判释明法律，定分止争的能力，具备做好当事人和其他诉讼参与人的工作，化解矛盾、维护社会稳定的能力，具备通过审判活动践行公平正义等社会主义核心价值观，推动全民守法和法治社会建设的能力。信息社会和经济社会发展变动不居、日新月异，各种新情况新问题不断出现，作为社会治理重要手段的法律法规、司法解释更新很快，这些都需要法官不断更新知识结构，提升司法能力，以适应新形势下审判工作的需要。法官的培训不同于学校教育，也不同于一般的干部培训，而是要从法官职业的特点和需要出发，有针对性地传授法官从事审判工作的各种知识和技能，既要有理论学习，更需要经验传授，是一项专业性、技术性都很强的教育培训工作，承担法官培训职责的相关机构应当从建立高素质法官队伍的需要出发，建立有效的法官培训体系。

全国人大常委会在法官法立法工作中重视对法官培训制度的规定，1995 制定法官法时就对法官培训机构及其职责作了规定。2017 年《中华人民共和国法官法》第二十七条规定，国家法官院校和其他法官培训机构按照有关规定承担培训法官的任务。这里规定的国家法官院校主要是指最高人民法院直属的国家法官学院和各地的法官学院。党的十八届四中全会通过的《中共中央关于全面推进依法治国若干重大问题的决定》提出，建立法律职业人员统一职前培训制度。2015 年 12 月，中共中央办公厅、国务院办公厅印发了《关于完善国家统一法律职业资格制度的意见》，该意见将建立统一职前培训制度作为完善国家统一法律职业资格制度的重要任务之一，提出按照统一标准、分系统实施原则，建立法律职业人员任职前培训制度。目前，最高人民法院、最高人民检察院、司法部等部门正在就法律职业人员统一职前培训制度的培训标准、实施机构等具体办法进行研究。2019 年修订法官法，考虑到新形势下对包括法官、检察官、律师等在内的法律职业人员实行统一职前培训以及对法律职业人员常规培训等，都是进一步深化政法领域司法体制改革的重要内容，为了给法官教育培训改革实践留有空间，删去了 2017 年《中华人民共和国法官法》第二十七条中关于“国家法官院校”的表述，对法官培训机构的规定相对较为原则。

本条规定注意了与公务员法的衔接。《中华人民共和国公务员法》第六十六条第二款规定，国家建立专门的公务员培训机构。机关根据需要也可以委托其他培训机构承担公务员培训任务。本条规定的法官培训机构是针对法官这一特殊群体的公务员承担培训任务的专门公务员培训机构。2019 年修订法官法对本条进行的修改，与公务员法规定的可以委托其他培训机构承担公务员培训任务的精神也是一致的。

条文解读

本条规定的法官培训机构是指承担本法第三十条、第三十一条规定的初任法官统一职前培训，法官政治、理论和业务培训的机构。2019年修订后的规定以“法官培训机构”代替“法官院校”的用语，更为强调法官培训的职能，不限于特定院校、单位，这样概括表达更为准确，也更便于适应法官培训工作的需要。

长期以来，最高人民法院高度重视法官培训工作，建立了较为完备的法官培训体系。从实际情况看，承担法官培训主体任务的是最高人民法院主管的国家法官学院和地方各级法院主管的法官培训院校。目前，国家法官学院是最高人民法院的直属事业单位，是中国法官教育培训的主要机构。该学院成立于1997年，其前身是1985年成立的全国法院干部业余法律大学和1988年成立的中国高级法官培训中心。学院承担对高、中级人民法院的院长、副院长，各级法院的高级法官及其后备人才进行任职、续职、晋级培训和审判业务专项培训，对预备法官进行岗前培训的任务。学院设有教学、教务、培训管理等内设机构和专、兼职师资队伍。专职教师实行“教学、科研、审判”三结合制度，定期组织安排专职教师到审判实际部门挂职锻炼，以切实增强其司法实践经验。在审判实务单位和教学科研机构选聘兼职教师。实行“法官教法官”的教学模式，确保法官培训针对性强，做到学以致用，提高法官处理解决审判中疑难复杂问题的能力。学院在各省、自治区、直辖市设立分院，国家法官学院分院同时也是各省、自治区、直辖市高级人民法院的法官教育培训机构，承担辖区内法官培训任务。

本条规定的法官培训机构，除国家法官学院等国家法官院校外，还包括其他承担法官培训任务的教学、研究等机构，各级法院与法学高等院校合作设立的培训机构，接受各级法院委托承担法官培训任务的机构等。国家关于法律职业人员统一职前培训制度的有关具体规定出台后，根据规定承担法律职业人员统一职前培训任务的机构也是本条规定的“法官培训机构”。

根据本条的规定，法官培训机构按照“有关规定”承担培训法官的任务。这里的有关规定，首先是法官法对法官培训制度的基本规定，即本法第三十条至第三十三条的规定，也包括最高人民法院、公务员主管部门等制定的关于法官培训、公务员培训的具体规定。2000 年 10 月，最高人民法院根据法官法制定了《法官培训条例》，对法官培训工作的基本原则、组织管理、内容与形式、条件与保障、考核与责任等作了规定。最高人民法院制定的五年改革纲要、全国法院教育培训规划等也对法官培训工作提出了要求。法官培训机构的培训工作应当贯彻落实本法和有关规定，遵循教育培训规律，为保持和提升法官队伍的政治业务素质，确保国家审判权公正行使提供保障。

相关规定

《中华人民共和国公务员法》第 66 条；《中共中央关于全面推进依法治国若干重大问题的决定》；《法官培训条例》

第三十四条　法官申请辞职，应当由本人书面提出，经批准后，依照法律规定的程序免除其职务。

条文主旨

本条是关于法官辞职程序的规定。

立法背景

法官辞职制度是法官人事管理的重要制度。本法第五章“法官的管理”在对法官员额制、法官等级、法官培训制度的规定之后，对法官辞职的有关制度作了规定。

1995 年制定法官法时就对法官辞职制度作了规定，2017 年《中华人民共和国法官法》第三十九条规定，法官要求辞职，应当由本人提出书面申请，依照法律规定的程序免除其职务。2019 年修订法官法，根据公务员辞去公职的有关规定，将该条中的“要求”辞职改为“申请”辞职，增加了“经批准后”免除法官职务的表述，进一步严格了法官辞去公职的程序规定。

本条规定注意了与公务员法的衔接。《中华人民共和国公务员法》第八十五条规定公务员辞去公职的申请和审批程序，第八十六条规定了公务员不得辞去公职的五种情形。本条是关于法官辞职的原则规定。根据本法第六十八条的规定，关于法官辞职的有关制度和程序，本法未作规定的，适用《中华人民共和国公务员法》第八十五条、第八十六条和有关公务员辞职的其他规定。

条文解读

法官的辞职，是指法官根据本人意愿提出申请辞去公职，经任免机关批准，不再担任法官职务，也不再保留国家公务员身份。按照本人意愿申请辞职，是法官的权利。法官提出辞职申请后，需要按照法律规定的程序进行审查批准和免职程序。有关机关审批同意法官辞职后，免去辞职法官职务的法律程序，主要适用人民法院组织法等法律规定的法官“免职”程序。《中华人民共和国公务员法》第八十五条、第八十六条对公务员辞职作了规定。2009 年 7 月，中央组织部、人力资源社会保障部制定了《公务员辞去公职规定（试行)》，对公务员辞去公职的有关工作程序作了具体规定。根据本法、公务员法和上述规定，法官辞去公职应当按照下列程序办理：

一是法官本人书面申请。自愿辞去公职的法官应当根据干部管理权限向有关机关提出书面申请，表明自己辞去公职的意愿，填写《公务员辞去公职申请表》。

二是按照规定的程序审批。有干部管理权限的机关收到法官辞去公职的书面申请后，应当由组织人事部门审核提出意见，呈报审批。审核和审批时，应当审查申请辞去公职的法官有没有法律规定的不得辞去公职的情形。根据《中华人民共和国公务员法》第八十六条的规定，公务员有下列情形之一的，不得辞去公职：（1）未满国家规定的最低服务年限的；（2）在涉及国家秘密等特殊职位任职或者离开上述职位不满国家规定的脱密期限的；（3）重要公务尚未处理完毕，且须由本人继续处理的；（4）正在接受审计、纪律审查、监察调查，或者涉嫌犯罪，司法程序尚未终结的；（5）法律、行政法规规定的其他不得辞去公职的情形。根据《中华人民共和国公务员法》第八十五条的规定，任免机关应当自接到申请之日起三十日内予以审批，其中对领导成员辞去公职的申请，应当自接到申请之日起九十日内予以审批。审批应当作出同意辞去公职或者不同意辞去公职的批复，并将审批结果以书面形式通知公务员所在单位和申请辞去公职的公务员，并将同意辞去公职的批复送同级公务员主管部门备案。公务员申请辞去公职未予批准的，可以按照规定申请复核或者提出申诉。复核、申诉期间不停止该人事处理的执行。经批准辞去公职的法官，离职前应当办理公务交接手续，必要时按照规定接受审计。

三是依照法律规定免除法官职务。对于经审批同意法官辞去公职的，应当按照人民法院组织法和本法第十八条等法律规定的程序，提请任命该法官的机关免去其法官职务。根据本法第十八条的规定，对于最高人民法院副院长、审判委员会委员、庭长、副庭长和审判员，由最高人民法院院长提请全国人大常委会免去其法官职务；对于最高人民法院巡回法庭庭长、副庭长，由最高人民法院院长提请全国人大常委会免去其法官职务；对于地方各级人民法院副院长、审判委员会委员、庭长、副庭长和审判员，由本院院长提请本级人大常委会免去其法官职务；对于在省、自治区内按地区设立和直辖市内设立的中级人民法院院长，由省、自治区、直辖市人大常委会根据主任会议的提请免去其法官职务，副院长、审判委员会委员、庭长、副庭长和审判员，由高级人民法院院长提请省、自治区、直辖市人大常委会免去其法官职务；对于新疆生产建设兵团各级人民法院、专门人民法院院长、副院长、审判委员会委员、庭长、副庭长和审判员，依照全国人大常委会有关规定免去其法官职务。

为防止离任法官利用原职务的影响力谋取不正当利益，影响司法公正，本法第三十六条对法官从人民法院离任后以律师身份担任诉讼代理人或者辩护人等行为作了一定限制。根据该条的规定，法官从人民法院离任后两年内，不得以律师身份担任诉讼代理人或者辩护人。法官从人民法院离任后，除作为当事人的监护人或者近亲属代理诉讼或者进行辩护的外，不得担任原任职法院办理案件的诉讼代理人或者辩护人。另外，为防止辞去公职的公务员在从业中出现违纪违法现象，《公务员辞去公职规定（试行）》中对公务员辞去公职后的行为作了一些限制性规定。2017 年 4 月，中共中央组织部、人力资源和社会保障部、国家工商行政管理总局、国家公务员局还联合印发了《关于规范公务员辞去公职后从业行为的意见》，对公务员辞去公职的从业行为作出了更具体的规范。从人民法院辞去公职的法官在离任后，应当严格遵守这些规定。

法官自愿提出不再担任法官职务，除本法规定的法官辞职外，还有一种情况是辞去现任的法官职务，但仍然保留公务员身份。这在实践中主要是因为工作调整变动，如法官从原任职法院交流调动到其他法院、检察院或者其他国家机关任职等，也包括一些法官因为个人原因提出不再担任法官职务，但仍保留公务员身份，在法院从事司法辅助、司法行政等工作或者到其他国家机关工作，还有法院的领导人员因为工作严重失误、失职等原因引咎辞职等。对于这种类型的职务变动，应当适用本法第二十条第三项规定的“职务变动不需要保留法官职务的，或者本人申请免除法官职务经批准”的规定，和《中华人民共和国公务员法》第八十七条关于担任领导职务的公务员因工作变动依照法律规定需要辞去现任职务，因工作严重失误、失职造成重大损失或者恶劣社会影响等原因引咎辞去领导职务的规定。《中华人民共和国全国人民代表大会议事规则》第三十八条、《中华人民共和国地方各级人民代表大会和地方各级人民政府组织法》第二十七条中规定的人民法院院长“辞职”有关程序，主要是针对这种情形。

相关规定

《中华人民共和国公务员法》第85—87条；《公务员辞去公职规定（试行)》;《关于规范公务员辞去公职后从业行为的意见》

第三十五条　辞退法官应当依照法律规定的程序免除其职务。

辞退法官应当按照管理权限决定。辞退决定应当以书面形式通知被辞退的法官，并列明作出决定的理由和依据。

条文主旨

本条是关于辞退法官应免除其职务并履行相应程序的规定。

立法背景

2017年《中华人民共和国法官法》第四十一条规定，辞退法官应当依照法律规定的程序免除其职务。2019年法官法修订在2017年法官法规定的基础上，进一步增加规定“辞退法官应当按照管理权限决定。辞退决定应当以书面形式通知被辞退的法官，并列明作出决定的理由和依据”。在法官法中对辞退法官的程序作出明确规定，主要是考虑到辞退涉及法官职务去留，属于法官管理中的重要事项，依法明确程序既是法官队伍管理工作的需要，也关系法官重要权益。一方面，法官是实行单独职务序列管理的，法官职务依法由有关的权力机关依照法定程序任命。因此，辞退法官应先由任命机关免除法官职务后，再按照辞退公务员的程序进行辞退。另一方面，从保护法官依法履行法定职责的角度出发，非因法定事由、非经法定程序不能辞退法官，有必要明确辞退法官的程序。同时，法官是实行单独职务序列管理的公务员，《中华人民共和国公务员法》第九十条第一款规定，辞退公务员，按照管理权限决定，辞退决定应当以书面形式通知被辞退的公务员，并应当告知辞退依据和理由。本条的规定也是为了与公务员法的规定相衔接。

关于哪些情形下可以辞退法官，2017 年《中华人民共和国法官法》第四十条作了规定，即法官有下列情形之一的，予以辞退：(1) 在年度考核中，连续两年确定为不称职的；(2) 不胜任现职工作，又不接受另行安排的；(3) 因审判机构调整或者缩减编制员额需要调整工作，本人拒绝合理安排的；(4) 旷工或者无正当理由逾假不归连续超过十五天，或者一年内累计超过三十天的；(5) 不履行法官义务，经教育仍不改正的。法官法修订草案一次审议稿中保留了 2017 年法官法的上述规定。2017 年 12 月全国人大常委会对法官法修订草案进行初次审议时，有的常委委员提出，法官法中有的规定与公务员法的规定重复，建议通盘研究，做好衔接。全国人大宪法和法律委员会经研究，考虑到法官法修订草案一次审议稿中有的内容属于与公务员管理共性的规定，公务员法已有规定的，可以不作重复。上述有关辞退法官的具体情形等几处规定属于重复性规定，遂予以删去，并在附则中作衔接性规定：有关法官的权利、义务和管理制度，本法已有规定的，适用本法的规定；本法未作规定的，适用公务员管理的相关法律法规。因此，修订后的法官法中没有规定具有哪些情形的，可以辞退法官，辞退法官的具体情形应当按照《中华人民共和国公务员法》第八十八条的规定，即有下列情形之一的，予以辞退：(1) 在年度考核中，连续两年被确定为不称职的；(2) 不胜任现职工作，又不接受其他安排的；(3) 因所在机关调整、撤销、合并或者缩减编制员额需要调整工作，本人拒绝合理安排的；(4) 不履行公务员义务，不遵守法律和公务员纪律，经教育仍无转变，不适合继续在机关工作，又不宜给予开除处分的；(5) 旷工或者因公外出、请假期满无正当理由逾期不归连续超过十五天，或者一年内累计超过三十天的。对此，《保护司法人员依法履行法定职责规定》第七条中也有相应规定，实践中可按照该规定执行。

条文解读

本条共分为两款。第一款是关于辞退法官应当依照法律规定的程序免除其职务的规定。辞退是出现法定情形时，有关机关依法解除法官职务的行为。法官作为单独职务序列管理的公务员，如果出现法定应当予以辞退的情形，需要依法予以辞退。根据本法第六十八条的规定，有关法官的权利、义务和管理制度，法官法未作规定的，适用公务员管理的相关法律法规。如上所述，辞退法官的具体情形，法官法未作具体规定，依法应适用公务员法关于辞退的具体情形的规定。这里需要注意的是，法官应当履行的义务，既包括公务员法规定的公务员的义务，还包括本法第十条专门规定的法官的义务。法官如果有不履行公务员法以及本法规定的义务的情况，经单位或组织教育后仍不履行义务或者不改正的，可以依法予以辞退。

根据本条第一款的规定，辞退法官应当依照法律规定的程序免除其职务。这里法律规定的程序是指根据宪法、地方各级人民代表大会和地方各级人民政府组织法、人民法院组织法以及本法关于法官任免的有关规定，分别由全国人民代表大会、全国人民代表大会常务委员会、地方各级人民代表大会、地方各级人民代表大会常务委员会依照法律规定的程序免除其现任职务。此外，根据人民法院组织法的规定，新疆生产建设兵团各级人民法院、专门人民法院的院长、副院长、审判委员会委员、庭长、副庭长和审判员，依照全国人民代表大会常务委员会的有关规定任免。因此，这里的法律规定的程序，还包括全国人大常委会相关决定中规定的法官任免的程序。本款规定辞退法官要依照法律规定的程序免除其职务，主要是因为法官是由各级人民代表大会或者各级人民代表大会的常务委员会依照法律规定的程序选举或者任命的，所以在免除其职务时也同样应当由对其进行选举或者任命的机构行使此权利。这里的职务指依法行使审判权的法官职务，如各级人民法院的院长、副院长、审判委员会委员、庭长、副庭长和审判员。本款规定还考虑到了与本法第二十条第七项规定的衔接。根据《中华人民共和国法官法》第二十条规定，法官有规定的情形的，应当依法提请免除其法官职务，其中所列举的第七项情形就是“辞职或者依法应当予以辞退的”。

本条第二款是关于辞退法官应当履行相应程序的规定。一是，根据本款的规定，“辞退法官应当按照管理权限决定”。一般来说，辞退公务员的权限由公务员所在单位组织人事部门行使。各级人民法院辞退法官的，应按照有管理各级法官的权限的组织人事部门作出相关决定。这里需要注意，辞退法官与免除法官职务是性质不同的两种行为，虽然法官是由各级人大或人大常委会任免的，但是各级人大或人大常委会并不负有辞退法官的职责。二是，根据本款的规定，辞退决定应当以书面形式通知被辞退的法官，并列明作出决定的理由和依据。这里有三层意思：第一，辞退决定需要以书面形式作出，并通知被辞退的法官，以表明辞退是组织的正式决定，是经正式程序作出并告知被辞退法官的，这也是保证辞退决定严肃性的需要。第二，辞退决定应列明作出决定的理由和依据，以便于被辞退法官了解被辞退原因、依据，并据此对辞退决定提出复核、申诉等异议，行使救济权利。如本法第十一条第二项规定，法官非因法定事由、非经法定程序，不被调离、免职、降职、辞退或者处分。《中华人民共和国公务员法》第八十九条规定，对有下列情形之一的公务员，不得辞退：(1) 因公致残，被确认丧失或者部分丧失工作能力的；(2) 患病或者负伤，在规定的医疗期内的；(3) 女性公务员在孕期、产假、哺乳期内的；(4) 法律、行政法规规定的其他不得辞退的情形。第三，以书面形式作出决定，可以使得辞退决定有据可查。另外，根据国家相关规定，被辞退的公务员再从事国家行政机关等工作，存在一定的从业限制。书面决定能够便于其他国家机关调取和掌握，了解相关情况。

相关规定

《中华人民共和国宪法》第 62 条、第 67 条；《中华人民共和国地方各级人民代表大会和地方各级人民政府组织法》第 8 条、第 21 条、第 26 条、第 44 条；《中华人民共和国人民法院组织法》第 14 条、第 15 条；《全国人民代表大会常务委员会关于在北京、上海、广州设立知识产权法院的决定》第 6 条；《全国人民代表大会常务委员会关于设立上海金融法院的决定》第 4 条；《全国人民代表大会常务委员会关于新疆维吾尔自治区生产建设兵团设置人民法院和人民检察院的决定》第 4 条；《中华人民共和国公务员法》第 88—90 条；《中华人民共和国法官法》第 10 条、第 18 条、第 20 条、第 68 条；《保护司法人员依法履行法定职责规定》第 7 条

第三十六条　法官从人民法院离任后两年内，不得以律师身份担任诉讼代理人或者辩护人。

法官从人民法院离任后，不得担任原任职法院办理案件的诉讼代理人或者辩护人，但是作为当事人的监护人或者近亲属代理诉讼或者进行辩护的除外。

法官被开除后，不得担任诉讼代理人或者辩护人，但是作为当事人的监护人或者近亲属代理诉讼或者进行辩护的除外。

条文主旨

本条是关于法官离任后担任诉讼代理人、辩护人的限制规定。

立法背景

2017 年《中华人民共和国法官法》第十七条第一款、第二款规定："法官从人民法院离任后二年内，不得以律师身份担任诉讼代理人或者辩护人。法官从人民法院离任后，不得担任原任职法院办理案件的诉讼代理人或者辩护人。"在法官法修订的过程中，有的

意见提出，近年来，实践中出现一些被开除的法官，继续以各种名义从事法律服务活动，扰乱法律服务的秩序，损害当事人合法权益，损害法律权威，应当依法予以禁止。经研究，法官法在本条中增加一款，明确法官被开除后，不得担任诉讼代理人或者辩护人。另外，考虑到如果被开除的法官是当事人的监护人或者近亲属，当事人愿意委托其代理诉讼或者进行辩护，是基于双方之间的亲情和信任，与一般代理诉讼和辩护应有区别，刑事诉讼法在规定被开除公职和被吊销律师、公证员执业证书的人不得担任辩护人的同时，也明确如果其系犯罪嫌疑人、被告人的监护人、近亲属的除外，因此，官法对此也作了例外的规定。

本条规定注意了与刑事诉讼法、律师法的衔接。《中华人民共和国律师法》第四十一条规定，曾经担任法官、检察官的律师，从人民法院、人民检察院离任后二年内，不得担任诉讼代理人或者辩护人。《中华人民共和国刑事诉讼法》第三十三条第三款规定，被开除公职和被吊销律师、公证员执业证书的人，不得担任辩护人，但系犯罪嫌疑人、被告人的监护人、近亲属的除外。

本条新增加的第三款规定，体现了司法体制改革的重要内容，《中共中央关于全面推进依法治国若干重大问题的决定》四、（六）“加强对司法活动的监督”中提出，对因违法违纪被开除公职的司法人员、吊销执业证书的律师和公证员，终身禁止从事法律职业，构成犯罪的要依法追究刑事责任。本条规定的内容是对上述决定要求的细化和落实。

条文解读

本条共分三款。第一款是关于法官从人民法院离任后两年内，不得以律师身份担任诉讼代理人或者辩护人。本款的规定是同律师法的规定相一致的。《中华人民共和国律师法》第四十一条规定：“曾经担任法官、检察官的律师，从人民法院、人民检察院离任后二年内，不得担任诉讼代理人或者辩护人。”法官与律师同属法律职业群体，法官辞职从事律师职业与从律师中选拔法官一样，有利于促进法律职业共同体的融合、发展。但是实践中，也存在法官辞职后从事律师执业时，继续利用其原职务的影响力，影响司法公正的事例。为了避免这种情况的发生，法律规定禁止法官从人民法院离任后二年内以律师身份担任诉讼代理人或者辩护人，这样有利于维护司法公正，维护司法权威。这里所规定的离任，具体包括退休、辞职、辞退和调离等离开人民法院，不再担任法官的情况。这里所规定的诉讼代理人，包括以律师身份在刑事诉讼中接受公诉案件被害人及其法定代理人或者近亲属的委托、自诉案件自诉人及其法定代理人的委托、附带民事诉讼的当事人及其法定代理人的委托担任代理人，以及在民事诉讼中或行政诉讼担任原告、被告、第三人等当事人及其法定代理人的诉讼代理人。辩护人是指以律师身份在刑事诉讼中担任犯罪嫌疑人、被告人的辩护人。

本款对法官离任后不得担任诉讼代理人和辩护人的规定只限于“以律师身份”。这样规定，主要是考虑到《中华人民共和国刑事诉讼法》第三十三条规定，可以被委托担任诉讼代理人、辩护人的人除律师外，还包括人民团体或者犯罪嫌疑人、被告人所在单位推荐的人和犯罪嫌疑人、被告人的监护人、亲友。根据刑事诉讼法第一编第四章的规定，律师作为辩护人享有相较于其他辩护人更为广泛的诉讼参与权利。《中华人民共和国民事诉讼法》第五十八条第二款规定，可以被委托担任诉讼代理人的人除律师外，还包括基层法律服务工作者、当事人的近亲属或者工作人员，当事人所在社区、单位以及有关社会团体推荐的公民。《中华人民共和国行政诉讼法》第三十一条第二款也规定可以被委托担任诉讼代理人的人除律师外，还包括基层法律服务工作者、当事人的近亲属或者工作人员，当事人所在社区、单位以及有关社会团体推荐的公民。同时，考虑到本条第二款已对法官从人民法院离任后担任原任职法院办理案件的诉讼代理人或者辩护人的情况加以禁止，法律不宜再对离任的法官不以律师身份，而仅作为不在其原任职法院进行诉讼的当事人的近亲属、监护人或者亲友等出庭担任诉讼代理人或者辩护人的情况予以禁止。因此，法官在离任后二年内，如果符合刑事诉讼法、民事诉讼法、行政诉讼法关于辩护人、诉讼代理人在律师以外的人员范围的规定，同时所受理案件不属于其原任职法院办理的案件，而以律师身份以外的其他身份担任辩护人、诉讼代理人，是可以的。当然，如果是不再担任法官，但没有取得律师执业证书的，还应当遵守《中华人民共和国律师法》第十三条的规定，即没有取得律师执业证书的人员，不得以律师名义从事法律服务业务；除法律另有规定外，不得从事诉讼代理或者辩护业务。

本条第二款是关于法官从人民法院离任后，不得担任原任职法院办理案件的诉讼代理人或者辩护人的规定。作出这一规定，主要是考虑到法官从人民法院离任后，如果允许其担任原任职法院办理案件的诉讼代理人或者辩护人，由于办理案件的法官往往是其过去的同事，甚至办理案件的法官还曾受其领导，这样就很难保证法官在办理案件时不受情面关系等影响，即使办理案件的法官完全是依法审判，也可能会对人民法院的公正形象造成影响。同时也考虑到，法官从人民法院离任，尤其是退休后，仍然会同原任职法院保持一定的关系，如退休后的工资福利待遇等仍然由原任职法院负责。因此，即使办理案件的法官是离任法官所不认识的，也可能会出现前面所讲的问题。因此，有必要规定法官从人民法院离任后，不得担任原任职法院办理案件的诉讼代理人或者辩护人。这里所说的办理案件，包括人民法院办理的刑事案件、民事案件、行政案件等各类案件，可以是一审案件、二审案件、申诉案件等处于不同诉讼阶段的各种案件。需要指出的是，本款规定法官从人民法院离任后，不得担任原任职法院办理案件的诉讼代理人或者辩护人，并不是仅限定不得以律师身份担任诉讼代理人或者辩护人，而是无论以什么身份担任诉讼代理人或者辩护人都是被禁止的。此外，本款对上述情况作了例外规定，即作为当事人的监护人或者近亲属，代理诉讼或者进行辩护的除外。

本条第三款是关于被开除公职的法官不得担任诉讼代理人或者辩护人及其例外的规定。本款规定是2019年法官法修订新增加的内容。《中共中央关于全面推进依法治国若干重大问题的决定》四、（六）“加强对司法活动的监督”中规定，对因违法违纪被开除公职的司法人员、吊销执业证书的律师和公证员，终身禁止从事法律职业，构成犯罪的要依法追究刑事责任。近年来，实践中一些被开除的法官，继续以各种名义从事法律服务活动，扰乱法律服务的秩序，损害当事人合法权益，损害法律权威。担任诉讼代理人、辩护人的，应当模范遵守法律，因违法违纪被开除公职的人员也不适宜再担任诉讼代理人、辩护人。本条的规定是落实上述决定的要求，并与刑事诉讼法等法律规定衔接，从法律上禁止被开除公职的法官担任诉讼代理人或者辩护人。其他法律中也有类似的规定，如《中华人民共和国律师法》第七条第三项规定，法官被开除公职的，不予颁发律师执业证书。同时，考虑到被开除公职的法官，如果其作为当事人的监护人或者近亲属代理诉讼或者进行辩护，也是可以的，因此法律对此作了例外的规定。《中华人民共和国刑事诉讼法》第三十三条第三款也有相似的规定：“被开除公职和被吊销律师、公证员执业证书的人，不得担任辩护人，但系犯罪嫌疑人、被告人的监护人、近亲属的除外。”

相关规定

《中华人民共和国刑事诉讼法》第33条；《中华人民共和国律师法》第41条；《中共中央关于全面推进依法治国若干重大问题的决定》四、（六）

第三十七条　法官因工作需要，经单位选派或者批准，可以在高等学校、科研院所协助开展实践性教学、研究工作，并遵守国家有关规定。

条文主旨

本条是关于法官可以在高等学校、科研院所协助开展相关教学、研究工作的规定。

立法背景

本条规定是从加强法治人才培养的角度，对法官可以在高等学校、科研院所开展教学研究工作作出的规定。《中共中央关于全面推进依法治国若干重大问题的决定》“六、(三) 创新法治人才培养机制”中提出，健全政法部门和法学院校、法学研究机构人员双向交流机制，实施高校和法治工作部门人员互聘计划，重点打造一支政治立场坚定、理论功底深厚、熟悉中国国情的高水平法学家和专家团队，建设高素质学术带头人、骨干教师、专兼职教师队伍。习近平总书记在考察中国政法大学座谈会讲话中强调，法学学科是实践性很强的学科，法学教育要处理好知识教学和实践教学的关系，要打破高校和社会之间的体制壁垒，将实际工作部门的优质实践教学资源引进高校，加强法学教育、法学研究工作者和法治实际工作者之间的交流。实践中，有关部门按照这一要求开展了相关活动。2013 年教育部、中央政法委、最高人民法院、最高人民检察院、司法部发布实施《关于实施高等学校与法律实务部门人员互聘“双千计划”》，2018 年《教育部、中央政法委关于坚持德法兼修实施卓越法治人才教育培养计划 2.0 的意见》进一步提出，强化法学实践教学，切实发挥法院、检察院等在法治人才培养中的作用，健全法学院校和法治实务部门双向交流机制，选聘法治实务部门专家到高校任教，在法学院校探索设立实务教师岗位。据此，根据中央关于加强法治人才培养的要求，根据实践情况，本条规定，法官因工作需要经单位选派或者批准，可以在高等学校、科研院所协助开展实践性教学、研究工作，并遵守国家有关规定。这也是加强法官队伍自身建设，提高法官理论素养和水平的重要工作，因而法治人才的培养也是双向的，相互促进。从一些国家的做法来看，法官到高校开展教学研究和授课工作一般也是允许的。这也是世界上一些国家的通行做法。

条文解读

本条可以从以下几个方面理解：一是，从程序上看，法官到高等学校、科研院所开展教学研究工作，需因工作需要，并经单位选派或者批准。法官到高校从事教学研究工作，不完全是个人行为。有的是根据组织需求，单位有计划进行的统一选派，如根据上述“双千计划”的需要，或者有关高等学校与人民法院建立合作关系后，派法官前往交流从事教学研究工作的。对于个人与高校之间建立聘用关系从事教学研究的，也要符合工作需要的条件，并经过单位批准。批准的权限要按照公务员组织人事管理的规定，经过人事部门批准或者上级组织部门批准，因而批准程序上是较为严格的。在决定是否批准时，应当根据审查是否符合工作需要，是否会对本职工作造成影响等。同时，要注重考查法官的政治素质和专业能力是否符合要求。根据“双千计划”的有关规定，到高校从事教学、研究工作的实务部门专家，应当具有较高的思想政治素质，忠于党和国家，忠于人民和法律，具有十年以上法律实务工作经验，较高的职业素养和专业水平，实绩突出，法学理论功底扎实，对本专业领域法律问题有较深入的研究。

二是，从具体工作看，主要是协助开展实践性教学、研究工作。法官开展教学、研究工作的定位是协助开展，法官不可能成为培养法学人才的主力军，其在高等学校的工作只能是协助性的、补充性和完善性的。在当前“案多人少”矛盾突出的情况下，法官不能因为在高校开展教学研究工作，对本职工作造成影响。法官在高校的教学研究工作也要侧重于实践性的教学、研究，这是考虑到发挥实务经验知识丰富的优势。有的教学、研究工作实务部门的同志具有优势，例如有关证据学、诉讼程序、辩护实务方面的课程，法官具有相当丰富的经验，可以将生动实践、疑难复杂案件引入教学研究工作。实践中，一些高校积极探索开展实践性教学工作，开设了法律诊所、模拟法庭等课程，专门开设有关实务方面的课程，请实务部门的专家授课等。

三是，从要求来看，要遵守国家有关规定。一方面，要遵守国家有关公务员管理的规定。如：不得影响本职工作，不得领取兼职报酬、不得超过一定兼职数量等。另一方面，更要遵守有关法官职业道德、行为规范的规定，维护人民群众对司法公正和权威的信赖。在高校、科研院所不得从事教学、研究之外的工作，更不能有影响司法公正的言行和利益输送。高等学校中也有老师做兼职律师，将来也可能有学生做律师等，这些情况应当按照案件回避制度执行有关规定。

此外，需要注意的是，本法并没有从兼职的角度作出规定，而是从管理的角度，对法官到高校从事教学研究工作作出规范管理，主要工作是协助开展实践性教学、研究工作，并对此提出了上述较为严格的要求。有关方面也将加强管理监督，对于违反规定的，应当依照法官法和公务员法等法律法规的规定，以及组织人事、纪律处分方面的规定追究相应责任。

相关规定

《中华人民共和国公务员法》第 44 条；《中共中央关于全面推进依法治国若干重大问题的决定》“六、(三) 创新法治人才培养机制”；《中央政法委、最高人民法院、最高人民检察院、司法部关于实施高等学校与法律实务部门人员互聘“双千计划”的通知》；《教育部、中央政法委关于坚持德法兼修实施卓越法治人才教育培养计划 2.0 的意见》

第六章　法官的考核、奖励和惩戒

第三十八条　人民法院设立法官考评委员会，负责对本院法官的考核工作。

条文主旨

本条是法官考评委员会的设立及职责的规定。

立法背景

1995 年《中华人民共和国法官法》第四十六规定，人民法院设法官考评委员会。法官考评委员会的职责是指导对法官的培训、考核、评议工作。具体办法另行规定。1996 年最高人民法院制定的《法官考评委员会暂行组织办法》对其组织机构、职责等作了规定。2001 年、2017 年法官法修正时，对本条内容未作修改。2019 年修订法官法，将本条内容修改为“人民法院设立法官考评委员会，负责对本院法官的考核工作”。

法官考评委员会作为人民法院对法官业绩进行评价的主体，应当切实担负起其在考评体系设定、考核规则执行、考评结果决定等具体工作中的职责，以确保法官考评的公正合理。

对法官进行考核是我国法院人事管理中的一项重要内容，是提高法院管理水平、提升法官职业素养的重要举措。公开公正公平地进行考核，有利于做到公平客观地反映法官的实际工作能力和水平。科学合理利用考核结果，有利于促进法官办案、调研以及其他工作的能力和人民法院解决纠纷能力的提升，增强司法公信力，最终实现“让人民群众在每一个司法案件中感受到公平正义”的目标。设立法官考评委员会一方面可以吸收法院各方面的人员参加考评，有利于更充分地吸收各方意见，另一方面也可以在考评工作中贯彻民主公平原则，避免由领导决定考评而产生“一言堂”，违反客观公正原则的情况出现，保障考核的公平性，也使考核更有公信力，有利于被考核人、社会各方面对考核结果的认同，提高司法的权威。法官考评委员会对法官的考核，应当遵循全面、客观、公正的原则，考核法官的审判工作实绩、职业道德、专业书评、工作能力、审判作风，重点考核审判工作实绩，做到考核工作公平公正公开。

其他国家同样重视对法官的考核工作，规定了相应机构承担对法官的考核职能，如德国各邦建立了严格的法官考评制度，考核内容包括专业知识、理解能力、语言和文字表达能力、案件处理能力、沟通技巧、执行能力及职业精神等。上级人民法院负责对下级人民法院法官能力和业绩的考核，根据法官的能力和业绩定期做出职务鉴定书，鉴定书对于法官的升迁和岗位的更换起着重要作用。日本由法官会议主持并决定考核，将法官考评作为法院人事管理的重要环节，2001 年《日本司法制度改革审议会意见书》专章规定了法官考评内容，将人事评价的透明性和客观性作为考核的核心。

条文解读

本条是关于人民法院设立法官考评委员会以及考评委员会职责的规定。这里所说的法官考评委员会，是指人民法院依法设置的指导对法官考核工作的机构。法官考评委员会可以依照相关规定履行审查本院法官年度考核方案，指导考核工作的职责以及其他职责。法官考评委员会负责对本院法官的考核工作，应当依照本法第三十九条、第四十条规定，坚持全面客观公正原则，并做到平时考核和年度考核相结合。

相关规定

《中华人民共和国检察官法》第 39 条

第三十九条　法官考评委员会的组成人员为五至九人。

法官考评委员会主任由本院院长担任。

条文主旨

本条是关于法官考评委员会的组成的规定。

立法背景

1995年《中华人民共和国法官法》第四十七条规定，法官考评委员会的组成人员为五至九人。法官考评委员会主任由本院院长担任。2001年、2017年法官法修改时未作修改，2019年修订法官法未作修改。

各方面提出的意见如下：有的意见建议，法官考评委员会要对考评事项工作作出表决，依照少数服从多数原则作出决定。建议明确法官考评委员会组成人员为单数。有的意见建议，对法官的考核不应只在法院内部考评，应有法院外人员参与，以提高法官考评委员会考评的公开性和透明度，建议规定“法官考评委员会有人大代表、政协委员和律师参加”。有的意见建议，为了保障法官考评人员能公正考评，作为法官考评委员会成员的法官，在考核其本人时应当回避，建议增加一款“法官考评委员会组成人员是法官的，考核其本人时应当回避”。

条文解读

本条是关于法官考评委员会组成人员及院长担任法官考评委员会主任的规定。法官考评委员会是对法官进行考核评定的机构，其组成人员和领导人员的产生、人数等要符合公平公正的要求，既要能够按照民主集中制的原则，客观公正对法官进行考评，又要符合法院实际，保障考评委员会工作组织有序、顺利进行。因此，本条对考评委员会的组成人数及其主任作了规定。

本条第一款是关于法官考评委员会组成人员的规定。法官考评委员会是对法官进行民主测评的机构，其构成原则要求应有一定数量的人员，能够充分反映各方面的意见，并能够按照公平公正的程序作出决定。同时，由于我国各级、各地法院存在较大的差异，有的法院人员数量、案件数量很多，有的地方则较少，法官考评委员会人员的具体数量需要根据具体情况予以掌握，不宜一刀切。因此，本条规定，法官考评委员会的组成人员为五至九人。法官考评委员会实行民主集中制，根据需要，适时召开会议，会议由主任或受委托的副主任主持，决定事项须经全体委员的半数以上同意。

本条第二款是关于法官考评委员会主任的规定。《中华人民共和国人民法院组织法》第四十一条规定，人民法院院长负责本院全面工作，监督本院审判工作，管理本院行政事务。依据这一条规定，院长不仅要依照法律规定履行相关审判职责，依法主持审判委员会讨论审判工作中的重大事项，还负有从宏观上指导法院各项审判工作，组织研究相关重大问题和制定相关管理制度，综合负责审判管理工作，依法主持法官考评委员会对法官进行业绩评价的职责。法院院长对于本院法官的考评工作具有管理的职责，因此本条规定，法官考评委员会主任由本院院长担任。最高人民法院制定的《法官考评委员会暂行组织办法》也规定，法官考评委员会主任由本院院长担任；副主任由主任提名，法官考评委员会通过。院长作为考评委员会主任，其职责主要是负责法官考评委员会的组织管理，如及时组织开展考评、召开会议、作出考评意见等，在对法官进行具体考核时，院长仍然要遵守民主评议的原则，与法官考评委员会其他成员平等的行使职权。

相关规定

《中华人民共和国检察官法》第40条

第四十条　对法官的考核，应当全面、客观、公正，实行平时考核和年度考核相结合。

条文主旨

本条是关于法官考核原则的规定。

立法背景

1995 年《中华人民共和国法官法》第二十条规定，对法官的考核，应当客观公正，实行领导和群众相结合，平时考核和年度考核相结合。2001 年、2017 年修改法官法时，对本条未作修改。2019 年修改法官法，将相关内容修改为“对法官的考核，应当全面、客观、公正，实行平时考核和年度考核相结合”。

2014 年 10 月，党的十八届四中全会通过的《中共中央关于全面推进依法治国若干重大问题的决定》提出，明确各类司法人员工作职责、工作流程、工作标准，实行办案质量终身负责制和错案责任倒查问责制，确保案件处理经得起法律和历史检验。“让审理者裁判、让裁判者负责”的司法责任制改革逐步得到落实。法官考核评价应当做到全面客观公正，实行平时考核和年度考核相结合，以符合我国审判队伍建设的实际，契合新一轮司法体制改革的方向目标。考核的结果应当做到公平公正公开，对考核优秀的予以奖励，激发工作热情，并将考核结果作为调整法官等级、工资以及法官奖惩、免职、降职、辞退的依据。

条文解读

根据本条的规定，法官考核应当遵循全面、客观、公正的原则，并实行平时考核与年度考核相结合。

一是，根据本条规定，法官考核要遵循全面、客观、公正的原则。

（1）全面原则。

对法官的考核应当坚持全面的原则。本法第四十一条规定，对法官的考核内容包括：审判工作实绩、职业道德、专业水平、工作能力、审判作风。对法官考核，既要考核法官的办案数量、办案质量、办案效率以及办案效果等业务实绩，也要考核履职能力、遵守工作纪律、司法作风以及司法礼仪等行为。关于依法履职行为，主要考核法官遵守法定职责权限的情况，包括有无办人情案、金钱案、关系案；是否做到秉公办案、廉洁办案；司法行为是否符合客观、公正的要求；审判案件程序意识以及办案中遵守法定程序的情况，有无违反办案程序规定的行为等情况。关于遵守工作纪律，主要考核法官在行使职权过程中，能否严格遵守政治纪律、组织纪律、工作纪律、廉洁纪律、办案纪律、保密纪律和卷宗管理纪律等。关于司法作风相关情况，司法作风是司法行为的客观反映，体现司法行为的规范性、合法性。关于与司法礼仪相关的司法行为，主要考核法官的工作礼仪、着装礼仪、接待礼仪和语言礼仪等。法官职业是一项特殊职业，对司法礼仪有特殊要求。司法礼仪作为司法行为的外在表现，关系司法行为的严肃性和权威性。

对法官的考核内容应当全面，应当注意把握住审判工作实绩这个重点。法官办案数量包括院长、庭长办案数量和质量是考核的一个重要方面。《最高人民法院关于完善人民法院司法责任制的若干意见》规定，法官必须在一线办案，并对办案质量终身负责。担任院、庭领导职务的法官办案要达到一定数量。2017 年 3 月《中共中央政法委员会关于严格执行法官、检察官遴选标准和程序的通知》要求，法院、检察院领导干部入额后应当办理一定数量的案件，并带头办理重大疑难复杂案件。其中，庭（处、科）长应当达到本部门法院、检察院平均办案的 50%—70%；基层法院院长、检察院检察长办案数量应当达到本院法官、检察官平均办案数量的 5%—10%，其他院领导应当达到 30%—40%；地市级法院院长、检察院检察长应当达到 5%，其他院领导应当达到 20%—30%。院长、庭长应当落实上述规定的要求，达到办理案件数量的要求。同时，案件也要符合质量的要求。应当注意的是，在考核办案数量质量的同时，根据全面考核的要求，不能偏废政治素养、职业道德、专业水平、工作能力、审判作风等内容的考核。

（2）客观原则。

客观是指对法官的考核必须严格按照考核标准，实事求是地确定考核结果。这里所说的客观，是指从被考核的实际工作表现出发，对法官进行实事求是的评价，既不能夸大成绩或者忽视成绩，也不能夸大出现的问题或者掩饰缺点、问题，既要考虑到别人的评价和个人主观认识，又要注重考察工作实绩。应当根据被考核法官的实际情况作出客观评价，而不能是凭主观的认为去随意作出评价。

（3）公正原则。

公正是指，对法官的考核必须严格按照考核标准，公平合理地确定考核结果。这里所说的公正，是指对法官进行考核时，不能因性别、民族、年龄、出身、信仰、文化等因素而尺度不一，必须一视同仁，不偏不倚，做到考核标准面前人人平等。考核的程序和考核的结果都应当贯彻公正的要求。要有公正考核程序，考核中全面听取各方面的意见，全面考察被考核人的工作实绩，充分保证被考核人的陈述权利，充分保证各方面有反映意见的机会，认真核实相关情况，力求客观公正。只有客观公正地对待每一个被考核的法官，才能使考核的情况符合法官的实际，被考核者才会对考核结果心服口服，考核才能发挥应有的作用，而考核也才能得以正常进行，人民群众也才能信服考评结果，逐步提高司法公信力。

二是，考核要做到平时考核与年度考核相结合。平时考核与年度考核相结合，是指日常对法官的考核工作与年度的考核工作相结合。这样更有利于发挥考核的作用，促进法官素质的提高、业务能力的进步和工作的开展。平时考核的含义较为宽泛，包括日常工作中对法官的考查、民主生活会中对法官的批评，以及对法官在处理个人问题、工作问题上做法的考察等。通过这种平时考核可以及时指出法官存在的问题，同时也为年度考核奠定基础。年度考核是指在每一个年度结束时，综合法官一年来各方面工作情况，集中对其进行全面考核并作出评价。对法官的考核内容包括：审判工作实绩、职业道德、专业水平、工作能力、审判作风等，重点考核工作实绩。

实践中需要注意：一是，我国公务员法对公务员考核的内容和考核形式作了具体规定。《中华人民共和国公务员法》第三十五条规定，公务员的考核应当按照管理权限，全面考核公务员的德、能、勤、绩、廉，重点考核政治素质和工作实绩。第三十六条规定，公务员的考核分为平时考核、专项考核和定期考核等方式。定期考核以平时考核、专项考核为基础。法官实行单独职务序列管理，在考核过程中，应当把握审判岗位特殊性，重点考核审判工作实绩，做到考察全面，结果公正。对于考核事宜本法没有规定的，适用公务员管理的相关法律法规。二是，在考核中要坚持领导与群众相结合的原则。考核实行领导和群众相结合，是指在考核中既要注意倾听群众的意见、评价，又要考虑该法官主管领导对其审判工作实绩、法学理论和业务水平等方面的评价。坚持我们一贯倡导的群众路线，加强群众的参与、监督作用；同时又考虑到法官考核中更重要的是对法官审判工作实绩以及审判业务的考查，在这方面法官的主管领导有着直接的了解，可以作出中肯的评价。人民群众的监督是考核的一方面。综合同法院共同办理案件的法官的意见建议，听取人民群众对被考核法官的评价，包括该法官办理的案件的当事人的评价，是全面、客观、公正考核的一个重要形式，这种领导和群众相结合的做法有利于防止考核流于形式情况的发生。

相关规定

《中华人民共和国公务员法》第35条、第36条；《中华人民共和国检察官法》第41条；《中共中央关于全面推进依法治国若干重大问题的决定》；《中共中央政法委员会关于严格执行法官、检察官遴选标准和程序的通知》

第四十一条　对法官的考核内容包括：审判工作实绩、职业道德、专业水平、工作能力、审判作风。重点考核审判工作实绩。

条文主旨

本条是关于法官考核内容的规定。

立法背景

2017年《中华人民共和国法官法》第二十三条规定，对法官的考核内容包括：审判工作实绩，思想品德，审判业务和法学理论水平，工作态度和审判作风。党的十八届四中全会提出，全面推进依法治国，必须大力提高法治工作队伍思想政治素质、业务工作能力、职业道德水准。推进法治专门队伍正规化、专业化、职业化，提高职业素养和专业水平。党的十八大以来，中共中央及最高人民法院等有关部门发布了《关于加强法官检察官正规化专业化职业化建设全面落实司法责任制的意见》《最高人民法院关于完善人民法院司法责任制的若干意见》等一系列司法体制改革文件，对办案业绩、职业道德、审判作风等方面提出了可行的评价办法。因此，本条在原规定的考核内容基础上，根据党中央提出的思想政治素质、业务工作能力、职业道德水准、职业素养和专业水平等法治工作队伍的要求，结合法院考核工作实际，对相关表述进行了整合归纳。

本条注意了与公务员法的衔接。《中华人民共和国公务员法》第三十五条规定，公务员的考核应当按照管理权限，全面考核公务员的德、能、勤、绩、廉，重点考核政治素质和工作实绩。考核指标根据不同职位类别、不同层级机关分别设置。本条规定的考核内容，与公务员法规定的考核内容本质上是一致的，较为全面地体现了对公务员考核的要求，也体现了法官工作的特点。

条文解读

根据本条的规定，法官考核的内容包括：审判工作实绩、职业道德、专业水平、工作能力、审判作风五个方面。重点考核审判工作实绩。

审判工作实绩，是指法官从事审判工作所取得的成绩，包括审判工作的质量、数量、效率以及所产生的社会效益、受奖励的情况等。本条将审判工作实绩作为考核的重点，体现了法官工作的特点和考核的主要方向，体现了以审判为中心的司法体制改革精神。《最高人民法院关于完善人民法院司法责任制的若干意见》中提出，建立符合司法规律的案件质量评估体系和评价机制。审判管理和审判监督机构应当定期分析审判质量运行态势，通过常规抽查、重点评查、专项评查等方式对案件质量进行专业评价。同时，各级人民法院应当成立法官考评委员会，建立法官业绩评价体系和业绩档案。业绩档案应当以法官个人日常履职情况、办案数量、审判质量、司法技能、廉洁自律、外部评价等为主要内容。法官业绩评价应当作为法官任职、评先评优和晋职晋级的重要依据。中共中央、国务院印发的《保护司法人员依法履行法定职责规定》中提出，考核法官、检察官办案质量，评价工作业绩，应当客观公正、符合司法规律。考核的办法和标准由最高人民法院、最高人民检察院统一制定，地方可以结合实际进行适当调整。据此，部分地方在司法实践中制定了办案业绩评价办法与细则，探索适合本级法院的案件评价体系。以北京地区法院为例，北京市高级人民法院审委会于2017年讨论通过了《北京法院法官办案业绩评级办法（试行）》，规定法官办案业绩评价体系以办案数量评价、办案质量评价、办案效率评价和办案效果评价为基本评价内容；以北京法院一定时期内的审判、执行工作重点为附加评价内容。基本评价内容与附加评价内容下设基础指标和附加指标两个一级指标，其中基础指标下设数量、质量、效率、效果四个二级指标；附加指标下设重点工作、突出业绩两个二级指标。业绩评价对象为全市法院的员额法官，评价工作通过信息化技术，实现评价过程自动化和评价结果实时展示。

职业道德，核心是公正、廉洁、为民，基本要求是忠诚司法事业、保证司法公正、确保司法廉洁、坚持司法为民、维护司法形象。忠诚司法事业，是指维护国家利益，遵守政治纪律，坚持和维护中国特色社会主义司法制度，以维护社会公平正义为己任，自觉维护法律的权威和尊严；保证司法公正，是指依法独立行使审判权，不受任何行政机关、社会团体和个人的干涉，坚持以事实为根据，以法律为准绳，牢固树立程序意识，自觉遵守司法回避，贯彻司法公开原则，平等对待当事人和其他诉讼参与人；确保司法廉洁，是指坚守廉洁底线，依法正确行使审判权、执行权，杜绝以权谋私、贪赃枉法行为，不接受案件当事人及相关人员的请客送礼，不利用职务便利或者法官身份谋取不正当利益，不违反规定与当事人或者其他诉讼参与人进行不正当交往，不在执法办案中徇私舞弊；坚持司法为民，是指自觉维护人民群众的合法权益，努力为当事人和其他诉讼参与人提供必要的诉讼便利，努力实现法律效果与社会效果的统一，尊重当事人和其他诉讼参与人的人格尊严，依法保障律师参与诉讼活动的权利；维护司法形象，是指坚持文明司法，加强自身修养，忠于职守，秉公办案，始终保持昂扬的精神状态和良好的职业操守，遵守社会公德和家庭美德，维护良好的个人声誉。

专业水平，是指对法学理论学习、掌握和运用的程度。法学理论，既包括法学基础理论，也包括刑法、民法、经济法、行政法、诉讼法等部门法。司法实践中主要是指该法官从事具体审判工作应当掌握的法学专业理论。

工作能力，是指法官从事审判工作所需的能力，尤其是查明案件事实和正确适用法律的能力。法官从事审判工作的能力，包括做好必要的庭审准备工作及其他审判辅助工作，主持、指挥庭审活动，审核证据并提出审查意见，参与案件评议，依法决定程序性事项，依法裁判等，也包括运用专业知识和审判经验，确认证据效力、认定案件事实、正确适用法律，作出合法合理裁判等。尤其是针对重大疑难案件，法官的工作能力除体现在熟练运用法律知识外，还体现在通过其他相关专业知识和经验解决疑难问题，作出合法合理裁判，化解矛盾纠纷，努力让人民群众在每一个司法案件中感受到公平正义。

审判作风，是指法官在审理案件的过程中，能否做到勤勉尽责、清正廉明。比如，是否存在不平等对待诉讼当事人的行为，是否存在程序拖延、不依法执行诉讼回避等违法违规事项，是否存在司法腐败现象，等等。中共中央在关于全面推进依法治国若干重大问题的决定中提出，要依法规范司法人员与当事人、律师、特殊关系人、中介组织的接触、交往行为。严禁司法人员私下接触当事人及律师、泄露或者为其打探案情、接受吃请或者收受其财物、为律师介绍代理和辩护业务等违法违纪行为，坚决惩治司法掮客行为，防止利益输送。坚决破除各种潜规则，绝不允许法外开恩，绝不允许办关系案、人情案、金钱案。坚决反对和克服特权思想、衙门作风、霸道作风，坚决反对和惩治粗暴执法、野蛮执法行为。对司法领域的腐败零容忍，坚决清除害群之马。

本条的考核对象是经法官遴选委员会遴选后进入员额的法官，包括入额的院长、副院长、审判委员会委员、庭长、副庭长和审判员。通过对法官的考核，可以为法官的奖惩、任免、等级、工资等管理工作提供依据。因此，对本法规定的考核内容予以公正、客观评价，并进行有所侧重的考量，有利于对法官队伍进行有效管理，从而建设一批高素质的法官队伍。

相关规定

《中华人民共和国公务员法》第 3 条、第 35 条；《中共中央关于全面推进依法治国若干重大问题的决定》

第四十二条 年度考核结果分为优秀、称职、基本称职和不称职四个等次。

考核结果作为调整法官等级、工资以及法官奖惩、免职、降职、辞退的依据。

条文主旨

本条是关于法官考核等次及考核结果使用的规定。

立法背景

1. 相关背景情况

通过确定考核等次并赋予相应的考核结果以一定的法律效力，是实现对法官奖惩的主要途径，也是法院管理的重要手段，对于调动法官办案积极性，促进办案质效的提升，具有重要作用。这也是各国通行的对法官乃至所有公务人员的法定评价方式，只是考核标准和考核等次的设置有所不同。如日本的考核等次分为 ABCDE 五等。A 等最高，一般不超过被评人数的百分之十。新中国成立以后，在较长一段时间内，对干部考核都采用评语的方式，考核结果不分等次，只进行定性的描述。1993 年《国家公务员暂行条例》将公务员考核等次分为优秀、称职和不称职三个等次。据此，我国 1995 年法官法制定时，将法官的年度考核等次及考核结果效力规定为："年度考核结果分为优秀、称职、不称职三个等次。考核结果作为对法官奖惩、培训、免职、辞退以及调整等级和工资的依据"。2001 年法官法沿用了这一规定。由于 1993 年的《国家公务员暂行条例》在实施过程中，有的意见反映，考核结果确定为三个等次过少，人事部门据此试行增设了"基本称职"等次，并被 2005 年公务员法采纳，在第三十六条第一款规定："定期考核的结果分为优秀、称职、基本称职和不称职四个等次。"第三十七条规定："定期考核的结果作为调整公务员职务、级别、工资以及公务员奖励、培训、辞退的依据。"2017 年法官法修改时，由于只是对涉及国家统一法律职业考试的相关制度进行修改，所以暂未将考核等次规定与 2005 年公务员法相衔接，相关制度依然沿用 2001 年《中华人民共和国法官法》第二十四条的规定。

2018 年公务员法修改时，在第三十八条第一款规定："定期考核的结果分为优秀、称职、基本称职和不称职四个等次。”第三十九条规定：“定期考核的结果作为调整公务员职位、职务、职级、级别、工资以及公务员奖励、培训、辞退的依据。”2019 年法官法修改时，参照《中华人民共和国公务员法》第三十八条第一款的规定，在第四十二条第一款将法官的年度考核等次规定为：“年度考核结果分为优秀、称职、基本称职和不称职四个等次。”同时，针对法官职务的特殊绩效考核情况，以及司法人员分类管理制度改革之后，对法官和审判辅助人员、司法行政人员实行分类管理，法官实行员额制管理，实行单独职务序列，法官职务与行政职务脱钩等情况，对 2017 年法官法关于考评结果的效力规定进行了相应的修改完善。主要是：首先，将 2017 年法官法中的“调整等级”修改为“调整法官等级”，以强调法官与审判辅助人员、司法行政人员在管理上的独特性和针对性。其次，在职务影响指标的相关规定上，由于法官实行单独职务序列后，法官职务与行政职级脱钩，不再具有级别，所以未采纳 2018 年公务员法关于职级、级别等考核结果影响因素，只规定“免职、降职、辞退”等考核结果影响因素。其中，“降职”是在 2017 年法官法基础上新增加的规定，以解决原来的考核结果影响因素指标太少，相应的处置方案过陡，缓冲度不够的问题。最后，取消了“培训”这一影响因素，是考虑到培训应基于工作需要，不能完全依考核结果而定。

2. 各方面提出的意见

法官法修订草案初次审议稿第四十四条规定，对法官的考核结果作为调整法官等级、工资以及法官奖惩、培训、免职、降职、辞退的依据。有的意见提出，培训应基于工作需要，辞退须有法定事由，不能完全依考核结果而定，建议删去“培训”“辞退”。

条文解读

本条共分两款。第一款是关于法官考核等次的规定。

考核等次是法官年度考核的最终结果，是对法官年度表现的一种高度概括性的法定评价形式。根据本款的规定，法官的考核分为优秀、称职、基本称职和不称职四个等次，与公务员考核结果中关于等次的规定是一致的。这个考核结果，是按照公务员法及法官法相关规定确定的法官考核原则、权限、程序及考核内容，对法官个人的工作表现及功过进行记录、概括和总结，并最终确定的对法官个人的总评价，相应的等次是对考核结果的具体体现。

优秀，主要是指法官在审判工作中正确贯彻执行党的方针、路线、政策，模范遵守宪法、法律及各项规章制度，在审判工作实绩、思想品德、专业水平、工作能力、审判作风等方面都表现出色，成绩显著的。由于在实际评定优秀时，大多有人数的限制，因而被评定为“优秀”的，应当是在一定范围的法官中表现突出的法官。

称职，主要是指法官能够正确贯彻执行党的路线、方针、政策，自觉地遵守宪法、法律及各项规章制度，熟悉或者比较熟悉审判业务，在审判工作实绩、思想品德、专业水平、工作能力、审判作风等方面能达到任职的要求，能够完成或者比较好地完成审判工作任务。

基本称职，主要是指法官思想政治素质和业务素质一般，能基本完成审判工作，但在审判工作作风等方面存在明显不足，工作积极性、主动性不够，完成工作的质量和效率不高，或在工作中有某些失误，有待进一步改进提高。

不称职，主要是指法官的政治、业务素质比较差，在审判工作实绩、思想品德、专业水平、工作能力、审判作风等方面都难以适应工作要求，或工作责任心不强，不能完成审判工作任务，或在审判工作中造成严重失误。也就是说，达不到该职位的要求。

本条第二款是关于法官考核结果使用的规定。

将法官定期考核结果作为评价法官工作实绩、职业道德、专业水平、工作能力、工作态度和工作作风的主要标准，并作为法官调整法官等级、工资以及法官奖惩、免职、降职、辞退的基本依据，可以较为全面、客观、准确地对法官的各项工作进行综合评价，真实反映工作业绩，有效调动法官工作的积极性，有力提高教育、激励和监督法官的各项工作，切实提高法官队伍的整体素质、提高司法质效。这样规定，也有利于将法官考核与对法官的管理工作有机地结合起来，既强调了考核的重要作用，又防止了考核与管理脱节，以免形成走过场的情况出现。

考核结果作为对法官奖惩的依据，是指根据法官考核的结果，人民法院采取相应的奖励或者惩罚措施，以激励在审判工作中表现突出的法官，教育处理不称职的法官，从而达到考核的目的。将考核结果作为调整法官等级、工资、免职、降职、辞退的依据，主要是指对经考核评定为不称职的法官，根据其具体情况，采取免职、降职、辞退等处置措施；对于评定为基本称职的法官，仍可晋升级别和工资，但一定时间内不得晋升职务，通过诫勉谈话、培训等，促其改正提高；对于经考核评定为称职的法官，按照规定晋升法官等级、调整工资级别；对于经考核评定为优秀的，可以在规定的幅度内提前晋升法官等级、调升工资级别等。具体的法官等级、工资调整以及法官奖惩、免职、降职、辞退等在实施过程中按照法律法规及有关规定办理。相关部门可以根据本法以及公务员法规定的精神，结合法官单独职务序列管理的特点，作出具体的规定。

需要注意的是，法官实行单独职务序列管理，同时，法官也是国家机关工作人员。根据本法第六十八条的规定，有关法官的权利、义务和管理制度，本法未作规定的，适用公务员管理的相关法律法规。因此，对法官的考核本法未作规定的，可以参考公务员法相关规定。

相关规定

《中华人民共和国公务员法》第 38 条、第 39 条；《中华人民共和国法官法》第 38 条、第 39 条、第 40 条、第 41 条、第 43 条

第四十三条　考核结果以书面形式通知法官本人。法官对考核结果如果有异议，可以申请复核。

条文主旨

本条是关于法官对考核结果申请复核的规定。

立法背景

本条是2017年法官法的规定，2019年修改作了文字修改，将对考核结果有异议的，可以申请“复议”修改为“复核”，与公务员法有关表述相一致。本条规定在公务员法中也有相应规定，《中华人民共和国公务员法》第三十八条规定，定期考核的结果分为优秀、称职、基本称职和不称职四个等次。定期考核的结果应当以书面形式通知公务员本人。同时，公务员法也规定了公务员对考核不称职申请复核的程序。本条是对公务员法有关规定的重申和细化。

条文解读

本条规定的考核是指对法官的年度考核，是对其一个年度内的审判工作实绩、职业道德、专业水平、工作能力、审判作风的评价。考核结果分为优秀、称职、基本称职和不称职四个等次。考核结果作为调整法官等级、工资以及法官奖惩、免职、降职、辞退的依据。因此，考核结果是很重要的，直接关系到法官的切身利益和有关人事处理，必须做到公开、公平、公正。本条对考核结果作了两个方面的要求：对考核结果应当以书面形式通知法官本人，以及法官对考核结果有异议的救济程序。

一是，考核结果以书面形式通知法官本人。法官对考核结果的知晓要通过正式书面形式获知。《中华人民共和国公务员法》第三十八条规定，定期考核的结果以书面形式通知公务员本人。本条对公务员法规定的重申，也是基于考核的公开性考虑的。将考核结果以书面形式通知考核者本人，这是对法官考核中的一项重要、具体的措施，以防止考核中偏激、暗箱操作、打击报复等不公正的情况发生，同时也体现了对被考核者权利的尊重和对被考核结果认定的慎重。及时得知考核结果，也是被考核者的权利。只有以书面形式通知法官本人，才能给予提出异议复核的正式依据，否则不利于保障法官复核的权利。这样规定既体现了考核的严肃性，同时，也有利于被考核者维护自身的合法权益。

二是，对考核结果有异议，可以申请复核。为了保证考核结果的正确性，维护被考核者的合法权益，本条规定本人对考核结果有异议的，可以申请复核。申请复核的前提是被考核者对考核结果持有异议，在实践中主要表现在对于“不称职”的考核结果提出异议。本人申请复议除了对考核结果应当明确提出异议外，还应提出存在异议的理由、实际情况，以供考评委员会或者院领导在复核时考虑。对于被考核者的复核申请由作出考核结果的人民法院受理。本法未对如何“复核”作出具体规定。根据实际情况，对考核结果的复核主要应进行以下三方面的工作：一是就申请复核提出的理由、情况进行核查，看本人申诉是否属实，理由是否充分；二是再次听取有关人员意见；三是由考评委员会或院领导对考核结果是否作出变更进行研究并作出决定。

对于申请复核的具体程序，应当参照公务员法的有关规定。《中华人民共和国公务员法》第九十五条、第九十七条规定，公务员对涉及本人的定期考核定为不称职等下列人事处理不服的，可以自知道该人事处理之日起三十日内向原处理机关申请复核；对复核结果不服的，可以自接到复核决定之日起十五日内，按照规定向同级公务员主管部门或者作出该人事处理的机关的上一级机关提出申诉；也可以不经复核，自知道该人事处理之日起三十日内直接提出申诉。对省级以下机关作出的申诉处理决定不服的，可以向作出处理决定的上一级机关提出再申诉。受理公务员申诉的机关应当组成公务员申诉公正委员会，负责受理和审理公务员的申诉案件。原处理机关应当自接到复核申请书后的三十日内作出复核决定，并以书面形式告知申请人。受理公务员申诉的机关应当自受理之日起六十日内作出处理决定；案情复杂的，可以适当延长，但是延长时间不得超过三十日。复核、申诉期间不停止人事处理的执行。法官不因申请复核、提出申诉而被加重处理。公务员申诉的受理机关审查认定人事处理有错误的，原处理机关应当及时予以纠正。上述规定的程序和要求适用于法官对考核结果不称职有异议的复核程序。根据本法的规定，人民法院设立考评委员会，负责对本院法官的考核工作。根据最高人民法院关于《人民法院落实〈保护司法人员依法履行法定职责规定〉的实施办法》的规定，对法官的考核评价必须由法官评价委员会作出，考核结果应当公示，法官对考核结果如有异议，可以申请复核。据此，法官对考核结果有异议的，可以向法官考评委员会提出。

相关规定

《中华人民共和国公务员法》第 38 条、第 95 条、第 97 条

第四十四条　法官在审判工作中有显著成绩和贡献的，或者有其他突出事迹的，应当给予奖励。

条文主旨

本条是关于对有显著成绩和贡献的法官给予奖励的规定。

立法背景

本条规定是 2017 年法官法的规定，2019 年修订时删去了“对法官的奖励，实行精神鼓励和物质鼓励相结合的原则”的规定。需要说明的是，这一删除是从与公务员法衔接的角度作出的调整，不是实质调整。这主要是考虑到，法官也是公务员，法官法中有的内容属于与公务员管理共性的规定，考虑到公务员法已有规定，可以不作重复。据此，删去了奖励的形式、种类和程序等具体规定，适

用时可参照公务员法等法律法规。本法第四十五条第二款也作了进一步明确，法官的奖励按照有关规定办理。与本法第四十五条相比，本条是原则性、概括性规定，第四十五条是具体奖励情形的规定。

本条规定与公务员法有关奖励的规定在精神上是一致的。法官代表国家实施法律审判工作。作为法律审判的主体，法官的素质尤为重要，其直接关系司法公正，以及审判工作的效率和质量。为了提高法官的素质和能力，要建立对法官奖励的制度，以鼓励法官提高自己的素质和能力。建立相应的奖励制度，就需要依法、合理、公平、公正、公开，这样才能真正起到奖励的作用，激发法官的积极性和创造性，去努力实现司法公正，杜绝司法腐败。同时，对法官的奖励还具有引导和示范作用。奖励不仅对受奖励人具有一定的激励作用，而且对整个法官群体都会产生巨大的影响。它向人民法官表明，应当如何从事审判工作，应当如何坚持和做到司法公正，以保护国家、集体和人民的利益。

条文解读

根据本条的规定，法官的奖励，是指人民法院在法律审判工作中，根据法官法或者其他有关规定，对在审判实践工作中具有显著成绩和贡献的，或者有其他突出事迹的法官给予的精神鼓励和物质鼓励。根据本条的规定，法官的奖励具有以下特点：第一，奖励的主体主要是各级人民法院，包括最高人民法院和地方各级人民法院。当然，国家对于有特殊贡献的法官也可以予以奖励。第二，受奖励的对象是各级人民法院中行使审判职能的人民法官，即在审判工作中有显著成绩和贡献的，或者有其他突出事迹的法官。这里所说的工作中有显著成绩和贡献，本法第四十五条中作了具体明确的规定，包括：公正司法，成绩显著的；总结审判实践经验成果突出，对审判工作有指导作用的；在办理重大案件、处理突发事件和承担专项重要工作中，做出显著成绩和贡献的；对审判工作提出改革建议被采纳，效果显著的；提出司法建议被采纳或者开展法治宣传、指导调解组织调解各类纠纷，效果显著的；有其他功绩的。同时，还应当结合公务员法有关奖励情形的规定，对审判工作之外的工作上有显著成绩或者贡献的予以奖励。第三，奖励具有法律依据，是依法进行，关于奖励的条件、等级、审批程序都有严格的法律规定。

本条需要结合公务员法的有关规定作进一步理解。一是，在奖励方式上，对法官的奖励坚持定期奖励与及时奖励相结合，精神奖励与物质奖励相结合、以精神奖励为主的原则。坚持精神鼓励和物质鼓励相结合是我国奖励制度的经验总结。对法官的奖励，必须兼顾物质和精神两方面的需要，把二者紧密结合起来。毕竟物质鼓励与精神鼓励的作用中，各有各的长处，同时又有自己的不足。如物质鼓励有利于改善法官的物质生活，精神鼓励有利于提高人的觉悟和激发努力向上，只有将二者有机结合起来，相辅相成、互为补充，才能最大限度地发挥各自的作用。当然，随着社会进步和经济的发展，对法官的奖励也要注意从实际情况出发，因人制宜，因地制宜，在注意物质鼓励与精神鼓励相结合的同时，还必须坚持以精神鼓励为主的原则，突出精神鼓励的作用。在坚持物质鼓励与精神鼓励相结合原则的基础上，对法官的奖励还应注意以下两点：第一，奖励要客观公正。这就要求奖励必须严格以法律规定的条件为根据，以工作成绩和社会效果为准则，按照法律规定的程序，进行奖励。要注意奖励制度面前人人平等，是非分明。防止滥用奖励或者平均奖励，以及借奖励打击报复等。这样才能真正发挥奖励的积极作用。第二，奖励要定期奖励与及时奖励相结合。年度考核奖励是定期奖励，同时对一些工作的奖励必须及时、迅速，该奖则奖，及时奖励，使奖励发挥应有的激励作用。如该奖不奖，拖拖拉拉就可能使奖励失去作用或者使作用降低。

二是，对法官的奖励方式还可依照有关国家规定，授予功勋荣誉表彰。在草案修订过程中对法官授予功勋荣誉表彰曾作了规定，考虑到与公务员属于共性规定，因此未作明确规定。2015 年 12 月，第十二届全国人大常委会第十八次会议通过了国家勋章和国家荣誉称号法，对国家勋章和国家荣誉作了规定；《中华人民共和国公务员法》第五十三条、第五十五条规定，奖励分为：嘉奖、记三等功、记二等功、记一等功、授予称号。按照国家规定，可以向参与特定时期、特定领域重大工作的公务员颁发纪念证书或者纪念章。根据《国家功勋荣誉表彰条例》的规定，功勋荣誉表彰分为四类：勋章、荣誉称号、表彰奖励和纪念章。

三是，给予法官奖励，按照规定的权限和程序决定或者审批。对具有下列情形的，撤销奖励：弄虚作假，骗取奖励的；申报奖励时隐瞒严重错误或者严重违反规定程序的；有严重违纪违法等行为，影响称号声誉的；有法律、法规规定应当撤销奖励的其他情形的。

相关规定

《中华人民共和国公务员法》第51条、第53条、第55条；《中华人民共和国国家勋章和国家荣誉称号法》第3条

第四十五条　法官有下列表现之一的，应当给予奖励：

（一）公正司法，成绩显著的；

（二）总结审判实践经验成果突出，对审判工作有指导作用的；

（三）在办理重大案件、处理突发事件和承担专项重要工作中，做出显著成绩和贡献的；

（四）对审判工作提出改革建议被采纳，效果显著的；

（五）提出司法建议被采纳或者开展法治宣传、指导调解组织调解各类纠纷，效果显著的；

（六）有其他功绩的。

法官的奖励按照有关规定办理。

条文主旨

本条是关于给予法官奖励的表现的规定。

立法背景

在1995年2月28日第八届全国人大常委会第十二次会议通过法官法之前，我国对法官的奖励规定一直是参照行政机关工作人员奖励规定，所以对法官奖励的条件和对国家行政机关工作人员奖励条件大致是相同的。考虑到法官工作的特点和审判工作的特殊性，1995年制定法官法时，在参照多年奖励经验的基础上，对法官的奖励的情形专门作了规定。1995年《中华人民共和国法官法》第二十八条规定："法官有下列表现之一的，应当给予奖励：（一）在审理案件中秉公执法，成绩显著的；（二）总结审判实践经验成果突出，对审判工作有指导作用的；（三）对审判工作提出改革建议被采纳，效果显著的；（四）保护国家、集体和人民利益，使其免受重大损失，事迹突出的；（五）勇于同违法犯罪行为作斗争，事迹突出的；（六）提出司法建议被采纳或者开展法制宣传、指导人民调解委员会工作，效果显著的；（七）保护国家秘密和审判工作秘密，有显著成绩的；（八）有其他功绩的。"2001年、2017年修改法官法时，对本条未作修改。2019年修订法官法对本条作了修改：一是，增加了"在办理重大案件、处理突发事件和承担专项重要工作中，做出显著成绩和贡献的"，作为第一款第三项。二是，将《中华人民共和国法官法》第三十条第四项"保护国家、集体和人民利益，使其免受重大损失，事迹突出的"、第五项"勇于同违法犯罪行为作斗争，事迹突出的"、第七项"保护国家秘密和审判工作秘密，有显著成绩的"调整出本条，如果有以上三种情形，表现突出的，可以依照公务员法相关规定给予奖励。三是，增加"法官的奖励按照有关规定办理"，作为本条第二款。

条文解读

根据本条第一款的规定，法官有下列表现之一的，应当给予奖励：

（1）公正司法，成绩显著的。公正司法是法官素质的基本要求，是法官的一项法定义务，这主要是由法官工作的特殊性质决定的。总则第三条至第六条对法官公正司法作出规定，法官必须忠实执行宪法和法律，维护社会公平正义，全心全意为人民服务；法官应当公正对待当事人和其他诉讼参与人，对一切个人和组织在适用法律上一律平等；法官应当勤勉尽责，清正廉明，恪守职业道德；法官审判案件，应当以事实为根据，以法律为准绳，秉持客观公正的立场。如果法官在审判工作中不能秉公执法，甚至徇私枉法、贪赃枉法，则该法官不适宜担任法官职务。作为法律的适用者，法官是代表国家和人民执行法律，是国家权力的象征，如果做不到公正司法，则国家的威严和法律的威慑力将大大降低，影响司法公信力，不能做到让人民群众在每一个案件中都感受到公平正义。当然，公正司法属于法官的基本要求，是法官应该履行的职责。只有在公正司法方面作出显著成绩的，才能受到奖励。

（2）总结审判实践经验成果突出，对审判工作有指导作用的。法官在具有扎实的法律知识的同时，还要具有丰富的审判实践经验。在妥善处理所承办案件的同时，要善于总结审判实践的经验，以指导审判工作。“总结审判实践经验成果突出，对审判工作有指导作用的”，是指法官对审判工作中的疑难问题或者带有普遍性的问题，经过研究和总结经验，提出符合法律本意，正确适用法律的方法和建议，而这一经验的成果对于全国或者部分地区审判工作在某一方面的开展具有指导作用。

（3）在办理重大案件、处理突发事件和承担专项重要工作中，做出显著成绩和贡献的。办理重大案件、处理突发事件和承担专项工作中一般会存在社会舆论关注度高、涉及面广、影响大的情况，处理起来较为复杂。对于在办理重大案件、处理突发事件和承担专项重要工作中，做出显著成绩和贡献的，应当给予相应的奖励。

（4）对审判工作提出改革建议被采纳，效果显著的。我国目前处于全面深化改革时期，经济、社会生活等各方面都在进行改革，作为审判工作也应贯彻改革的精神，使审判工作适应社会改革的需要。对于审判工作的改革需要充分调动广大法官的积极性和创造性，对审判工作提出改革建议。近年来，在我国司法体制改革进程中，广大法官在具体审判工作中进行广泛的探索试验，积累了一批丰富的审判实践经验。结合审判经验，对审判工作提出改革建议，有利于改进、完善审判制度，有利于法官正确行使审判权，有利于在审判中正确适用法律。对审判工作提出的改革建议，如果被采纳，并且效果显著的，应当予以相应的奖励。

（5）提出司法建议被采纳或者开展法治宣传、指导调解组织调解各类纠纷，效果显著的。法官的工作不仅限于在法庭上审判案件，提出司法建议、开展法治宣传、指导调解组织的工作，也是法官工作的重要组成部分。法官在审理案件中要注意运用法治宣传的积极作用，充分发挥法律的威慑作用和教育作用。同时，根据有关规定，法官有权依法提出司法建议，以最大限度地保护国家、集体和公民个人的权益，并指导人民调解委员会等调解组织的调解工作，化解社会矛盾，维护社会和谐稳定。

2014 年 10 月，党的十八届四中全会通过的《中共中央关于全面推进依法治国若干重大问题的决定》提出，健全普法宣传教育机制。各级党委和政府要加强对普法工作的领导，宣传、文化、教育部门和人民团体要在普法教育中发挥职能作用。实行国家机关“谁执法谁普法”的普法责任制，建立法官、检察官、行政执法人员、律师等以案释法制度，加强普法讲师团、普法志愿者队伍建设。把法治教育纳入精神文明创建内容，开展群众性法治文化活动，健全媒体公益普法制度，加强新媒体新技术在普法中的运用，提高普法实效。为体现法官通过审理案件以案释法开展法治宣传的作用，本条增加“开展法治宣传，效果显著的”作为给予奖励的情形。对于开展上述工作取得显著效果的，应当予以相应的奖励。

（6）有其他功绩的。这主要是指在上述五种情形之外，在审判工作中有显著成绩和贡献的，或者有其他突出事迹的，应当给予奖励的行为。如最高人民法院施行的《人民法院奖励暂行规定》第十二条规定，人民法院法官和其他工作人员符合下列情况的，应给予奖励：认真贯彻执行党的路线、方针、政策，忠于法律，忠于人民，忠于事实，不畏权势，不徇私情，不谋私利，在审判和其他工作中成绩显著的；坚持原则、办事公道、廉洁奉公、作风正派、热爱本职、爱岗敬业、勤政为民、无私奉献，表现突出的；严格依法办案，审结案件量多质高；发现、防止或纠正重大错案，事迹突出的；刻苦学习政治理论、法律专业知识和科学文化知识，钻研本职业务，提高工作效率和质量，出色完成岗位责任制规定的任务，忠实履行职责，成绩显著的；深入调查研究，认真总结经验，勇于改革创新，为人民法院改革作出显著贡献的；保卫国家和人民利益，维护社会安全，勇于同犯罪分子作斗争以及在紧急关头舍身为公、舍己救人、见义勇为事迹突出的；在政治、党务、司法行政和其他各项工作中，为保障审判工作顺利进行作出突出贡献的；同违法、违纪行为作斗争，事迹突出的；对外交往工作努力，为国家争得特殊荣誉的；其他工作成绩突出的。

本条第二款规定，对法官奖励的权限和程序，按照有关规定办理。有关规定是指最高人民法院、有关组织部门或者公务员主管部门等实施的相关奖励规定，如最高人民法院施行的《人民法院奖励暂行规定》对法官奖励的种类、比例、权限、考察、实施以及监督等作了详细规定。按照此规定，奖励分为个人奖励和集体奖励。奖励种类分为：嘉奖，记三等功、二等功、一等功，授予荣誉称号。最高人民法院审批以下奖励事项：（1）高级人民法院院级领导的奖励；（2）中级人民法院院长的个人一等功；（3）中级人民法院的集体一等功；（4）军事法院系统集体和个人的一等功；（5）最高人民法院内设机构和个人的奖励；（6）其他奖励。授予全国模范法院、全国模范法官等荣誉称号，经国务院人事部门审核后，由最高人民法院批准；需要由国务院授予荣誉称号的，按有关规定报批。高级人民法院审批以下奖励事项：（1）中级人民法院院级领导的记功或嘉奖，中级人民法院院长一等功奖励除外；（2）中级人民法院的集体二、三等功及其内设机构的集体一、二、三等功；（3）基层人民法院及其内设机构的集体一、二等功；（4）中级人民法院和基层人民法院的法官以及其他工作人员的个人一、二等功；（5）高级人民法院内设机构和除院级领导外个人的奖励；（6）其他奖励。中级人民法院除直辖市中级人民法院外，审批以下奖励事项：（1）基层人民法院院级领导的三等功、嘉奖；（2）基层人民法院及其内设机构的集体三等功；（3）基层人民法院法官和其他工作人员的个人三等功；（4）中级人民法院内设机构的嘉奖和法官、其他工作人员的三等功。基层人民法院审批以下奖励事项：（1）本院内设机构的嘉奖；（2）除院长外的本院法官和其他工作人员的嘉奖。必要时，上级人民法院可以直接对下级人民法院的集体和个人实施奖励。

在实践中需要注意的问题是，我国公务员法第八章对公务员奖励的情形、种类以及奖励撤销等内容作了规定。法官实行单独职务序列管理，对法官的奖励适用本法规定，本法没有规定的，适用公务员管理的相关法律法规。

相关规定

《中华人民共和国公务员法》第8章；《中华人民共和国检察官法》第46条；《人民法院奖励暂行规定》；《中共中央关于全面推进依法治国若干重大问题的决定》

第四十六条 **法官有下列行为之一的，应当给予处分；构成犯罪的，依法追究刑事责任：**

（一）贪污受贿、徇私舞弊、枉法裁判的；

（二）隐瞒、伪造、变造、故意损毁证据、案件材料的；

（三）泄露国家秘密、审判工作秘密、商业秘密或者个人隐私的；

（四）故意违反法律法规办理案件的；

（五）因重大过失导致裁判结果错误并造成严重后果的；

（六）拖延办案，贻误工作的；

（七）利用职权为自己或者他人谋取私利的；

（八）接受当事人及其代理人利益输送，或者违反有关规定会见当事人及其代理人的；

（九）违反有关规定从事或者参与营利性活动，在企业或者其他营利性组织中兼任职务的；

（十）有其他违纪违法行为的。

法官的处分按照有关规定办理。

条文主旨

本条是关于应当给予法官处分的情形的规定。

立法背景

2017 年《中华人民共和国法官法》第三十二条规定："法官不得有下列行为：（一）散布有损国家声誉的言论，参加非法组织，参加旨在反对国家的集会、游行、示威等活动，参加罢工；（二）贪污受贿；（三）徇私枉法；（四）刑讯逼供；（五）隐瞒证据或者伪造证据；（六）泄露国家秘密或者审判工作秘密；（七）滥用职权，侵犯自然人、法人或者其他组织的合法权益；（八）玩忽职守，造成错案或者给当事人造成严重损失；（九）拖延办案，贻误工作；（十）利用职权为自己或者他人谋取私利；（十一）从事营利性的经营活动；（十二）私自会见当事人及其代理人，接受当事人及其代理人的请客送礼；（十三）其他违法乱纪的行为。"第三十三条规定："法官有本法第三十二条所列行为之一的，应当给予处分；构成犯罪的，依法追究刑事责任。"第三十五条规定："处分的权限和程序按照有关规定办理。"2019 年修订后的法官法将上述三条关于应当给予法官处分的情形和程序的内容整合在一条中，并对具体的内容作了修改。

本条体现了司法体制改革的重要内容。一是，中共中央办公厅《关于加强法官检察官正规化专业化职业化建设全面落实司法责任制的意见》第四条规定，惩戒委员会认定构成故意或者因重大过失导致案件错误并造成严重后果的，法院、检察院依照有关规定予以惩戒。二是，中共中央办公厅《保护司法人员依法履行法定职责规定》第十一条规定，法官、检察官非因故意违反法律、法规或者有重大过失导致错案并造成严重后果的，不承担错案责任。

本条规定注意了与公务员法的衔接。《中华人民共和国公务员法》第五十九条规定："公务员应当遵纪守法，不得有下列行为：（一）散布有损宪法权威、中国共产党和国家声誉的言论，组织或者参加旨在反对宪法、中国共产党领导和国家的集会、游行、示威等活动；（二）组织或者参加非法组织，组织或者参加罢工；（三）挑拨、破坏民族关系，参加民族分裂活动或者组织、利用宗教活动破坏民族团结和社会稳定；（四）不担当，不作为，玩忽职守，贻误工作；（五）拒绝执行上级依法作出的决定和命令；（六）对批评、申诉、控告、检举进行压制或者打击报复；（七）弄虚作假，误导、欺骗领导和公众；（八）贪污贿赂，利用职务之便为自己或者他人谋取私利；（九）违反财经纪律，浪费国家资财；（十）滥用职权，侵害公民、法人或者其他组织的合法权益；（十一）泄露国家秘密或者工作秘密；（十二）在对外交往中损害国家荣誉和利益；（十三）参与或者支持色情、吸毒、赌博、迷信等活动；（十四）违反职业道德、社会公德和家庭美德；（十五）违反有关规定参与禁止的网络传播行为或者网络活动；（十六）违反有关规定从事或者参与营利性活动，在企业或者其他营利性组织中兼任职务；（十七）旷工或者因公外出、请假期满无正当理由逾期不归；（十八）违纪违法的其他行为。"法官属于公务员的一种，根据本法第六十八条的规定，有关法官的权利、义务和管理制度，本法已有规定的，适用本法的规定；本法未作规定的，适用公务员管理的相关法律法规。因此，法官也应当遵守公务员法的规定。

在法官法的修订过程中，法官法草案第四十九条第九项规定，私自会见当事人及其代理人，接受当事人及其代理人不正当利益输送。有的地方建议将“私自会见”修改为“违反规定会见”；还有的地方建议第九项明确为两种情形，修改为：“私自会见当事人及其代理人，或者接受当事人及其代理人不正当利益输送。”修改后的法律，采纳了上述意见。

法官法修订草案三次审议稿第四十六条第一款第二项规定，法官隐瞒、伪造、变造或者故意损毁证据的，应当给予处分。审议中，有的常委委员提出，上述规定不全面，对于隐瞒、伪造、变造、故意损毁案件材料的，也应给予处分。修改后的法律，采纳了上述意见，将第四十六条第一款第二项修改为“隐瞒、伪造、变造、故意损毁证据、案件材料的”。

条文解读

本法第十一条第二项规定，法官非因法定事由、非经法定程序，不被调离、免职、降职、辞退或者处分。本条的规定属于第十一条第二项规定的法定事由之一。

本条共分两款。第一款规定的是应当追究法官责任的情形。

法官是作为依法行使国家审判权的审判人员，承担忠实执行宪法和法律、维护司法公正、定纷止争的重要责任，要求法官本身必须具备优良的品德和素质，必须做到勤勉尽责、清正廉明、恪守职业道德。这是保证法官依法履行职责的基本要求，也是为落实党中央关于建设社会主义法治国家和依法治国的基本方略而对法官提出的基本要求。本条规定针对我国法治建设的具体情况和当前在法官队伍建设方面存在的问题，并总结近些年来我国在加强法官队伍管理方面的实际做法和经验，对应当依法追究责任的法官违法违纪行为作了列举规定。这些规定具有较强的针对性，有利于加强法官队伍建设，提高法官素质，同时也有利于人民群众对法官的监督，具有重要意义。

本款第一项规定，“贪污受贿、徇私舞弊、枉法裁判的”。法官不得有“贪污受贿”行为。《中华人民共和国刑法》第三百八十二条第一款规定：“国家工作人员利用职务上的便利，侵吞、窃取、骗取或者以其他手段非法占有公共财物的，是贪污罪。”第三百八十五条规定：“国家工作人员利用职务上的便利，索取他人财物的，或者非法收受他人财物，为他人谋取利益的，是受贿罪；国家工作人员在经济往来中，违反国家规定，收受各种名义的回扣、手续费，归个人所有的，以受贿论处。”法官不得有“徇私舞弊、枉法裁判”行为，“徇私舞弊、枉法裁判”是指法官在其审判活动中为了谋取个人利益或私情而违背法律、枉法裁判的行为，如司法工作人员徇私枉法、徇情枉法，对明知是无罪的人而使他受追诉、对明知是有罪的人而故意包庇不使他受追诉，或者在刑事审判活动中故意违背事实和法律作枉法裁判的，以及在民事、行政审判活动中故意违背事实和法律作枉法裁判的行为。根据刑法的规定，徇私枉法行为构成犯罪的，应当追究刑事责任。

本款第二项规定“隐瞒、伪造、变造、故意损毁证据、案件材料的”。本项规定了两种客体，四种违法行为。根据本项的规定，违法行为的客体包括证据和案件材料两类。“证据”，根据刑事诉讼法第五十条的规定，可以用于证明案件事实的材料，都是证据，包括物证、书证、证人证言、被害人陈述、犯罪嫌疑人、被告人供述和辩解、鉴定意见、勘验、检查、辨认、侦查实验等笔录、视听资料、电子数据等。案件材料是指在办理案件的过程中形成的，用于记录案件的侦查、审查起诉、庭审等情况的书面或电子的记录、影像资料等，如起诉书、庭审笔录、送达回执等。针对上述两种客体的违法行为包括“隐瞒、伪造、变造、故意损毁”。隐瞒是指将已经获知的证据、案件材料隐瞒不报；“伪造”是指无中生有编造虚假证据、案件材料；变造是指对原有的证据、案件材料进行篡改、变造等；故意损毁是指将证据、案件材料丢弃、销毁、删除等。证据、案件材料的虚假、隐匿和灭失，尤其是可作为定案根据的关键证据、案件材料的虚假、隐匿和灭失，会对案件的办理造成严重的影响，乃至造成冤假错案。近年来，实践中也曾出现法官隐瞒、伪造、变造、故意损毁证据、案件材料的案例，对此必须予以严厉惩处。

本款第三项“泄露国家秘密、审判工作秘密、商业秘密或者个人隐私的”。国家秘密是指关系国家的安全和利益，依照法定程序确定，在一定时间内只限一定范围的人员知悉的事项。审判工作秘密主要是指与审判工作有关、在特定时间内不应对外公开的事项。通常情况下，在审判工作中涉及追查刑事犯罪的有关事项，按照法律规定属于国家秘密，其他有关事项经法定程序确定，也可以成为国家秘密。但除此之外，在审判工作中还有许多没有被列为国家秘密的事项，为了保证审判工作的正常进行，保护有关当事人的合法权利，在一定时间内也只限于特定的人员知悉，对此法官有义务不得泄露。商业秘密是指不为公众所知悉，能为权利人带来经济利益，具有实用性并经权利人采取保密措施的技术信息和经营信息。个人隐私是指个人生活中不愿公开或不愿为他人知悉的秘密。国家秘密关系国家安全和利益，商业秘密关系权利人的经济利益，隐私权是个人的重要人身权利。保密法、刑法、侵权责任法等法律对国家秘密、商业秘密、个人隐私的保护作了规定。《中华人民共和国保守国家秘密法》第三条第二款规定：“一切国家机关、武装力量、政党、社会团体、企业事业单位和公民都有保守国家秘密的义务。”《中华人民共和国刑法》第三百九十八条第一款规定：“国家机关工作人员违反保守国家秘密法的规定，故意或者过失泄露国家秘密，情节严重的，处三年以下有期徒刑或者拘役；情节特别严重的，处三年以上七年以下有期徒刑。”法官对在办案过程中接触到的涉及国家秘密、商业秘密、个人隐私的证据和案件材料，应当妥善保管，不得遗失、泄露，不得让不该知悉的人知悉。

本款第四项“故意违反法律法规办理案件的”。本法第十条第一项规定，法官应当严格遵守宪法和法律。法官作为司法者，应当模范遵守法律，严格依照法律法规办理案件，如果其故意违法办案，必然会损害司法公正，危害司法权威。故意违反法律法规办理案件，既包括违反程序法律法规，也包括违反实体法律法规。需要说明的是，认定法官故意违反法律法规办理案件，需要法官惩戒委员会提出审查意见。本法第四十八条中规定，最高人民法院和省、自治区、直辖市设立法官惩戒委员会，负责从专业角度审查认定法官是否存在本法第四十六条第四项、第五项规定的违反审判职责的行为，提出构成故意违反职责、存在重大过失、存在一般过失或者没有违反职责等审查意见。非经法官惩戒委员会审查认定，不能以“故意违反法律法规办理案件”规定追究法官责任。

本款第五项“因重大过失导致裁判结果错误并造成严重后果的”。中共中央办公厅《保护司法人员依法履行法定职责规定》第十一条规定，法官、检察官非因故意违反法律、法规或者有重大过失导致错案并造成严重后果的，不承担错案责任。本条的规定与上述规定的内容是一致的。“因重大过失导致裁判结果错误并造成严重后果”，是指由于重大疏忽或者对工作缺乏责任心而导致裁判结果错误，并造成公共财产、国家和人民利益遭受重大损失，或者导致当事人利益遭受重大损失等严重后果的。为了保证法官依法行使审判权，法律规定了法官在审判中的一系列职权和职责，法官有义务也有责任按照法律的规定，正确履行职责，行使审判权，确保司法公正，维护当事人的合法权益。任何滥用职权、玩忽职守的行为都是对人民利益的不负责任，都势必在一定程度上对国家的法治建设、对人民的利益、对当事人的利益造成损害。需要说明的是，认定法官“因重大过失导致裁判结果错误并造成严重后果的”，也需要法官惩戒委员会提出审查意见。

本款第六项规定“拖延办案，贻误工作”，主要是指法官在办理案件过程中在没有正当理由的情况下，有意或无意长期拖延，使案件得不到解决，有的是为了达到某些个人目的；有的是严重的官僚主义作风，本来完全有条件结案的而故意拖延不办；也有的因忙于个人私事，将工作丢在一边，严重影响案件的及时处理等。

本款第七项规定的“利用职权为自己或者他人谋取私利”，主要是指法官利用自己工作上的职权，尤其是行使审判权的条件，通过要求、暗示和接受他人提供某种利益和好处等方式为自己谋取利益。这种利益和好处，有可能是当事人提供的，有可能是其他有关的人提供的；有可能法官本人接受了这些利益和好处，也有可能是法官的亲属、朋友或其他关系人接受了这些利益和好处。这里应说明的是：一是“谋取私利”必须是法官利用了自己工作上的职权，如果获得利益与自己的工作职权没有关系，不属于这里规定的情况；二是这里规定的“谋取私利”是指贪污受贿以外的情况，如接受一些免费或廉价的娱乐活动、房屋装修，或为自己的亲朋好友安排工作等，法官如果有贪污受贿行为，则应当按照贪污受贿依法处理；三是法官在谋取私利的同时有本款第一项规定的枉法裁判行为的，还构成徇私枉法，应按照法律的有关规定处理。

本款第八项规定的“接受当事人及其代理人利益输送，或者违反有关规定会见当事人及其代理人的”。法官不得接受当事人及其代理人利益输送，不得违反有关规定会见当事人及其代理人，是对法官廉洁自律的基本要求，也是防止腐败的有效措施。在刑事案件中，“当事人”是指被害人、自诉人、犯罪嫌疑人、被告人、附带民事诉讼的原告人和被告人；“代理人”包括有关当事人的法定代理人和受有关当事人委托参加诉讼的诉讼代理人。在民事诉讼中，“当事人”是指参加诉讼的原被告双方，包括作为原告或被告的公民、法人和其他组织；“代理人”包括有关当事人的法定代理人、指定代理人、委托代理人三种。在行政案件中，“当事人”包括作为原告的公民、法人或其他组织，以及作为被告的行政机关；“代理人”包括有关当事人的法定代理人和受有关当事人委托参加诉讼的诉讼代理人。在任何案件中，当事人和代理人必然与案件的审理结果存在程度不同的利害关系或其他利益关系，法官应当以事实为根据、以法律为准绳，不偏不倚，秉公断案。如果法官接受当事人及其代理人利益输送，必然会影响其在司法工作中秉持客观公正的立场。“利益输送”既包括直接的请客送礼，也包括以各种形式掩盖的利益交往，如借款、代为理财等。法官因工作需要会见当事人或代理人的，应当按照规定的程序进行，如果其违反规定私下会见当事人或代理人，因缺少监督，容易出现各种舞弊的情况。

本款第九项“违反有关规定从事或者参与营利性活动，在企业或者其他营利性组织中兼任职务的”，包括法官个人通过经商、办企业等从事第二职业，或者在公司、企业等经济实体中兼职领取报酬，或者从事有偿的中介活动等。法官从事营利性的经营活动，不仅违背职责，而且在办理有利害关系的案件中容易产生腐败，妨害司法公正，有损法官职业的纯洁和尊严。

本款第十项规定的“其他违纪违法行为”，主要是指除以上九项行为以外的其他违纪违法行为。本条规定的禁止性行为，主要局限于法官履行职务当中，具有较强的针对性，但并不能穷尽所有情形。无论在工作上还是现实生活中，法官与每个国家机关工作人员一样，还必须遵守法律和纪律的有关规定，都要遵法守法，由于这些法律和纪律规定涉及各个方面，不可能在本条规定中一一列举，因此本条除了在前九项中针对法官在行使审判权过程中可能发生、危害性较大或者人民群众反映强烈的一些行为作出具体规定外，还在本项作了兜底性的原则性规定。

根据本款的规定，法官有上述十种行为之一的，原则上应区分为两种情况处理。第一，是对一般违纪违法行为，即尚未达到构成犯罪的程度的，应当给予行政或纪律处分。第二，对于法官有上述行为构成犯罪的，应当依法追究刑事责任。

本条第二款规定，法官的处分按照有关规定办理。这里的有关规定，主要包括公务员法第九章关于惩戒的规定，中央纪委、国家监察委《公职人员政务处分暂行规定》、最高人民法院、最高人民检察院《关于建立法官、检察官惩戒制度的意见（试行）》等。

在该条的理解适用中，还需要注意以下几个方面的问题：

第一，关于给予处分的顺序。中央纪委、国家监察委《公职人员政务处分暂行规定》第二条规定，公职人员有违法违规行为应当承担法律责任的，监察机关可以根据被调查的公职人员的具体身份，依照相关法律、法规、国务院决定和规章对违法行为及其适用处分的规定，给予政务处分。第七条第一款、第二款规定，公职人员中的中共党员严重违犯党纪涉嫌犯罪的，应当由党组织先做出党纪处分决定，并由监察机关依法给予政务处分后，再依法追究其刑事责任。非中共党员的公职人员涉嫌犯罪的，应当先由监察机关依法给予政务处分，再依法追究其刑事责任。

第二，同一违法行为一般只能给予一次处分。《公职人员政务处分暂行规定》第十九条规定，公职人员有违法行为的，任免机关、单位可以履行主体责任，依照《中华人民共和国公务员法》等规定，对公职人员给予处分。对公职人员同一违法行为，监察机关已经给予政务处分的，任免机关、单位不再给予处分；任免机关、单位已经给予处分的，监察机关不再给予政务处分。

相关规定

《中华人民共和国公务员法》第59条；《中华人民共和国刑法》第382条、第385条、第398条；《中华人民共和国保守国家秘密法》第3条；《中共中央办公厅关于加强法官检察官正规化专业化职业化建设全面落实司法责任制的意见》第4条；《保护司法人员依法履行法定职责规定》第11条；《公职人员政务处分暂行规定》；《最高人民法院、最高人民检察院关于建立法官、检察官惩戒制度的意见（试行）》

第四十七条　法官涉嫌违纪违法，已经被立案调查、侦查，不宜继续履行职责的，按照管理权限和规定的程序暂时停止其履行职务。

条文主旨

本条是关于暂停法官履行职务的规定。

立法背景

本条是2019年修订法官法新增加的规定。作为依法行使国家审判权的审判人员，法官必须忠实执行宪法和法律，全心全意为人民服务，勤勉尽责，清正廉明，恪守职业道德。如果法官涉嫌违纪违法，说明其可能已经违背了法官的义务要求，存在行为不当之处，在调查、侦查结束，查清事实之前，如果由其继续履行义务，一方面接受调查、侦查的法官存在继续违法违纪的可能，另一方面也不够严肃，影响司法权威。如果是因徇私枉法、滥用职权等被立案调查、侦查的，不暂时停止其履行职务，其还可能作出不合法合规的裁判，影响司法公正。因此，法律规定了暂停履行职务的条件和程序。

本条体现了司法体制改革的重要内容。2015年最高人民法院发布的《关于完善人民法院司法责任制的若干意见》第三十八条规定："在案件审理的各个阶段，除非确有证据证明法官存在贪污受贿、徇私舞弊、枉法裁判等严重违法审判行为外，法官依法履职的行为不得暂停或者终止。"本条的规定与上述规定的精神是一致的。

法官法修订草案二次审议稿第四十七条规定："法官违纪违法，已经被立案调查，不宜继续履行职责的，可以按照管理权限和规定的程序暂停其履行职务。"有的意见建议，增加因涉嫌犯罪被立案侦查的内容，修改为"法官违纪违法，已经被立案调查或者因涉嫌犯罪被立案侦查，不宜继续履行职责的，可以按照管理权限和规定的程序暂停其履行职务"。立法机关经研究，采纳了这一意见。

条文解读

法官涉嫌违纪违法，已经被立案调查、侦查，不宜继续履行职责的，可以按照管理权限和规定的程序暂停其履行职务。

根据本条的规定，法官被暂停履行职务需要符合以下条件：

一是，涉嫌违法违纪，即根据证据，有关部门发现法官存在违法、违纪行为，并已经掌握了部分违法违纪的事实。

二是，涉嫌违法违纪的法官已经被立案调查、侦查。根据监察法的规定，监察委员会有调查职务违法和职务犯罪的职权，是监察委员会的一项经常性工作。《中华人民共和国监察法》第三十九条规定："经过初步核实，对监察对象涉嫌职务违法犯罪，需要追究法律责任的，监察机关应当按照规定的权限和程序办理立案手续。监察机关主要负责人依法批准立案后，应当主持召开专题会议，研究确定调查方案，决定需要采取的调查措施。立案调查决定应当向被调查人宣布，并通报相关组织。涉嫌严重职务违法或者职务犯罪的，应当通知被调查人家属，并向社会公开发布。"调查是监察委员会开展廉政建设和反腐败建设，维护宪法和法律尊严的一项重要措施，调查的主体是与党的纪律检查机关合署办公的国家监察机关，调查的对象是行使公权力的公职人员，包括本法中的法官，而不是普通的刑事犯罪嫌疑人，调查的内容是职务违法和职务犯罪，而不是一般刑事犯罪。

立案侦查，根据刑事诉讼法的规定，公安机关和人民检察院依照法律规定的案件管辖范围承担着对犯罪案件的侦查工作，肩负着打击犯罪，维护社会治安，维护社会稳定的职责，因此发现犯罪事实或者犯罪嫌疑人的，应当由公安机关或者人民检察院立案侦查。刑事诉讼法根据公安机关和人民检察院职能的不同，对其各自负责立案侦查的刑事案件管辖范围进行了分工。根据《中华人民共和国刑事诉讼法》第十九条规定，一般的刑事案件，由公安机关负责立案侦查；人民检察院在对诉讼活动实行法律监督中发现的司法工作人员利用职权实施的非法拘禁、刑讯逼供、非法搜查等侵犯公民权利、损害司法公正的犯罪，可以由人民检察院立案侦查。对于公安机关管辖的国家机关工作人员利用职权实施的重大犯罪案件，需要由人民检察院直接受理的时候，经省级以上人民检察院决定，可以由人民检察院立案侦查。公安、检察机关立案侦查刑事案件，必须按照法律规定的案件管辖范围进行。立案应当根据法定条件进行，刑事诉讼法规定，侦查机关对具有以下两种情形之一的，即应立案：发现犯罪事实，发现犯罪嫌疑人，并不要求二者都具备。

三是，不宜继续履行职责的。并不是法官所有的违法违纪行为都需要暂停其继续履行职责，是否暂停法官履行职务，还看其违法违纪行为的严重程度及对其客观公正履行职务的影响。对于不宜继续履行职责的，应当按照管理权限和规定的程序暂时停止其履行职务。这样规定，主要是考虑实践中情况的复杂性，需要根据具体案件情况掌握。

暂停法官履行职务需要按照权限和程序进行。《中华人民共和国法官法》第十一条第二项规定，非因法定事由、非经法定程序，不被调离、免职、降职、辞退或者处分。暂停法官履行职务，也是对法官权利的重大影响，不可以随意行使，只能按照管理权限和规定的程序进行。这里的“管理权限”和“规定的程序”，是指根据《中华人民共和国监察法》《中华人民共和国公务员法》《关于完善人民法院司法责任制的若干意见》《公职人员政务处分暂行规定》等的规定，由主管机关根据法定权限暂停法官履行职务。

相关规定

《中华人民共和国监察法》第 39 条；《中华人民共和国刑事诉讼法》第 19 条；《公职人员政务处分暂行规定》；《最高人民法院关于完善人民法院司法责任制的若干意见》

第四十八条　最高人民法院和省、自治区、直辖市设立法官惩戒委员会，负责从专业角度审查认定法官是否存在本法第四十六条第四项、第五项规定的违反审判职责的行为，提出构成故意违反职责、存在重大过失、存在一般过失或者没有违反职责等审查意见。法官惩戒委员会提出审查意见后，人民法院

依照有关规定作出是否予以惩戒的决定，并给予相应处理。

法官惩戒委员会由法官代表、其他从事法律职业的人员和有关方面代表组成，其中法官代表不少于半数。

最高人民法院法官惩戒委员会、省级法官惩戒委员会的日常工作，由相关人民法院的内设职能部门承担。

条文主旨

本条是关于法官惩戒委员会的设立、职责范围、人员组成、工作程序的规定。

立法背景

1. 相关背景情况

本条是2019年修订法官法时新增加的规定，体现了司法体制改革的重要内容。法官是依法行使国家审判权的审判人员，对于维护社会公平正义发挥着十分重要的作用，但没有任何一个国家能百分之百地杜绝法官违纪违法现象的发生，法官权力一旦滥用，不仅将直接损害案件当事人的合法权益，更将会对司法公信力和司法公正造成严重冲击。公平公正的法官队伍是建设法治国家的重要基础，为保障法官队伍的清正廉洁，有必要建立对法官的监督机制和惩戒制度。法官惩戒制度，一方面，给法官以行为的尺度，促使法官自我约束规范其行为，恪守职业道德，努力实现司法公正。另一方面，建立法官惩戒制度也给被惩戒法官一个维护合法权益的渠道和途径，避免对法官任意惩戒、过度追责，使法官动辄得咎。因此，公平公正、科学严格的法官惩戒制度本身也是对法官权利的一种保障。《中共中央关于全面深化改革若干重大问题的决定》要求，建立健全司法人员依法履行法定职责保护机制。中共中央办公厅、国务院办公厅印发《保护司法人员依法履行法定职责规定》要求，法官依法履行法定职责受法律保护。非因法定事由，非经法定程序，不得将法官调离、免职、辞退或者作出降级、撤职等处分，并对调离、免职、辞退、降级、撤职的情形作了具体明确的规定。同时还规定，法官非因故意违反法律、法规或者有重大过失导致错案并造成严重后果的，不承担错案责任。法官惩戒委员会审议法官、检察官错案责任案件，应当进行听证。人民法院相关机构应当派员向法官惩戒委员会通报当事法官违纪违法事实以及拟处理意见、依据。当事法官有权陈述、申辩。法官惩戒委员会根据查明的事实和法律规定，作出无责、免责或者给予惩戒处分的建议。2015 年《最高人民法院关于全面深化人民法院改革的意见》进一步提出，在国家和省一级分别设立由法官代表和社会有关人员参与的法官惩戒委员会，制定公开、公正的法官惩戒程序，既确保法官的违纪违法行为及时得到应有惩戒，又保障其辩解、举证、申请复议和申诉的权利。为落实中央司改精神，2016 年 10 月最高人民法院、最高人民检察院发布《关于建立法官、检察官惩戒制度的意见（试行)》，其中对法官惩戒委员会的工作职责、审查程序、处理权限作了规定。2017 年 11 月最高人民法院提请全国人大常委会审议的法官法修订草案，总结改革实践经验和做法，对法官惩戒委员会作了专门规定。在常委会审议和征求有关方面意见过程中，有的地方、部门和社会公众提出，应进一步明确法官惩戒委员会的职能、人员组成和工作程序，规范其运行。全国人大宪法和法律委员会经研究，建议对有关法官惩戒委员会的规定作出以下修改补充：一是，明确法官惩戒委员会的职能是从专业角度对是否属于错案、拖延办案作出审查判断。二是，进一步明确法官惩戒委员会中社会其他代表的组成。三是，增加有关法官惩戒委员会工作程序的规定。

2. 各方面提出的意见

修订草案第五十四条规定："最高人民法院和省、自治区、直辖市设立法官惩戒委员会，负责审查认定法官是否存在本法第四十九条第五项规定的违反审判职责的行为，提出构成故意违反职责、存在重大过失、存在一般过失或者没有违反职责的意见，人民法院依照有关规定作出惩戒决定，并给予相应处理。法官惩戒委员会由法官代表和社会其他代表组成，其中法官代表不少于半数。省级法官惩戒委员会在高级人民法院设立办公机构，负责法官惩戒委员会的日常工作。”

在征求有关方面意见过程中，有的地方提出，本条仅规定最高人民法院和省、自治区、直辖市设立法官惩戒委员会，建议在中级人民法院也设立法官惩戒委员会，对惩戒委员会处理后法官的申诉权、辩解权作出规定；增加法官参加听证、复议的规定。

有的地方提出，第一款规定由法官惩戒委员会负责审查并提出法官是否违反审判职责的意见，由人民法院依照有关规定“作出惩戒决定”。实际上审查结果也可能是法官没有违反职责不应予以惩戒，建议将“作出惩戒决定”修改为“作出决定”，或者明确为“对于故意违反职责、存在重大过失、存在一般过失的，作出惩戒决定”。

有的社会公众意见提出，法官惩戒委员会设在省一级，离基层太远，难以形成全覆盖，造成惩戒制度有名无实。有的建议，赋予惩戒委员会接受举报、投诉、立案调查、作出处理决定的职权。

有的社会公众意见建议明确审查意见能否作为法官是否构成徇私枉法罪或枉法裁判罪的依据。

有的部门提出，第二款规定法官惩戒委员会由法官代表和社会其他代表组成，其中法官代表不少于半数。建议将“社会其他代表”修改为“社会有关代表”，与第十五条的表述一致；对社会有关代表不少于一定比例作出规定。

有的部门提出，《最高人民法院、最高人民检察院关于建立法官、检察官惩戒制度的意见（试行）》规定，“惩戒委员会由政治素质高、专业能力强、职业操守好的人员组成，包括来自人大代表、政协委员、法学专家、律师的代表以及法官、检察官代表”，建议按改革文件精神对社会代表范围作出指引性规定。

有的社会公众建议，按照现行做法，明确惩戒委员会组成人员包括人大代表、政协委员、法学专家、律师代表。有的提出，法官代表不少于半数，比例太高，建议修改为不超过三分之一。有的建议，法官、检察官、律师代表各占三分之一。

有的部门提出，第三款规定省级法官惩戒委员会在高级人民法院设立办公机构，负责法官惩戒委员会的日常工作。建议删除该款规定。有的地方提出，实践中一些省市采取统设法官、检察官惩戒委员会的模式，建议对惩戒委员会的统设模式予以研究。有的院校提出，本款只规定省级法官惩戒委员会的设置，对最高人民法院设立的法官惩戒委员会与最高人民法院的关系及其办公机构未作明确。

修订草案二次审议稿第四十七条规定："最高人民法院和省、自治区、直辖市设立法官惩戒委员会，负责从专业角度审查认定法官是否存在本法第四十五条第四项、第五项、第六项规定的违反审判职责的行为，提出构成故意违反职责、存在重大过失、存在一般过失或者没有违反职责等审查意见，人民法院依照有关规定作出是否予以惩戒的决定，并给予相应处理。法官惩戒委员会由法官代表、其他从事法律职业的人员和有关方面代表组成，其中法官代表不少于半数。最高人民法院法官惩戒委员会、省级法官惩戒委员会的日常工作，由其内设职能部门承担。"

在常委会第二次审议过程中，有的常委委员提出，法官惩戒委员会是认定法官是否违反审判职责的专门机构，实践中未经错案认定即追究法官刑事责任的案例影响司法公信力，建议增加一款规定，"未经省级法官惩戒委员会作出惩戒决定，不得启动对法官的责任追究"。

在征求有关方面意见时，有的全国人大代表提出，对法官所有不正当行为的处理，包括追究刑事责任，都应当先由法官惩戒委员会作出审查意见，再由有关部门介入。同时，建议明确监察委员会和法官惩戒委员会的职责分工、工作衔接等。

3. 有关国家法官惩戒制度

（1）美国法官惩戒制度。美国法官由联邦法院法官与州法院法官组成，法官的惩戒制度分为法官弹劾制度和司法惩戒制度两种。

联邦法院法官弹劾制度是基于联邦宪法的规定所建立的制度，弹劾权属于国会，由众议院在收到议案后进行调查并决定是否行使法官弹劾的提出权，并由参议院在收到弹劾案后进行审理，只有超过三分之二的绝对多数通过才能进行弹劾。联邦法官被弹劾事由限于“叛国、贿赂或者其他重罪或轻罪”。

大部分州也建立了联邦法官类似的弹劾制度，各州都成立了对法官的不当行为进行调查、起诉和裁决，并可实施一系列的惩罚措施的委员会，这一委员会大多数成员由法官组成，吸收部分律师和公众参与。各州除了弹劾制度外，还有司法惩戒制度，由于各州的司法系统和法律都是独立的，对于法官的惩戒措施也不同，州法官除因“叛国、贿赂或者其他重罪或轻罪”情形被弹劾外，也会因玩忽职守、滥用职权、公然不守公德、管理不善、私生活不检点等被惩戒。弹劾制度的唯一惩戒种类是免职；司法惩戒方式还包括对于轻微的不当行为，法官会收到私下的劝告或者责难；暂停职务包括停薪；取消律师资格；命令退休等。

(2) 德国法官惩戒制度。德国法官分为联邦法院法官和州法院法官，都设有法官职务法庭，专门针对法官违反法官法中的规定进行审理和判决。联邦职务法庭并非为常设机构，只有当有案件需要审理时才组建进行审判。各州组建职务法庭，由一名审判长、若干名常任陪审法官和若干名非常任陪审法官组成。

法官的惩戒事由主要分为职务内行为与职务外行为。职务内行为包括适用错误的法律、适用法律已废止或枉法裁判的行为；职务外行为主要是有损法官整体声誉，如发表不当言论等。对法官的惩戒主要有警告、罚款、降低薪金、降级、强制退休、罢免等。

(3) 法国法官惩戒制度。法国司法官高等委员会有权对法官和检察官提出任命或晋升建议，同时也负责对法官与检察官的违纪行为进行惩戒，成员主要由法官、检察官、司法系统外的知名人士组成。

法官惩戒事由包括法官的任何职业责任的失职、损害法官荣誉、正直和尊严的行为，分为职务内不当行为与职务外不当行为。职务内不当行为与德国类似；职务外不当行为主要是违反法官职业道德要求，有损法官的公正形象，如私生活不检点、与商人或当事人交往过密、参加反对政府的游行等。惩戒种类包括警告、强制调职、剥夺部分职位、降低职级、降低职位、强制退休、罢免等。

条文解读

本条共分三款。第一款是关于法官惩戒委员的设立、职责范围和工作程序的规定。

本款规定了以下几层意思：第一，最高人民法院和省、自治区、直辖市设立法官惩戒委员会。这里所说的“法官惩戒委员会”，分为由最高人民法院设立的和省、自治区、直辖市设立的两级。需要注意的是，最高人民法院法官惩戒委员会是由最高人民法院设立的；省级法官惩戒委员会是在省、自治区、直辖市设立，而不是由省级高级人民法院设立。

第二，明确法官惩戒委员会的职责范围。即负责从专业角度审查认定法官是否存在本法第四十六条第四项、第五项规定的违反审判职责的行为。本法第四十六条规定了十项法官违纪违法行为，其中第四项故意违反法律法规办理案件、第五项因重大过失导致裁判结果错误并造成严重后果。这两项规定的违纪违法行为涉及事实认定、证据取舍、法律适用等审判专业性问题，不同的法官可能存在不同的认识。因此，本款规定由法官惩戒委员会从专业角度进行审查判断，以认定当事法官是否具有违反审判职责的行为，从而既惩戒违反审判职责的法官，同时也维护法官的合法权益。

第三，法官惩戒委员会提出审查意见。即法官惩戒委员会经审查，提出构成故意违反职责、存在重大过失、存在一般过失或者没有违反职责等审查意见。主要包括四种审查意见：一是，提出法官构成故意违反职责的审查意见。这里所说的“故意违反职责”，是指法官故意违反法律及相关规定办理案件的行为，如违反规定应当回避而不回避；故意违反规定采取、变更或者解除强制措施的；故意毁弃、隐匿、伪造证据或者其他诉讼材料的；指使、帮助他人作伪证或者阻止他人作证；故意泄露审判工作秘密；故意违背事实和法律，枉法裁判的等。二是，提出法官存在重大过失的审查意见。“存在重大过失”，是指法官因重大过失导致裁判结果错误并造成严重后果的行为，如因重大过失，违反法定程序或者证据规则，造成严重后果的；因重大过失，导致被羁押人员脱逃、自伤、自杀或者行凶伤人的等。过失是指因疏忽大意或者过于自信，未达到法律法规对法官履行职责的基本要求或者未尽到注意义务的情况。所谓“重大过失”是指过失程度比较严重，具体可从违反注意义务的程度和违反义务对于造成错案结果的影响程度两个方面考虑。如严重不负责任，对明显可以注意到的事项或者可以避免发生的事项，未尽到应有的注意义务，未能尽责使之避免发生，同时，该违反注意义务或未尽责的行为对于导致错误裁判结果，错误司法行为，他人权益受到侵害等具有直接、重要影响。三是，提出法官存在一般过失的审查意见。“存在一般过失”，是指法官因过失，使办理的案件存在一些瑕疵、偏差和错误，但过失程度相对较轻的情况。四是，提出法官没有违反职责的审查意见。“没有违反职责”，是指法官不存在故意违反法律法规办理案件，也没有因重大过失导致裁判结果错误并造成后果的行为，不能对法官予以处罚。

第四，法官惩戒委员会提出审查意见后，人民法院依照有关规定作出是否予以惩戒的决定，并给予相应处理。根据本款的规定，法官惩戒委员会提出构成故意违反职责、存在重大过失、存在一般过失或者没有违反职责等审查意见后，人民法院应当依照有关规定，根据上述四类不同的审查意见，作出是否予以惩戒的决定，对于没有违反职责的，不能予以惩戒；对于存在一般过失、重大过失或者故意违反职责的行为，应当根据其违反职责的严重程度以及造成的后果，并根据有关规定给予相应处理。本法对具体的惩戒措施未作规定，《中华人民共和国公务员法》第六十二条对公务员违纪违法规定的处分种类有警告、记过、记大过、降级、撤职、开除。最高人民法院、最高人民检察院《关于建立法官、检察官惩戒制度的意见（试行)》规定的对法官惩戒的种类主要有停职、延期晋升、免职、责令辞职、辞退等。实践中，有的地方法院规定的惩戒种类包括责令检查、通报批评、延期晋升法官等级、降低法官等级、免除法官职务等。对法官的具体惩戒措施可以由最高人民法院商有关部门确定。

本条第二款是关于法官惩戒委员会组成的规定。

根据本款的规定，法官惩戒委员会由法官代表、其他从事法律职业的人员和有关方面代表组成，其中法官代表不少于半数。

法官惩戒委员会应当由政治素质高、专业能力强、职业操守好的人员组成，并且应当具有专业性和广泛代表性，既要有经验丰富的法官代表，也要具有广泛代表性的社会人士代表。根据本款规定，法官惩戒委员会的组成人员应当包括以下几类人员：一是，法官代表，且法官代表不少于半数。法官代表不能只从省级人民法院选择，也要考虑广泛代表性，注意从基层人民法院、中级人民法院、专门人民法院的法官中挑选，要具有广泛代表性，而且法官代表的人数不能少于惩戒委员会总人数的一半。这样规定主要考虑是，惩戒委员会需要认定的事项具有很强的专业性，较多的法官代表参与审查，更能从审判工作的实际出发，公正作出合乎职业共同体公允准则的判断，从而有利于维护法官的合法权益。二是，其他从事法律职业的人员。可以包括检察官、法学专家、律师等代表。三是，有关方面代表。可以包括人大代表、政协委员、组织部门、监察部门以及其他社会各界代表。

本条第三款是关于法官惩戒委员会的日常工作机构的规定。

根据本款的规定，最高人民法院法官惩戒委员会、省级法官惩戒委员会的日常工作，由相关人民法院的内设职能部门承担。这里所说的“日常工作”主要包括受理法官违反审判职责材料；组织召开审议会议；受理当事法官不服惩戒决定的申诉以及其他事务性工作。

相关规定

《中华人民共和国法官法》第46—51条；《中华人民共和国人民检察院组织法》第10条、第13—15条；《中华人民共和国公务员法》第62条；《保护司法人员依法履行法定职责规定》；《最高人民法院关于全面深化人民法院改革的意见》；《最高人民法院、最高人民检察院关于建立法官、检察官惩戒制度的意见（试行）》

第四十九条　法官惩戒委员会审议惩戒事项时，当事法官有权申请有关人员回避，有权进行陈述、举证、辩解。

条文主旨

本条是关于当事法官在法官惩戒委员会审议惩戒事项时申请回避、进行陈述、举证和辩解的权利的规定。

立法背景

为贯彻中央关于深化司法体制改革的总体部署，完善人民法院的司法责任制，最高人民法院于2015年出台了《关于完善人民法院司法责任制的若干意见》，该意见规定了法官惩戒委员会的有关内容，并规定法官惩戒委员会的工作章程和惩戒程序另行制定。2016年最高人民法院、最高人民检察院出台了《关于建立法官、检察官惩戒制度的意见（试行）》，其中对法官惩戒委员会的设立、职责、审查程序、处理权限以及当事法官在惩戒决定程序中的权利保障等作了详细的规定，具体包括惩戒委员会审议惩戒事项时，有关人民法院应当向惩戒委员会提供当事法官涉嫌违反审判职责的事实和证据，并就其违法审判行为和主观过错进行举证；当事法官有权进行陈述、举证、辩解，当事法官可以对惩戒委员会的审查意见提出异议等内容。

法官惩戒委员会的作用在于：一是审查认定法官是否存在本法

第四十六条第四项、第五项规定的违反审判职责的行为，提出构成故意违反职责、存在重大过失、存在一般过失或者没有违反职责等审查意见，为法院决定是否惩戒法官提供专业角度的判断；二是保障法官的合法权利，防止法官独立公正行使审判权的行为受到不当干扰，避免法官因正常履职工作受到不正确的评价或者有时难免出现的小的差错而受到不公允的处罚。

由于法官惩戒委员会的审查意见直接关系到人民法院作出是否惩戒的决定和对法官的处理结果，在法官惩戒委员会审议惩戒事项的制度设计时，一定要注意保障当事法官的合法权益，做到公平公正。这包括法官惩戒委员会的组成需合理，当事法官在法官惩戒委员会审议惩戒事项中要有充分参与，当事法官对法官惩戒委员会作出的审查意见有提出异议的权利等。这些内容在本法第四十八条、本条和第五十条中都作了明确规定。

条文解读

这里规定的“审议惩戒事项”是指法官惩戒委员会根据本法第四十八条的规定，从专业角度审查认定法官是否存在本法第四十六条第四项故意违反法律法规办理案件、第五项因重大过失导致裁判结果错误并造成严重后果的违反审判职责的行为，提出构成故意违反职责、存在重大过失、存在一般过失或者没有违反职责等审查意见。这些事项涉及案件事实认定、证据取舍、法律适用、司法自由裁量权的行使等，情况复杂，专业性强，需要收集各方面意见、证据，结合审判工作实践、职业习惯、特定背景等，审议起来比较复杂，审查意见的作出必须建立在充分了解有关事实的基础上。法官惩戒委员会除了根据人民法院提供的当事法官违反审判职责的事实和证据作出判断外，当事法官在惩戒事项审议过程中的充分参与也很重要。

本条规定了当事法官在法官惩戒委员会审议惩戒事项时的两方面的权利。一是当事法官有权申请有关人员回避。惩戒委员会需要就有关情况作出判断，提出意见，为了保证惩戒委员会的审议工作能够客观、公正地进行，参与审议的惩戒委员会的人员必须处于客观公正、独立超脱的立场，而不能与涉及审议的事项、涉事的法官之间有利害关系或其他可能影响作出公正判断的情况。为此，本条对当事法官申请回避的权利进行了明确规定。主要是指当事法官认为法官惩戒委员会的组成人员与其有利害关系或者与审议的惩戒事项有利害关系，可能影响审查意见的公正性的，可以申请组成人员回避。具体包括组成人员与法官审理的案件有利害关系，组成人员与法官个人有利害关系，组成人员的亲属与法官审理的案件或法官个人有利害关系等情况。当然，如果惩戒委员会的组成人员发现有上述情况的，就应当自行回避，不参与对当事法官的审议。对于有利害关系等因素，但未自行回避的，当事法官自然是依法有权申请其回避。虽然法律中未明确规定，申请回避在惩戒委员会尚未结束审议的任何时间节点，均可提出。至于申请回避的提出程序，提出后如何处理，这些具体的操作问题，本法没有作具体细致规定，但已在本法第五十一条授权由最高人民法院商有关部门确定。

二是当事法官有权进行陈述、举证、辩解。凡事兼听则明，法官惩戒委员会在审议惩戒事项时，除了根据人民法院提供的有关材料认定事实，提出审查意见外，还必须充分听取当事法官的意见。当事法官对与惩戒事项有关的事项可以进行陈述、举证和辩解。

当事法官陈述的内容包括与惩戒事项有关的所有内容，既包括其有无过错的事实和情节，办理案件中的有关考虑，减轻或排除其过错的有关事实和情节，也包括根据事实和证据情况，对自己应当承担的责任的意见，还包括对自己犯错原因的分析和悔过感受，从轻处理的请求等。

当事法官进行举证是指当事法官对与惩戒事项有关的内容提出证据，以证明自己的主张。根据《最高人民法院、最高人民检察院关于建立法官、检察官惩戒制度的意见（试行）》第七条的规定，惩戒委员会审议惩戒事项时，有关人民法院应当向惩戒委员会提供当事法官涉嫌违反审判职责的事实和证据，并就其违法审判行为和主观过错进行举证。查清事实情况，证明法官构成故意违反职责、存在重大过失、存在一般过失或者没有违反职责的举证责任是在人民法院。但当事法官对认定的事实和责任有异议的，可以提出自己的证据，以证明自己的主张。

当事法官进行辩解是指当事法官对认定自己有责任的事实和责任有异议的，可以为自己进行辩护和解释，认为对事实的认定不合理，对自己的责任认定过重的，都可以提出看法和意见。

需要注意的是：关于本条的执行问题，当事法官的这些权利如何保障，如当事法官申请有关人员回避的，向谁提出，如何处理等具体内容，一是可以参照《最高人民法院、最高人民检察院关于建立法官、检察官惩戒制度的意见（试行）》；二是根据本法第五十一条的规定，法官惩戒委员会惩戒事项的具体程序，由最高人民法院商有关部门确定。实践中，还需要最高人民法院通过制定工作程序规定等具体的办法，对本条予以落实。

相关规定

《最高人民法院关于完善人民法院司法责任制的若干意见》；《最高人民法院、最高人民检察院关于建立法官、检察官惩戒制度的意见（试行）》

第五十条　法官惩戒委员会作出的审查意见应当送达当事法官。当事法官对审查意见有异议的，可以向惩戒委员会提出，惩戒委员会应当对异议及其理由进行审查，作出决定。

条文主旨

本条是关于法官对法官惩戒委员会审查意见提出异议和法官惩戒委员会对异议处理的规定。

立法背景

本法第四十八条、第四十九条对法官惩戒委员会的职责、组成、工作机构和法官惩戒委员会审议惩戒事项时法官的权利作了规定。根据第四十八条的规定，法官惩戒委员会经过审议后，从专业角度对法官是否存在故意违反法律法规办理案件、因重大过失导致裁判结果错误并造成严重后果等违反审判职责的行为，提出构成故意违反职责、存在重大过失、存在一般过失或者没有违反职责等审查意见。这种审查意见虽然不是对法官的惩戒处理决定，但却是人民法院对法官作出是否予以惩戒、如何惩戒的决定的重要依据，对当事法官的权益有着实质性的影响。从程序公正的角度，应当赋予当事法官对法官惩戒委员会作出的审查意见提出异议、申请救济的程序性权利，以增强法官惩戒程序的公开性、公正性，保障当事法官的合法权益。本条对法官惩戒委员会将审查意见送达当事法官，当事法官提出异议和对异议处理的程序作了规定。

本条体现了司法体制改革的重要内容。2017 年法官法规定了对法官违法违纪行为给予处分，没有规定法官惩戒委员会的工作制度。党的十八届三中、四中全会对深化司法体制改革，完善法官、检察官办案责任制作出了决策部署。2015 年 8 月 18 日，中央全面深化改革领导小组第 15 次会议审议通过了《最高人民法院关于完善人民法院司法责任制的若干意见》和《最高人民检察院关于完善人民检察院司法责任制的若干意见》，对人民法院、人民检察院的司法办案组织及运行机制、司法人员的职责权限、司法责任的认定和追究机制等作了规定，提出建立法官惩戒委员会、检察官惩戒委员会，负责对法官、检察官司法责任的认定提出意见。2016 年 7 月 23 日，中央全面深化改革领导小组第 26 次会议审议通过了《最高人民法院、最高人民检察院关于建立法官、检察官惩戒制度的意见（试行）》，对法官、检察官惩戒制度作出了具体安排，规定了法官惩戒委员会、检察官惩戒委员会的设置、工作职责、工作程序、当事法官、检察官在惩戒程序中的权利义务等，其中明确了当事法官、检察官对惩戒委员会提出的审查意见提出异议的权利和惩戒委员会对异议的处理机制。2019 年修订法官法，在规定法官惩戒委员会设立的基础上，根据司法体制改革文件精神和有关方面的意见，将这方面的改革举措在法律中固定下来。

本条规定注意了与公务员法的衔接。《中华人民共和国公务员法》第六十一条中规定，公务员因违纪违法应当承担纪律责任的，依法给予处分。第六十三条第二款规定，公务员违纪违法的，应当由处分决定机关决定对公务员违纪违法的情况进行调查，并将调查认定的事实以及拟给予处分的依据告知公务员本人。公务员有权进行陈述和申辩，处分决定机关不得因公务员申辩而加重处分。对于法官、检察官追究司法责任时，由惩戒委员会对司法责任认定提出意见，是对法官、检察官给予处分的特别程序。本条规定的法官提出异议的权利和异议处理机制，与公务员法保障公务员申辩权的精神是一致的。

法官法修订草案一次审议稿对法官惩戒委员会的职责、人员组成等作了规定。有的地方、部门和社会公众提出，应进一步明确法官惩戒委员会的工作程序，规范其运行。立法机关经研究，采纳了这一意见，在草案二审稿中增加有关法官惩戒委员会工作程序的规定，包括本条有关法官异议的规定。

条文解读

本条规定可以从三个方面来理解：

一是法官惩戒委员会作出的审查意见应当送达当事法官。这是规定了法官惩戒委员会将作出的审查意见送达当事法官的义务。这里规定的“审查意见”，是指法官惩戒委员会按照本法第四十八条和《最高人民法院、最高人民检察院关于建立法官、检察官惩戒制度的意见（试行)》的有关规定，根据人民法院提供的当事法官涉嫌违反审判职责的事实和证据，经过审议由全体委员的三分之二以上多数通过的，关于当事法官构成故意违反职责、存在重大过失、存在一般过失或者没有违反职责等审查意见。这一审查意见应当以书面的形式作出。“送达”是指依法将审查意见送交当事法官。法官法对送达方式未作具体规定，法官惩戒委员会要保证当事法官收到审查意见。规定法官惩戒委员会要将审查意见送达当事法官，是在第四十九条规定当事法官的申请回避、陈述、举证、辩解等权利的基础上，确保当事法官能够知悉法官惩戒委员会对其作出的审查意见，保障其知情权、救济权。审查意见送达的具体工作可以由人民法院有关内设职能部门承担。

二是当事法官对审查意见有异议的，可以向惩戒委员会提出。根据本法第四十六条和《最高人民法院、最高人民检察院关于建立法官、检察官惩戒制度的意见（试行)》的有关规定，法官惩戒委员会作出的审查意见是相关人民法院是否据此作出惩戒决定的重要依据。当事法官对于法官惩戒委员会作出的这一对自身权益有重大影响的审查意见不服的，应当有权向法官惩戒委员会提出异议，请求法官惩戒委员会重新审查。当事法官的“异议”，包括对法官惩戒委员会审查意见事实认定、责任认定等实体问题的异议，也包括对法官惩戒委员会审议惩戒事项时落实回避制度，保障当事法官陈述、举证、辩解权利等程序性事项的异议。

三是惩戒委员会应当对当事法官的异议及其理由进行审查，作出决定。法官惩戒委员会收到当事法官提出的异议后，应当针对异议及其理由，对当事法官涉嫌违反审判职责的行为重新进行审查，并作出决定。重新审查、作出决定过程中，也要遵守有关审查程序和保障当事法官合法权益的规定，如充分听取当事法官的意见，决定需经全体委员三分之二以上多数通过等。考虑到法官惩戒委员会的决定不是终局性的实体处理决定，而是从专业角度对司法责任认定的意见。本条规定的由法官惩戒委员会本身进行复议的程序，既保障了当事法官的救济权利，又维护了法官惩戒程序的效率。

考虑到从实践的情况来看，法官惩戒委员会组成和运作的经验还不多，本条对法官惩戒委员会对当事法官异议的处理程序作了原则规定。有关程序的具体细节，如当事法官提出异议、法官惩戒委员会作出决定的期限等，可以根据本法第五十一条的规定，由最高人民法院商有关部门根据实际情况作出规定。

相关规定

《中华人民共和国公务员法》第 61 条、第 63 条；《最高人民法院、最高人民检察院关于建立法官、检察官惩戒制度的意见（试行)》

第五十一条　法官惩戒委员会审议惩戒事项的具体程序，由最高人民法院商有关部门确定。

条文主旨

本条是关于法官惩戒委员会审议具体程序的授权规定。

立法背景

本条是 2019 年修订法官法时新增加的规定。为建立健全司法人员依法履行法定职责保护机制，2016 年 7 月中共中央办公厅、国务院办公厅印发《保护司法人员依法履行法定职责规定》，其中第十四条规定，法官、检察官履行法定职责的行为，非经法官、检察官惩戒委员会审议不受错案责任追究。法官、检察官因违反党纪，审判、检察纪律，治安及刑事法律，应当追究错案责任之外的其他责任的，依照相关规定办理。法官、检察官惩戒委员会审议法官、检察官错案责任案件，应当进行听证。人民法院、人民检察院相关机构应当派员向法官、检察官惩戒委员会通报当事法官、检察官违纪违法事实以及拟处理意见、依据。当事法官、检察官有权陈述、申辩。法官、检察官惩戒委员会根据查明的事实和法律规定，作出无责、免责或者给予惩戒处分的建议。为此，本法第四十六条对检察官违纪违法行为作了列举性规定；第四十八条对法官惩戒委员会的设立、职责范围、组成人员、工作程序等作了规定；第四十九条对法官有权进行陈述、举证、辩解作了规定；第五十条对当事法官对审查意见有异议作了规定。虽然法律作了一些规定，但法律的规定还是比较原则，进一步明确法官惩戒委员会的工作程序，是规范法官惩戒工作开展的重要保障。开展法官惩戒工作，既要加强对法官违反审判职责行为的监督和责任追究，又要充分保障法官的合法权利，保护法官依法履行职责，制定体现司法规律和法官职业特点的工作规则，科学实施司法责任认定和追究工作，确保法官惩戒工作程序公正是十分必要的。建立法官惩戒制度是落实司法责任制的一项重要内容，为了确保法官惩戒委员会工作的有效开展，本条进一步规定，法官惩戒委员会审议惩戒事项的具体程序由最高人民法院商有关部门确定，也就是授权最高人民法院商有关部门制定配套规定。

条文解读

《最高人民法院、最高人民检察院关于建立法官、检察官惩戒制度的意见（试行）》对法官惩戒委员会的工作程序作了规定，如明确惩戒委员会履行的职责是：制定和修订惩戒委员会章程；根据人民法院调查的情况，依照程序审查认定法官是否违反审判职责，提出构成故意违反职责、存在重大过失、存在一般过失或者没有违反职责的意见；受理法官对审查意见的异议申请，作出决定；审议决定法官惩戒工作的其他相关事项。又如，规定惩戒委员会审议惩戒事项时，有关人民法院应当向惩戒委员会提供当事法官涉嫌违反审判职责的事实和证据，并就其违法审判行为和主观过错进行举证；当事法官有权进行陈述、举证、辩解；惩戒委员会经过审议，应当根据查明的事实、情节和相关规定，经全体委员的三分之二以上的多数通过，对当事法官构成故意违反职责、存在重大过失、存在一般过失或者没有违反职责提出审查意见。再如，规定当事法官或者有关人民法院对审查意见有异议的，可以向法官惩戒委员会提出；法官惩戒委员会应当对异议及其理由进行审查，作出决定，并回复当事法官或者有关人民法院。当事法官对惩戒决定不服的，可以向作出决定的人民法院申请复议，并有权向上一级人民法院申诉。但上述规定还是比较原则，实践中，虽然多数省、自治区、直辖市已经设立法官惩戒委员会，但各地尚未实质开展法官惩戒工作，原因之一是法官惩戒程序性规定仍不完善，法官惩戒工作实际运行受到影响。因此，迫切需要建立细化的、具有可操作性的法官惩戒程序性规定，指导、规范各地依法推进法官惩戒工作。

为了保证法官惩戒委员会有效开展工作，依法维护法官合法权益，本条规定，法官惩戒委员会审议惩戒事项的具体程序由最高人民法院商有关部门确定。这里所说的“审议惩戒事项的具体程序”，包括惩戒委员会的设置、运行，对惩戒事项的调查程序，惩戒委员会的听证和审议程序，人民法院作出惩戒决定程序以及复议、申诉和救济程序等。根据人民法院组织法规定，最高人民法院是最高审判机关，监督地方各级人民法院和专门人民法院的审判工作。因此，法律规定由最高人民法院牵头确定法官惩戒委员会审议惩戒事项的具体程序。同时，法官惩戒委员会的组成不仅包括法官，还包括具有广泛代表性的社会其他方面代表。法官惩戒委员会开展工作必须公开、公正，因此，法律规定最高人民法院商有关部门确定，即最高人民法院在制定相关配套规定时，应当根据具体的内容与有关部门沟通协商。

相关规定

《中华人民共和国法官法》第48—50条；《中华人民共和国人民法院组织法》第10条、第18条；《保护司法人员依法履行法定职责规定》；《最高人民法院、最高人民检察院关于建立法官、检察官惩戒制度的意见（试行）》

第七章　法官的职业保障

第五十二条　人民法院设立法官权益保障委员会，维护法官合法权益，保障法官依法履行职责。

条文主旨

本条是关于法官权益保障委员会及其职责的规定。

立法背景

本条是2019年修订法官法增加的规定，2017年法官法未规定法官权益保障委员会。本轮司法体制改革中的重要任务是建立司法责任制，为保障司法责任制的落实，需要加强和健全司法人员依法履行法定职责保护机制。根据《保护司法人员依法履行法定职责规定》的精神，法院系统陆续出台相关举措。《人民法院落实〈保护司法人员依法履行法定职责规定〉的实施办法》规定，各级人民法院应当设立法官权益保障委员会，并对法官权益保障委员会的组成、职能等作了规定。本次法官法修订，为切实维护法官合法权益，保障法官依法履行职责，在总结实践经验和做法的基础上，根据各方面意见，在法律中明确规定，人民法院设立法官权益保障委员会。这一规定为法官权益保障委员会的设立和依法开展工作提供了法律依据。

法官法修订草案一次审议稿第五十五条规定，人民法院设立法官权益保障委员会，保障法官依法履行职责。2017年12月，第十二届全国人大常委会第三十一次会议对法官法修订草案进行初次审议中，有的常委委员提出，设立法官权益保障委员会的目的，除了要保障法官依法履行职责以外，也应明确对法官合法权益的维护，建议增加有关规定。法官法修订草案二次审议稿中采纳了上述意见，在保障法官依法履行职责后，增加了维护法官合法权益的内容。

2018 年 12 月，第十三届全国人大常委会第七次会议对法官法修订草案进行二次审议中，有的常委委员提出，设立法官权益保障委员会的初衷是维护法官合法权益，而维护法官合法权益最终是为了保障法官依法履职，建议在文字顺序上进行调整。法官法修订草案三次审议稿中采纳了上述意见，形成本条现在的规定，即人民法院设立法官权益保障委员会，维护法官合法权益，保障法官依法履行职责。

条文解读

本条规定，人民法院设立法官权益保障委员会。这里的“人民法院”应与人民法院组织法中对人民法院的定义和设置的规定相一致。《中华人民共和国人民法院组织法》第十二条规定：“人民法院分为：（一）最高人民法院；（二）地方各级人民法院；（三）专门人民法院。”第十三条规定，地方各级人民法院分为高级人民法院、中级人民法院和基层人民法院。第十四条规定，在新疆生产建设兵团设立的人民法院的组织、案件管辖范围和法官任免，依照全国人民代表大会常务委员会的有关规定。第十五条第一款规定，专门人民法院包括军事法院和海事法院、知识产权法院、金融法院等。本条所指的人民法院应包括最高人民法院、地方各级人民法院、专门人民法院和新疆生产建设兵团设立的人民法院。上述人民法院都应设立法官权益保障委员会。

根据本条的规定，法官权益保障委员会的设立，是为了维护法官合法权益，保障法官依法履行职责。法官权益保障委员会的设立、职责、运行程序等内容本法未作具体规定，各级人民法院应在完善法官依法履职、维护法官及其近亲属人身财产安全、及时提供救助等方面，通过法官权益保障委员会发挥积极作用，使法官权益保障委员会的设立真正发挥作用。法官权益保障委员会的具体职责可参考《人民法院落实〈保护司法人员依法履行法定职责规定〉的实施办法》的相关规定。各级人民法院还可以根据法官法的规定，结合本院实际情况，出台相关制度和规定加以落实。

相关规定

《人民法院落实〈保护司法人员依法履行法定职责规定〉的实施办法》第9条

第五十三条　除下列情形外，不得将法官调离审判岗位：

（一）按规定需要任职回避的；

（二）按规定实行任职交流的；

（三）因机构调整、撤销、合并或者缩减编制员额需要调整工作的；

（四）因违纪违法不适合在审判岗位工作的；

（五）法律规定的其他情形。

条文主旨

本条是关于非因法定情形，不得将法官调离审判岗位的规定。

立法背景

本条是2019年修订法官法新增的法官职业保障方面的有关内容。为保障法官依法独立公正履行法定职责，排除不当干扰，消除后顾之忧，2019年法官法修订强化了法官职业保障的内容，对法官职业保障作了专章规定。非因法定原因，不得将法官调离审判岗位的内容在2016年中共中央办公厅、国务院办公厅《保护司法人员依法履行法定职责规定》中即有规定。该文件是为了贯彻落实十八届四中全会《关于全面推进依法治国若干重大问题的决定》的有关要求，建立健全司法人员依法履行法定职责保护机制而出台的。为保障法官独立公正履行法定职责，排除不当干扰，在办理案件时不用顾虑职位难保，保障不听“招呼”的法官不被随意调离，规定专门对调离法官的情形作了明确规定。该规定第五条规定：“只有具备下列情形之一的，方可将法官、检察官调离：（一）按规定需要任职回避的；（二）因干部培养需要，按规定实行干部交流的；（三）因机构调整或者缩减编制员额需要调整工作的；（四）受到免职、降级等处分，不适合在司法办案岗位工作的；（五）违反法律、党纪处分条例和审判、检察纪律规定，不适合在司法办案岗位工作的其他情形。”

从实践中的情况看，法官因坚持原则，依法办案，触动一些组织、个人利益等原因而被打击报复、调离岗位甚至被免职、降职的情况时有发生，这种严重破坏法治原则、损害司法权威的恶劣行径无疑会对法官独立公正行使审判权造成负面影响，该规定的出台受到了广大法官及社会各方面的关注和支持，实践中也起到了良好的社会效果。根据各方面的意见，2019 年法官法修改总结实践经验和改革成果，对非因法定事由不得将法官调离审判岗位作了规定，并明确列举了将法官调离审判岗位的情形。

条文解读

非因法定事由、非经法定程序，不被调离，是本法第十一条规定的法官权利之一，本条也是第十一条规定的法官权利的细化。

根据本条的规定，可以将法官调离审判岗位的情形有以下五种：

一是按规定需要任职回避的。本法第二十三条、第二十四条规定了法官任职回避的内容，具体是指第二十三条规定的，有夫妻关系、直系血亲关系、三代以内旁系血亲以及近姻亲关系的一定职务的法官，不得在同一法院、同一业务部门或者上下相邻两级人民法院同时任职的规定；第二十四条规定，法官的配偶、父母、子女担任该法官所任职人民法院辖区内律师事务所的合伙人或者设立人，在该法官所任职人民法院辖区内以律师身份担任诉讼代理人、辩护人或者为诉讼案件当事人提供其他有偿法律服务的，法官应当实行任职回避的规定。任职回避实际上是为了保障法官客观公正行使职权，而对法官任职设定的一种限制，对于有法律规定的需要任职回避的情形的，法官就需要实行任职回避，调离审判岗位，或者通过法定的程序，到不发生任职回避情形的人民法院担任法官职务。

二是按规定实行任职交流的。2013 年《最高人民法院关于新形势下进一步加强人民法院队伍建设的若干意见》在“加强正规化、专业化、职业化建设”部分提出，以提升司法能力为核心加强专业化建设，拓宽交流渠道，加强多岗位、跨部门锻炼。在“加强干部管理工作”部分提出，完善内部轮岗、上下交流机制。2013 年《最高人民法院关于切实践行司法为民大力加强公正司法不断提高司法公信力的若干意见》在“进一步夯实基层基础”部分提出，建立健全上级法院法官到基层交流任职制度。实行任职交流是提升法院队伍司法能力，提高法官队伍综合素质的重要途径，按规定实行任职交流，需要调离审判岗位的，可以将法官调离审判岗位。实践中，要注意任职交流要依照有关规定进行，不能因其他非正当目的，以任职交流为名，将法官调离审判岗位，使法官“被交流”。

三是因机构调整、撤销、合并或者缩减编制员额需要调整工作的。一种情形是，根据国家机构调整和司法体制改革的工作要求，法院的机构会出现调整、撤销、合并的情况，法官的职数可能会发生相应变化；另一种情形是，根据本法第二十五条的规定，法官实行员额制管理，法官员额在省、自治区、直辖市内实行总量控制、动态管理，优先考虑基层人民法院和案件数量多的人民法院办案需要。法官所在法院的员额数量有可能会因案件量的降低等原因而减少。这两种情形都会需要将一部分法官调离审判岗位。本项规定的核心精神是，这些情形都是法官所任职法院本身出现的总体性、结构性的变化，而不是有目的地针对具体、特定的对象的职务调整，因而属于正当的职务调整。

四是因违纪违法不适合在审判岗位工作的。法官的违纪违法行为给法院的司法公信力带来了严重危害，对于法官的违纪违法行为，有关法律和文件等都明确规定了相应后果，对不适合在审判岗位工作的，可以将法官调离审判岗位。如根据本法四十六条的规定，法官有贪污受贿、徇私舞弊、枉法裁判，隐瞒、伪造、变造、故意损毁证据、案件材料，泄露国家秘密、审判工作秘密、商业秘密或者个人隐私，故意违反法律法规办理案件等行为的，应当对法官给予处分。处分的内容根据情况可以包括撤职、开除等，在撤职、开除前可以先将其调离审判岗位。另外，2016 年中共中央办公厅、国务院办公厅《保护司法人员依法履行法定职责规定》和《最高人民法院关于完善人民法院司法责任制的若干意见》《关于新形势下进一步加强人民法院纪律作风建设的指导意见》《最高人民法院党组关于落实党风廉政建设主体责任的实施意见（试行）》等，都强调加强对法官的纪律要求，对干警队伍中的违纪违法行为保持“零容忍”的态度，对严重违纪违法和造成恶劣社会影响的少数“害群之马”，要坚决清除出法院队伍。

五是法律规定的其他情形。这一项是兜底性规定，是指法律规定的可以将法官调离审判岗位的其他情形。如根据本法第二十条的规定，法官因健康原因长期不能履行法官职务的，可以先将其调离审判岗位，再依照法定程序提请免除其法官职务等。对这一兜底性规定的理解必须非常严格，不能随意作过于宽泛解释。具体可以把握两点，一是必须是相关法律中有规定，二是与前面几项情形在性质、必要性等方面具有相当性。

在该条的理解适用中，还需要注意以下几个方面的问题：

第一，这里的“调离审判岗位”是指调到不再从事审判业务的岗位。根据组织人事安排和工作需要，将法官从一个刑事法庭调到另一个刑事法庭，由刑事法庭调到民事法庭等，都属于审判岗位的调整，而非调离审判岗位。对实践中存在的将法官正在审理的案件交由其他法官负责的情形，这其中情况很复杂，有的是因回避等法定原因，有的是案件管理的需要，也有的是对法官办理案件的干预，具体由法官管理的有关规定予以规范。

第二，法官调离审判岗位，可能会引起法官职务的免除。根据本法第二十条的规定，法官职务变动不需要保留法官职务的，法官因违纪违法不宜继续任职的，法官调出本法院的，应当依法提请免除其法官职务。法官调离审判岗位后，符合本法第二十条规定的情形的，应当依法提请免除其法官职务。

相关规定

《保护司法人员依法履行法定职责规定》；《最高人民法院关于完善人民法院司法责任制的若干意见》；《关于新形势下进一步加强人民法院纪律作风建设的指导意见》；《最高人民法院党组关于落实党风廉政建设主体责任的实施意见（试行）》；《最高人民法院关于切实践行司法为民大力加强公正司法不断提高司法公信力的若干意见》

第五十四条　任何单位或者个人不得要求法官从事超出法定职责范围的事务。

对任何干涉法官办理案件的行为，法官有权拒绝并予以全面如实记录和报告；有违纪违法情形的，由有关机关根据情节轻重追究有关责任人员、行为人的责任。

条文主旨

本条是关于禁止干涉法官履职的规定。

立法背景

1. 相关背景情况

本条是法官法2019 年修订时新增加的规定。本条是《中华人民共和国宪法》第一百三十一条“人民法院依照法律规定独立行使审判权，不受行政机关、社会团体和个人的干涉”的延伸和细化，也是本法第一条保障人民法院依法独立行使审判权的法律保障。2014年10月23日，十八届四中全会通过的《中共中央关于全面推进依法治国若干重大问题的决定》提出，完善确保依法独立公正行使审判权和检察权的制度。各级党政机关和领导干部要支持法院、检察院依法独立公正行使职权。建立领导干部干预司法活动、插手具体案件处理的记录、通报和责任追究制度。任何党政机关和领导干部都不得让司法机关做违反法定职责、有碍司法公正的事情，任何司法机关都不得执行党政机关和领导干部违法干预司法活动的要求。对干预司法机关办案的，给予党纪政纪处分；造成冤假错案或者其他严重后果的，依法追究刑事责任。2015年3月，中共中央办公厅、国务院办公厅印发了《领导干部干预司法活动、插手具体案件处理的记录、通报和责任追究规定》，中央政法委员会印发了《司法机关内部人员过问案件的记录和责任追究规定》，为司法机关依法独立、公正行使职权提供了制度支持。2016年7月28日，中共中央办公厅、国务院办公厅印发了《保护司法人员依法履行法定职责规定》，明确要求建立健全司法人员依法履行法定职责保护机制。上述规定建立了对领导干部干预司法活动、插手具体案件处理和司法机关内部人员过问案件的记录制度、通报制度、责任追究制度。本法和人民法院组织法将上述规定的要求上升为法律，为依法处置非法干预司法活动的行为提供了法律依据。

2. 各方面提出的意见

2017年12月提请全国人大常委会审议的法官法修订草案初次审议稿第五十七条规定，行政机关、社会团体和个人不得干涉法官依法办理案件，不得要求法官从事违反法定职责的活动。对干涉法官办理案件的行为，法官有权拒绝，并应当予以记录，并由有关机关根据情节轻重追究行为人的责任。

有的建议将“行政机关、社会团体和个人”修改为“任何单位和个人”，同时，在追究干涉行为人责任规定的基础上，增加追究相关单位责任的内容；建议将“不得要求法官从事违反法定职责的活动”修改为“不得要求法官从事违反法定职责或者法定程序、有碍司法公正的活动”，以与《保护司法人员依法履行法定职责规定》的有关规定一致，或者明确为“不得要求法官从事招商引资、行政执法、治安巡逻、交通疏导、卫生整治、行风评议等违反法定职责的活动”。有的建议增加“不得要求法官从事法定职责以外的活动”，或者增加一款规定：“任何单位或者个人不得要求法官从事超出法定职责范围的事务。人民法院有权拒绝任何单位或者个人安排法官从事超出法定职责范围事务的要求。”

有的建议将“并应当予以记录，并由有关机关根据情节轻重追究行为人的责任”的表述修改为“并予以记录，有关机关应当根据情节轻重追究行为人的责任”。

法官法修订草案二次审议稿第五十三条规定，任何单位或者个人不得要求法官从事超出法定职责范围的事务。行政机关、社会团体和个人不得干涉法官依法办理案件。对任何干涉法官办理案件的行为，法官有权拒绝，并予以全面如实记录；有违纪违法情形的，由有关机关根据情节轻重追究有关责任人员、行为人的责任。有的建议，对任何干涉法官办理案件的行为，法官有权拒绝，“并予以全面如实记录”修改为“并予以全面如实记录和报告”，与人民法院组织法第五十三条衔接一致。有的意见提出，任何单位和个人都不应当干涉法官依法办理案件，按照监督法、监察法，人大、监察机关等也不对具体个案进行干涉，建议扩大不得干涉案件的主体范围。

条文解读

本条共分两款。第一款是关于不得要求法官超出法定职责范围的事务的规定。

维护法官合法权益，保障人民法院依法独立行使审判权，保障法官依法履行职责，保障司法公正，是本法立法的重要目的和宗旨。禁止干涉司法活动是这一立法目的的制度保障。

保障人民法院依法独立行使审判权，保障法官依法履行职责，除了法官严格依照法定职权、遵循法定程序，依法履行职责外，还要防止来自人民法院外部和内部的违法干涉司法活动的行为，本条关于任何单位或者个人不得要求法官从事超出法定职责范围的事务，进一步完善了保护司法人员依法履行法定职责的法律依据，有利于确保人民法院依法独立公正行使审判权。

法官的职责是依法履行国家审判职责。2017 年最高人民法院发布的《人民法院落实〈保护司法人员依法履行法定职责规定〉实施办法》提出，对于任何单位、个人安排法官从事招商引资、行政执法、治安巡逻、交通疏导、卫生整治、行风评议等超出法定职责范围事务的要求，人民法院应当拒绝，并不得以任何名义安排法官从事上述活动。同时，严禁人民法院工作人员参与地方招商、联合执法，严禁提前介入土地征收、房屋拆迁等具体行政管理活动，杜绝参加地方牵头组织的各类“拆迁领导小组”“项目指挥部”等临时机构。

本条第二款是关于干涉法官办理案件的行为处理及责任追究的规定。人民法院组织法第五十二条第二款规定，对于领导干部等干预司法活动、插手具体案件处理，或者人民法院内部人员过问案件情况的，办案人员应当全面如实记录并报告；有违法违纪情形的，由有关机关根据情节轻重追究行为人的责任。本条的规定与人民法院组织法的上述规定在精神上是一致的。本法与人民法院组织法的规定有两个方面不同：一是，对干涉法官办理案件，本法规定的法官的权利是，“法官有权拒绝并予以全面如实记录和报告”，人民法院组织法规定的是，“办案人员应当全面如实记录并报告”。从实践情况看，能够过问和插手案件的，多数都是领导干部，甚至是对办案法官有领导关系的领导干部，“办案人员应当全面如实记录”没有问题，但让其报告，在执行中可能难以做到，也不利于问题的发现。因此本法规定的是授权法官“有权拒绝并予以全面如实记录和报告”。二是，追究的责任人员的范围。人民法院组织法规定的是

“由有关机关根据情节轻重追究行为人的责任”，本条规定的是“由有关机关根据情节轻重追究有关责任人员、行为人的责任”，增加了对有关责任人员的规定，这里主要针对的是对单位实施的干涉法官办案情况的责任追究。

本款规定包括两个方面的内容：一是，对任何干涉法官办理案件的行为，法官有权拒绝并予以全面如实记录和报告。干涉法官办理案件的行为，通常表现为领导干部等干预司法活动、插手具体案件处理，或者人民法院内部人员过问案件情况。第一，领导干部等干预司法活动、插手具体案件的情况。根据《领导干部干预司法活动、插手具体案件处理的记录、通报和责任追究规定》，这里的领导干部，包括在各级党的机关、人大机关、行政机关、政协机关、审判机关、检察机关、军事机关以及公司、企业、事业单位、社会团体中具有国家工作人员身份的领导干部。除领导干部外，实践中还有其他人或者组织干预司法活动，也属于本条规定范围。根据该规定，领导干部有下列行为之一的，属于违法干预司法活动，党委政法委按程序报经批准后予以通报，必要时可以向社会公开：(1) 在线索核查、立案、侦查、审查起诉、审判、执行等环节为案件当事人请托说情的；(2) 要求办案人员或办案单位负责人私下会见案件当事人或其辩护人、诉讼代理人、近亲属以及其他与案件有利害关系的人的；(3) 授意、纵容身边工作人员或者亲属为案件当事人请托说情的；(4) 为了地方利益或者部门利益，以听取汇报、开协调会、发文件等形式，超越职权对案件处理提出倾向性意见或者具体要求的；(5) 其他违法干预司法活动、妨碍司法公正的行为。第二，人民法院内部人员过问案件情况的情况。这里的人民法院内部人员，主要是指在人民法院工作的各类人员，包括法官、审判辅助人员和司法行政人员等。人民法院离退休人员违反规定干预办案的，也适用本条。根据《司法机关内部人员过问案件的记录和责任追究规定》，人民法院内部人员有下列过问案件情况行为之一的，属于违反规定干预办案，具有干部管理权限的司法机关按程序报经批准后予以通报，必要时可以向社会公开：（1）在线索核查、立案、侦查、审查起诉、审判、执行等环节为案件当事人请托说情的；（2）邀请办案人员私下会见案件当事人或其辩护人、诉讼代理人、近亲属以及其他与案件有利害关系的人的；（3）违反规定为案件当事人或其辩护人、诉讼代理人、亲属转递涉案材料的；（4）违反规定为案件当事人或其辩护人、诉讼代理人、亲属打探案情、通风报信的；（5）其他影响司法人员依法公正处理案件的行为。二是，对违纪违法的情形，由有关机关根据情节轻重追究有关责任人员、行为人的责任。领导干部有违法干预司法活动行为，造成后果或者恶劣影响的，按照《领导干部干预司法活动、插手具体案件处理的记录、通报和责任追究规定》规定，依照《中国共产党纪律处分条例》《行政机关公务员处分条例》《人民法院工作人员处分条例》等规定给予纪律处分；造成冤假错案或者其他严重后果，构成犯罪的，依法追究刑事责任。领导干部对司法人员进行打击报复的，依照《中国共产党纪律处分条例》《行政机关公务员处分条例》《人民法院工作人员处分条例》等规定给予纪律处分；构成犯罪的，依法追究刑事责任。对人民法院内部人员有过问案件情况行为，根据《司法机关内部人员过问案件的记录和责任追究规定》，构成违纪的，依照《中国共产党纪律处分条例》《人民法院工作人员处分条例》等规定给予纪律处分；构成犯罪的，依法追究刑事责任。根据该规定，办案人员不记录或者不如实记录司法机关内部人员过问案件情况的，予以警告、通报批评；两次以上不记录或者不如实记录的，依照《中国共产党纪律处分条例》《人民法院工作人员处分条例》等规定给予纪律处分。主管领导授意不记录或者不如实记录的，依法依纪追究主管领导责任。需要注意的是，《领导干部干预司法活动、插手具体案件处理的记录、通报和责任追究规定》《司法机关内部人员过问案件的记录和责任追究规定》均发布于2015年。2018年3月，第十三届全国人民代表大会第一次会议通过了监察法，对于以上干涉案件的违法行为，有违反监察法情形的，还应依法予以政务处分。

需要注意的是，对司法工作负有领导职责的机关，因履行职责需要，可以依照工作程序了解案件情况，组织研究司法政策，统筹协调依法处理工作，督促司法机关依法履行职责，为司法机关创造公正司法的环境，但不得对案件的证据采信、事实认定、司法裁判等作出具体决定。另外，根据本法、人民法院组织法等的规定，人民法院的院长、审判委员会委员、庭长、副庭长等因履行法定职责需要，向办案人员了解正在办理的案件有关情况的，应当依照法定程序或者工作程序进行，不属于本条的干涉法官办理案件的行为。

相关规定

《中华人民共和国人民法院组织法》第52条；《领导干部干预司法活动、插手具体案件处理的记录、通报和责任追究规定》；《司法机关内部人员过问案件的记录和责任追究规定》

第五十五条　法官的职业尊严和人身安全受法律保护。

任何单位和个人不得对法官及其近亲属打击报复。

对法官及其近亲属实施报复陷害、侮辱诽谤、暴力侵害、威胁恐吓、滋事骚扰等违法犯罪行为的，应当依法从严惩治。

条文主旨

本条是关于法官的职业尊严和人身安全保护的规定。

立法背景

本条是2019年修订法官法新增加的规定。法官是依法行使国家审判权的审判人员，是社会公平正义的维护者，法官依法履行职责，受法律保护。我国当前仍处于经济社会快速发展、各种利益关系错综复杂的时期。司法权作为一种定分止争的权力，大量的社会争议都要通过司法裁断，对相关利益关系进行调整，其中既包括刑事的、也包括民事、行政的，这或多或少都会触及相关人员的利害关系，一些人甚至因此迁怒于法官等司法工作人员。近年来，实践中曾经发生法官等司法工作人员因为审理案件被伤害甚至杀害的案件。也有个别当事人为了获得有利于己的案件处理结果，对法官采取损害尊严、人格、人身安全的行为。为了维护法官合法权益，保障法官依法履职，法官法对保护法官的职业尊严和人身安全作了专门规定。

本条规定体现了司法体制改革的重要内容。《保护司法人员依法履行法定职责的规定》第十七条规定，对干扰阻碍司法活动，威胁、报复陷害、侮辱诽谤、暴力伤害司法人员及其近亲属的行为，应当依法从严惩处。对以恐吓威胁、滋事骚扰、跟踪尾随、攻击辱骂、损毁财物及其他方式妨害司法人员及其近亲属人身自由和正常生活的，公安机关接警后应当快速出警、有效制止；对正在实施违法犯罪行为的，应当依法果断处置、从严惩处。对实施暴力行为危害司法人员及其近亲属人身安全的精神病人，在人民法院决定强制医疗之前，经县级以上公安机关负责人批准，公安机关可以采取临时保护性约束措施，必要时可以将其送精神病医院接受治疗。

条文解读

本条共分三款。本条第一款是关于法官的职业尊严和人身安全受法律保护的规定。本法第十一条中规定，法官依法享有人身、财产和住所安全受法律保护的权利；第七条中规定，法官依法履行职责，受法律保护。本条规定是对上述规定内容的进一步落实和具体化。根据本法第二条的规定，法官是依法行使国家审判权的审判人员，在世界上几乎所有国家，法官都被认为是公平和正义的守护者，是受人尊敬的职业，享有职业尊严、荣誉感。“人身安全”，是指法官的人身不受非法侵犯。

根据本款的规定，法官的职业尊严和人身安全受法律保护。这样规定主要是为了保障法官的人身免受非法侵犯，保护法官不因依法履职受到不法伤害。在履职过程中，法官可能受到当事人等相关人员的侮辱、诽谤、谩骂、威胁、恐吓、滋事骚扰、跟踪尾随、殴打，偷窥、偷拍、窃听、散布隐私等侵犯，住所受非法侵入、损坏、滋扰等侵犯。从行为方式上看，有的是当面实施，有的是电话或者邮件滋扰、侮辱等。对于实践中常见的侵害法官合法权益的行为，本条第三款有更具体的规定。对于此类因为履行法定职责或法律义务而面临安全危险的保护措施，其他法律也有相应规定。如《中华人民共和国刑事诉讼法》第六十四条规定："对于危害国家安全犯罪、恐怖活动犯罪、黑社会性质的组织犯罪、毒品犯罪等案件，证人、鉴定人、被害人因在诉讼中作证，本人或者其近亲属的人身安全面临危险的，人民法院、人民检察院和公安机关应当采取以下一项或者多项保护措施：（一）不公开真实姓名、住址和工作单位等个人信息；（二）采取不暴露外貌、真实声音等出庭作证措施；（三）禁止特定的人员接触证人、鉴定人、被害人及其近亲属；（四）对人身和住宅采取专门性保护措施；（五）其他必要的保护措施。证人、鉴定人、被害人认为因在诉讼中作证，本人或者其近亲属的人身安全面临危险的，可以向人民法院、人民检察院、公安机关请求予以保护。人民法院、人民检察院、公安机关依法采取保护措施，有关单位和个人应当配合。"又如，《中华人民共和国反恐怖主义法》第七十六条规定，因报告和制止恐怖活动，在恐怖活动犯罪案件中作证，或者从事反恐怖主义工作，本人或者其近亲属的人身安全面临危险的，经本人或者其近亲属提出申请，公安机关、有关部门应当采取下列一项或者多项保护措施，其中也包括对人身和住宅采取专门性保护措施的内容。公安机关、有关部门应当依照规定，采取不公开被保护单位的真实名称、地址，禁止特定的人接近被保护单位，对被保护单位办公、经营场所采取专门性保护措施，以及其他必要的保护措施。相对于刑事诉讼法、反恐怖主义法的规定，本条对法官职业尊严和人身安全予以保护的内容只是作了原则规定，实践中可以根据具体情况，由相关部门采取禁止特定人员接触法官，对法官的人身、住所采取专门保护措施等方式。

本条第二款规定，任何单位和个人不得对法官及其近亲属打击报复。第一款中规定的“法官的职业尊严和人身安全受法律保护”是从正面对法官履职保障、法律保护的规定，“任何单位和个人不得对法官及其近亲属打击报复”则是从为其他单位和个人设定义务的方式对法官的履职保障、法律保护作出了规定。根据本款的规定，任何单位和个人不得对法官及其近亲属打击报复，义务主体是任何单位和个人，义务的内容是不得打击报复，保护的对象除了法官外，还包括其近亲属。对于近亲属的范围，不同的法律、规定有不同的范围，如《中华人民共和国刑事诉讼法》第一百零八条第六项规定，刑事诉讼法中的“近亲属”是指夫、妻、父、母、子、女、同胞兄弟姊妹。《最高人民法院关于贯彻执行〈中华人民共和国民法通则〉若干问题的意见（试行）》将民法通则中规定的近亲属，解释为包括配偶、父母、子女、兄弟姐妹、外祖父母、孙子女、外孙子女。这里的不得“打击报复”只是一个原则的规定。对法官及其近亲属的打击报复一般是指相关人员通过利用职权或者其他手段对法官及其近亲属进行打击、报复、陷害，侵犯其人身、民主权利的行为，具体方式多种多样，如以暴力、威胁或者非法限制人身自由的方式侵犯法官或者近亲属的人身安全的；非法占有或者损毁法官或者其近亲属的财产的；栽赃陷害法官或者其近亲属的；对法官或者其近亲属进行侮辱、诽谤甚至威胁、殴打的；违反规定解聘、辞退或者开除法官或者其近亲属的；克扣或者变相克扣法官或者其近亲属的工资、奖金或者其他福利待遇的；对法官或者其近亲属无故给予党纪、政纪、政务处分或者违反规定加重处分的；在职务晋升、岗位安排、评级考核等方面对法官或者其近亲属进行刁难、压制的；对法官或者其近亲属提出的合理申请应当批准而不予批准或者故意拖延的，等等，既可能涉及职务级别调整、也可能涉及福利待遇，极端的还可能涉及人身伤害，既包括直接侵犯人身财产的显性打击报复，可能更多地表现为利用职权进行的变相打击的隐性报复。

本条第三款是对法官及其近亲属实施报复陷害、侮辱诽谤、暴力侵害、威胁恐吓、滋事骚扰等违法行为的，应当依法从严惩治的规定。本款保护的对象包括法官及其近亲属。实施上述违法犯罪行为的主体既包括个人，也包括单位。行为人实施上述行为的，根据具体情况需要承担相应的民事责任、行政责任、刑事责任。

具体而言：一是，刑事责任。(1) 报复陷害的刑事责任。《中华人民共和国刑法》第二百五十四条规定了报复陷害罪，国家机关工作人员滥用职权、假公济私，对控告人、申诉人、批评人、举报人实行报复陷害的，处二年以下有期徒刑或者拘役；情节严重的，处二年以上七年以下有期徒刑。《中华人民共和国刑法》第二百五十四条规定的打击报复的方式主要是“滥用职权、假公济私”，目的是“报复陷害”。“滥用职权”，是指国家机关工作人员违背职责而行使职权。“假公济私”，是指国家机关工作人员以工作为名，为徇私情或者实现个人目的而利用职务上的便利。“报复陷害”，主要是指利用手中的权力，以种种借口进行政治上或者经济上的迫害，如降职、降级、调离岗位、经济处罚、开除公职、捏造事实诬陷其经济、生活作风上有问题等。报复陷害的行为，必须采取滥用职权或者假公济私的方法。如果行为人进行报复陷害与滥用职权、假公济私没有联系，则不构成本罪。

此外，报复陷害行为根据其行为的具体表现，还可能构成《中华人民共和国刑法》第二百四十三条诬告陷害罪，即捏造事实诬告陷害他人，意图使他人受刑事追究，情节严重的行为，根据《中华人民共和国刑法》规定可以处三年以下有期徒刑、拘役或者管制；造成严重后果的，处三年以上十年以下有期徒刑。国家机关工作人员犯该罪的，从重处罚。《中华人民共和国宪法》第三十八条规定，中华人民共和国公民的人格尊严不受侵犯。禁止用任何方法对公民进行侮辱、诽谤和诬告陷害。对于诬告陷害，情节严重的，可以追究其诬告陷害罪的刑事责任。需要注意的是，首先，构成诬告陷害罪的诬告陷害他人，必须以使他人受刑事追究为目的，如果不以使他人受刑事追究为目的而捏造事实诬告的，如以败坏他人名誉、阻止他人得到某种奖励或者提升等为目的而诬告他人有违法或不道德行为的，则不构成本罪；其次，捏造的事实必须是他人的犯罪事实，如果捏造的事实不足使他人受到刑事追究的，则不构成本罪；再次，不仅捏造了他人的犯罪事实，而且将捏造的犯罪事实向有关机关进行了告发；最后，诬告陷害情节严重的才能追究刑事责任。这里所说的“情节严重”，主要是指捏造的犯罪事实情节严重、诬陷手段恶劣、严重影响了司法机关的正常工作、社会影响恶劣等。只要诬告陷害的行为符合以上条件，本罪就成立。对于“造成严重后果”，予以更重的处罚，主要是指被害人被错误地追究了刑事责任，或者使被诬陷人的人身权利、民主权利、财产权利等受到重大损害，或者使司法机关的正常工作遭受特别重大的损害。法官因为履行审判职责，其本人或者近亲属被诬告陷害的，可追究相关人员诬告陷害罪的刑事责任。

（2）侮辱诽谤的刑事责任。侮辱、诽谤属于两种行为，侮辱诽谤法官，情节严重的，可能构成侮辱罪、诽谤罪，以及《中华人民共和国刑法》第三百零九条扰乱法庭秩序罪。《中华人民共和国宪法》第三十八条规定，中华人民共和国公民的人格尊严不受侵犯。禁止用任何方法对公民进行侮辱、诽谤和诬告陷害。我国 1979 年《中华人民共和国刑法》第一百四十五条规定了侮辱罪和诽谤罪，1997 年《中华人民共和国刑法》对侮辱罪和诽谤罪通过两款作了规定：“以暴力或者其他方法公然侮辱他人或者捏造事实诽谤他人，情节严重的，处三年以下有期徒刑、拘役、管制或者剥夺政治权利。”“前款罪，告诉的才处理，但是严重危害社会秩序和国家利益的除外。”2015 年 8 月，刑法修正案（九）增加了第三款，规定：“通过信息网络实施第一款规定的行为，被害人向人民法院告诉，但提供证据确有困难的，人民法院可以要求公安机关提供协助。”侮辱罪、诽谤罪侵犯的客体是他人的人格尊严和名誉权，人格尊严和名誉权是宪法规定的公民基本的人身权利。法官作为中华人民共和国公民，也享有这些基本权利。侵犯其人格尊严和名誉权的，可能承担的刑事责任是侮辱罪、诽谤罪。所谓人格尊严，是指公民基于自己所处的社会环境、地位、声望等客观条件而对自己或他人的人格价值和社会价值的认识和尊重。所谓名誉，是指公民在社会生活中所获得的名望声誉，是一个人的品德、才干、信誉等在社会生活中所获得的社会评价。所谓名誉权，是指以名誉的维护和安全为内容的人格权。侮辱罪、诽谤罪的犯罪对象只能是自然人，侮辱、诽谤法人以及其他团体、组织等单位，不构成侮辱罪和诽谤罪。在客观表现方面，侮辱罪和诽谤罪有所不同。侮辱罪客观方面主要表现为以暴力或其他方法公然贬损他人人格、破坏他人声誉，情节严重的行为。这里所说的侮辱行为，可以是暴力，也可以是暴力以外的其他方法。所谓“暴力”，是指以强制方法来损害他人人格和名誉，如强迫他人“戴高帽”游行、当众剥光他人衣服、以粪便泼人、强迫他人做出有辱人格的动作等。这里的暴力，其目的不是损害他人的身体健康，如果在实施暴力侮辱的过程中造成他人死亡或者伤害后果的，可能同时构成故意杀人罪或者故意伤害罪。所谓“其他方法”，是指以语言、文字等暴力以外的方法侮辱他人，语言侮辱如当众用恶毒刻薄的语言对被害人进行嘲笑、辱骂，使其当众出丑，散布被害人的生活隐私、生理缺陷等，文字侮辱如贴传单、漫画、书刊或者其他公开的文字等方式诋毁他人人格、侮辱他人。值得注意的是，随着信息网络的普及和发展，利用互联网侮辱、诽谤他人的行为也不断增多，如通过网络对他人进行辱骂攻击，发布涉及他人隐私的信息或图片，捏造损害他人人格、名誉的事实等，这类行为借助互联网传播快、范围广，往往给被害人造成更大伤害。侮辱他人的行为，必须是公然进行，如果不是公然，不构成本罪。所谓“公然”侮辱他人，是指当众或者利用能够使多人听到或看到的方式，对他人进行侮辱，公然侮辱并不一定要求被害人在场。如果行为人仅仅针对被害人进行侮辱，没有第三人在场，也不可能被第三者知悉，则不构成本罪，因为只有他人在场，被害人的名誉才会受到伤害。所谓“他人”，在这里是指特定的人，即侮辱他人的行为必须是明确地针对某特定的人实施，如果不是针对特定的人，而是一般的“骂街”、谩骂等，不构成侮辱罪。

诽谤罪在客观方面表现为行为人实施捏造并散布某种虚构的事实，足以贬损他人人格、名誉的行为。“诽谤”，是指故意捏造事实，并且进行散播，所谓“捏造事实”，就是无中生有，凭空制造虚假的事实，而且这些内容已经或足以给被害人的人格、名誉造成损害。诽谤除捏造事实外还要将该捏造的事实进行散播，散播包括使用口头方法和书面方法。捏造事实的行为与散播行为必须同时具备才构成本罪。如果只是捏造事实与个别亲友私下议论，没有散播的，或者散播的是客观事实而不是捏造的虚假事实的，即使有损于他人的人格、名誉，也不构成本罪。与侮辱罪类似，诽谤罪也必须是针对特定的人实施，这种行为不一定公开地指明对方姓名，但是只要从内容上知道被害人是谁，就可以构成诽谤罪，如果行为人捏造并散布的内容不针对特定的对象，也不能构成本罪。

需要注意的是，根据《中华人民共和国刑法》第二百四十六条第二款的规定，侮辱诽谤犯罪一般属于告诉才处理的犯罪。只有被侮辱、被诽谤的法官亲自向人民法院控告的，人民法院才能受理，对于被侮辱人、被诽谤人不控告的，司法机关不能主动追究侮辱、诽谤行为人的刑事责任。根据刑法修正案（九）增加的规定，对于被害人向人民法院告诉的通过网络实施的侮辱、诽谤行为，被害人提供证据确有困难，受理被害人告诉的人民法院可以根据具体情况，要求公安机关提供协助。

另外，法官履行审判职责时，行为人侮辱诽谤法官的，还可能构成《中华人民共和国刑法》第三百零九条规定的扰乱法庭秩序罪。根据《中华人民共和国刑法》第三百零九条第三项规定，侮辱、诽谤、威胁司法工作人员或者诉讼参与人，不听法庭制止，严重扰乱法庭秩序的，构成扰乱法庭秩序罪。1997 年《中华人民共和国刑法》第三百零九条规定了扰乱法庭秩序罪。该条规定，聚众哄闹、冲击法庭，或者殴打司法工作人员，严重扰乱法庭秩序的，处三年以下有期徒刑、拘役、管制或者罚金。近年来，人民法院开庭审理的案件数量大幅增长，扰乱法庭秩序的行为也出现了新的情况和特点，除1997年《中华人民共和国刑法》第三百零九条规定的三种行为外，还有殴打司法工作人员以外的其他诉讼参与人，对司法工作人员或者其他诉讼参与人进行侮辱、诽谤、威胁等情形。2015年刑法修正案（九）对扰乱法庭秩序罪作了修改。在案件审理过程中，侮辱、诽谤法官，情节严重的，可以追究其扰乱法庭罪的刑事责任。和一般的侮辱诽谤罪的自诉犯罪不同，扰乱法庭秩序罪属于公诉犯罪，由公安机关侦查、检察机关起诉。

（3）暴力侵害法官及其近亲属行为的刑事责任。这种行为可能构成故意伤害、故意杀人罪。《中华人民共和国刑法》第二百三十二条规定，故意杀人的，处死刑、无期徒刑或者十年以上有期徒刑；情节较轻的，处三年以上十年以下有期徒刑。第二百三十四条规定，故意伤害他人身体的，处三年以下有期徒刑、拘役或者管制。犯前款罪，致人重伤的，处三年以上十年以下有期徒刑；致人死亡或者以特别残忍手段致人重伤造成严重残疾的，处十年以上有期徒刑、无期徒刑或者死刑。刑法另有规定的，依照规定。故意杀人罪以非法剥夺他人生命为目的，是侵犯公民人身权利最严重的犯罪，也是古今中外刑法重点惩治的犯罪之一。故意伤害罪属于严重侵犯公民人身安全的犯罪，也是司法实践中比较常见的犯罪形式。对于暴力侵害法官及其近亲属的，应视案件的具体情况以故意杀人罪、故意伤害罪等罪名追究行为人的刑事责任。

（4）威胁恐吓、滋事骚扰法官及其近亲属行为的刑事责任。这种行为可能构成寻衅滋事罪。《中华人民共和国刑法》第二百九十三条规定，有下列寻衅滋事行为之一，破坏社会秩序的，处五年以下有期徒刑、拘役或者管制：（1）随意殴打他人，情节恶劣的；（2）追逐、拦截、辱骂、恐吓他人，情节恶劣的；（3）强拿硬要或者任意损毁、占用公私财物，情节严重的；（4）在公共场所起哄闹事，造成公共场所秩序严重混乱的。纠集他人多次实施前款行为，严重破坏社会秩序的，处五年以上十年以下有期徒刑，可以并处罚金。

二是，行政责任。这里主要指与报复陷害、侮辱诽谤、暴力侵害、威胁恐吓、滋事骚扰法官及其近亲属行为有关的行政处罚、行政处分。这里的行政处罚主要是治安管理处罚。根据《中华人民共和国治安管理处罚法》第二条的规定，扰乱公共秩序，妨害公共安全，侵犯人身权利、财产权利，妨害社会管理，具有社会危害性，依照《中华人民共和国刑法》的规定构成犯罪的，依法追究刑事责任；尚不够刑事处罚的，由公安机关依照本法给予治安管理处罚。《中华人民共和国治安管理处罚法》第二十六条规定，有下列行为之一的，处五日以上十日以下拘留，可以并处五百元以下罚款；情节较重的，处十日以上十五日以下拘留，可以并处一千元以下罚款：(1) 结伙斗殴的；(2) 追逐、拦截他人的；(3) 强拿硬要或者任意损毁、占用公私财物的；(4) 其他寻衅滋事行为。第四十二条规定，有下列行为之一的，处五日以下拘留或者五百元以下罚款；情节较重的，处五日以上十日以下拘留，可以并处五百元以下罚款：(1) 写恐吓信或者以其他方法威胁他人人身安全的；(2) 公然侮辱他人或者捏造事实诽谤他人的；(3) 捏造事实诬告陷害他人，企图使他人受到刑事追究或者受到治安管理处罚的；(4) 对证人及其近亲属进行威胁、侮辱、殴打或者打击报复的；(5) 多次发送淫秽、侮辱、恐吓或者其他信息，干扰他人正常生活的；(6) 偷窥、偷拍、窃听、散布他人隐私的。《中华人民共和国治安管理处罚法》第四十三条规定，殴打他人的，或者故意伤害他人身体的，处五日以上十日以下拘留，并处二百元以上五百元以下罚款；情节较轻的，处五日以下拘留或者五百元以下罚款。有下列情形之一的，处十日以上十五日以下拘留，并处五百元以上一千元以下罚款：(1) 结伙殴打、伤害他人的；(2) 殴打、伤害残疾人、孕妇、不满十四周岁的人或者六十周岁以上的人的；(3) 多次殴打、伤害他人或者一次殴打、伤害多人的。对于报复陷害、侮辱诽谤、暴力侵害、威胁恐吓、滋事骚扰法官及其近亲属，尚不够刑事处罚的，可依法予以治安管理处罚。

行政责任除了行政处罚外，还包括行政处分，对国家工作人员实施的报复陷害、侮辱诽谤法官及其近亲属的行为，还可以根据公务员法等的规定予以行政处分。根据《中华人民共和国公务员法》第五十九条的规定，公务员应当遵纪守法，不得有玩忽职守，打击报复，滥用职权，侵害公民、法人或者其他组织的合法权益等行为。公务员违反上述规定的，应当依法承担纪律责任的，依照公务员法的规定给予处分，包括警告、记过、记大过、降级、撤职、开除等。

3. 民事责任。对侮辱诽谤、暴力侵害、威胁恐吓、滋事骚扰法官及其近亲属的民事责任，属于民事法律调整范围的，主要规定在民法通则、侵权责任法中。《中华人民共和国民法通则》第一百零一条规定，公民、法人享有名誉权，公民的人格尊严受法律保护，禁止用侮辱、诽谤等方式损害公民、法人的名誉。根据《中华人民共和国侵权责任法》第二条的规定，侵犯生命权、健康权、名誉权、荣誉权等民事权益的，应当依法承担侵权责任。《中华人民共和国侵权责任法》第十五条规定了承担侵权责任的方式，包括停止侵害、排除妨碍、消除危险、赔礼道歉、消除影响、恢复名誉等等。对侮辱诽谤、威胁恐吓、滋事骚扰法官及其近亲属的应依法承担赔礼道歉、消除影响、恢复名誉等侵权责任。根据《中华人民共和国侵权责任法》第二十一条的规定，侵权行为危及他人人身、财产安全的，被侵权人可以请求侵权人承担停止侵害、排除妨碍、消除危险等侵权责任。《中华人民共和国侵权责任法》第十六条规定，侵害他人造成人身损害的，应当赔偿医疗费、护理费、交通费等为治疗和康复支出的合理费用，以及因误工减少的收入。造成残疾的，还应当赔偿残疾生活辅助具费和残疾赔偿金。造成死亡的，还应当赔偿丧葬费和死亡赔偿金。《中华人民共和国侵权责任法》第十七条规定，因同一侵权行为造成多人死亡的，可以以相同数额确定死亡赔偿金。

需要注意的是，以上三种责任承担方式中，尚不够刑事处罚的，予以治安管理处罚，即刑事责任和治安处罚不能同时承担，但承担刑事责任和予以治安处罚时，不排除还要依法承担民事责任、给予处分。

相关规定

《中华人民共和国刑法》第 232 条、第 234 条、第 243 条、第 246 条、第 254 条、第 293 条、第 309 条；《中华人民共和国刑事诉讼法》第 108 条；《中华人民共和国治安管理处罚法》第 26 条、第 43 条；《中华人民共和国侵权责任法》第 2 条、第 21 条；《保护司法人员依法履行法定职责的规定》第 17 条

第五十六条　法官因依法履行职责遭受不实举报、诬告陷害、侮辱诽谤，致使名誉受到损害的，人民法院应当会同有关部门及时澄清事实，消除不良影响，并依法追究相关单位或者个人的责任。

条文主旨

本条是关于法官因依法履职而遭受名誉损害的保障制度的规定。

立法背景

本条是 2019 年修订新增的内容，体现了司法体制改革的重要内容。党的十八届四中全会通过的《中共中央关于全面推进依法治国若干重大问题的决定》提出，要建立健全司法人员履行法定职责保护机制，这体现了党和国家对司法工作与司法工作人员的高度重视和亲切关怀，对全面推进以司法责任制为核心的司法体制改革，确保人民法院依法独立行使审判权，具有重要意义。司法公信是确保法律正确实施的基础，法官良好声誉是司法公信的重要组成部分。实践中，一些诉讼当事人因对诉讼结果不满，采取了恶意举报、在

互联网等媒介上夸大事实、捏造谎言、侮辱法官人格和名誉等手段，这些行为不仅侵犯了法官个人权益，有关不实材料和言论在一定范围内的传播、散布，也使得人民群众对法官及其司法裁判的公正性产生怀疑，从而影响了正常的审判秩序，甚至严重损害国家司法权威。《中华人民共和国公务员法》第十条规定，公务员依法履行职责的行为，受法律保护。2016 年，《中共中央、国务院关于印发〈保护司法人员依法履行法定职责规定〉的通知》提出，法官因依法履职遭受不实举报、诬告陷害、利用信息网络等方式侮辱诽谤，致使名誉受到损害的，人民法院、公安机关应当会同有关部门及时澄清事实，消除不良影响，维护法官良好声誉，并依法追究相关单位或者个人的责任。在此基础上，最高人民法院也发布了《人民法院落实〈保护司法人员依法履行法定职责规定〉的实施办法》，对人民法院的澄清方式予以明确。为贯彻落实中央文件精神、满足司法改革与司法实践需要，本法对法官的履职保障作了专章规定，提供了明确具体的法律依据。

条文解读

名誉，是指人们对于公民或法人的品德、才干、声望、信誉和形象等各方面的综合评价。名誉权是人格权的一种，受法律保护。民法总则明确规定，自然人享有的名誉权受法律保护，任何组织或者个人不得侵犯。法官的名誉，特别是其在履职过程中，能否勤勉尽责、清正廉明、恪守职业道德，能否以事实为根据，以法律为准绳，秉持客观公正的立场，不仅关系法官个人，也会影响社会公众对司法裁判公正性的认识，进而影响司法公信力。因此，除按照民事法律规定予以保护外，对法官因履职行为而遭受的名誉损害，本法也作了特别规定。

依法履职，是指本法第八条规定的职责，包括依法参加合议庭审判或者独任审判刑事、民事、行政诉讼以及国家赔偿等案件；依法办理引渡、司法协助等案件；法律规定的其他职责。当事人对法官依法履职行为不满而进行的不实举报、诬告陷害、侮辱诽谤，人民法院应当会同有关部门及时澄清事实，消除不良影响，并依法追究相关单位或者个人的责任。非因履职行为而遭受名誉损害的，法官可以根据相应法律规定，采取民事诉讼、行政控告、刑事举报等合法手段维权。

不实举报，是指明知不是真实情况，采取捏造事实、虚构证据等手段对法官予以举报的，包括向公安机关、人民检察院或者人民法院举报，也包括向监察机关等部门举报；举报方式包括采取口头或书面形式举报，也包括现场或利用互联网等媒介进行线上举报。需要注意的是，如果举报人并无主观故意，而是因证据不足、错告等原因致使举报失察失实、法官名誉受损的，人民法院及有关部门也应及时澄清事实，消除不良影响，但一般不予追究举报人的法律责任。

诬告陷害，是指采取捏造或者歪曲事实等手段虚假告发，意图陷害法官，使法官受行政处分、政务处分或刑事追究的行为。根据《中华人民共和国宪法》第四十一条的规定，中华人民共和国公民对于任何国家机关和国家工作人员的违法失职行为，有向有关国家机关提出申诉、控告或者检举的权利，但是不得捏造或者歪曲事实进行诬告陷害。同时，《中华人民共和国刑法》第二百四十三条也对捏造事实诬告陷害他人，意图使他人受刑事追究的行为予以惩处，规定情节严重的，处三年以下有期徒刑、拘役或者管制；造成严重后果的，处三年以上十年以下有期徒刑。诬告陷害行为不仅侵犯了法官的合法权益，也扰乱了司法机关、行政机关的正常工作秩序。

侮辱，是指使用暴力或者其他方法公然贬损法官人格的行为。诽谤，是指故意捏造事实，公然损害法官的人格和名誉的行为。《中华人民共和国治安管理处罚法》第四十二条规定，公然侮辱他人或者捏造事实诽谤他人的，处五日以下拘留或者五百元以下罚款；情节较重的，处五日以上十日以下拘留，可以并处五百元以下罚款。《中华人民共和国刑法》第二百四十六条规定，以暴力或者其他方法公然侮辱他人或者捏造事实诽谤他人，情节严重的，处三年以下有期徒刑、拘役、管制或者剥夺政治权利。前款罪，告诉的才处理，但是严重危害社会秩序和国家利益的除外。

法官因依法履行职责致使名誉受到损害的，人民法院应当会同有关部门及时采取相应措施。一是了解事实，认真调查有关情况，确认举报、控告或者散布的事实是否属实。二是消除影响，即采取适当方式向知悉不实情况的社会公众及时通报真实情况，防止不实信息继续扩散，对法官履职情况作出解释说明，消除对司法裁判和案件处理结果的质疑；法官因诬告陷害遭受调查处理的，应当及时停止或者商有关机关及时停止调查处理等。关于澄清事实和消除影响的范围、方式，应结合有关情况确定。比如法官所在人民法院可以通过官方网站、微博、微信公众号或者新闻发布会等形式及时澄清事实，总之要在相应范围内消除不良影响，维护法官良好声誉。三是会同有关部门依法追究相关单位或者个人的责任。对于构成犯罪的，公安机关应当依法予以立案侦查，对于需要追究刑事责任的，应当依法移送审查起诉；违反治安管理处罚法的，由公安机关依法给予罚款或拘留。有关部门和单位也应当依照相关规定对责任人给予处分。

对于损害法官名誉的行为，除人民法院应当会同有关部门依法追究相关单位和个人责任外，法官个人也可以依法要求侵权人承担民事责任，包括停止侵害、消除影响、恢复名誉、赔礼道歉、赔偿损失等。另外，名誉侵权的责任主体可以是个人，也可以是单位。其中，单位责任也包括个人通过互联网渠道实施侵害法官名誉的不法行为的，网络经营者或者平台服务商知道或者应当知道该行为属于不实举报、诬告陷害、侮辱诽谤，而未采取必要措施的，网络经营者或者平台服务商也要依法承担相应责任的情形。

相关规定

《中华人民共和国宪法》第38条、第41条；《中华人民共和国刑法》第243条、第246条；《中华人民共和国民法总则》第3条、

第110条；《中华人民共和国治安管理处罚法》第42条；《中华人民共和国公务员法》第10条；《中华人民共和国法官法》第8条、第52条、第55条

第五十七条　法官因依法履行职责，本人及其近亲属人身安全面临危险的，人民法院、公安机关应当对法官及其近亲属采取人身保护、禁止特定人员接触等必要保护措施。

条文主旨

本条是关于法官因依法履职导致的本人及近亲属人身安全面临危险的保障制度的规定。

立法背景

本条是2019年修订新增的内容。党的十八届四中全会通过的《中共中央关于全面推进依法治国若干重大问题的决定》提出，要建立健全司法人员履行法定职责保护机制，这体现了党和国家对司法工作与司法工作人员的高度重视和亲切关怀，对全面推进以司法责任制为核心的司法体制改革，确保人民法院依法独立行使审判权，具有重要意义。实践中，有的当事人因对法官所办理的案件结果不满，恶意伤害法官及其近亲属。有的为了获得对自己有利的案件结果，采取暴力、威胁法官及其近亲属的方式。这些行为不仅严重侵害了法官及其近亲属的人身安全，也挑战了司法权威，构成了对法官职业的重大风险。《中华人民共和国公务员法》第十条规定，公务员依法履行职责的行为，受法律保护。为贯彻落实中央文件精神，本法对法官的履职保障作了专章规定，为法官及其近亲属的人身安全保护提供了明确具体的法律依据。

法官法修订草案第六十条曾规定，在办理案件中，法官及其近亲属面临人身危险的，应当对法官及其近亲属采取人身保护、禁止特定人员接触等必要保护措施。有的意见建议，增加“人民法院应

当会同有关部门采取安全保护措施”的规定，明确本条措施的实施主体。有的意见提出，侵害行为也可能发生在法官办理案件之后，建议将“在办理案件中，法官及其近亲属面临人身危险的”修改为“法官因依法履行法定职责，而使自己及其亲属面临人身危险的”。经研究，对上述两条建议予以采纳。

条文解读

人身安全保护的前提是法官因依法履行职责而导致本人及近亲属面临危险的。依法履职，主要是指本法第八条规定的职责，包括依法参加合议庭审判或者独任审判刑事、民事、行政诉讼以及国家赔偿等案件；依法办理引渡、司法协助等案件；法律规定的其他职责。对于因其他非履职行为而遭受人身安全危险的，法官可以根据相关规定，向公安机关报案或者向有关部门举报等。

人身安全保护的对象不限于法官，还包括法官的近亲属。之所以将人身安全保护的范围扩大至法官的近亲属，是因为人身安全直接涉及宪法规定的生命权、健康权，对人身安全的侵害是较为严重的违法犯罪行为。在有些情况下，对法官的打击报复、侵犯人身安全的行为，不仅针对法官本人，也会针对其近亲属。行为人的目的，一般是利用法官近亲属的人身安全来威胁、逼迫法官作出对其有利的判决，会损害司法公正和司法权威。因此，法官的近亲属因法官履职而面临人身安全危险的，应当依法给予保护。

2005 年，《最高人民法院关于依法保障法官权利的若干规定》中规定，保障法官的人身、财产和住所安全。法官因履行职务致使本人及其家庭成员受到伤害，或者其家庭财产和住所受到毁损，其所在法院应当依法对侵害人采取必要措施，制止侵害，并应当商请公安机关处理；涉嫌犯罪的，应当移交有关机关立案查处。各级人民法院应当及时派员或者商请公安机关派员保护人身安全受到重大威胁的法官；应当对审理黑社会性质有组织犯罪及其他暴力犯罪案件的法官制定并采取安全防范措施。有关机关未按法定程序传讯、拘留，或者超时超期传讯、拘留法官，法官所在法院应当及时同有关机关沟通，切实维护法官的人身权利。2016年，中共中央、国务院印发的《保护司法人员依法履行法定职责规定》第十八条中明确规定，人民法院办理恐怖活动犯罪、黑社会性质组织犯罪、重大毒品犯罪、邪教组织犯罪等危险性高的案件，应当对法官及其近亲属采取出庭保护、禁止特定人员接触以及其他必要的保护措施。对法官近亲属还可以采取隐匿身份的保护措施。办理危险性较高的其他案件，经司法人员本人申请，可以对司法人员及其近亲属采取上述保护措施。最高人民法院也发布了《人民法院落实〈保护司法人员依法履行法定职责规定〉的实施办法》，对法官及其近亲属的人身安全保护作出了具体规定。

对于侵害法官及其近亲属人身权利、使法官及其近亲属面临人身安全危险的，人民法院及公安机关应当综合所面临危险的严重程度、紧急程度等各方面情况，采取必要的保护措施，如人身保护、禁止特定人员接触等。“人身保护”，是指防止侵害法官及其近亲属人身安全行为发生的措施，比如派人和被保护的法官及其近亲属一起，以防止侵害发生或者发生侵害行为时予以制止；对其住所采取专门性的保护措施，防止他人非法入侵等。“禁止特定人员接触”，是指要求特定的人员，比如已知扬言要对法官及其近亲属实施伤害的人，不得接近法官及其近亲属的措施。在具体实施过程中，也可以针对不同情况采取一些其他措施，比如可以不公开面临人身安全危险的法官近亲属的姓名、住址、工作单位等个人信息。但法官因履行职务需要公开的，属于司法公开的基本要求，应当予以公开。为保护面临人身安全危险的法官及其近亲属而采取的具体保护措施，由法院或者公安机关依照职责分别执行。

应当注意的是，对法官及其近亲属的人身保护，应以必要程度为限，其方式、限度足以保障法官及其近亲属安全即可。法官在履职过程中，都可能会面临一些潜在的人身安全危险，对于没有现实危害性的，或者其手段、方式、严重程度不足以采取保护措施的，可以不采取。人身安全保护措施的种类、限度以足以防止危险发生为限，以避免司法实践中保护措施被滥用，甚至成为变相的特权。

相关规定

《中华人民共和国刑法》第277条、第290条、第309条；《中华人民共和国刑事诉讼法》第64条；《中华人民共和国公务员法》第10条

第五十八条　法官实行与其职责相适应的工资制度，按照法官等级享有国家规定的工资待遇，并建立与公务员工资同步调整机制。

法官的工资制度，根据审判工作特点，由国家另行规定。

条文主旨

本条是关于法官工资制度的规定。

立法背景

2017年《中华人民共和国法官法》第三十六条规定，法官的工资制度和工资标准，根据审判工作特点，由国家规定。2019年修订在原有规定的基础上增加了司法体制改革中关于法官工资制度改革的内容，以体现法官作为单独职务序列管理的公务员具有不同于一般公务员的工资制度。2019年修订法官法作上述修改，主要考虑：

一是落实中央司法体制改革的要求。党的十八届四中全会通过的《中共中央关于全面推进依法治国若干重大问题的决定》提出，建立法官、检察官、人民警察专业职务序列及工资制度。

二是总结和巩固司法体制改革中工资制度的相关成果。为贯彻党的十八届四中全会精神，《最高人民法院关于全面深化人民法院改革的意见》第五十三条规定，要完善法官工资制度，研究建立与法官单独职务序列配套的工资制度。《人民法院落实〈保护司法人

员依法履行法定职责规定〉的实施办法》第十六条规定，各级人民法院应当配合有关部门，按时足额发放法官的基本工资、津贴补贴。绩效考核奖金的发放，应当遵循审判实绩导向，坚持公开、公平、公正的原则，不得与法官等级、行政职级挂钩，注重向一线人员倾斜。在具体制度方面，2015 年人力资源社会保障部、财政部出台了《法官、检察官工资制度改革试点方案》明确了法官检察官的工资水平高于当地其他公务员工资收入一定比例的相关政策，并根据实践运行的情况又作出了适当调整。

三是增强司法体制改革内生动力，保障法官依法履职。法官的工资待遇是保障法官依法履职的重要基础。员额制改革后，法官实行单独职务序列管理，其工资待遇也有单独的制度性安排。通过将改革中已经行之有效的工资制度上升为法律，可以进一步落实责、权、利相统一的原则，切实加强法官职业保障，为司法体制改革和人民法院发展提供内生动力。

法官法修订草案一审稿第六十一条规定，法官实行与其职责相适应的工资制度，按照法官等级享有国家规定的工资福利待遇，并建立与公务员工资同步增长机制。法官的工资制度，根据审判工作特点，由国家另行规定。在 2017 年 12 月全国人大常委会第一次审议法官法修订草案后，有的意见提出，该条中关于法官工资建立与公务员工资“同步增长机制”的表述不规范，建议修改为“同步调整机制”。法官法修订草案二次审议稿中采纳上述意见。2019 年 4 月全国人大常委会第三次审议法官法修订草案，有的意见提出，本条中规定的“福利”在本法第六十条中已有规定，建议删去。通过后的法律采纳了上述意见，作出本条规定，即法官实行与其职责相适应的工资制度，按照法官等级享有国家规定的工资待遇，并建立与公务员工资同步调整机制。法官的工资制度，根据审判工作特点，由国家另行规定。

条文解读

本条共分两款。第一款是关于法官实行与其职责相适应的工资制度，享有工资待遇并按计划同步调整的规定。本款规定法官实行与其职责相适应的工资制度，按照法官等级享有国家规定的工资待遇，并建立与公务员工资同步调整机制。这里的“与职责相适应的工资制度”，是指根据法官作为单独职务序列管理的公务员的性质，由国家规定的工资制度。该项工资制度的基本原则有以下几个方面，一是坚持统一制度，根据员额制改革的精神，建立全国统一的法官工资制度，并合理体现地区工资差异。二是体现职业特点，建立与法官职业性质、等级、考核相适应的工资制度。三是体现激励和约束，建立与工作职责、实绩和贡献紧密联系的工资分配制度，在提高法官积极性的同时，健全完善约束机制。四是注重向一线倾斜，加大对一线办案人员的工资政策倾斜力度，形成合理的政策导向。总体看，这里的工资制度包括工资组成结构、工资标准、分配原则、工资档次晋升条件、特殊性质工资、与其他分类管理的司法人员工资制度的关系、工资来源、地方的实施方式、实施时间等一系列内容。“按照法官等级享有国家规定的工资待遇”是指根据法官所任职级、工作实绩和资历等确定与等级相一致的工资档次，执行相适应的职务等级工资标准。此外，本款规定要“建立与公务员工资同步调整机制”。《中华人民共和国公务员法》第八十一条规定，公务员的工资水平应当与国民经济发展相协调、与社会进步相适应。国家实行工资调查制度，定期进行公务员和企业相当人员工资水平的调查比较，并将工资调查比较结果作为调整公务员工资水平的依据。根据《中华人民共和国公务员法》的规定，公务员工资会根据国民经济发展水平和社会进步程度予以调整。当调整公务员的工资时，法官作为单独职务序列管理的公务员，也应同步调整。

本条第二款是关于法官的工资制度，根据审判工作特点，由国家另行规定的规定。作为保障司法工作人员依法履职的重要制度，法官工资制度需要结合审判工作的特点，制定具体的内容规范。这里的“审判工作特点”是法官履行职责的工作特点。为实现公正司法，提高司法公信力，人民法院进行了一系列改革，如案件受理制度，变立案审查制为立案登记制，对人民法院依法应该受理的案件，做到有案必立、有诉必理，保障当事人诉权；完善审级制度，一审重在解决事实认定和法律适用，二审重在解决事实法律争议、实现二审终审，再审重在解决依法纠错、维护裁判权威；完善主审法官和合议庭审判责任制度，取消行政化的案件审批制，落实“让审理者裁判，由裁判者负责”的要求等。通过各方面的改革举措，各级人民法院法官履行职责的权力和责任范围得以进一步明确，能够通过考核等方式准确评价工作绩效，确定工资薪酬。因此，改革后法官的工资制度应充分考虑法官审判工作的特点，主要从法官的责任轻重、办案质量、办案数量和办案难度等因素综合评价，通过科学制定分配、考核办法确定薪酬。同时，在工资计算方面增大一线办案的考察权重，从制度上保证向一线办案人员倾斜。有关方面在落实法官法规定，制定具体办法时，应按照法官法确定的基本框架和原则，本着充分发挥法官单独职务序列管理的正向激励作用，详细制定出适合我国法院系统审判工作特点的，科学、合理的，充满激励机制的工资制度和工资标准。

第五十九条　法官实行定期增资制度。

经年度考核确定为优秀、称职的，可以按照规定晋升工资档次。

条文主旨

本条是关于法官实行定期增资制度的规定。

立法背景

1995 年《中华人民共和国法官法》第三十五条规定，法官实行定期增资制度。经考核确定为优秀、称职的，可以按照规定晋升工资；有特殊贡献的，可以按照规定提前晋升工资。2001 年、2017 年《中华人民共和国法官法》均未作修改。2019 年修订作了两处修改，一是将“经考核”进一步明确为“经年度考核”；二是删除了“有特殊贡献的，可以按照规定提前晋升工资”的规定。

《中华人民共和国公务员法》第七十九条第三款规定，国家建立公务员工资的正常增长机制。《中共中央关于全面推进依法治国若干重大问题的决定》中提出，要加快建立符合职业特点的法治工作人员管理制度，完善职业保障体系，建立法官、检察官、人民警察专业职务序列及工资制度。改革法官工资制度，是司法体制改革的一项重要内容。根据上述规定，司法体制改革尤其是法官员额制和司法责任制改革需要建立与法官单独职务序列设置办法相衔接、有别于其他公务员的工资制度。

法官法修订草案第六十二条第二款曾规定，有特殊贡献的，可以按照规定提前晋升工资档次。有的意见提出，2006 年公务员工资制度改革和法官、检察官工资制度改革有关文件均没有提前晋升工资档次的规定，建议删去。经研究，采纳了这一建议。

条文解读

本条共分两款。第一款规定法官实行定期增资制度。工资，是指劳动者根据其劳动成果所获得的以货币形式表现的收入。公务员工资，是指国家根据按劳动分配原则，分配给公务员个人消费品的货币表现，建立合理、科学、公平的法官工资制度，对于充分发挥工资的保障、激励、调节功能具有重大的作用。定期增资制度，是指法官的工资在规定的期限内，按照规定定期增加工资的一项工资基本制度。原则上讲，在法官任职期间，只要符合基本条件，就应当得到定期增加工资的待遇。至于“定期”为多长时间，每个级别增加多少工资等，可由国家有关部门根据本法规定的精神和原则，制定具体详细的实施办法。

有的国家已实行对公务员定期增资的做法。如日本的《一般职员报酬法》规定："公务员工作优良，满十二个月提薪一次，工作成绩格外优秀者，提前提薪或越级提薪。"我国历来重视增资制度对公务员的激励作用。1956 年，《国务院关于工资改革的决定》中强调，要"使升级成为一种制度"。1993 年的工资制度改革确立了公务员正常晋升工资的制度。一般来说，工资增长的机制主要有：一是公务员晋升职务，按职务确定相应的工资；二是公务员晋升级别，按级别相应确定工资；三是根据考核结果，按照有关规定对符合条件的公务员给予定期增资；四是国家根据经济发展水平和财力状况，相应提高工资标准，使公务员工资增长与国民经济发展、财政收入增长、消费水平、社会工资水平相适应。1997 年 7 月，1999 年 7 月，2001 年 1 月和 10 月，2003 年 7 月，根据经济发展、财力增长和物价变动等情况，国家五次调整了工资标准。为了保证法官工资的正常增长，调动法官履职的积极性，本条确认了法官实行定期增资的制度原则。

本条第二款规定经年度考核确定为优秀、称职的，可以按照规定晋升工资档次。这是法官定期增资制度的具体内容。年度考核，是指本法第四十条规定的，每一年度对法官进行的阶段性综合评价。考核内容包括：审判工作实绩、职业道德、专业水平、工作能力、审判作风。重点考核审判工作实绩。年度考核结果分为优秀、称职、基本称职和不称职四个等次，作为调整法官等级、工资以及法官奖惩、免职、降职、辞退的依据。如前所述，法官的定期增资制度是受法律保护的。根据本条规定，只要经年度考核确定为优秀、称职的法官，都将根据法律和有关规定获得晋升工资档次的待遇。法官工资的具体晋升办法，可由有关部门作出规定。

相关规定

《中华人民共和国公务员法》第 79 条；《中共中央关于全面推进依法治国若干重大问题的决定》

第六十条　法官享受国家规定的津贴、补贴、奖金、保险和福利待遇。

条文主旨

本条是关于法官津贴、补贴、奖金、保险和福利待遇的规定。

立法背景

建立一支高素质的法官队伍，不仅要从政治思想建设方面下功夫，同时还要关心他们的生活待遇。这也是体现党和国家对我们人民法官队伍建设的关怀。有关法官工资福利待遇改革是本轮司法体制改革的一项重要工作。总体上对法官职业待遇作了较大提升。本法第五十八条至第六十三条根据法官单独职务序列改革的职业特点，对法官实行专门工资福利待遇制度作了具体规定。本条规定的津贴、补贴、奖金、保险和福利待遇是法官总体待遇的一个方面。本条将原法“审判津贴、地区津贴、其他津贴”修改为“津贴”，不再具体列举，同时增加了“奖金”的规定。

条文解读

公务员法对有关公务员的津贴、补贴、奖金、保险和福利待遇作了规定。法官实行与其单独职务序列改革相适应的工资配套制度，津贴、补贴、奖金、保险和福利待遇中有的与公务员有所不同，具体需要依照有关国家规定或者政策文件具体确定。一是，津贴。包括按国家政策规定的实施范围，享受地区附加津贴、艰苦边远地区津贴、岗位津贴等。“地区津贴”是指法院系统由于所在地区不同，各级法院，特别是基层法院往往设立在边远地区或者是设立在条件比较艰苦的地区，这些地区物质生活条件较差，交通不便，法院为了便于人民群众诉讼，往往要经常深入群众办案。这些地区的办案人员，往往要付出更加艰辛的努力。因此，有必要对这样一些地区的审判人员在物质方面给予一定的补偿。二是，补贴。补贴是指按照国家规定享受住房、医疗等补贴、补助，以及改革性补贴等。津贴补贴与法官等级、任职资格条件等也有关系，具体标准依照国家政策文件确定。三是，奖金。包括年度考核奖，法官办案业绩、绩效考核奖励等。需要注意的是，绩效考核奖金，应当不与法官职务等级挂钩，而应主要依据法官办案质量、办案数量和办案难度等因素确定，向一线办案人员倾斜。四是，保险。保险待遇是指法官在人身、财产等方面，按照规定应当享受的风险保障待遇。由于法官在具体办案过程中，不可避免地要面对人身安全、家庭财产安全等来自各个方面的风险，这也是客观存在的不可回避的事实。为了让他们在安心地秉公办案，严格执法的同时，消除后顾之忧，国家应当给他们付予相应的保险。有关部门根据本法的规定精神确定具体的有关审判人员享受保险待遇的规定。在研究过程中，有的建议将本条中的“保险”修改为“社会保险”。本条的保险主要是指社会保险，日前公务员逐步纳入和实行社会保险。《中华人民共和国公务员法》第八十三条规定，公务员依法参加社会保险，按照国家规定享受保险待遇。也有意见提出，为法官职业建立商业保险制度，实践中有关方面也对一些特殊职业群体探索建立商业保险制度，将来还可进一步研究。五是，福利待遇。福利待遇是指法官按照规定所应当享受的其他方面的一些福利待遇。包括参照享受由国家规定的国家公务人员在休假、降温补助、防寒补助、交通补助和家庭困难补助等方面的福利待遇。国家根据经济社会发展水平提高包括法官在内的公务员福利待遇。

应当注意的是，目前司法体制改革还在不断深入推进，法官工资福利制度是法官单独职务序列改革的配套改革，有关配套政策如退休或者转任后的职务职级和相关待遇等，还需要根据改革精神进一步建立完善，落实好法官工资福利待遇政策，保障法官依法履职。

相关规定

《中华人民共和国公务员法》第 80 条、第 82—84 条

第六十一条　法官因公致残的，享受国家规定的伤残待遇。法官因公牺牲、因公死亡或者病故的，其亲属享受国家规定的抚恤和优待。

条文主旨

本条是关于法官伤残待遇和对法官亲属抚恤、优待的规定。

立法背景

保护司法人员依法履行职责是司法体制改革的重要内容，近年来社会上侵害法官合法权益的违法犯罪行为时有发生。一些法官遭受侵害，甚至牺牲。中央有关文件提出，国家完善医疗保障制度和抚恤优待办法，为法官人身、财产、医疗等权益提供与其职业风险相匹配的保障。为加强法官履职保障，解决社会保障后顾之忧，维护司法公正，在公务员法规定的基础上，本条专门规定了法官伤残待遇和有关抚恤优待政策。本条是2019年修订法官法增加的规定。

条文解读

本条规定应当结合公务员有关伤残待遇和亲属抚恤优待的有关政策具体确定。2018年修订前的《中华人民共和国公务员法》第七十七条规定，国家建立公务员保险制度，保障公务员在退休、患病、工伤、生育、失业等情况下获得帮助和补偿。公务员因公致残的，享受国家规定的伤残待遇。公务员因公牺牲、因公死亡或者病故的，其亲属享受国家规定的抚恤和优待。修订后的《中华人民共和国公务员法》第八十三条对此作了相应修改，规定：公务员依法参加社会保险，按照国家规定享受保险待遇。公务员因公牺牲或者病故的，其亲属享受国家规定的抚恤和优待。公务员法对此作了修改，使有关伤残待遇、抚恤和优待的表述上更为规范科学。法官法的规定与公务员法的规定在实质上是一致的。目前，有关法官伤残待遇、抚恤、优待政策主要还是依据公务员法有关规定，两者基本上是一致的。

一是，因公致残的，享受国家规定的伤残待遇。当前我国建立公务员依法参加社会保险，按照国家规定享受保险待遇的制度。其中包括了伤残方面的保险待遇。伤残分因公伤残和非因工伤残。因公伤残的待遇高于非因公伤残的待遇，对因公伤残的，属于完全残废或完全丧失工作能力的，可以退休并发给因工伤残抚恤费；属于部分伤残的，发给本人标准工资一定比例的护理费。具体按照《伤残抚恤管理办法》确定。

二是，因公牺牲、因公死亡或者病故的，其亲属享受国家规定的抚恤和优待。抚恤是对因公牺牲、因公死亡或者病故的人员的亲属进行安慰和给予物质帮助，发放抚恤金。抚恤金依照国家有关规定包括一次性发放的抚恤金和具有特定情形的定期抚恤金。优待是指对因公牺牲、死亡或者病故人员的亲属给予有关物质保障上的优待，社会活动方面的优待，以及子女教育、工作安置等方面的优待措施。具体依照国家有关规定确定。

相关规定

《中华人民共和国公务员法》第83条

第六十二条　法官的退休制度，根据审判工作特点，由国家另行规定。

条文主旨

本条是关于法官退休制度的规定。

立法背景

法官退休制度，是指法官工作到一定年限，达到规定的年龄，符合法定的退休条件，根据国家规定办理手续，离开工作岗位退职休养，享受一定数额的退休金等保障的制度。完善的法官退休制度，对于保障法官年老以后的待遇，解除法官的后顾之忧，激励在职法官尽职工作，维护法官队伍稳定，具有重要意义，是法官职业保障制度的重要内容。本法第七章“法官的职业保障”在关于法官工资福利、伤残保障的规定后，专门对法官退休制度作了规定。

2017 年《中华人民共和国法官法》第四十二条规定，法官的退休制度，根据审判工作特点，由国家另行规定。这次修订法官法对这一规定未作修改。

本条规定注意了与公务员法的衔接。《中华人民共和国公务员法》第十四章“退休”规定了公务员退休制度，第九十二条至第九十四条分别对公务员退休的条件、提前退休的条件和程序、退休后的待遇等作了规定。法官作为公务员的组成部分，适用《中华人民共和国公务员法》的上述规定和关于公务员退休制度的其他法律法规。国家对法官退休制度作出特别规定的，适用特别规定。

条文解读

法官退休制度包括法官退休条件、退休后的待遇保障、退休法官的安置等内容。考虑到法官是实行单独职务序列管理的，审判工作有自身的规律与特点，法官法规定，法官退休制度，由国家另行规定。目前，在关于法官退休的专门规定尚未出台的情况下，法官的退休主要是执行公务员法和其他有关公务员退休的规定。关于退休的条件，可以分为正常退休和提前退休两种情况。《中华人民共和国公务员法》第九十二条对正常退休作了规定，根据该条规定，公务员达到国家规定的退休年龄或者完全丧失工作能力的，应当退休。另外，《中华人民共和国公务员法》第九十三条对提前退休作了规定，根据该条规定，公务员符合下列条件之一的，本人自愿提出申请，经任免机关批准，可以提前退休：（1）工作年限满三十年的；（2）距国家规定的退休年龄不足五年，且工作年限满二十年的；（3）符合国家规定的可以提前退休的其他情形的。关于退休后的待遇保障，《中华人民共和国公务员法》第九十四条规定，公务员退休后，享受国家规定的养老金和其他待遇，国家为其生活和健康提供必要的服务和帮助，鼓励发挥个人专长，参与社会发展。按照有关法规政策，公务员退休后享受有关政治待遇，包括参加组织生活、阅读有关文件资料、参加有关会议等，享受养老金、公费医疗或医疗保险等生活待遇。除国家对法官退休制度有特别规定的以外，公务员退休的有关规定都适用于法官。

根据本条规定，法官的退休制度，根据审判工作特点，由国家另行规定。这里的“国家另行规定”，包括由最高人民法院、中央公务员主管部门等规定。这样规定是考虑到法官作为行使国家审判权的审判人员，其从事的审判工作具有与其他岗位的公务员不同的特点。审判工作是依据法律在查明案件事实的基础上作出裁判，需要扎实的法学知识、娴熟的审判技能和说理释法、化解矛盾等方面的素质，专业性、技术性都很强。有的达到普通公务员退休年龄的法官，审判经验丰富，办案业绩良好，身体条件也符合继续在审判岗位工作的条件，如果和普通公务员一样退休离开审判岗位，对国家的司法事业和法官个人都是损失。因此，需要针对法官职业的特点，在退休条件、退休后的待遇保障等方面作出与普通公务员不同的特别规定。目前，有的地方在法官退休制度方面有一些特别的做法，如一定级别的法官适当延迟退休年龄，一些地方探索实行退休法官返聘制度等，这些探索为国家制定法官退休制度的特别规定积累了经验。

从国外的情况看，许多国家对法官都实行不同于其他公职人员的退休制度。有的国家实行法官终身制，法官除因违法犯罪被弹劾或者自愿辞职外，终身任职。有的国家实行法官任期制度，对法官退休的年龄只作原则性规定。有的国家对法官实行非强制退休制度，达到退休年龄后的法官自愿决定是否退休。这些情况都可以作为我国制定法官退休制度特别规定的参考。

相关规定

《中华人民共和国公务员法》第92—94条

第六十三条　法官退休后，享受国家规定的养老金和其他待遇。

条文主旨

本条是关于法官退休后的待遇的规定。

立法背景

1. 相关背景情况

本条是1995年制定《中华人民共和国法官法》时所作的规定。1995年《中华人民共和国法官法》第四十一条规定："法官退休后，享受国家规定的养老保险金和其他待遇。"2019年修订法官法只对本条作了文字修改，将"养老保险金"修改为"养老金"，这样规定与《中华人民共和国公务员法》的表述一致。本法第六十二条规定了法官的退休制度。法官工作到一定年限，达到规定年龄，符合退休条件的，根据国家规定离开工作岗位，享受一定数额的养老金和其他待遇，安度晚年，这是法官职业保障的重要内容。法官退休制度也是遵循人的生理发展规律，保持法官队伍的生机和活力的重要措施，科学合理的退休制度有利于实现新老交替，保持法官队伍的生机和活力。同时退休后生活有保障，能够使法官在履职期间全身心地投入到工作当中，更好地履行法官职责。法官退休制度是国家对退休法官的一项保障制度。世界上多数国家规定了法官的退休制度，并对法官退休后的待遇作了明确规定。

2. 各方面提出的意见

修订草案第六十六条规定："法官退休后，享受国家规定的养老保险金和其他待遇。"

在征求有关方面意见时，有的部门建议将"养老保险金"表述修改为"养老金"。

3. 有关国家对法官养老金的规定

在美国，联邦法院法官服务期超过十五年，其退休后的收入与其退休前一年的收入相同。由于美国联邦法官退休前大都能达到上述期限，因此其退休后可以领取全额薪金。即使是基于不能胜任职务原因，但继续保有法官职位，而不担任日常审判的法官，如果其自愿退休，任职超过十年的可以终身领取原职务的待遇；如果不满十年，可以终身领取原职务待遇的一半。加拿大宪法规定，法官的工资级别由国会和省议会确定，其待遇优厚。法国、巴西、日本法律也明确规定了，如果法官在达到一定的年龄退休，保留其原有薪金而不会减少。

条文解读

根据本条的规定，法官退休后，享受国家规定的养老金和其他待遇。本条规定法官退休后享受的待遇与《中华人民共和国公务员法》第九十四条规定是一致的。《中华人民共和国公务员法》第九十四条："公务员退休后，享受国家规定的养老金和其他待遇。"

法官退休后的待遇是法官退休后依法享受的权利，主要是指经济待遇，根据本条规定，法官退休后，可以享受两部分待遇：第一，享受国家规定的养老金。本条所说的"养老金"，在以前主要指退休金。关于退休金的发放，我国自1951年实行退休制度以来，一直是从退休之日起，按月发放退休金，直到本人去世为止。近年来，国家实行养老保险制度，《中华人民共和国公务员法》也作了明确规定，《中华人民共和国公务员法》第八十三条规定："公务员依法参加社会保险，按照国家规定享受保险待遇。"《中华人民共和国社会保险法》第十条规定："职工应当参加基本养老保险，由用人单位和职工共同缴纳基本养老保险费。"第十六条规定："参加基本养老保险的个人，达到法定退休年龄时累计缴费满十五年的，按月领取基本养老金。参加基本养老保险的个人，达到法定退休年龄时累计缴费不足十五年的，可以缴费至满十五年，按月领取基本养老金；也可以转入新型农村社会养老保险或者城镇居民社会养老保险，按照国务院规定享受相应的养老保险待遇。"

第二，法官享受的其他福利待遇。"其他福利待遇"，是指其他各种生活福利补贴。退休的法官按照规定享受相应的福利待遇。总的来说，本条明确了法官依法享受国家规定的养老金和其他待遇的法律依据。考虑到这方面事项情况比较复杂，具体详细的操作性规定，需要人力资源、财政、社会保障等各方面共同研究确定，法律中未作具体规定。根据《中华人民共和国法官法》第六十二条的规定，法官的退休制度，根据审判工作和特点，由国家另行规定。法官退休后养老金和其他待遇，需要在相关规定中明确。

相关规定

《中华人民共和国公务员法》第83条、第94条；《中华人民共和国法官法》第62条；《中华人民共和国社会保险法》第10条、第16条

第六十四条　对于国家机关及其工作人员侵犯本法第十一条规定的法官权利的行为，法官有权提出控告。

条文主旨

本条是关于法官有权对侵犯其权利的行为提出控告的规定。

立法背景

本条是1995年制定法官法时所作的规定。1995年《中华人民共和国法官法》第四十三条第一款规定："对于国家机关及其工作人员侵犯本法第八条规定的法官权利的行为，法官有权提出控告。"2019年修订法官法保留了这一规定。有权利必要有救济，任何人的合法权益受到侵犯，都应当有权依法提出申诉、控告，法官自然不应例外。法官通常是社会公众权利的维护者，那么法官自身权利受到侵犯的，能否得到有效救济，是衡量一个社会的权利法治保障机制是否有效的试金石。法官权利的保障对于全面推进高素质法官队

伍建设，促进法官依法独立公正审判，提高司法效率，实现司法公正，具有十分重要的意义。为此，中共中央办公厅、国务院办公厅印发的《保护司法人员依法履行法定职责规定》第二十三条规定："国家机关及其工作人员有下列行为之一的，司法人员有权提出控告，对直接责任者和领导责任者，应当给予纪律处分；构成犯罪的，依法追究刑事责任：（一）干预司法活动妨碍司法公正的；（二）要求法官、检察官从事超出法定职责范围事务的；（三）违反本规定，将法官、检察官调离、免职、辞退或者作出降级、撤职等处分的；（四）对司法人员的依法履职保障诉求不作为的；（五）侵犯司法人员控告或者申诉权利的；（六）其他严重侵犯法官、检察官法定权利的行为。"第二十四条规定："本规定所称司法人员，是指在人民法院、人民检察院承担办案职责的法官、检察官和司法辅助人员。"公务员法也规定了公务员对其合法权益受到侵犯时有权提出控告。因此，明确规定法官对于国家机关及其工作人员侵犯其合法权利有权提出控告，是对法官权利的有效保障。

条文解读

根据本条的规定，对于国家机关及其工作人员侵犯本法第十一条规定的法官权利的行为，法官有权提出控告。

法官权利是法律所确定的权利，是法官合法、有效地履行职务所享有的、受法律保护的权力和利益。本法第七条规定："法官依法履行职责，受法律保护，不受行政机关、社会团体和个人的干涉。"本法第十一条对法官享有的权利作了明确列举。特别需要注意的是，本法第十一条关于法官的权利的规定，在明确列举了五项权利后，又在第六项规定"法律规定的其他权利"，作为法官权利的兜底性规定。因此，本条所说的侵犯本法第十一条规定的法官的权利，实际上并不限于法官法本身的规定。如公务员法关于公务员权利的规定，也适用于法官。法官权利受法律保护，当法官权利受到侵犯时，法官自然有权提出控告。这里所说的"控告"，是指法官对国家机关及其工作人员侵犯其合法权益的行为向有关机关或者人员提出指控。

根据本法和公务员法的规定，法官控告应当符合以下条件：第一，侵犯其权利的对象必须是国家机关及其工作人员。这里所说的"国家机关"，是依据宪法和法律设立的，依法承担一定的国家和社会公共事务的管理职责和权力的组织，包括国家的权力机关、行政机关、监察机关、审判机关、检察机关和军事机关。

第二，侵犯的是本法第十一条规定的法官权利。本法第十一条规定："法官享有下列权利：（一）履行法官职责应当具有的职权和工作条件；（二）非因法定事由、非经法定程序，不被调离、免职、降职、辞退或者处分；（三）履行法官职责应当享有的职业保障和福利待遇；（四）人身、财产和住所安全受法律保护；（五）提出申诉或者控告；（六）法律规定的其他权利。"

另外，根据《中华人民共和国公务员法》第九十九条的规定，法官提出控告，应当尊重事实，不得捏造事实，诬告、陷害他人。对捏造事实，诬告、陷害他人的，依法追究法律责任。

关于控告的处理。根据《中华人民共和国公务员法》第九十八条规定，法官可以依法向上级机关或者监察机关提出控告。受理控告的机关应当按照规定及时处理。《最高人民法院关于依法保障法官权利的若干规定》第十一条规定，法院及其工作人员侵犯法官合法权利，法官向所在法院或者上级法院提出控告的，接受控告的法院应当在其权限范围内及时作出处理；超出管辖权限的，应当及时移送有关国家机关处理。法院以外的国家机关及其工作人员、社会团体和个人侵犯法官合法权利的，法官可以向国家权力机关、行政机关、检察机关、纪检监察机关提出控告，法官所在法院有协助控告及提供帮助的义务，必要时可以派员向有关机关反映情况、提出意见。根据上述规定，有关部门接到法官的控告，应当按照国家有关规定对控告人提供的情况进行审查、判断，对需要立案的，应当及时立案。对法官提出的控告立案审理的，应当区分不同情况作出处理决定，并将处理决定送达控告人、被控告机关、被控告人和被控告人所在的机关。同时，受理控告的部门也应当对提出控告的法官予以保护，不得歧视、刁难。对法官提出的控告，不得置之不理或者敷衍塞责，不得将控告材料转给被控告人。

相关规定

《中华人民共和国公务员法》第98条、第99条；《中华人民共和国法官法》第7条、第11条；《中共中央办公厅、国务院办公厅关于印发〈保护司法人员依法履行法定职责规定〉的通知》第23条、第24条；《最高人民法院关于依法保障法官权利的若干规定》第11条

第六十五条　对法官处分或者人事处理错误的，应当及时予以纠正；造成名誉损害的，应当恢复名誉、消除影响、赔礼道歉；造成经济损失的，应当赔偿。对打击报复的直接责任人员，应当依法追究其责任。

条文主旨

本条是关于对法官处分或人事处理错误的纠正措施的规定。

立法背景

2019年修改法官法对本条作了修改。本条的基本内容是1995年《中华人民共和国法官法》的规定。1995年《中华人民共和国法官法》第四十五条规定："对法官处分错误的，应当及时予以纠正；造成名誉损害的，应当恢复名誉、消除影响、赔礼道歉；造成经济损失的，应当赔偿。对打击报复的直接责任人员，应当依法追究责任。"2001年修改法官法，将本条修改为"对法官处分或者处理错误的，应当及时予以纠正；造成名誉损害的，应当恢复名誉、消除影响、赔礼道歉；造成经济损失的，应当赔偿。对打击报复的直接

责任人员，应当依法追究其责任。”增加“处理错误的”应当予以纠正的情形。2017年修改法官法对本条未作修改。2019年修改法官法，将修改前《中华人民共和国法官法》规定的“对法官处分或者处理错误的”修改为“对法官处分或者人事处理错误的”，将原来规定的“处理错误”明确为“人事处理错误”，以便于实践中及时纠正对法官的人事处理错误。

本条总结了司法体制改革的有益经验。2005年最高人民法院《关于依法保障法官权利的若干规定》第十条中规定对于法官的“原处分、处理决定错误，造成名誉损害的，作出处分、处理决定的法院应当及时为法官恢复名誉、消除影响；造成经济损失的，应当给予赔偿。”2009年最高人民法院《人民法院工作人员处分条例》第二十一条规定：“处分决定被变更，需要调整被处分人员的职务、级别或者工资档次的，应当按照规定予以调整；处分决定被撤销的，应当恢复其级别、工资档次，按照原职务安排相应的职务，并在适当范围内为其恢复名誉。因变更而减轻处分或者被撤销处分人员的工资福利受到损失的，应当予以补偿。”上述规定在实践中发挥了较好效果，因此，在法律的修改过程中将行之有效的内容上升为法律规定。

本条规定注意了与公务员法的衔接。《中华人民共和国公务员法》第一百一十条规定：“机关因错误的人事处理对公务员造成名誉损害的，应当赔礼道歉、恢复名誉、消除影响；造成经济损失的，应当依法给予赔偿。”

条文解读

违法必究、有错必改，是人民法院法官管理和监督中必须坚持的原则。实践中，由于多种原因，人民法院错误处分或者人事处理不当的现象可能会发生，为了使人民法院及其工作人员能够慎重处理涉及法官权益的问题，同时为补偿法官因受到错误的处理而造成的损失，法律规定人民法院及其工作人员对法官错误处分或者人事处理后应采取相应的纠正措施。具体包括以下内容：

一是，对法官处分或者人事处理错误的，应当及时予以纠正。人民法院应当本着实事求是有错必纠的原则，一经发现由其作出的对法官的处分或者人事处理决定是错误的，必须尽快、及时地予以纠正，避免造成法官权益的更大损害。这里的“处分”，是指根据本法第四十六条的规定，给予法官的处分。本法第四十六条第一款规定，法官有下列行为之一的，应当给予处分，构成犯罪的，依法追究刑事责任：（1）贪污受贿、徇私舞弊、枉法裁判的；（2）隐瞒、伪造、变造或者故意损毁证据的；（3）泄露国家秘密、审判工作秘密、商业秘密或者个人隐私的；（4）故意违反法律法规办理案件的；（5）因重大过失导致裁判结果错误并造成严重后果的；（6）拖延办案，贻误工作的；（7）利用职权为自己或者他人谋取私利的；（8）违反有关规定从事或者参与营利性活动，在企业或者其他营利性组织中兼任职务的；（9）接受当事人及其代理人不正当利益输送，或者违反有关规定会见当事人及其代理人的；（10）有其他违纪违法行为的。这里的人事处理是指根据本法第九十八条和《中华人民共和国公务员法》第九十五条的规定，对因法律规定的情形，对法官作出的除处分以外的，如辞退、不予批准辞职、定期考核定为不称职、扣减福利待遇等其他处理事项。《中华人民共和国公务员法》第九十五条第一款规定，公务员对涉及本人的下列人事处理不服的，可以自知道该人事处理之日起三十日内向原处理机关申请复核；对复核结果不服的，可以自接到复核决定之日起十五日内，按照规定向同级公务员主管部门或者作出该人事处理的机关的上一级机关提出申诉；也可以不经复核，自知道该人事处理之日起三十日内直接提出申诉：（1）处分；（2）辞退或者取消录用；（3）降职；（4）定期考核定为不称职；（5）免职；（6）申请辞职、提前退休未予批准；（7）不按照规定确定或者扣减工资、福利、保险待遇；（8）法律、法规规定可以申诉的其他情形。《中华人民共和国法官法》第六十八条规定，有关法官的权利、义务和管理制度，本法已有规定的，适用本法的规定；本法未作规定的，适用公务员管理的相关法律法规。如果给予法官的处分或者人事处理错误的，应当及时纠正。

二是，造成名誉损害的，应当恢复名誉、消除影响、赔礼道歉。公民享有名誉和名誉权，所谓名誉，是指公民在社会生活中所获得的名望声誉，是一个人的品德、才干、信誉等在社会生活中所获得的社会评价。名誉权，是指以名誉的维护和安全为内容的人格权。这里所说的名誉损害，是指由于人民法院及其工作人员对法官的处分或者人事处理错误，在一定范围内损害了法官的名声、信誉。对于造成法官名誉损害的，应当向法官赔礼道歉，并负责在造成法官名誉损害的范围内恢复法官的名誉，并消除因对法官处分或者人事处理错误而造成的不良影响。

三是，造成经济损失的，应当赔偿。由于人民法院及其工作人员对法官的错误处分或者处理，从而给法官造成经济损失的，人民法院应当负责赔偿。比如，《中华人民共和国公务员法》第六十四条规定，公务员在受处分期间不得晋升职务、职级和级别，其中受记过、记大过、降级、撤职处分的，不得晋升工资档次。受处分的期间为：警告，六个月；记过，十二个月；记大过，十八个月；降级、撤职，二十四个月。受撤职处分的，按照规定降低级别。《中华人民共和国公务员法》第八十条规定，公务员在定期考核中被确定为优秀、称职的，按照国家规定享受年终奖金。由于对法官的错误处分或者处理，导致法官工资福利方面的损失，应当予以赔偿。

四是，对打击报复的直接责任人员，应当依法追究其责任。这里所说的打击报复，是指人民法院的工作人员利用手中的权力，以种种借口对法官进行报复行为，如降职、降级、调离岗位、经济处罚、开除公职、捏造事实诬陷其经济、生活作风上有问题等。对打击报复法官的直接责任人员，应当依法追究其行政责任；对于滥用职权、假公济私、报复陷害，构成犯罪的，应当依照《中华人民共和国刑法》第二百五十四条报复陷害罪的规定追究其刑事责任。

《中华人民共和国刑法》第二百五十四条规定，国家机关工作人员滥用职权、假公济私，对控告人、申诉人、批评人、举报人实行报复陷害的，处二年以下有期徒刑或者拘役；情节严重的，处二年以上七年以下有期徒刑。《中华人民共和国刑法》第二百五十四条规定的打击报复的方式主要是“滥用职权、假公济私”，目的是“报复陷害”。“滥用职权”，是指国家机关工作人员违背职责而行使职权。“假公济私”，是指国家机关工作人员以工作为名，为徇私情或者实现个人目的而利用职务上的便利。“报复陷害”，主要是指利用手中的权力，以种种借口进行政治上或者经济上的迫害，如降职、降级、调离岗位、经济处罚、开除公职、捏造事实诬陷其经济、生活作风上有问题等。

相关规定

《中华人民共和国公务员法》第95条、第110条；《中华人民共和国法官法》第46条、第68条；《中华人民共和国刑法》第254条

第八章　附　　则

第六十六条　国家对初任法官实行统一法律职业资格考试制度，由国务院司法行政部门商最高人民法院等有关部门组织实施。

条文主旨

本条是关于初任法官实行统一法律职业资格考试制度的规定。

立法背景

本法第十二条第一款第七项规定，初任法官应当通过国家统一法律职业资格考试取得法律职业资格。《中华人民共和国检察官法》第十二条第一款第七项也规定，初任检察官应当通过国家统一法律职业资格考试取得法律职业资格。根据上述规定，通过国家法律职业资格考试是担任法官、检察官的必备条件。国家统一法律职业资格考试是国家选拔法律职业人才的重要法定考试，对于完善法律职业资格制度，全面推进高素质法官队伍建设，具有重要意义。本法附则对初任法官实行统一法律职业资格考试制度和考试的组织实施作了规定。

改革开放以来，我国的法律职业资格考试制度经历了由建立到完善的过程，法官法关于初任法官任职资格的规定也多次修改完善。2001 年以前，我国初任法律职业人员的资格考试是由各法律职业主管部门分别组织的，即由法院系统组织初任法官资格考试，检察院系统组织初任检察官资格考试，司法行政机关组织律师资格考试。1995 年《中华人民共和国法官法》第十二条规定，初任审判员、助理审判员采用公开考试、严格考核的办法，按照德才兼备的标准，从具备法官条件的人员中择优提出人选。这里规定的“公开考试”，就是指法院系统组织的初任法官资格考试。从实践情况看，各方面普遍反映认为，全国统一的律师资格考试在试题难度、考试纪律、分数评定等方面都相对较为严格、规范，对初任法官、检察官的要求不能比取得律师资格的要求低，也应当实行全国统一的法律业务考试。2001 年，有关部门在修改法官法、检察官法工作中对设立国家统一司法考试进行了研究，达成了共识，即设立国家统一司法考试制度，有利于提高法律职业人员素质，加强法律职业人员管理，保障法律职业人员依法履行职责，保障司法公正。2001 年 6 月，全国人大常委会对法官法、检察官作出了修改。这次修改后的《中华人民共和国法官法》第十二条第一款规定，初任法官采用严格考核的办法，按照德才兼备的标准，从通过国家统一司法考试取得资格，并且具备法官条件的人员中择优提出人选。第五十一条规定，国家对初任法官、检察官和取得律师资格实行统一的司法考试制度。国务院司法行政部门会同最高人民法院、最高人民检察院共同制定司法考试实施办法，由国务院司法行政部门负责实施。随后，全国人大常委会对律师法和公证法也作了相应修改。2001 年 10 月，最高人民法院、最高人民检察院、司法部联合制定了《国家司法考试实施办法》，对国家统一司法考试的考试内容、考试组织、资格授予等工作作了规定。司法部还牵头组织了国家司法考试协调委员会，最高人民法院、最高人民检察院等有关部门和专家学者参加，负责就确定、调整国家司法考试的有关政策、原则进行协调，就国家司法考试制度的健全、完善提供咨询。涵盖初任法官、检察官、律师、公证员的国家统一司法考试制度建立起来。

自 2002 年开始，司法部开始牵头组织国家统一司法考试。司法考试实行国家统一命题、统一组织、统一评卷、统一录取的实施模式，命题范围以司法部制定并公布的《国家司法考试大纲》为依据，命题专家以法学各学科权威专家为主、中青年专家为辅，命题来源以题库案例库为基础并及时更新。考试一般安排在9月的第三个双休日举行，考试采用闭卷、笔试的方式，分四卷进行。每年度司法考试的通过人数及合格分数线，由司法部商最高人民法院、最高人民检察院确定后公布。参加司法考试成绩合格，并不具有不能报名参加国家司法考试规定情形的人员，可向司法部申请授予法律职业资格，由司法部颁发《法律职业资格证书》。从2002年到2016年，共组织了15次司法考试，全国共有460万余人参加考试，授予法律职业资格87万余人，其中40多万人从事法官、检察官、律师、公证员和其他法律职业，为全面依法治国提供了重要人才保障。

2014年10月，党的十八届四中全会通过的《中共中央关于全面推进依法治国若干重大问题的决定》提出，完善法律职业准入制度，健全国家统一法律职业资格考试制度。2015年9月，中共中央办公厅、国务院办公厅印发了《关于完善国家统一法律职业资格制度的意见》，提出将司法考试制度调整为国家统一法律职业资格考试。将应当取得法律职责资格的人员由法官、检察官、律师、公证员扩大到法律顾问、仲裁员（法律类）和政府部门中从事行政处罚决定审核、行政复议、行政裁决的人员。根据党中央的决策部署，有关部门对关于法律职业资格的法律进行了研究修改。2017年9月1日，十二届全国人大常委会第二十九次会议通过了《关于修改〈中华人民共和国法官法〉等八部法律的决定》，对法官法、检察官法、公务员法、律师法、公证法、仲裁法、行政处罚法、行政复议法有关规定进行了“打包修改”，对法律职业人员范围、取得法律职业资格的条件、禁止从事法律职业的情形等作出规定，法律规定中的“统一司法考试”被修改为“国家统一法律职业资格考试”。这次修改后的《中华人民共和国法官法》第十二条第一款规定，初任法官采用考试、考核的办法，按照德才兼备的标准，从通过国家统一法律职业资格考试取得法律职业资格并且具备法官条件的人员中择优提出人选。第五十一条规定，国家对初任法官实行统一法律职业资格考试制度，由国务院司法行政部门商最高人民法院等有关部门组织实施。2018年4月，司法部制定了《国家统一法律职业资格考试实施办法》，对国家统一法律职业资格考试的考试组织、报名条件、考试内容和方式、违纪处理、法律职业资格授予和管理作了规定。2018年8月，司法部印发了《国家统一法律职业资格考试工作规则》《国家统一法律职业资格考试应试规则》《国家统一法律职业资格考试监考规则》，对国家统一法律职业资格考试考务工作作了具体规定。司法部牵头的国家司法考试协调委员会也改为国家统一法律职业资格考试协调委员会。按照新的考试实施办法，2018年9月22日，首次国家统一法律职业资格考试进行了客观题考试，10月20日进行了主观题考试。

2019年修订法官法，贯彻落实党中央完善国家统一法律职业资格制度，建立国家统一法律职业资格考试制度的决策部署，总结国家统一法律职业资格考试制度的改革实践经验，进一步完善了有关法官条件的规定。对于2017年修改后的《中华人民共和国法官法》第五十一条的规定未再作修改。

本条规定注意了与人民法院组织法、公务员法的衔接。《中华人民共和国人民法院组织法》第四十七条中规定，法官从取得法律职业资格并且具备法律规定的其他条件的人员中选任。《中华人民共和国公务员法》第二十五条第二款规定，国家对行政机关中初次从事行政处罚决定审核、行政复议、行政裁决、法律顾问的公务员实行统一法律职业资格考试制度，由国务院司法行政部门商有关部门组织实施。本条的规定体现了《中华人民共和国人民法院组织法》第四十七条规定的精神，与《中华人民共和国公务员法》第二十五条第二款规定的精神也是衔接一致的。

条文解读

本条规定了两层意思。一是国家对初任法官实行统一法律职业资格考试制度。这里规定的“初任法官”是指首次担任法官，国家统一法律职业资格考试实施前已经担任法官的人员，不需要再通过国家统一法律职业资格考试。“国家统一法律职业资格考试”是指由国家统一组织的对从事法律职业，即法官、检察官、律师、公证员、法律顾问、仲裁员（法律类）和政府部门中从事行政处罚决定审核、行政复议、行政裁决的人员进行的统一的资格考试。通过这一资格考试的人员，具有担任法官的资格，也具有从事其他法律职业的资格。

二是国家统一法律职业资格考试由国务院司法行政部门商最高人民法院等有关部门组织实施。国务院司法行政部门即司法部，是牵头组织国家统一法律职业资格考试的部门，考试的具体考务工作由司法部和地方司法行政机关负责承担。同时，国家统一法律职业资格考试涉及的主要法律职业的主管部门等也参加考试的组织工作，本条规定司法部“商最高人民法院等有关部门”组织实施。实践中，国家统一法律职业资格考试协调委员会是司法部牵头各部门就考试的政策制度进行协调的重要机制，参加这一委员会的除司法部和最高人民法院外，还有最高人民检察院、全国人大有关专门委员会和工作机构等部门。

国家统一法律职业资格考试组织的具体工作制度，司法部制定的《国家统一法律职业资格考试实施办法》和《国家统一法律职业资格考试工作规则》《国家统一法律职业资格考试应试规则》《国家统一法律职业资格考试监考规则》作了规定。根据有关规定，国家统一法律职业资格考试由司法部负责实施。省级司法行政机关应当明确专门机构，按照有关规定承办国家统一法律职业资格考试的考务等工作。设区的市级或者直辖市的区（县）司法行政机关，应当在上级司法行政机关的监督指导下，承担本辖区内的国家统一法律职业资格考试的考务等工作。国家统一法律职业资格考试实行全国统一命题，考试内容和命题范围以司法部当年公布的《国家统一法律职业资格考试大纲》为准。考试每年举行一次，分为客观题考试和主观题考试两部分，综合考查应试人员从事法律职业应当具有的政治素养、业务能力和职业伦理。应试人员客观题考试成绩合格的方可参加主观题考试，客观题考试合格成绩在本年度和下一个考试年度内有效。考试实行全国统一评卷，统一确定合格分数线，考试成绩及合格分数线由司法部公布。参加国家统一法律职业资格考试成绩合格，且不具有不得报名参考情形的人员，可以按照规定程序申请授予法律职业资格，由司法部颁发法律职业资格证书。

相关规定

《中华人民共和国人民法院组织法》第 47 条；《中华人民共和国公务员法》第 25 条；《国家统一法律职业资格考试实施办法》

第六十七条　人民法院的法官助理在法官指导下负责审查案件材料、草拟法律文书等审判辅助事务。

人民法院应当加强法官助理队伍建设，为法官遴选储备人才。

条文主旨

本条是关于加强法官助理队伍建设的规定。

立法背景

实行司法人员分类改革，完善法院人员的分类管理，是推进全面依法治国，提高司法公信力，保证公正司法的客观要求，在深化司法体制改革中居于基础性地位。实行人员分类管理，是遵循审判工作规律、提升审判工作质效的内在需求。本条是 2019 年修订法官法新增加的条款，将司法体制改革中执行有关规定的情况进一步予以明确。党的十八届三中全会提出要“建立符合职业特点的司法人员管理制度”“完善司法人员交流管理制度”，四中全会进一步提出要“加快建立符合职业特点的法治工作人员管理制度”“建立法官、检察官、人民警察专业职务序列及工资制度”。长期以来，法院人员的考核管理与普通公务员一样，法官与其他工作人员混编管理，未能体现司法规律和职业特点，不易调动各类工作人员的积极性。司法运行规律要求司法机关采取有别于普通公务员管理的制度，突出法院职责的特殊性，根据不同岗位的工作特点，并为其搭建各自的发展平台，使每类人员都有上升晋升渠道，实现人尽其才和才尽其用。法院人员分类管理制度，是指根据审判机关工作人员的岗位性质和任务分工进行分类管理的制度。法院工作人员分为法官、审判辅助人员和司法行政人员。核心是实行法官员额制，审判辅助人员按国家有关规定管理，司法行政人员按综合管理类公务员管理。法院人员分类管理制度的目标是建立具有中国特色、符合审判工作规律、体现人民法院工作人员职业特点，分类科学、结构合理、职责明晰、管理规范的管理制度。法官是依法行使国家审判权的审判人员，遴选初任法官采用考核、考试的办法，按照德才兼备的标准，从具备法官条件的人员中择优提出人选。法官的产生一般通过逐级遴选的方式，初任法官一般到基层人民法院任职。上级人民法院法官一般逐级遴选。

法官助理制度是为落实司法体制改革和深化干部人事制度改革的总体部署，推行人民法院工作人员分类管理制度改革的一项重要制度安排。1999 年最高人民法院印发的《人民法院五年改革纲要》（1999—2003）规定，随着审判长选任工作的开展，结合人民法院组织法的修改，高级人民法院可以对法官配备法官助理和取消助理审判员工作进行试点，摸索经验。这是在法律文件中首次提出法官助理概念。此后，历次人民法院改革纲要均对法官助理制度作出了安排。2004 年，最高人民法院印发《最高人民法院关于在部分地方人民法院开展法官助理试点工作的意见》，决定在海南等十八家地方人民法院开展法官助理试点，试行“法官—法官助理—书记员”的人员组合形式。2007 年，法官助理制度试点扩大到十二个省、自治区、直辖市所辖的八百多个基层人民法院。2013 年 11 月，《中共中央关于全面深化改革若干重大问题的决定》提出，建立符合职业特点的司法人员管理制度，健全法官、检察官、人民警察统一招录、有序交流、逐级遴选机制，完善司法人员分类管理制度，健全法官、检察官、人民警察职业保障制度。法官助理是辅助法官办案的重要力量，承担着大量具体事务性工作。法官遴选的一个重要途径就是从法官助理、检察官助理中产生。虽然法官助理在性质上不属于法官，但从长远规划和后备人才培养考虑，这支队伍的建设应当进一步加强，因此本法对此作了原则性规定。

法官助理是世界多数国家实行的一项制度，但由于各国国情、司法传统、法律文化等方面的差异，存在一定的区别。如美国国会通过立法，规定不同级别的联邦法官可以配置一定数量的法官助理。美国的法官助理由法官个人雇佣或解雇，更像是法官的私人助理。法官助理的遴选充分体现法官的意志，不论是遴选的程序还是遴选的标准都由法官自己决定。虽然法官对法官助理各有偏好，但还是有一些固定的标准和要求。例如，申请者的学习成绩、人品、性格和政治意识形态等。美国法官助理的职责并没有明确规定，在很大程度上取决于法官。总的来说，法官助理主要就是在法官的指示下审阅上诉人递交的上诉状，撰写相关的诉讼文书或者是法院记录的摘要，与法官一起从事法律研究等，也有的根据法官指示撰写法庭备忘录或草拟司法意见。

德国司法公务员的地位和职责与法官助理类似，帮助法官处理许多没有争议的法律程序性问题。根据《中华人民共和国公务员法》的规定，司法公务员的主要工作是处理无争议诉讼中的有关事务，例如，有关监护人和被监护人的事务、遗嘱检验事务、土地所有权登记事务、法律文件的公证事务、执行判决和暂缓执行罚金刑等。司法公务员除在法院的审判庭工作外，还有一部分在法院的行政部门、司法部门工作。在这些行政部门工作的司法公务员的职责有所不同。司法公务员则属于行政官员，依据《司法公务员法》的规定行使自己独立的职权，对整个法院负责而不是对法官个人负责，行政属性较强。

我国台湾地区法院书记员和法官助理都是直接协助法官开展诉

讼或非讼业务的司法人员。与书记员相比，法官助理更侧重于与实体审理或与裁判密切相关的程序和法律问题。法官助理与法官、书记员的选任路径并不相同。我国台湾地区法官经考训合格或经遴选并训练后被委任为候补或试署法官，候补或试署期满合格的，转为实任法官。法官助理由各庭庭长或法官管理，主要是协助法官处理诉讼、非讼、强制执行等事务。具体而言，大致承担以下工作内容：在庭审前，协助法官整理卷宗并制作卷证索引；收集整理案件审判所需的法律条文或法律意见；在法官的指导下草拟裁判文书；协助法官办理非讼、强制执行事件程序及实体之审查；协助法官制作分配表、债权凭证。我国台湾地区法院很早就开始实施法官员额制和法官助理制度，法官与法官助理之间是单独的序列，法官助理没有晋升到法官的可能。这种模式的优点是确保了法官的质量，对法官的训练内容丰富且贴近法官的素养需求；但是缺点是法官助理晋升空间受限，且由于聘期年限的限制，流动性较高。

条文解读

本条是关于法官助理职责及加强法官助理队伍建设的规定。本条共分为两款，第一款规定了法官助理的职责；第二款规定了加强法官助理队伍建设。

本条第一款规定了法官助理的职责。建立法官助理职能是遵循审判规律，提升审判质效的内在需求，是全面深化改革的关键环节，对落实司法责任制、优化司法资源配置和解决“案多人少”的矛盾具有重大意义。明确法官助理的职能定位，有利于其更好地发挥自身优势，确保司法体制相关改革积极稳妥开展。依据《中华人民共和国人民法院组织法》第四十八条第二款和本条的规定，人民法院的法官助理在法官指导下负责审查案件材料、草拟法律文书等审判辅助事务。法官助理是协助法官从事审判业务工作的工作人员，法官助理工作具有辅助性、专业性，属于审判辅助人员，是法官的后备人员。一是法官助理具有辅助性。法官助理需要在法官的指导下开展工作，并以其所从事的工作成果向法官负责，并不直接对外负责，属于协助法官开展工作的人员，具有辅助性。二是法官助理所从事的业务具有较强的专业性。《中华人民共和国人民法院组织法》第四十八条对法官助理的职责进行了不完全列举，规定法官助理负责审查案件材料、草拟法律文书等审判辅助事务。审查案件材料和草拟法律文书等工作属于审判业务工作，会介入对案件实质性内容的处理，并非简单的事务性、程序性工作，具有较强的专业性。三是法官助理属于法官的后备人员。《中华人民共和国人民法院组织法》第四十八条第二款规定，符合法官任职条件的法官助理，经遴选后可以按照法官任免程序任命为法官。经过一定的遴选和任免程序，符合法官任职条件的法官助理有资格转任法官。

法官助理是专职审判辅助工作的司法人员，但不同于司法体制改革前的助理审判员，不具有独立办案的资格。在评议案件时，经法官许可，有发表意见权，但对裁判结果不具有表决权。在法官指导下，法官助理既要全面履行庭前、庭中、庭后助理的职责，又要突出送达、文书、档案助理的职责。本条中所称的负责审查案件材料，是指在办理案件过程中，对诉讼参与人或其他主体提供的证据材料等予以收集、整理，以便于法官根据相关证据材料裁判案件；草拟法律文书，是指草拟案件的裁定书、判决书、调解书等法律文书。这些法律文书，经法官或者审判委员会审核签发后，才具有法律效力。2015 年 9 月，《最高人民法院关于完善人民法院司法责任制的若干意见》规定，法官助理在法官的指导下履行以下职责：（1）审查诉讼材料，协助法官组织庭前证据交换；（2）协助法官组织庭前调解，草拟调解文书；（3）受法官委托或者协助法官依法办理财产保全和证据保全措施等；（4）受法官指派，办理委托鉴定、评估等工作；（5）根据法官的要求，准备与案件审理相关的参考资料，研究案件涉及的相关法律问题；（6）在法官的指导下草拟裁判文书；（7）完成法官交办的其他审判辅助性工作。根据若干意见中“协助法官”“受法官委托或者协助法官”“受法官指派”“根据法官的要求”“在法官的指导下”等限制性规定以及第七项兜底条款的规定，对于上述职责，法官助理必须在法官的指导下开展工作。

本条第二款是加强法官助理队伍建设的规定。有的地方反映，法院工作审理案件数量多，压力大，岗位吸引力不足，招录人员困难；员额制改革后，法院人才流失，法官助理队伍不足，不能做到入额法官每人配法官助理，年龄断层严重。法官助理作为辅助法官办案的重要力量，承担着大量具体事务性工作。目前法官遴选的一个重要途径就是从法官助理、检察官助理中产生，从长远规划和后备人才培养考虑，应加强助理队伍建设。人民法院加强法官助理队伍建设，不仅要增加法官助理数量，还要依法官的标准来提高法官助理的政治素养、专业能力，培养良好的职业操守，并在工作中逐步积累参与案件审判的实践经验，做好遴选法官的准备。

在实践中需要注意的是，人民法院的法官助理在法官指导下负责审查案件材料、草拟法律文书等审判辅助事务。法官助理工作具有辅助性、专业性的特点，不享有签发法律文书、主持开庭的权利。按照权利义务相一致的原则，在其职权范围内承担相应的法律责任。在追究司法责任时，应当正确区分责任。

相关规定

《中华人民共和国检察官法》第 68 条；《中华人民共和国人民法院组织法》第 48 条；《中共中央关于全面深化改革若干重大问题的决定》

第六十八条　有关法官的权利、义务和管理制度，本法已有规定的，适用本法的规定；本法未作规定的，适用公务员管理的相关法律法规。

条文主旨

本条是关于法官法和公务员管理相关法律法规衔接适用的规定。

立法背景

在本法修订过程中，与公务员法的衔接一直是一个重要问题。修订草案一审稿中对法官管理制度中与公务员共性的内容都作了规定。在研究过程中，有意见提出，对于与公务员共性的内容，法官法可不再作出规定，法官法应当集中规定法官职业特色管理制度。也有意见指出，应保持法律完整性，在本法中适当重复公务员法的相关内容，明确法官的权利、辞退、奖励、处分以及处分的复核申诉等。经通盘考虑，法官也是公务员，法官法中有的内容属于与公务员管理共性的规定，公务员法已有规定，为突出法官职业特有的规范管理内容，解决实践中法官队伍建设管理的主要矛盾，采取对与公务员共性内容不作规定，作出衔接性适用规定的办法。据此，删去了有关法官辞退情形、降职、奖励种类、处分种类和期间计算、人事处理的复核申诉等具体规定。同时，将附则中本条修改为："有关法官的权利、义务和管理制度，本法已有规定的，适用本法的规定；本法未作规定的，适用公务员管理的相关法律法规。"这一规定是本次修改新增加的规定。

修订草案二次审议稿第六十七条规定："法官是实行单独职务序列管理的公务员。有关法官的权利、义务和管理制度，本法已有规定的，适用本法的规定；本法未作规定的，适用公务员管理的相关法律法规。"在常委会第二次审议过程中，有的常委委员提出，本法中与公务员法相同的内容，不宜全部删除，必要的重复规定，有利于保持法律逻辑的完整性，避免误解。在征求有关方面意见的过程中，有的专家建议进一步理顺法官和公务员的关系，做好法官法修订与公务员法、人民法院组织法等法律的衔接。

条文解读

一是，有关法官的权利、义务和管理制度，本法已有规定的，适用本法的规定。《中华人民共和国公务员法》第三条规定，公务员的义务、权利和管理，适用本法。法律对公务员中领导成员的产生、任免、监督以及监察官、法官、检察官等的义务、权利和管理另有规定的，从其规定。本条与公务员法上述规定相互衔接照应。法官是实行单独职务序列管理的公务员，在本轮司法体制改革过程中探索建立了一些基于法官职业特色的权利义务和管理制度，本法中作了规定。对于本法已作出规定的，本法相比公务员法属于特别规定，应当适用本法的规定。本法共分八章，对法官履职的原则、职责、义务和权利、条件和遴选、任免、管理、考核、奖励、惩戒、保障等作了较为全面的规定。本条中规定的“管理制度”是一个大概念，包括本法中的管理以及除了义务权利以外的其他各章内容。

本法对法官权利义务和管理制度，与公务员具有的相应共性制度性比较，应当注意的具有特殊性的内容包括：（1）对法官条件的规定方面，与公务员相比，具有更高条件要求。比如对于法官学历条件、从事法律工作年限和取得法律职业资格的要求。（2）有关法官任免程序的规定，与一般公务员具有较大不同。（3）有关任职回避、具有亲属关系任职的回避更为严格。（4）实行单独职务序列，与公务员职务、职级具有不同，在有关工资保障方面由国家另行规定。法官的退休制度，根据审判工作特点，由国家另行规定。（5）实行员额制管理，严格控制员额比例。（6）考核方面，除了与公务员共同的年度考核以外，还有对办案能力的考核。实践中有的法院制定了对法官办案业绩、绩效考核管理办法。对法官实行办案考核也是本轮司法体制改革的一项内容，对于经考核不能胜任法官职务的，要依法免除法官职务。因此，法官办案能力考核与公务员年度考核具有不同，但二者在具体操作中也有交叉，有的法院实行一次考核两次运用，有的法院则完全分开。这方面将来还需要在改革实践中进一步完善。（7）在职业保障方面，本法作了较多的特殊规定，如设立权益保障委员会，以及法官因依法履行职责面临人身危险的，人民法院、公安机关应当对法官及其近亲属采取人身保护、禁止特定人员接触等必要保护措施。上述主要是宏观制度层面的不同，在法官法和公务员法都有规定的一些共性内容上，有时法官法的具体规定也有差别，这些都应当按照法官法的规定去执行。

二是，本法未作规定的，适用公务员管理的相关法律法规。修订后的法官法对与公务员管理具有共性的辞职辞退、降职、处分、奖励等内容作了删除。但这样处理只是从两法衔接的角度不再作出重复规定，对法官的上述管理制度仍应适用公务员法有关规定：

第一，有关辞退的规定。2017 年《中华人民共和国法官法》第四十条对法官的辞退情形作了规定，修订后不再规定。对此，根据公务员法有关规定，法官有下列情形之一的，予以辞退：（1）在年度考核中，连续两年被确定为不称职的；（2）不胜任现职工作，又不接受其他安排的；（3）因所在机关调整、撤销、合并或者缩减编制员额需要调整工作，本人拒绝合理安排的；（4）不履行法官义务，不遵守法律和公务员纪律，经教育仍无转变，不适合继续在机关工作，又不宜给予开除处分的；（5）旷工或者因公外出、请假期满无正当理由逾期不归连续超过十五天，或者一年内累计超过三十天的。同时，法官具有下列情形之一的，不得辞退：（1）因公致残，被确认丧失或者部分丧失工作能力的；（2）患病或者负伤，在规定的医疗期内的；（3）女性法官在孕期、产假、哺乳期内的；（4）法律、行政法规规定的其他不得辞退的情形。法官非因上述法定事由、非经法定程序不被辞退。

第二，有关法官辞职的规定。《中华人民共和国公务员法》第八十六条规定，公务员有下列情形之一的，不得辞去公职：（1）未满国家规定的最低服务年限的；（2）在涉及国家秘密等特殊职位任职或者离开上述职位不满国家规定的脱密期限的；（3）重要公务尚未处理完毕，且须由本人继续处理的；（4）正在接受审计、纪律审查、监察调查，或者涉嫌犯罪，司法程序尚未终结的；（5）法律、行政法规规定的其他不得辞去公职的情形。上述辞职规定适用于法官。

第三，有关考核降职的规定。法官法修订草案一审稿曾对法官降职作了规定，考虑到与公务员相同，未再作规定。《中华人民共和国公务员法》第五十条规定，公务员在年度考核中被确定为不称职的，按照规定程序降低一个职务或者职级层次任职。结合法官职务管理特点，法官在年度考核中被确定为不称职的，应予降职，法官降职应当降低一个法官等级任职，不能降多个等级。根据本法规定，法官等级分为十二级，依次为首席大法官、一级大法官、二级大法官、一级高级法官、二级高级法官、三级高级法官、四级高级法官、一级法官、二级法官、三级法官、四级法官、五级法官。降职就是降低一个级别，如从四级高级法官降为一级法官，从四级法官降为五级法官等。如果连续两年考核不合格的，应当予以辞退。根据中共中央办公厅印发的《推进领导干部能上能下若干规定（试行)》的有关规定，因不适宜担任现职调离岗位、改任非领导职务、免职的，一年内不得提拔；降职的，两年内不得提拔。影响期满后，对德才表现和工作实绩突出，因工作需要且经考察符合任职条件的，可以提拔任职。

第四，有关法官的奖励。2019 年修订后的法官法删去了有关奖励种类、权限和程序的规定，并增加规定法官的奖励按照有关规定办理。因此，法官的奖励适用公务员法等法律法规的规定，如奖励分为：嘉奖，记三等功、二等功、一等功，授予荣誉称号等。

第五，有关处分情形的规定。2019 年修订后的法官法对一些应予处分的行为作了修改。主要针对法官职业特点对一些应予处分的情形作了规定，对于法官作为普通公务员应予处分的情形应当适用公务员法的规定。结合公务员的相关规定，法官除了本法第四十六条有关行为应予处分之外，具有下列情形之一，应当承担纪律责任的，依照《中华人民共和国公务员法》给予处分或者由监察机关依法给予政务处分；违纪违法行为情节轻微，经批评教育后改正的，可以免予处分。法官具有上述违法违纪情形的，适用上述规定处理。具体包括：（1）散布有损宪法权威、中国共产党和国家声誉的言论，组织或者参加旨在反对宪法、中国共产党领导和国家的集会、游行、示威等活动；（2）组织或者参加非法组织，组织或者参加罢工；(3) 挑拨、破坏民族关系，参加民族分裂活动或者组织、利用宗教活动破坏民族团结和社会稳定；(4) 不担当，不作为，玩忽职守，贻误工作；(5) 拒绝执行上级依法作出的决定和命令；(6) 对批评、申诉、控告、检举进行压制或者打击报复；(7) 弄虚作假，误导、欺骗领导和公众；(8) 贪污贿赂，利用职务之便为自己或者他人谋取私利；(9) 违反财经纪律，浪费国家资财；(10) 滥用职权，侵害公民、法人或者其他 0 组织的合法权益；(11) 泄露国家秘密或者工作秘密；(12) 在对外交往中损害国家荣誉和利益；(13) 参与或者支持色情、吸毒、赌博、迷信等活动；(14) 违反职业道德、社会公德和家庭美德；(15) 违反有关规定参与禁止的网络传播行为或者网络活动；(16) 违反有关规定从事或者参与营利性活动，在企业或者其他营利性组织中兼任职务；(17) 旷工或者因公外出、请假期满无正当理由逾期不归；(18) 违纪违法的其他行为。

第六，2019 年修订后的法官法对有关法官处分具体内容不再规定，而是在本法第四十六条第二款作了转引规定："法官的处分按照有关规定办理。"《中华人民共和国公务员法》第六十二条至第六十五条对公务员处分制度作了较为全面的规定。例如，有关公务员处分程序的规定，对公务员的处分，应当事实清楚、证据确凿、定性准确、处理恰当、程序合法、手续完备。公务员违纪违法的，应当由处分决定机关决定对公务员违纪违法的情况进行调查，并将调查认定的事实以及拟给予处分的依据告知公务员本人。公务员有权进行陈述和申辩；处分决定机关不得因公务员申辩而加重处分。处分决定机关认为对公务员应当给予处分的，应当在规定的期限内，按照管理权限和规定的程序作出处分决定。处分决定应当以书面形式通知公务员本人。有关处分种类、处分期间和解除的规定，处分分为：警告、记过、记大过、降级、撤职、开除。公务员在受处分期间不得晋升职务、职级和级别，其中受记过、记大过、降级、撤职处分的，不得晋升工资档次。受处分的期间为：警告，六个月；

记过，十二个月；记大过，十八个月；降级、撤职，二十四个月。受撤职处分的，按照规定降低级别。公务员受开除以外的处分，在受处分期间有悔改表现，并且没有再发生违纪违法行为的，处分期满后自动解除。解除处分后，晋升工资档次、级别和职务、职级不再受原处分的影响。但是，解除降级、撤职处分的，不视为恢复原级别、原职务、原职级。上述这些规定以及其他有关公务员处分的法律法规适用于法官处分的规定。需要注意的是有关法官处分种类的问题。公务员处分种类分为：警告、记过、记大过、降级、撤职、开除等六类。其中，降级是指降低级别，给予公务员降级处分，一般降低一个级别，如果本人级别为最低的，可给予记大过处分。撤职是撤销职务，撤职后按降低一级以上职务另行确定职务，根据新任职务确定相应的级别和职务工资档次。有的意见认为，由于法官实行单独职务序列改革，法官职务与行政职级脱钩，不再具有行政级别，不应将降级作为处分种类。降低法官等级，如从一级法官降为二级法官，是降低职务层次，在性质上属于“撤职”或“降职”；而降级在公务员法上是指降低级别，受处分人原职务层次依然不变。因此，法官处分种类不应再包括降级。应当说，对上述法官处分种类认识的分歧，是在概念分类层面的理解，对法官实质上的处分不会产生影响。即法官违法违纪给予处分的，可以警告、记过、记大过、降低法官等级和开除。

第七，对有关人事处理不服的复核与申诉。2019 年修订后的法官法删去了法官对有关人事处理不服予以申请复核和申诉的规定。对此，应当适用公务员法的相关规定，给予法官履职行为充分保障。结合公务员法的相关规定，法官对涉及本人的下列人事处理不服的，可以自知道该人事处理之日起三十日内向原处理机关申请复核；对复核结果不服的，可以自接到复核决定之日起十五日内，按照规定向同级公务员主管部门或者作出该人事处理的机关的上一级机关提出申诉；也可以不经复核，自知道该人事处理之日起三十日内直接提出申诉：（1）处分；（2）辞退；（3）降职；（4）定期考核定为不称职；（5）免除法官职务的；（6）申请辞职、提前退休未予批准；（7）不按照规定确定或者扣减工资、福利、保险待遇；（8）法律、法规规定可以申诉的其他情形。对省级以下机关作出的申诉处理决定不服的，可以向作出处理决定的上一级机关提出再申诉。原处理机关应当自接到复核申请书后的三十日内作出复核决定，并以书面形式告知申请人。受理申诉的机关应当自受理之日起六十日内作出处理决定；案情复杂的，可以适当延长，但是延长时间不得超过三十日。法官不因申请复核、提出申诉而被加重处理。

上述列举的七项规定是2019年修订后的法官法从与《中华人民共和国公务员法》衔接的角度，对原法有关内容不再规定或者调整规定的方面，因此这里专门作了说明。对于上述七项内容以外，法官法没有规定的有关法官的权利义务和管理制度，都应当适用公务员法等涉及公务员管理的有关法律法规，法官法有特别规定或者专门规定的除外。对于法官和公务员管理制度的适用和区分，将来还需结合法官法、公务员法的实施和司法体制改革的发展而不断清晰和完善。

相关规定

《中华人民共和国公务员法》第3条、第53条、第55条、第59条、第62条、第64条、第86条、第88条、第89条、第95条。

第六十九条　本法自2019年10月1日起施行。

条文主旨

本条是关于法官法生效日期的规定。

条文解读

法律生效日期，是任何一部法律都涉及的问题。《中华人民共和国立法法》第五十七条规定，法律应当明确规定施行日期。一部法律通过以后，就产生了从什么时候开始生效、在什么地域范围内生效、对什么人有效的问题，即法律的时间效力、空间效力和对人的效力问题。法律的生效日期是法律的时间效力问题的规定。

法律的时间效力包括法律从何时开始生效、到何时终止生效和法律生效后有无溯及力三个问题。正确的理解法律的生效时间，是运用法律不可缺少的条件。法律从何时开始生效，一般是在立法时根据该项法律的性质和实际需要来决定的，有的法律是在法律条文中明确规定，其从公布之日起生效施行。还有的法律是公布后并不立即生效施行，而是经过一段时间后才开始施行，法律中明确规定具体的生效施行的日期。

本条规定，本法自2019年10月1日起施行，即通过以后经过一段时间再实施。就是为了使法律在通过后能在一段时间做好各方面的准备，以便更好地实施。在这段时间内，有关部门、地方和单位，应当做好施行前的准备工作：一是本法规定的一些制度措施，需要进一步作出具体配套规定的，有关部门应当抓紧制定有关的配套规定；二是有关部门应做好本法的宣传工作，增加对本法的了解。

相关规定

《中华人民共和国立法法》第57条

附　录

（一）法　律

中华人民共和国法官法

（1995年2月28日第八届全国人民代表大会常务委员会第十二次会议通过　根据2001年6月30日第九届全国人民代表大会常务委员会第二十二次会议《关于修改〈中华人民共和国法官法〉的决定》第一次修正　根据2017年9月1日第十二届全国人民代表大会常务委员会第二十九次会议《关于修改〈中华人民共和国法官法〉等八部法律的决定》第二次修正　2019年4月23日第十三届全国人民代表大会常务委员会第十次会议修订）

目　　录

第一章　总　　则

第一条　为了全面推进高素质法官队伍建设，加强对法官的管理和监督，维护法官合法权益，保障人民法院依法独立行使审判权，保障法官依法履行职责，保障司法公正，根据宪法，制定本法。

第二条　法官是依法行使国家审判权的审判人员，包括最高人民法院、地方各级人民法院和军事法院等专门人民法院的院长、副院长、审判委员会委员、庭长、副庭长和审判员。

第三条　法官必须忠实执行宪法和法律，维护社会公平正义，全心全意为人民服务。

第四条　法官应当公正对待当事人和其他诉讼参与人，对一切个人和组织在适用法律上一律平等。

第五条　法官应当勤勉尽责，清正廉明，恪守职业道德。

第六条　法官审判案件，应当以事实为根据，以法律为准绳，秉持客观公正的立场。

第七条　法官依法履行职责，受法律保护，不受行政机关、社会团体和个人的干涉。

第二章　法官的职责、义务和权利

第八条　法官的职责：

（一）依法参加合议庭审判或者独任审判刑事、民事、行政诉讼以及国家赔偿等案件；

（二）依法办理引渡、司法协助等案件；

（三）法律规定的其他职责。

法官在职权范围内对所办理的案件负责。

第九条　人民法院院长、副院长、审判委员会委员、庭长、副庭长除履行审判职责外，还应当履行与其职务相适应的职责。

第十条　法官应当履行下列义务：

（一）严格遵守宪法和法律；

（二）秉公办案，不得徇私枉法；

（三）依法保障当事人和其他诉讼参与人的诉讼权利；

（四）维护国家利益、社会公共利益，维护个人和组织的合法权益；

（五）保守国家秘密和审判工作秘密，对履行职责中知悉的商业秘密和个人隐私予以保密；

（六）依法接受法律监督和人民群众监督；

（七）通过依法办理案件以案释法，增强全民法治观念，推进法治社会建设；

（八）法律规定的其他义务。

第十一条 法官享有下列权利：

（一）履行法官职责应当具有的职权和工作条件；

（二）非因法定事由、非经法定程序，不被调离、免职、降职、辞退或者处分；

（三）履行法官职责应当享有的职业保障和福利待遇；

（四）人身、财产和住所安全受法律保护；

（五）提出申诉或者控告；

（六）法律规定的其他权利。

第三章 法官的条件和遴选

第十二条 担任法官必须具备下列条件：

（一）具有中华人民共和国国籍；

（二）拥护中华人民共和国宪法，拥护中国共产党领导和社会主义制度；

（三）具有良好的政治、业务素质和道德品行；

（四）具有正常履行职责的身体条件；

（五）具备普通高等学校法学类本科学历并获得学士及以上学位；或者普通高等学校非法学类本科及以上学历并获得法律硕士、法学硕士及以上学位；或者普通高等学校非法学类本科及以上学历，获得其他相应学位，并具有法律专业知识；

（六）从事法律工作满五年。其中获得法律硕士、法学硕士学位，或者获得法学博士学位的，从事法律工作的年限可以分别放宽至四年、三年；

（七）初任法官应当通过国家统一法律职业资格考试取得法律职业资格。

适用前款第五项规定的学历条件确有困难的地方，经最高人民法院审核确定，在一定期限内，可以将担任法官的学历条件放宽为高等学校本科毕业。

第十三条 下列人员不得担任法官：

（一）因犯罪受过刑事处罚的；

（二）被开除公职的；

（三）被吊销律师、公证员执业证书或者被仲裁委员会除名的；

（四）有法律规定的其他情形的。

第十四条 初任法官采用考试、考核的办法，按照德才兼备的标准，从具备法官条件的人员中择优提出人选。

人民法院的院长应当具有法学专业知识和法律职业经历。副院长、审判委员会委员应当从法官、检察官或者其他具备法官条件的人员中产生。

第十五条 人民法院可以根据审判工作需要，从律师或者法学教学、研究人员等从事法律职业的人员中公开选拔法官。

除应当具备法官任职条件外，参加公开选拔的律师应当实际执业不少于五年，执业经验丰富，从业声誉良好，参加公开选拔的法学教学、研究人员应当具有中级以上职称，从事教学、研究工作五年以上，有突出研究能力和相应研究成果。

第十六条 省、自治区、直辖市设立法官遴选委员会，负责初任法官人选专业能力的审核。

省级法官遴选委员会的组成人员应当包括地方各级人民法院法官代表、其他从事法律职业的人员和有关方面代表，其中法官代表不少于三分之一。

省级法官遴选委员会的日常工作由高级人民法院的内设职能部门承担。

遴选最高人民法院法官应当设立最高人民法院法官遴选委员会，负责法官人选专业能力的审核。

第十七条 初任法官一般到基层人民法院任职。上级人民法院法官一般逐级遴选；最高人民法院和高级人民法院法官可以从下两级人民法院遴选。参加上级人民法院遴选的法官应当在下级人民法院担任法官一定年限，并具有遴选职位相关工作经历。

第四章 法官的任免

第十八条 法官的任免，依照宪法和法律规定的任免权限和程序办理。

最高人民法院院长由全国人民代表大会选举和罢免，副院长、审判委员会委员、庭长、副庭长和审判员，由院长提请全国人民代表大会常务委员会任免。

最高人民法院巡回法庭庭长、副庭长，由院长提请全国人民代表大会常务委员会任免。

地方各级人民法院院长由本级人民代表大会选举和罢免，副院长、审判委员会委员、庭长、副庭长和审判员，由院长提请本级人民代表大会常务委员会任免。

在省、自治区内按地区设立的和在直辖市内设立的中级人民法院的院长，由省、自治区、直辖市人民代表大会常务委员会根据主任会议的提名决定任免，副院长、审判委员会委员、庭长、副庭长和审判员，由高级人民法院院长提请省、自治区、直辖市人民代表大会常务委员会任免。

新疆生产建设兵团各级人民法院、专门人民法院的院长、副院长、审判委员会委员、庭长、副庭长和审判员，依照全国人民代表大会常务委员会的有关规定任免。

第十九条 法官在依照法定程序产生后，在就职时应当公开进行宪法宣誓。

第二十条 法官有下列情形之一的，应当依法提请免除其法官职务：

（一）丧失中华人民共和国国籍的；

（二）调出所任职人民法院的；

（三）职务变动不需要保留法官职务的，或者本人申请免除法官职务经批准的；

（四）经考核不能胜任法官职务的；

（五）因健康原因长期不能履行职务的；

（六）退休的；

（七）辞职或者依法应当予以辞退的；

（八）因违纪违法不宜继续任职的。

第二十一条 发现违反本法规定的条件任命法官的，任命机关应当撤销该项任命；上级人民法院发现下级人民法院法官的任命违反本法规定的条件的，应当建议下级人民法院依法提请任命机关撤销该项任命。

第二十二条 法官不得兼任人民代表大会常务委员会的组成人员，不得兼任行政机关、监察机关、检察机关的职务，不得兼任企业或者其他营利性组织、事业单位的职务，不得兼任律师、仲裁员和公证员。

第二十三条 法官之间有夫妻关系、直系血亲关系、三代以内旁系血亲以及近姻亲关系的，不得同时担任下列职务：

（一）同一人民法院的院长、副院长、审判委员会委员、庭长、副庭长；

（二）同一人民法院的院长、副院长和审判员；

（三）同一审判庭的庭长、副庭长、审判员；

（四）上下相邻两级人民法院的院长、副院长。

第二十四条 法官的配偶、父母、子女有下列情形之一的，法官应当实行任职回避：

（一）担任该法官所任职人民法院辖区内律师事务所的合伙人或者设立人的；

（二）在该法官所任职人民法院辖区内以律师身份担任诉讼代理人、辩护人，或者为诉讼案件当事人提供其他有偿法律服务的。

第五章 法官的管理

第二十五条 法官实行员额制管理。法官员额根据案件数量、经济社会发展情况、人口数量和人民法院审级等因素确定，在省、自治区、直辖市内实行总量控制、动态管理，优先考虑基层人民法院和案件数量多的人民法院办案需要。

法官员额出现空缺的，应当按照程序及时补充。

最高人民法院法官员额由最高人民法院商有关部门确定。

第二十六条 法官实行单独职务序列管理。

法官等级分为十二级，依次为首席大法官、一级大法官、二级大法官、一级高级法官、二级高级法官、三级高级法官、四级高级法官、一级法官、二级法官、三级法官、四级法官、五级法官。

第二十七条 最高人民法院院长为首席大法官。

第二十八条 法官等级的确定，以法官德才表现、业务水平、审判工作实绩和工作年限等为依据。

法官等级晋升采取按期晋升和择优选升相结合的方式，特别优秀或者工作特殊需要的一线办案岗位法官可以特别选升。

第二十九条 法官的等级设置、确定和晋升的具体办法，由国家另行规定。

第三十条 初任法官实行统一职前培训制度。

第三十一条 对法官应当有计划地进行政治、理论和业务培训。

法官的培训应当理论联系实际、按需施教、讲求实效。

第三十二条 法官培训情况，作为法官任职、等级晋升的依据之一。

第三十三条 法官培训机构按照有关规定承担培训法官的任务。

第三十四条 法官申请辞职，应当由本人书面提出，经批准后，依照法律规定的程序免除其职务。

第三十五条 辞退法官应当依照法律规定的程序免除其职务。

辞退法官应当按照管理权限决定。辞退决定应当以书面形式通知被辞退的法官，并列明作出决定的理由和依据。

第三十六条 法官从人民法院离任后两年内，不得以律师身份担任诉讼代理人或者辩护人。

法官从人民法院离任后，不得担任原任职法院办理案件的诉讼代理人或者辩护人，但是作为当事人的监护人或者近亲属代理诉讼或者进行辩护的除外。

法官被开除后，不得担任诉讼代理人或者辩护人，但是作为当事人的监护人或者近亲属代理诉讼或者进行辩护的除外。

第三十七条 法官因工作需要，经单位选派或者批准，可以在高等学校、科研院所协助开展实践性教学、研究工作，并遵守国家有关规定。

第六章 法官的考核、奖励和惩戒

第三十八条 人民法院设立法官考评委员会，负责对本院法官的考核工作。

第三十九条 法官考评委员会的组成人员为五至九人。

法官考评委员会主任由本院院长担任。

第四十条 对法官的考核，应当全面、客观、公正，实行平时考核和年度考核相结合。

第四十一条 对法官的考核内容包括：审判工作实绩、职业道德、专业水平、工作能力、审判作风。重点考核审判工作实绩。

第四十二条 年度考核结果分为优秀、称职、基本称职和不称职四个等次。

考核结果作为调整法官等级、工资以及法官奖惩、免职、降职、辞退的依据。

第四十三条 考核结果以书面形式通知法官本人。法官对考核结果如果有异议，可以申请复核。

第四十四条 法官在审判工作中有显著成绩和贡献的，或者有其他突出事迹的，应当给予奖励。

第四十五条 法官有下列表现之一的，应当给予奖励：

（一）公正司法，成绩显著的；

（二）总结审判实践经验成果突出，对审判工作有指导作用的；

（三）在办理重大案件、处理突发事件和承担专项重要工作中，做出显著成绩和贡献的；

（四）对审判工作提出改革建议被采纳，效果显著的；

（五）提出司法建议被采纳或者开展法治宣传、指导调解组织调解各类纠纷，效果显著的；

（六）有其他功绩的。

法官的奖励按照有关规定办理。

第四十六条 法官有下列行为之一的，应当给予处分；构成犯罪的，依法追究刑事责任：

（一）贪污受贿、徇私舞弊、枉法裁判的；

（二）隐瞒、伪造、变造、故意损毁证据、案件材料的；

（三）泄露国家秘密、审判工作秘密、商业秘密或者个人隐私的；

（四）故意违反法律法规办理案件的；

（五）因重大过失导致裁判结果错误并造成严重后果的；

（六）拖延办案，贻误工作的；

（七）利用职权为自己或者他人谋取私利的；

（八）接受当事人及其代理人利益输送，或者违反有关规定会见当事人及其代理人的；

（九）违反有关规定从事或者参与营利性活动，在企业或者其他营利性组织中兼任职务的；

（十）有其他违纪违法行为的。

法官的处分按照有关规定办理。

第四十七条 法官涉嫌违纪违法，已经被立案调查、侦查，不宜继续履行职责的，按照管理权限和规定的程序暂时停止其履行职务。

第四十八条 最高人民法院和省、自治区、直辖市设立法官惩戒委员会，负责从专业角度审查认定法官是否存在本法第四十六条第四项、第五项规定的违反审判职责的行为，提出构成故意违反职责、存在重大过失、存在一般过失或者没有违反职责等审查意见。法官惩戒委员会提出审查意见后，人民法院依照有关规定作出是否予以惩戒的决定，并给予相应处理。

法官惩戒委员会由法官代表、其他从事法律职业的人员和有关方面代表组成，其中法官代表不少于半数。

最高人民法院法官惩戒委员会、省级法官惩戒委员会的日常工作，由相关人民法院的内设职能部门承担。

第四十九条 法官惩戒委员会审议惩戒事项时，当事法官有权申请有关人员回避，有权进行陈述、举证、辩解。

第五十条 法官惩戒委员会作出的审查意见应当送达当事法官。当事法官对审查意见有异议的，可以向惩戒委员会提出，惩戒委员会应当对异议及其理由进行审查，作出决定。

第五十一条　法官惩戒委员会审议惩戒事项的具体程序，由最高人民法院商有关部门确定。

第七章　法官的职业保障

第五十二条　人民法院设立法官权益保障委员会，维护法官合法权益，保障法官依法履行职责。

第五十三条　除下列情形外，不得将法官调离审判岗位：

（一）按规定需要任职回避的；

（二）按规定实行任职交流的；

（三）因机构调整、撤销、合并或者缩减编制员额需要调整工作的；

（四）因违纪违法不适合在审判岗位工作的；

（五）法律规定的其他情形。

第五十四条　任何单位或者个人不得要求法官从事超出法定职责范围的事务。

对任何干涉法官办理案件的行为，法官有权拒绝并予以全面如实记录和报告；有违纪违法情形的，由有关机关根据情节轻重追究有关责任人员、行为人的责任。

第五十五条　法官的职业尊严和人身安全受法律保护。

任何单位和个人不得对法官及其近亲属打击报复。

对法官及其近亲属实施报复陷害、侮辱诽谤、暴力侵害、威胁恐吓、滋事骚扰等违法犯罪行为的，应当依法从严惩治。

第五十六条　法官因依法履行职责遭受不实举报、诬告陷害、侮辱诽谤，致使名誉受到损害的，人民法院应当会同有关部门及时澄清事实，消除不良影响，并依法追究相关单位或者个人的责任。

第五十七条　法官因依法履行职责，本人及其近亲属人身安全面临危险的，人民法院、公安机关应当对法官及其近亲属采取人身保护、禁止特定人员接触等必要保护措施。

第五十八条　法官实行与其职责相适应的工资制度，按照法官等级享有国家规定的工资待遇，并建立与公务员工资同步调整机制。

法官的工资制度，根据审判工作特点，由国家另行规定。

第五十九条 法官实行定期增资制度。

经年度考核确定为优秀、称职的，可以按照规定晋升工资档次。

第六十条 法官享受国家规定的津贴、补贴、奖金、保险和福利待遇。

第六十一条 法官因公致残的，享受国家规定的伤残待遇。法官因公牺牲、因公死亡或者病故的，其亲属享受国家规定的抚恤和优待。

第六十二条 法官的退休制度，根据审判工作特点，由国家另行规定。

第六十三条 法官退休后，享受国家规定的养老金和其他待遇。

第六十四条 对于国家机关及其工作人员侵犯本法第十一条规定的法官权利的行为，法官有权提出控告。

第六十五条 对法官处分或者人事处理错误的，应当及时予以纠正；造成名誉损害的，应当恢复名誉、消除影响、赔礼道歉；造成经济损失的，应当赔偿。对打击报复的直接责任人员，应当依法追究其责任。

第八章　附　　则

第六十六条 国家对初任法官实行统一法律职业资格考试制度，由国务院司法行政部门商最高人民法院等有关部门组织实施。

第六十七条 人民法院的法官助理在法官指导下负责审查案件材料、草拟法律文书等审判辅助事务。

人民法院应当加强法官助理队伍建设，为法官遴选储备人才。

第六十八条 有关法官的权利、义务和管理制度，本法已有规定的，适用本法的规定；本法未作规定的，适用公务员管理的相关法律法规。

第六十九条 本法自 2019 年 10 月 1 日起施行。

（二）立法资料

关于《中华人民共和国法官法（修订草案）》的说明

——2017年12月22日在第十二届全国人民代表大会常务委员会第三十一次会议上

最高人民法院院长　周强

委员长、各位副委员长、秘书长、各位委员：

我代表最高人民法院，作关于《中华人民共和国法官法（修订草案）》的说明。

一、修改法官法的重要意义

法官法是规范审判权行使主体、构建我国法官制度的专门法律，是完善法官队伍管理、提高法官职业保障的基本依据。现行法官法于1995年2月28日经第八届全国人民代表大会常务委员会第十二次会议通过，并于2001年和2017年进行了修改。这部法律明确规定了法官的义务权利、选任管理、培训考核、任职回避、工资福利、辞职辞退等制度，对于提高法官队伍素质、推进建立法官制度、加强法官职业化建设发挥了十分重要的作用。随着依法治国方略逐步推进，司法体制改革不断深化，人民法院工作出现了许多新情况新问题，对法院队伍建设和法官管理体制提出了新的更高要求。实践表明，法官法关于法官的权利义务、任职条件、选任机制、职业保障等很多内容，已经不能完全适应新形势新任务的发展需要，修改完善法官法是十分必要的。

第一，修改法官法是贯彻落实党中央重大决策部署，深化司法体制改革的重要任务。党的十八大以来，以习近平同志为核心的党中央对深化司法体制改革，保障司法公正作出一系列决策部署，司法体制改革取得重大成果。修改法官法，对全面落实司法责任制等重大改革任务，巩固司法体制改革成果，进一步提高审判质量效率和司法公信力，具有重要意义。

第二，修改法官法是适应司法审判工作新的发展变化，推进法官正规化、专业化、职业化建设的客观需要。现行法官法于1995年颁布施行，二十多年来，人民法院的审判工作和司法环境发生巨大变化，建立在法官法基础上的法官队伍在职业素养、管理模式、职业保障等方面已经难以适应司法审判工作新要求。修改法官法，对保障法官依法履行职责，适应新形势新要求，全面加强法官队伍建设，落实“五个过硬”总要求，具有重要意义。

第三，修改法官法是完善中国特色社会主义法律体系的重要任务。法官是依法行使国家审判权的国家公职人员，法官法是中国特色社会主义法律体系的重要组成部分。随着刑事诉讼法、民事诉讼法、行政诉讼法、法院组织法、检察院组织法等法律不断完善，修改法官法，进一步明确法官的义务权利、任职条件、选任机制、管理体制和职业保障，对维护法律之间的和谐统一，具有重要意义。

二、修改法官法的指导思想以及工作过程

修改法官法的指导思想是：全面贯彻党的十八大、十八届三中、四中、五中、六中全会和十九大精神，以习近平新时代中国特色社会主义思想为指导，认真贯彻落实习近平总书记关于加强社会主义法治建设的一系列重要指示，牢固树立“四个意识”，围绕统筹推进“五位一体”总体布局和协调推进“四个全面”战略布局，抓紧修改完善法官法，加强法官正规化、专业化、职业化建设，保障法官依法履行职责，保障人民法院依法独立行使审判权，使修改后的法官法，符合司法规律，体现时代精神，为建设公正高效权威的社会主义司法制度提供法律保障。

最高人民法院党组高度重视法官法修改研究工作，2015年8月以来，最高人民法院围绕法官法所涉重点问题开展了深入细致的研究论证。为充分体现本轮司法改革成果，修改内容既包括总则、重要制度，也涉及框架结构和具体规定。修改工作遵循以下基本原则：一是努力体现司法体制改革成果，使党中央重大决策部署通过法定程序成为国家意志，用法律制度巩固司法责任制改革成果。二是准确把握法官法的调整范围，妥善处理与人民法院组织法、公务员法等法律的关系。三是对一些实践不够、尚未形成共识的问题，只作原则性规定或者暂不作规定。

最高人民法院在修改法官法过程中，主要做了以下工作：一是专门成立法官法修改研究小组，多次召开专题会议研究部署法官法修改工作，逐个研究修法重要问题。二是分类别、分层次开展一系列调研工作。两年来我院深入调研全国法院司法体制改革情况，并广泛听取人大代表、政协委员、专家学者和律师代表等各方意见。三是组织翻译14个国家和地区的法官法和法院组织法资料，在立足我国国情和司法现状的基础上，认真研究借鉴域外法治成果，探寻司法规律，锐意改革创新，不断推进完善中国特色社会主义司法制度。四是广泛征求中央组织部、中央编办、公安部、司法部、财政部等部门和研究机构等各方面意见和建议。五是与中央政法委、全国人大内司委、全国人大常委会法工委、最高人民检察院、国务院法制办等单位多次沟通协商，对草案规定的内容达成共识。2017年5月19日、6月15日和9月11日，最高人民法院党组分别召开会议，认真讨论了法官法修订草案。

三、法官法修订草案的主要内容

现行法官法共17章53条，体例上未能充分体现法官与普通公务员的差别。我们将法官法修改为8章73条，修改内容主要包括：一是现行法官法施行以来，全国人大及其常委会有关法官法的新规定；二是人民法院组织法（修订草案）、法官法等8部法律修正案草案调整的内容；三是深化司法体制改革的有关成果。

（一）关于总体框架结构的调整

1. 关于法官职业伦理。草案在总则部分增加有关法官职业伦理的规定。（草案第五条）

2. 关于法官的管理。草案对现行法官法中零散分列的内容进行适当归并，将法官兼职禁止、任职回避、员额管理、职务序列、教育培训、辞职辞退、降职等内容均纳入法官的管理一章。（草案第五章）

3. 关于法官的保障。草案将法官的保障专门成章，整合现行法官法涉及法官保障的内容，即法官的履职保障、除法定情形外不得将法官调离审判岗位、干涉办案记录通报、人身安全保障以及工资待遇、保险福

利、退休养老、申诉控告等。(草案第七章)

（二）关于法官职务范围

1. 关于审判员。为推进法官正规化、专业化、职业化建设，提升法官职业尊荣感，草案取消了审判员称谓，统称为法官。(草案第二条)

2. 关于助理审判员。司法改革试点中，各地法院已基本不再任命助理审判员，其部分职责也逐步由法官助理取代。因此，草案在法官职务中取消了助理审判员设置。(草案第二条)

3. 关于法官职务范围。现行法官法规定法官职务包括院长、副院长、审判委员会委员、庭长、副庭长、审判员和助理审判员 7 类。将法官职务从高到低阶梯化排列，不利于司法责任制的落实，也和弱化法官科层制管理方向不符，为此，草案不再以列举方式明确法官的职务范围。

（三）关于法官任职条件和资格

1. 关于法官任职的年龄条件。草案保留现行法官法年满二十三周岁的规定，理由如下：一是年满二十三周岁仅是法官任职的最低年龄条件，担任法官仍需要满足其他任职条件要求，特别是要具有五年以上法律工作经历；二是参照公务员法关于公务员任职年龄条件为年满十八周岁的规定，法官最低年龄条件并不等同于担任法官的实际年龄，因此，草案确定法官任职的年龄条件为年满二十三周岁较为合理。

2. 关于法官任职的学历条件。按照中央《关于完善国家统一法律职业资格制度的意见》（厅字〔2015〕25 号）对取得法律职业资格须具备学历条件的调整，草案修改了法官任职的学历条件，规定："全日制法律专业本科学历并取得相应学位，或者全日制非法律专业本科及以上学历并取得法律、法学硕士及以上学位，或者全日制非法律专业本科及以上学历并取得相应学位且具有法律知识"。(草案第十一条)

3. 关于法官任职的法律工作年限条件。按照《法官、检察官单独职务序列改革试点方案》（中组发〔2015〕19 号），法官需要任法官助理满五年（含试用期），草案修改了法官任职的法律工作年限条件，规定："从事法律工作满五年"。(草案第十一条)

4. 关于放宽地区的学历条件。按照中央《关于完善国家统一法律职业资格制度的意见》（厅字〔2015〕25 号），结合放宽地区法官任职实际，草案将放宽地区担任法官的学历条件修改为高等学校本科毕业。取消现行法官法中关于学历条件放宽为高等院校法律专业专科毕业的规定，主要理由是目前法律大专学历报名和通过人数均较少。以2016年为例，法律大专学历报名人数（15452人）占2.6%，通过人数（1031人）只占1.3%，因此，将学历条件放宽至高等学校本科毕业，既有效解决了放宽地区法官人数不足的问题，又符合加强法官正规化、专业化、职业化建设的要求。

5. 关于不得担任法官的情形。根据党的十八届四中全会决定，要建立终身禁止从事法律职业制度，对因违法违纪被吊销执业证书的律师和公证员，终身禁止从事法律职业。为此，草案在不得担任法官情形中，增加"曾被吊销律师、公证员执业证书的"规定。（草案第十二条）

6. 关于院长、副院长、审判委员会委员、庭长、副庭长任职条件。为与人民法院组织法（修订草案）保持一致，结合人民法院工作实际，草案规定："人民法院的院长应当具有法学专业知识和法律职业经历。副院长、审判委员会委员、庭长和副庭长应当从法官中产生"。（草案第十三条）

（四）关于法官的遴选程序

1. 关于法官遴选委员会。根据中央全面深化改革领导小组审议通过的《关于司法体制改革试点若干问题的框架意见》，草案增加了法官遴选委员会的内容，规定："设立最高人民法院法官遴选委员会，负责最高人民法院法官人选专业能力的审核。省、自治区、直辖市设立法官遴选委员会，负责初任法官人选专业能力的审核"。草案还对省级法官遴选委员会的组成及日常办事机构作出相关规定。（草案第十五条）

2. 关于法官逐级遴选制度。根据党的十八届四中全会决定，上级人民法院的法官一般从下一级人民法院的优秀法官中遴选。据此，草案规定"中级以上人民法院法官，一般通过逐级遴选方式产生"，并针对中级以上法院的法官，设置不同的审判经历要求。（草案第十六条）

（五）关于法官的任免

1. 关于法官的任免程序。草案保留法官任免程序的规定，并按照人民法院组织法（修订草案）相关条文进行修改。（草案第十七条）

2. 关于法官免职的情形。现行法官法规定了免除法官职务的8种情形，根据公务员法相关规定，"一次年度考核不称职"属于公务员降职而非免职情形。为与公务员管理规定保持大体一致，草案删除了此种免职情形，并增设法官降职的规定，即“法官在年度考评中被确定为不称职的，应予降职”。（草案第三十八条）“法官降职，应当降低一个法官等级”。（草案第三十九条）同时，为解决部分人员入额后不办案、办案质量效率达不到标准等问题，按照中央政法委印发的《关于严格执行法官、检察官遴选标准和程序的通知》（中政委〔2017〕9号）精神，草案增加一款规定：“办案质量效率连续两年不达标，无法胜任法官职务的”。（草案第二十条）

（六）关于法官兼职禁止和任职回避

1. 关于法官兼职禁止。为贯彻落实中央从严管理干部精神，借鉴公务员法相关规定，草案增加法官不得在“营利性组织”兼职的情形。同时，为落实中央关于在法学高校和法律实务部门之间相互交流的精神，草案规定“法官经过批准可以在高等学校、科研院所兼职从事教学、研究工作”。（草案第二十二条）

2. 关于被开除公职的法官不得担任诉讼代理人或辩护人的情形。党的十八届四中全会决定指出，“被开除公职的司法人员和被吊销执业证书的律师、公证员终身禁止从事法律职业”。据此，草案规定：“法官被开除公职后，不得担任诉讼代理人或者辩护人，但是作为当事人的监护人或者近亲属代理诉讼或者进行辩护的除外”。（草案第二十四条）

3. 关于法官任职回避的情形。根据从严管理队伍的需要，并征求有关部门意见，草案规定：“法官的配偶、子女有下列情形之一的，法官应当实行任职回避：（一）担任该法官所任职法院辖区内律师事务所的合伙人或者设立人；（二）在该法官所任职法院辖区内以律师身份担任诉讼代理人、辩护人，或者为诉讼案件当事人提供其他有偿法律服务的”。（草案第二十五条）

（七）关于完善法官考评制度

1. 关于法官的考核和考评委员会。现行法官法将考核和法官考评委员会分别规定在第八章和第十六章，草案将考核和法官考评委员会等两章内容进行了整合。（草案第六章）

2. 关于年度考核结果。借鉴公务员法相关规定，草案将现行法官法规定的优秀、称职、不称职三个年度考核等次，调整为优秀、称职、基本

称职和不称职四个等次。(草案第四十四条)

(八)关于完善法官奖励制度

现行法官法规定法官在审判工作中有显著成绩和贡献的，或者有其他突出事迹的，应当给予奖励，并列举了应给予奖励的情形。根据审判工作实际和法官职业特点，并征求各地意见，草案删除了“保护国家、集体和人民利益，使其免受重大损失，事迹突出的”“勇于同违法犯罪行为作斗争，事迹突出的”“保护国家秘密和审判工作秘密，有显著成绩的”等3项内容，并增加“在办理重大案件、处理突发事件和承担专项重要工作中，做出显著成绩和贡献的”作为法官奖励的情形。(草案第四十七条)

(九)关于建立法官惩戒制度

1. 关于法官处分的情形。根据审判工作实际，考虑到现行法官法中“滥用职权，侵犯自然人、法人或者其他组织的合法权益”“玩忽职守，造成错案或者给当事人造成更严重损失”两种情形在实践中操作较为困难，草案将上述两种情形进行整合，修改为“故意违反法律法规，或者因重大过失导致裁判结果错误并造成严重后果”的情形。(草案第四十九条)

2. 关于法官处分的种类。现行法官法中关于法官处分的种类与公务员法完全一致，但在法官实行单独职务序列后，法官职务与行政职级脱钩，不再具有级别，为此，草案删除“降级”的处分种类。(草案第五十条)

3. 关于停职和延期晋升。根据中央改革文件精神，结合司法体制改革试点情况，草案规定“法官在受处分期间不得晋升职务，处分期间不计入职务晋升年限以及工资档次晋升年限”。(草案第五十一条)“法官违法违纪，已经被立案调查，不宜继续履行职责的，可以按照规定的程序和管理权限暂停其履行职务”。(草案第五十三条)

4. 关于法官惩戒委员会及其职责。为充分体现中央司改精神，草案对法官惩戒委员会进行专门规定，明确“最高人民法院和省、自治区、直辖市设立法官惩戒委员会，负责审查认定法官是否存在本法第四十九条第五项规定的违反审判职责的行为，提出构成故意违反职责、存在重大过失、存在一般过失或者没有违反职责的意见，人民法院依照有关规

定作出惩戒决定，并给予相应处理。”（草案第五十四条）

（十）关于法官履职保障

党的十八届四中全会决定提出，建立健全司法人员依法履行法定职责保护机制。根据中央关于《保护司法人员依法履行法定职责的规定》（中办发〔2016〕51号），结合审判工作实际，草案对法官的保障进行专章规定。

1. 关于法官权益保障委员会。草案规定：“人民法院设立法官权益保障委员会，保障法官依法履职”。（草案第五十五条）

2. 关于法官非因法定情形，不被调离审判岗位。草案规定：“除下列情形外，法官不得被调离审判岗位：（一）按规定需要任职回避的；（二）按规定实行干部交流的；（三）因机构调整或者缩减编制员额需要调整工作的；（四）因违法违纪不适合在审判岗位工作的；（五）法律规定的其他情形”。（草案第五十六条）

3. 关于保障法官依法行使审判权。草案规定：“行政机关、社会团体和个人不得干涉法官依法办理案件，不得要求法官从事违反法定职责的活动。对干涉法官办理案件的行为，法官有权拒绝，并应当予以记录，并由有关机关根据情节轻重追究行为人的责任”。（草案第五十七条）

4. 关于法官及近亲属人身安全保障。针对近年屡见不鲜的侵害法官及近亲属人身安全事件，草案强化了对法官及近亲属人身权益的保护措施。（草案第五十八至第六十条）

5. 关于法官工资待遇。草案规定：“法官实行与其职责相适应的工资制度，按照法官等级享有国家规定的工资福利待遇，并建立与公务员工资同步增长机制”。（草案第六十一条）

《中华人民共和国法官法（修订草案）》和以上说明是否妥当，请予审议。

全国人民代表大会宪法和法律委员会关于《中华人民共和国法官法（修订草案）》修改情况的汇报

（2018 年 12 月 23 日）

全国人民代表大会常务委员会：

2017 年 12 月，十二届全国人大常委会第三十一次会议对法官法（修订草案）进行了初次审议。会后，法制工作委员会将修订草案印发各省（区、市）人大常委会、中央有关部门和部分高等院校、研究机构、基层立法联系点等征求意见。在中国人大网全文公布修订草案征求社会公众意见。法制工作委员会还到广东、北京、山西、重庆等地进行调研，了解情况、听取意见，并就修订草案有关问题与最高人民法院等部门进行沟通。宪法和法律委员会于 12 月 5 日召开会议，根据常委会组成人员的审议意见和各方面意见，对修订草案进行了逐条审议。监察和司法委员会、中央政法委员会、最高人民法院、最高人民检察院有关负责同志列席了会议。12 月 17 日，宪法和法律委员会召开会议，再次进行审议。现就主要问题修改情况汇报如下：

一、有的常委委员、地方、部门和社会公众提出，保护司法人员依法履行职责是司法体制改革的重要内容，近年来社会上侵害法官合法权益的违法犯罪行为时有发生，建议进一步完善法官权益保障方面的规定。宪法和法律委员会经研究，建议对修订草案作以下修改完善：一是，在修订草案第一条中增加规定“维护法官合法权益”的表述。二是，将修订草案第十条中规定的“依法审判案件不受行政机关、社会团体和个人的干涉”调整充实到总则中规定。三是，将修订草案第十条第四项修改为，履行法官职责应当享有的职业保障和福利待遇。四是，在修订草案第五十八条中增加规定“法官的职业尊严和人身安全受法律保护”；细化侵害法官人身权益的情形。五是，对修订草案第六十条关于法官人身安全保护措施的规定作出进一步明确，以增强可操作性。

二、现行法官法第二条规定，法官是依法行使国家审判权的审判人员，包括院长、副院长、审判委员会委员、庭长、副庭长、审判员和助理审判员。修订草案第二条将上述规定简化为："法官是依法行使审判权的国家公职人员"，没有使用审判员称谓，删除了有关法官范围的规定。有的常委委员、地方和部门提出，审判员的称谓是宪法中使用的，今年10月通过的人民法院组织法对法院审判人员的组成作了规定，法官法对法官具体包括哪些人应当予以明确。宪法和法律委员会经研究，建议依照人民法院组织法有关规定，将本条修改为："法官是依法行使国家审判权的审判人员，包括最高人民法院、地方各级人民法院和军事法院等专门人民法院的院长、副院长、审判委员会委员、庭长、副庭长和审判员。"

三、修订草案第九条关于法官义务的规定，删去了现行法官法中规定的"严格遵守宪法和法律"、"不得徇私枉法"等内容。有的常委委员提出，上述规定仍具有针对性和现实意义，不宜删去。宪法和法律委员会经研究，建议恢复现行法官法的有关规定。同时，建议将该条中法官"审判案件必须以事实为根据，以法律为准绳"的内容调整充实到总则，作为法官履职的一项基本原则。

四、修订草案第十一条第一款第二项、第七项分别规定，担任法官需"年满二十三周岁"、"从事法律工作满五年"。有的常委委员、地方、部门和社会公众提出，按照草案规定的学历条件和从事法律工作的年限，实际上担任法官的年龄将超过二十三周岁，这也符合法官职业需要一定社会阅历的要求。因此，草案可不再具体规定"年满二十三周岁"。同时，为有利于基层人民法院吸引高层次人才，建议对法学类硕士、博士毕业从事法律工作的年限适当放宽。宪法和法律委员会经研究，建议采纳上述意见。

五、修订草案第二十二条第二款规定："法官经过批准可以在高等学校、科研院所兼职从事教学、研究工作。"一些常委委员、地方和部门提出，为从严管理队伍，防止兼职对法官公正履职的影响，不宜在法律中作上述规定。宪法和法律委员会经研究，建议删去这一规定。

六、修订草案第二十六条对法官员额数的确定和调整作了原则规定。有的常委委员、地方提出，法官员额制改革是司法体制改革的一项重要内容，建议进一步充实这方面的内容，将实践中行之有效的改革举措上升为法律规定。宪法和法律委员会经研究，建议在本条中增加规定以下内容：法官实行员额制管理；法官员额配置优先考虑基层人民法院和案件数量多的地方的人民法院办案需要；法官员额出现空缺的，应当按照程序及时补充；最高人民法院法官员额由最高人民法院商有关部门确定。

七、修订草案第五十四条对法官惩戒委员会作了规定。有的地方、部门和社会公众提出，应进一步明确法官惩戒委员会的职能、人员组成和工作程序，规范其运行。宪法和法律委员会经研究，建议对有关法官惩戒委员会的规定作出以下修改补充：一是，明确法官惩戒委员会的职能是从专业角度对是否属于错案、拖延办案作出审查判断。二是，明确法官惩戒委员会的人员组成。三是，增加有关法官惩戒委员会工作程序的规定。

八、有的地方、部门和社会公众提出，法官助理是辅助法官办案的重要力量，承担着大量具体事务性工作。目前法官主要还是从法官助理中遴选，从长远规划和后备人才培养考虑，这支队伍的建设应当进一步加强。宪法和法律委员会经研究，建议增加规定："人民法院的法官助理在法官指导下负责审查案件材料、草拟法律文书等审判辅助事务。人民法院应当加强法官助理队伍建设，为法官遴选储备人才。"

九、有的常委委员、地方和部门提出，本法中有的规定与人民法院组织法、公务员法重复，建议统盘研究，做好衔接。宪法和法律委员会经研究，建议作出以下处理：一是，人民法院组织法和法官法修订草案都作了规定的，对于其中主要属于人民法院组织领导体制方面的规定，本法可不作规定；有的内容角度不同，在法官法中作出规定也是必要的，对此可予以保留，并注意与人民法院组织法的规定相衔接。据此，建议删去修订草案第十九条，保留修订草案第十三条第二款、第十七条等，并对文字表述作了相应修改。二是，法官也是公务员，法官法修订草案中有的内容属于与公务员管理共性的规定，考虑到公务员法已有规定，可以不作重复。据此，删去了有关法官辞退情形、降职、奖励种类、处分种类和期间计算、人事处理的复核申诉等具体规定。同时，将附则中第七十二条修改为："法官是实行单独职务序列管理的公务员。有关法官的权利、义务和管理制度，本法已有规定的，适用本法的规定；本法未作规定的，适用公务员管理的相关法律法规。”

此外，还对修订草案作了一些文字修改。

修订草案二次审议稿已按上述意见作了修改，宪法和法律委员会建议提请本次常委会会议继续审议。

修订草案二次审议稿和以上汇报是否妥当，请审议。

全国人民代表大会宪法和法律委员会关于《中华人民共和国法官法（修订草案）》审议结果的报告

（2019 年 4 月 20 日）

全国人民代表大会常务委员会：

十三届全国人大常委会第七次会议对法官法（修订草案二次审议稿）进行了审议。会后，法制工作委员会在中国人大网全文公布修订草案，再次征求社会公众意见。宪法和法律委员会、法制工作委员会就有关问题深入研究，与最高人民法院等部门进行沟通，到河南、江西调研，宪法和法律委员会、监察和司法委员会、法制工作委员会还联合召开座谈会，听取中央有关部门、全国人大代表和有关专家的意见。宪法和法律委员会于 3 月 29 日召开会议，根据常委会组成人员的审议意见和各方面意见，对修订草案进行了逐条审议。监察和司法委员会、中央政法委员会、最高人民法院、最高人民检察院有关负责同志列席了会议。4 月 12 日，宪法和法律委员会召开会议，再次进行审议。宪法和法律委员会认为，草案经过两次审议修改，已经比较成熟。同时，提出以下主要修改意见：

一、修订草案二次审议稿第一条中规定了对法官队伍建设的要求。有的常委委员和有关方面提出，按照习近平总书记关于“要旗帜鲜明把政治建设放在首位，努力打造一支党中央放心、人民群众满意的高素质政法队伍”和党的十八届四中全会关于“建设高素质法治专门队伍”的要求，建议将相关表述修改为“为了全面推进高素质法官队伍建设”，这样能更好地体现对法官队伍政治、业务等各方面素质的全面要求。宪法和法律委员会经研究，建议采纳上述意见。同时，在法官条件中增加规定“拥护中国共产党领导和社会主义制度”；在法官培训中增加政治培训。

二、有的常委会组成人员、地方和社会公众提出，应当结合司法责任制改革，进一步加强对法官履职的监督。宪法和法律委员会经研究，建议补充以下内容：一是，在立法目的中增加对法官的监督。二是，在法官应当履行的义务中增加规定，对履行职责中知悉的商业秘密和个人隐私予以保密，相应规定了违反规定的法律责任。

三、修订草案二次审议稿第八条对法官的职责作了规定。有的常委会组成人员、部门和社会公众建议进一步细化法官职责的规定；对法官办理案件行使职权的责任范围进一步明确。宪法和法律委员会经研究，建议采纳上述意见，根据有关法律规定对法官职责进一步细化，进一步明确法官在职权范围内对所办理的案件负责。

四、修订草案二次审议稿第十二条、第十四条对担任法官的任职条件和应当具备法律职业资格条件分别作了规定。有的地方和专家提出，初任法官须取得法律职业资格是党的十八大以来司法体制改革推进法官队伍专业化建设的重要举措，建议将分散在两条中的条件合并规定，以更好地体现改革成果。宪法和法律委员会经研究，建议采纳上述意见，将初任法官应当通过国家统一法律职业资格考试取得法律职业资格的规定，移入法官任职条件一条中统一规定，也与人民法院组织法有关规定相衔接。

五、修订草案二次审议稿第十七条中规定，中级、高级人民法院遴选法官人选一般在下级人民法院担任法官五年以上，并具有遴选职位三年以上相关工作经历；最高人民法院遴选法官人选一般在下级人民法院担任法官八年以上，并具有遴选职位五年以上相关工作经历。有的常委会组成人员、部门、地方和全国人大代表提出，上述有关逐级遴选的条件可能导致遴选范围窄、周期长，不利于根据不同情况和需要开展遴选工作，建议法律中作原则规定，为相关改革实践留有空间。宪法和法律委员会经研究，建议采纳上述意见，将上述规定修改为，参加上级人民法院遴选的法官应当在下级人民法院担任法官一定年限，并具有遴选职位相关工作经历。

六、修订草案二次审议稿第二十条对依法免除法官职务的情形作了规定。有的常委委员、部门提出，对于有的法官由于自身原因申请免除法官职务的，应明确为免除法官职务的一种情形。宪法和法律委员会经研究，建议增加“本人申请免除法官职务经批准的”规定。

七、有的常委会组成人员、部门提出，法官到高等学校、科研院所开展教学研究交流工作有利于加强法治人才培养，有关方面实施了高等学校与法律实务部门人员互聘“双千计划”等，建议法律作出相关规定。宪法和法律委员会经同有关方面共同研究，根据习近平总书记在中国政法大学座谈会上的讲话精神，建议增加规定，法官因工作需要经单位选派或者批准，可以在高等学校、科研院所协助开展实践性教学、研究工作，并遵守国家有关规定。

4 月 11 日，法制工作委员会召开会议，邀请全国人大代表、人民法院和人民检察院工作人员、律师、专家学者等就修订草案中主要制度规范的可行性、法律出台时机、法律实施的社会效果和可能出现的问题等作了评估。与会人员普遍认为，修订草案贯彻落实党中央决策部署，体现司法体制改革成果，对法官的权利义务、遴选、任免、管理、考核奖惩以及职业保障等作了较为全面的修改完善，适应审判工作规律和需要，已经比较成熟，其主要制度规范是可行的，现在出台是必要的、适时的。同时，有的与会人员还对修订草案提出了一些具体修改意见，宪法和法律委员会进行了认真研究，对有的意见予以采纳。

此外，还对修订草案二次审议稿作了一些文字修改。

修订草案三次审议稿已按上述意见作了修改，宪法和法律委员会建议提请本次常委会会议审议通过。

修订草案三次审议稿和以上报告是否妥当，请审议。

全国人民代表大会宪法和法律委员会关于《中华人民共和国法官法（修订草案三次审议稿）》修改意见的报告

（2019年4月23日）

全国人民代表大会常务委员会：

本次常委会会议于4月20日下午对法官法（修订草案三次审议稿）进行了分组审议，普遍认为，修订草案已经比较成熟，建议进一步修改后，提请本次会议通过。同时，有些常委会组成人员还提出了一些修改意见。宪法和法律委员会于4月21日上午召开会议，逐条研究了常委会组成人员的审议意见，对修订草案进行了审议。监察和司法委员会、中央政法委员会、最高人民法院、最高人民检察院有关负责同志列席了会议。宪法和法律委员会认为，修订草案是可行的，同时，提出以下修改意见：

一、有的提出，法官是维护社会公平正义的重要力量，建议按照“努力让人民群众在每一个司法案件中感受到公平正义”的要求，在总则中增加关于维护社会公平正义的规定。宪法和法律委员会经研究，建议采纳上述意见，在第三条中增加“维护社会公平正义”的内容。

二、修订草案三次审议稿第八条第一款第二项对法官依法办理国家赔偿、引渡、司法协助等案件作了规定。有的常委委员提出，国家赔偿案件是人民法院审判工作的重要组成部分，且与引渡、司法协助等案件有较大差别，建议进一步修改完善，将国家赔偿案件与刑事、民事、行政诉讼案件并列规定，与引渡、司法协助案件分别规定。宪法和法律委员会经研究，建议采纳上述意见。

三、修订草案三次审议稿第十三条中规定，被吊销律师、公证员执业证书的，不得担任法官。有的常委委员提出，仲裁法规定仲裁员有索贿受贿、枉法仲裁等行为的，由仲裁委员会予以除名，因此，被除名的仲裁员也不能担任法官。宪法和法律委员会经研究，建议增加规定“被仲裁委员会除名的”，不得担任法官。

四、修订草案三次审议稿第二十四条规定，法官的配偶、子女在该法官所任职人民法院辖区内律师事务所担任合伙人或者设立人的，法官应当实行任职回避。有的常委会组成人员建议，在回避情形中增加法官的父母。宪法和法律委员会经研究，建议采纳上述意见。

五、修订草案三次审议稿第四十六条第一款第二项规定，法官“隐瞒、伪造、变造或者故意损毁证据的”，应当追究责任。有的常委委员提出，除证据外，对案件材料有上述行为的，也应予以追究。宪法和法律委员会经研究，建议采纳上述意见。

此外，根据常委会组成人员的审议意见，还对修订草案三次审议稿作了一些文字修改。

修订草案建议表决稿已按上述意见作了修改，宪法和法律委员会建议本次常委会会议通过。

修订草案建议表决稿和以上报告是否妥当，请审议。

（三）参阅资料

十二届全国人大常委会第三十一次会议审议法官法（修订草案）的意见

2017 年 12 月 27 日上午，十二届全国人大常委会第三十一次会议对法官法修订草案（以下简称草案）进行了初次审议。普遍认为，为了贯彻落实中央决策部署，体现本轮司法体制改革成果，对法官法作出修改是必要和及时的，草案适应审判工作新情况，对法官的权利义务、遴选、任免、管理、考核奖惩、履职保障等制度作了较为全面的修改和完善规定，有利于推进法官正规化、专业化、职业化建设，总体上可行。

一、关于总则

草案第一条是关于立法目的规定。有的建议增加“维护法官合法权益”的内容；将“为了推进法官正规化、专业化、职业化建设”这一政策性语言修改为“为了建设高素质法官队伍”。

草案第四条规定，法官办理案件，应当公正、平等对待当事人和其他诉讼参与人。有的提出，民商事案件当事人法律地位是平等的，法官平等对待没有问题，刑事案件中的当事人包括被害人、被告人，其法律地位是不一样的，笼统提“平等”，需要斟酌。

二、关于法官的职责、义务和权利

草案第八条规定，院长、副院长等担任一定职务的法官除履行审判职责外，还应当履行与其职务相适应的职责。有的建议将该类“职责”明确为“审判监督、审判管理的职责”，以严格限定其职权范围，防止审判权运行中的行政化。

有的提出，草案第九条关于法官义务的修改，删除了现行法官法规定的“严格遵守宪法和法律”、“不得徇私枉法”、“清正廉明，忠于职守，遵守纪律，恪守职业道德”等义务规定，这些有针对性规定应当保留，不宜删去。

有的建议进一步充实法官义务方面的规定。

三、关于法官的遴选

草案第十一条第一款第二项规定，担任法官必须年满二十三周岁。有的提出，担任法官需要一定社会知识和阅历，结合草案其他条款对担任法官的学历、工作年限的要求，建议修改为“年满二十七周岁”或者“年满二十八周岁”，或者不作规定。

草案第十一条第一款第六项规定，担任法官必须“具备全日制普通高等学校法学类本科学历并获得学士及以上学位；或者全日制普通高等学校非法学类本科及以上学历，并获得法律硕士、法学硕士及以上学位；或者全日制普通高等学校非法学类本科及以上学历，获得其他相应学位，并具有法律专业知识”。有的提出，应严格法官任职的条件，法官须法学科班出身，建议删去“或者全日制普通高等学校非法学类本科及以上学历，获得其他相应学位，并具有法律专业知识”的规定。有的提出，第六项表述中使用了四个“及”，存在语法错误，建议修改为“或”。刘新成委员提出，取得学历能否同时获得学位，各学校要求不完全一样，建议规定取得学历即可，不必对学位作要求。有的建议，将少数民族地区法官的学历条件放宽到法学专科。有的建议，全日制学历的条件要求只适用于初任法官，非全日制学历已担任法官的不受影响。

草案第十一条第一款第七项规定，担任法官必须从事法律工作满五年。有的提出，对硕士、博士从事法律工作的年限应缩短，以吸引高学历人才。

草案第十二条第一项规定，“曾因犯罪受过刑事处罚的”人员不得担任法官。有的提出，被免予刑事处罚的，也不宜担任法官，建议修改为“曾被人民法院依法判决构成犯罪的”。

草案第十三条第二款规定，人民法院的院长应当具有法学专业知识和法律职业经历；副院长、审判委员会委员、庭长和副庭长应当从法官中产生。有的提出，“副院长、审判委员会委员、庭长和副庭长应当从法官中产生”的规定限制了与其他司法机关、法学专家之间的干部交流，不符合畅通干部人才交流渠道的精神，建议再斟酌，或将“应当”修改为“一般”；按照改革精神，副院长、庭长只是行政管理职务，不是法律职务，法院组织法修改也已删去了相关规定，建议修改关于副院长、庭长的规定；院长是由人民代表大会选举的，可不限制条件，建议删去关于院长条件的规定。有的提出，法律职业经历包括哪些情况不明确，院长也应当从法官中产生。

草案第十四条规定，可以从律师、法学专家等中公开选拔法官。有的建议将本条中“讲师及以上职称”中的“及”修改为“或”。有的提出，对于依据本条公开选拔的法官，应主要考虑业务能力和特殊的职位要求，不应当受基层工作经验的限制，建议增加规定不受本法第十六条有关工作年限等条件的限制。

草案第十五条对法官遴选委员会作了规定。有的提出，本法应进一步细化法官遴选委员会的职权、作用和工作程序等。有的提出，法官遴选委员会应由本院院长主持。容永恩代表提出，草案规定遴选委员会负责法官人选专业能力的审核，法官应德才兼备，可以突出对专业能力的审核，但不能只审核“专业能力”，建议修改为“负责法官人选的审核，尤其是专业能力的审核”，或者不作规定。

草案第十六条规定，初任法官一般到基层法院任职。有的提出，党的十八届四中全会决定规定，初任法官、检察官一律在基层法院、检察院任职，建议将“一般”改为“应当”。

四、关于法官的任免

草案第十七条中规定，新疆维吾尔自治区生产建设兵团各级人民法院、专门人民法院的法官，依照全国人大常委会的有关规定任免。有的提出，对新疆生产建设兵团法院和专门法院法官的任免，应当将全国人大常委会的有关规定纳入本法中明确规定，施行统一的任免程序。有的建议核实“新疆维吾尔自治区生产建设兵团”的表述是否准确。

草案第十九条第二款中规定，“在地方两次人民代表大会之间，如果本级人民代表大会常务委员会认为人民法院院长需要撤换，须报请上级人民法院报经上级人民代表大会常务委员会批准。”有的建议将“在地方两次人民代表大会之间”修改为“在地方人民代表大会闭会期间”。

五、关于法官的管理

草案第二十二条规定，法官“不得兼任行政机关、检察机关以及企业、事业单位和其他营利性组织的职务”，“法官经过批准可以在高等学校、科研院所兼职从事教学、研究工作。”有的常委委员提出，对法官兼职应当严格控制，在非营利性的组织中兼职也可能涉及利益，影响职务中立性、公正性，建议删去“不得兼任行政机关、检察机关以及企业、事业单位和其他营利性组织的职务”中“营利性”的限定，删去法官可以在高校、科研院所兼职的规定，或者增加“不能影响履行法官职责”的条件，并对兼职待遇、批准程序等作出明确规定。有的提出，不得在事业单位兼职，与可以在高校、科研院所兼职逻辑上矛盾。

草案第二十三条第二项规定，有夫妻关系等亲属关系的，不得同时担任“同一人民法院的院长、副院长和其他法官”。有的提出，审判委员会专职委员也应回避，建议修改为“同一人民法院的院长、副院长、审判委员会专职委员和其他法官”。

草案第二十五条规定法官的配偶、子女具有担任该法官任职法院管辖区内律师事务所的合伙人等情形的，法官应当实行任职回避。有的提出，对父母等直系亲属也应加以限制，建议修改为“配偶、子女、父母、兄弟姐妹”或者“夫妻关系、直系血亲关系等”。

草案第二十六条对法官员额编制数量的确定作了规定。有的提出，员额制改革是本轮司法责任制改革的一项重要内容，内容很多，草案应更充分地反映相关内容，并体现员额向基层法院、“案多人少”法院倾斜的精神。

草案第二十七条规定，法官实行单独职务序列管理，法官等级分为十二级。有的建议增加员额制管理的内容，将“法官实行单独职务序列管理”修改为“法官实行单独职务序列管理和员额制管理”，明确规定法官应专职于审判工作，如转任其他职务，应先免去法官职务，不再享受法官待遇。有的提出，法官等级设置过多、过细，容易产生级别意识，建议减少同一级法院中的级别设置，由十二级调整为八到十级。

六、关于法官的考核、奖励和惩戒

草案第四十四条规定，对法官的考核结果作为调整法官等级、工资以及法官奖惩、培训、免职、降职、辞退的依据。有的提出，培训应基于工作需要，辞退须有法定事由，不能完全依考核结果定，建议删去“培训”、“辞退”。

草案第四十七条规定了对法官给予奖励的情形。有的建议增加规定

“少数民族地区能用少数民族语言开展工作并成绩显著的”。

草案第四十九条规定了对法官给予处分或者追究刑事责任的情形，其中第六项是“拖延办案，贻误工作”。有的提出，“拖延办案、贻误工作”的界限不清，目前“案多人少”的矛盾仍较突出，难以做到快审快结，建议修改为“故意拖延办案，贻误工作，造成严重后果”。

七、关于法官的保障

草案第五十五条对人民法院设立法官权益保障委员会作了规定。有的提出，该规定过于原则，建议进一步细化，规定法官权益保障委员会由法官代表和社会其他代表组成，其中法官代表不少于半数。

草案第五十六条规定，除“按规定实行干部交流”等情形外，法官不得被调离审判岗位。有的提出，为防止法官被以干部交流名义调离审判岗位，应进一步明确干部交流的情形，如是否需要经法官本人同意或者集体决定等。

草案第五十七条规定，“行政机关、社会团体和个人”不得干涉法官依法办理案件，不得要求法官从事违反法定职责的活动。有的建议修改为“任何单位、组织和个人”。同时，在该条关于追究干涉行为人责任规定的基础上，增加追究相关单位责任的内容。

草案第五十九条对法官因依法履职遭受名誉损害的救济作了规定。有的提出，法官的财产权也应当受到特别保护，建议增加规定，法官因履行职务致使其家庭财产和住所受到损失，人民法院应当会同有关部门依法对侵害人采取必要措施，制止侵害。

草案第六十条规定了对因办理案件面临人身危险的法官及其近亲属的安全保护措施。有的建议修改为“人民法院应当会同有关部门”采取安全保护措施，以明确责任主体，防止该规定悬空。

草案第六十八条第二款规定，“行政机关、社会团体或者个人干涉法官依法行使职权的，应当依法追究其责任”。有的建议删去“行政机关、社会团体或者个人”的限定条件。

八、其他意见

有的提出，应进一步理顺法官法与法院组织法的关系，有的内容如法院院长的产生等，应在组织法中规定。

有的提出，草案“另行规定”的条款过多，建议有关内容在本法中明确，尽量不作另行规定。确有必要另行规定的，也应当明确牵头单位。

有的提出，加大法官权益保障力度，规定“未经任免机关批准，不得对法官采取拘留、逮捕等限制人身自由的措施”；对免除、辞退法官职务的程序，在本法中作出具体规定，不同于一般公务员的程序。

有的提出，在法官任免一章中增加“任前公示程序”的规定。

十三届全国人大常委会第七次会议审议法官法修订草案二次审议稿的意见

2018年12月29日上午，十三届全国人大常委会第七次会议对法官法修订草案二次审议稿（以下称草案）进行了审议。普遍认为，草案根据常委会审议意见，进一步总结司法体制改革的经验成果，加强对法官依法履职的保障，细化了对法官的管理和监督，注意与人民法院组织法和公务员法的修订相衔接，所作修改充分考虑了法官职业特点，符合审判工作规律和需要，总体赞同。

一、关于总则

草案第一条规定：“为了推进法官正规化、专业化、职业化建设，加强对法官的管理，保障人民法院依法独立行使审判权，保障法官依法履行职责，保障司法公正，维护法官合法权益，根据宪法，制定本法。”有的建议调整表述顺序，将本条修改为“为了保障司法公正，保障人民法院依法独立行使审判权，保障法官依法履行职责，推进法官正规化、专业化、职业化建设，加强对法官的管理，维护法官合法权益，根据宪法，制定本法。”有的建议增加“监督”和“提升司法公信力”的内容。

草案第二条对法官的范围作了规定。监察司法委谢勇提出，实践中存在法院院长、庭长不入额的情况，建议规定这些人员应当通过遴选委员会入额。李锐委员建议明确改革中在员额法官遴选时未入额的法官是否还属于法官。

草案第三条规定，“法官必须忠实执行宪法和法律，全心全意为人民服务”。刘季幸委员建议将“必须”修改为“应当”，与第四条、第五条、

第十条的表述一致。有的建议修改为“法官必须忠实履行宪法和法律赋予的职责”。有的建议修改为“法官必须忠于宪法、忠实执行法律”。

草案第四条规定：“法官应当公正对待当事人和其他诉讼参与人。对一切个人和组织在适用法律上一律平等。”有的建议将本条修改为：“法官应当公平公正对待当事人和诉讼参与人，并在适用法律上一律平等。”有的建议将中间的句号改为逗号。

草案第五条规定，法官应当勤勉尽责，清正廉明，恪守职业道德。有的提出，本条规定属于法官义务，建议调整到第二章中规定。

二、关于法官的职责、义务和权利

草案第八条对法官的职责作了规定。有的建议增加“法院执行”。

草案第十条规定了法官应当履行的义务。有的建议将第三项“依法保障诉讼参与人的诉讼权利”修改为“依法保障当事人、诉讼参与人的诉讼权利”。有的提出，第六项接受“人民群众监督”中的“人民群众”不是一个严格的法律概念，建议修改为“社会各界”。

草案第十一条规定了法官的权利。有的建议增加“接受理论和业务培训”的权利。有的建议增加“申请退出员额法官、辞职”的权利。

三、关于法官的条件和遴选

草案第十二条担任法官的条件中，删去了一审稿法官应当年满 23 周岁的规定。有的提出，从法律严谨的角度，应当对担任法官最低年龄作出规定，防止出现年龄太小没有社会阅历担任法官的情况，建议规定为 25 周岁、27 周岁、28 周岁。

草案第十二条第三项规定，担任法官必须“具有良好的政治、业务素质和良好的品行”。有的建议将“良好的品行”修改为“道德品行”。

草案第十二条第四项规定，担任法官必须“具有正常履行职责的身体条件”。有的建议增加“心理素质”，与公务员法的修改内容一致。

草案第十二条第五项法官学历条件规定“普通高等学校非法学类本科及以上学历，获得其他相应学位，并具有法律专业知识”，有的建议明确“法律专业知识”的具体标准。有的建议明确自考本科可以担任法官，与高等教育法规定精神一致。

草案第十二条第六项规定了担任法官必须“从事法律工作满五年。其中获得法律硕士、法学硕士学位，或者获得法学博士学位的，从事法律工作的年限可以分别放宽至四年、三年”。有的提出，为了有利于吸收高层次人才从事审判、检察实务，建议进一步降低法学硕士、法学博士从事法律工作的年限。有的建议进一步明确其中“法律工作”的范围。

草案第十二条第二款规定，适用本条规定的学历条件确有困难的地方，经最高人民法院审核确定，在一定期限内，可以将担任法官的学历条件放宽为高等学校本科毕业。有的建议少数民族自治地区经高级人民法院审核确定后放宽。有的建议对西部边远地区法官学历条件进一步放宽为“高等学校专科毕业”。

草案第十四条第二款规定，“人民法院的院长应当具有法学专业知识和法律职业经历。副院长、审判委员会委员应当从法官、检察官或者其他具备法官、检察官条件的人员中产生。”宪法法律委周光权提出，本条中的“法学专业知识”与第十二条第五项中的“法律专业知识”表述不一致，建议统一。有的建议对担任院长的“法律职业经历”规定为“三年以上”。有的提出，对副院长的专业要求可以与院长一样，“应当具有法学专业知识和法律职业经历”。有的建议对人民法院院长的任用条件及程序单列一条予以明确。有的建议对院长的法学知识、职业经历，副院长、审委会委员的产生途径等作具体规定。

草案第十五条对从律师、法学专家中公开选拔法官的条件作了规定。有的建议将“法学专家”修改为“法学教育、科研人员”。有的建议对从律师、法学专家中公开选拔法官的级别有所限制，可以规定为四级或者三级高级法官以下。

草案第十六条对法官遴选委员会作了规定。有的建议遴选委员会的组成人员中“其他从事法律职业的人员”包括“律师”。有的建议对最高人民法院法官遴选委员会的人员组成、日常办公机构作相应规定。有的提出，除了初任法官外，对法官晋级选拔到上级法院担任法官的，也应经过遴选委员会进行专业能力审核把关。

草案第十七条中规定，“初任法官一般到基层法院任职”，有的提出，该规定缺乏弹性，不利于调动法官助理工作积极性，建议允许符合条件的法官助理可以直接在任职法院遴选为法官。本条中规定，“中级以上人民法院法官，一般通过逐级遴选方式产生。最高人民法院和高级人民法院可以在下两级人民法院范围内遴选法官”，有的建议将“下两级”修改为“下级”。本条第二款对遴选法官的任职年限和工作经历作了规定，有的提出，应当适当放宽，建议具体任职年限和遴选职位工作经历年限由“两高”会同有关部门根据实际情况制定，不在立法上作硬性规定。

四、关于法官的任免

草案第十八条对法官的任免权限和程序作了规定。有的提出，第一款“法官的任免，依照宪法和法律规定的任免权限和程序办理”的规定没有必要，其他五款已作了具体规定，上述规定可能会让人产生还有其他法律的不同规定，建议删去。

草案第十九条规定，法官在依照法定程序产生后，在就职时应当公开进行宪法宣誓。有的提出，“依照法定程序产生”是成为法官的应有之义，建议删去。

草案第二十条规定了免除法官职务的情形。有的提出，法院系统内从一个法院调到其他法院担任法官的，不需要免除法官职务，建议将第二项“调出本法院的”修改为“调离审判工作岗位的”。第四项规定，“办案业绩考核连续两年不达标，不能胜任法官职务的”，有的提出，司法实践中有的使用“绩效考核”，建议作出修改；有的提出，“办案业绩”考核科学体系尚未建立，实践中可能操作不了，进一步研究有无其他表述。第五项规定，“因健康原因长期不能履行职务的”，有的建议将“长期”明确为“二年”或“三年”。有的建议增加“法官申请免除法官职务的”，作为免除法官职务的一种情形。

草案第二十二条对法官不得兼任有关职务作了规定，其中删去了一审稿中“经过批准可以在高等学校、科研院所兼职从事教学、研究工作”的规定。有的提出，这一规定是落实中央有关要求，加强法治人才培养的重要途径，建议恢复法官可以兼职的规定，可以作一些限制性规定，如明确必须经过批准，并不得领取报酬。有的提出，实践中存在一些基层法院院长兼任上级法院审判委员会委员、党组成员的情况，建议增加规定，同一名法官不得在两个或两个以上的法院担任与审判工作关联的职务。

五、关于法官的管理

草案第二十五条对法官实行员额制管理的有关制度作了规定。有的提出，现在不同法院之间，对于案件比较多的法院员额是有倾斜的，员额会相对多一些。如果随意增减不经过法定程序会影响地区案件的办理、法官队伍的稳定，建议增加规定“法官员额非经法定程序，不得增减”。

草案第二十九条规定，法官的等级设置、确定和晋升的具体办法，由国家另行规定。有的提出，法官的等级设置本法第二十六条已明确规定，建议删去“设置”。有的建议本法能明确的，尽量不要再由“国家另行规定”。有的建议增加“降职”、“降级”的具体办法由国家另行规定。

草案第三十条规定了初任法官培训。有的建议增加规定，培训应当着力提升庭审驾驭能力、法律适用能力和裁判文书写作能力。

草案第三十一条第二款规定，法官的培训，贯彻理论联系实际、按需施教、讲求实效的原则。有的提出，这一表述非法言法语，建议删去。

草案第三十四条规定，法官申请辞职的，经批准后依照程序免除其职务。有的建议增加规定，“非因法定事由不得限制法官辞职”。有的建议将“经批准”修改为“经所在辖区的高级人民法院批准”。

草案第三十五条对辞退法官的权限和程序作了规定。有的建议增加被辞退法官提出救济的途径及措施。

六、关于法官的考核、奖励和惩戒

草案第三十八条规定，“法官考评委员会的组成人员为五至九人。法官考评委员会主任由本院院长担任。”有的建议考评委员会人员组成参照遴选委员会“由法官代表、其他从事法律职业的人员和有关代表组成，其中法官代表不少于半数”。有的建议对考评委员会组成人员的条件及产生方式作规定，以统一标准。

草案第四十条规定了对法官的考核内容。有的建议增加“思想政治素质”；有的建议增加“廉洁自律”。

草案第四十四条第二款规定，法官的奖励按照有关规定办理。有的建议修改为“对法官的奖励依据精神奖励和物质奖励相结合的原则，按照有关规定办理”，与公务员法的规定相衔接。

草案第四十五条规定了对法官给予处分或者追究刑事责任的情形。第四项规定“故意违反法律法规”。有的提出，过失违反法律法规的，也应追究其责任。第六项规定“拖延办案，贻误工作”。有的提出，目前“案多人少”，案件不能及时审结不应归责于法官，建议修改为“故意拖延办案，贻误工作”。有的提出，追责的十项具体情形分类标准不清晰，相互之间重复交叉，有包含关系。

草案第四十六条规定，法官违纪违法，已经被立案调查，不宜继续履行职责的，可以按照管理权限和规定的程序暂停其履行职务。有的提出，除被立案调查外，也存在因涉嫌犯罪被立案侦查的情形，建议将“已被立案调查”修改为“已被立案调查，或者因涉嫌犯罪被立案侦查”。有的建议将“可以”暂停其履行职务修改为“应当”。

草案第四十七条对法官惩戒委员会作了规定。有的提出，法官惩戒委员会是认定法官是否违反审判职责的专门机构，实践中未经错案认定即追究法官刑事责任的案例影响司法公信力，建议增加一款规定，“未经省级法官惩戒委员会作出惩戒决定，不得启动对法官的责任追究”。

七、关于法官的职业保障

草案第五十三条第一款规定，任何单位或者个人不得要求法官从事超出法定职责范围的事务。有的提出，目前地方存在随意调动法官、检察官的情况，建议进一步明确不得随意调动、抽调法官从事其他工作。有的，有的建议将本条第二款规定的对任何干涉法官办理案件的行为，法官有权拒绝，“并予以全面如实记录”修改为“并予以全面如实记录和报告”，与人民法院组织法第五十三条衔接统一。

草案第五十四条第一款规定，“法官的职业尊严和人身安全受法律保护”。有的建议调整到总则中规定。第三款规定，“对法官及其近亲属实施报复陷害、侮辱诽谤、暴力侵害、威胁恐吓、滋事骚扰等违法犯罪行为的，应当依法从严惩治”，有的建议将“从严惩治”修改为“追究法律责任”，有的建议修改为“从重处罚”。有的建议修改为“人民法院应当依照诉讼法规定追究当事人责任，对于非当事人实施其他行为的，人民法院法官权益保障委员会应当及时向公安机关报案，公安机关应当依法从严惩处”。有的建议增加保护法官通讯方式、住址等个人信息安全的规定，有的建议增加财产和住所。有的建议增加规定，“法官在办理案件时代表人民法院行使审判权，无论在任职期间或者退休后，除存在受贿、徇私枉法等犯罪行为外，其在履行职务过程中发表的与案件有关的言论及其他依法履职行为不受法律追究”。

草案第五十九条规定了法官的福利待遇。有的建议增加规定，员额法官因工作需要调离法院的，继续享受相对应的职务级别待遇。

八、关于附则

草案第六十五条规定，国家对初任法官实行统一法律职业资格考试制度，由国务院司法行政部门商最高人民法院等有关部门组织实施。有的提出，检察官法草案第六十六条规定，统一法律职业资格考试制度由国务院司法行政部门商“最高人民检察院”等有关部门组织实施。建议两部法律统一表述为“由国务院司法行政部门商最高人民法院、最高人民检察院等有关部门组织实施”。

九、其他意见

有的提出，本法中与公务员法相同的内容，不宜全部删除，必要的重复规定，有利于保持法律逻辑的完整性，避免误解。

关于加强法官职业保障方面。有的提出，第七章的保障措施宣示性、原则性比较强，建议对保障条款进行具体化；魏春有的建议建立法官职业意外保险制度；有的建议落实员额法官的政治待遇，实行等级待遇与政治待遇挂钩；有的建议明确员额法官退休后员额待遇仍然保留；有的提出，法官、检察官目前比一般公务员薪酬仅高 50%，仍远远落后于其他国家，建议进一步提高薪酬。

地方和中央有关部门、单位对法官法（修订草案）的意见

2017 年 12 月 27 日，十二届全国人大常委会第三十一次会议对法官法修订草案（以下简称草案）进行了初次审议。会后，法制工作委员会将草案印发中央有关部门，各省、自治区、直辖市、基层立法联系点，以及有关社会团体、教学、科研机构征求意见。各方面普遍认为，草案贯彻党中央决策部署，体现本轮司法体制改革成果，适应了司法审判工作新的发展变化，符合人民法院审判实际和司法规律，对于保障法官依法独立行使审判权、加强法官队伍建设和管理等具有重要意义，草案总体可行。同时，提出了一些具体修改意见。

一、总则

草案第二条规定，法官是依法行使审判权的国家公职人员。有的地方和单位提出，“依法行使审判权”与“公职”属于重复界定，建议将“国家公职人员”修改为“国家工作人员”；有的地方建议将“依法行使审判权”修改为“依法独立行使审判权”。

草案第三条规定，法官必须忠实执行宪法和法律，全心全意为人民服务。有的地方和单位建议删去“全心全意为人民服务”的表述，或修改为“公正司法”。

草案第五条规定，法官应当勤勉尽责，清正廉洁，恪守职业道德。有的地方建议将该条调整到第二章“法官的义务”。

二、法官的职责、义务和权利

草案第七条规定了法官的职责。有的部门建议按照司法体制改革的精神，增加“终身负责”表述，将第一项中“并对所办理的案件负责”修改为“并对所办理的案件终身负责”。

草案第九条规定了法官的义务。第三项中规定，“维护自然人、法人和其他组织的合法权益”。有的院校建议将“自然人”修改为“公民”；第六项规定“以案释法，增强全民法治观念，推进法治社会建设”。有的院校提出，该项内容不应作为法官义务，建议删去。有的地方提出，法官不是正式解释法律的主体，建议将“以案释法”修改为“以案明法”。有的地方建议将“全民”修改为“公民”。

草案第十条规定了法官享有的权利。第二项规定，依法审判案件“不受行政机关、社会团体和个人的干涉”。有的地方建议修改为“不受任何其他国家机关、社会组织和个人的干涉”；有的部门建议此项与中央《保护司法人员依法履行法定职责规定》第二条的规定相一致，修改为“依法审判案件不受行政机关、社会团体和个人的干涉，有权拒绝执行任何单位、个人违反法定职责或者法定程序、有碍司法公正的要求”。第三项规定，法官“非因法定事由、非经法定程序，不被调离、免职、降职、辞退或者处分”。有的地方提出，除了“调离、免职、降职、辞退”之外，还有停职检查、责令辞职等组织处理方式，建议修改为“调离、免职、降职、辞退等组织处理或者处分”。

三、法官的遴选

（一）关于担任法官的条件

草案第十一条第一款第二项规定，担任法官必须“年满二十三周岁”。一些地方建议提高年龄，可修改为“年满二十八周岁”。

草案第十一条第一款第六项规定，担任法官必须“具备全日制普通高等学校法学类本科学历并获得学士及以上学位；或者全日制普通高等学校非法学类本科及以上学历，并获得法律硕士、法学硕士及以上学位；或者全日制普通高等学校非法学类本科及以上学历，获得其他相应学位，并具有法律专业知识”。有的地方提出，该项规定排除了通过自考等方式取得相应学历的人员担任法官，违反宪法、高等教育法、高等教育自学考试暂行条例等，不利于对人才的选拔，建议删除全日制要求；有的建议“老人老办法，新人新办法”，对之前已担任过法官助理多年的，非全日制学历也可；有的地方建议法官一律法学科班出身，删去“全日制普通高等学校非法学类本科及以上学历，获得其他相应学位，并具有法律专业知识”；有的单位建议将对非法学类的要求修改为“全日制普通高等学校非法学类本科及以上学历，获得其他相应学位，并从事法律工作5年以上”；有的地方提出，“具有法律专业知识”如何认定，不清楚，建议明确。

草案第十一条第一款第七项规定，担任法官必须“从事法律工作满五年”。有的单位建议细化“从事法律工作”的范围，便于操作；有的地方和部门建议从事法律工作的年限根据学历不同有所区分，对高学历相应缩短年限，规定为本科五年、硕士三年、博士两年。

（二）关于不得担任法官的情形

草案第十二条规定了不得担任法官的情形。有的地方建议增加一些情形，如犯罪但免予起诉或者定罪免予刑事处罚的；曾被吊销“仲裁员”执业证书的；“失信被执行人”；“取得其他国家居留权的”。

（三）关于人民法院院长、副院长等的产生

草案第十三条第二款规定，人民法院的院长应当具有法学专业知识和法律职业经历。副院长、审判委员会委员、庭长和副庭长应当从法官中产生。

关于人民法院院长的产生。有的地方提出，“具有法学专业知识”不

明确，建议修改为“具有法学本科以上学历”。

关于副院长、审判委员会委员、庭长和副庭长应当从法官中产生。有的部门提出，该规定不符合十八届四中全会关于加强政法干部之间交流的精神，与实践做法不符，建议进一步研究；有的地方建议修改为“副院长、审判委员会委员、庭长和副庭长应当从法官，以及立法、执法、其他司法部门、律师和法学专家等具备条件的法律职业群体中产生”；有的部门和地方建议与院长一样，可以从其他具备条件的人选中产生，仅规定“审判委员会委员、庭长、副庭长应当从法官中产生”。

（四）关于公开选拔法官

草案第十四条第一款规定，“人民法院可以从律师、法学专家等从事法律职业的人员中公开选拔法官”。有的地方建议增加可以从“检察官、立法工作者、司法行政人员、人民警察、从事行政复议人员、公证员”中公开选拔法官。

草案第十四条第二款规定了律师、法学专家参加公开选拔的有关条件。有的地方建议将“从事教学或者科研”修改为“从事法学教学或者科研”；有的部门提出，“讲师及以上职称”不能包括科研机构的法学专家，建议修改为“中级及以上职称”；有的单位提出，公开选拔范围包括律师、法学专家“等”，但第二款仅对律师、法学专家公开选拔条件作了规定，建议增加一款“其他从事法律职业的人员选拔条件另行规定”；有的单位提出，根据本条规定公开选拔的法官，是否适用第十六条关于初任法官到基层法院任职的规定，需要进一步明确。

（五）关于法官遴选委员会的设置

草案第十五条第一款规定，设立最高人民法院法官遴选委员会，负责最高人民法院法官人选专业能力的审核。有的地方和院校建议明确由谁设立，是否设立在最高人民法院；有的单位建议对最高人民法院遴选委员会的人员组成作出规定，增加社会代表。

草案第十五条第三款规定，省级法官遴选委员会的组成人员应当包括地方各级人民法院法官代表和社会有关代表。有的部门提出，为加强对法官遴选工作的社会监督，建议对社会有关代表不少于一定比例作出规定；有的地方、部门和院校提出，“社会有关代表”的具体组成不明确，建议按照《关于司法体制改革试点若干问题的框架意见》的规定，对社会有关代表范围作出指引性规定，包括组织人事部门、经验丰富的法官、人大代表、律师、法学学者等人员；建议明确党委政法委、组织人事部门等人员。有的部门提出，“社会有关代表”的表述不能包括党政机关的代表，建议进一步研究。

草案第十五条第四款规定，省级法官遴选委员会在高级人民法院设立办公机构，负责法官遴选委员会的日常工作。有的提出，根据机构编制管理相关规定，除专项机构编制法律法规外，其他法律法规不宜就机构编制事项作出具体规定，按照中央深化司法体制改革要求，目前省以下法院、检察院正在推进内设机构改革，总的要求是精简整合内设机构，从实践看，法官遴选委员会、法官惩戒委员会均未单设办公室，日常工作由现有职能部门承担，总体运行顺畅，因此，有的部门建议删去本款规定；有的地方建议明确由法院相关内设机构承担法官遴选委员会的日常工作；有的院校建议对法官遴选委员会的职权、职能、审查程序等作具体规定，增强操作性；有的地方提出，实践中多个省市采取设置一个统一的法官检察官遴选委员会的模式，草案规定的是分设模式，建议对是否统一设置予以研究。

（六）关于法官的逐级遴选

草案第十六条第一款中规定，初任法官一般到基层法院任职；中级以上人民法院法官，一般通过逐级遴选产生。有的地方提出，对本法施行以前有基层法官工作经历后调入中级以上人民法院的，不应要求再到基层法院担任法官。有地方建议将“一般通过逐级遴选产生”修改为“应当有一定比例通过逐级遴选方式产生”。

草案第十六条第二款对上级法院遴选法官的工作年限条件作了规定。有的地方建议降低，修改为“中级、高级人民法院遴选法官人选一般在下级人民法院担任法官三年以上，并具有遴选职位两年以上相关工作经历；最高人民法院遴选法官人选一般在下级人民法院担任法官五年以上，并具有遴选职位五年以上相关工作经历”；有的地方建议修改为“一般在基层人民法院担任法官三年以上，并具有遴选职位两年以上相关工作经历”。

四、法官的任免

（一）关于法官职务的任免

草案第十七条第四款规定了中级人民法院法官的任免。有的地方提出，第四款关于在省、自治区内按地区设立和直辖市内设立的中级人民法院院长等法官“由高级人民法院院长提请”相应人大常委会任免的规定与现行地方组织法第四十四条第（十一）项关于“省、自治区、直辖市的人民代表大会常务委员会根据主任会议的提名，决定在省、自治区内按地区设立的和在直辖市内设立的中级人民法院院长的任免”的规定相矛盾，建议做好衔接。

（二）关于人民法院院长的任期和罢免

草案第十九条第一款中规定，人民法院院长连续任职不得超过两届。有的院校提出，宪法只对最高人民法院院长连任不得超过两届作了规定，扩大到各级人民法院院长连续任职不得超过两届，建议慎重。

草案第十九条第二款中规定，“在地方两次人民代表大会之间，如果本级人民代表大会常务委员会认为人民法院院长需要撤换，须报请上级人民法院报经上级人民代表大会常务委员会批准”。有的地方建议参照地方组织法第八条第六项的规定，修改为“在人民代表大会闭会期间，如果本级人民代表大会常务委员会认为人民法院院长需要撤换，须报经上一级人民法院提请该级人民代表大会常务委员会批准。”

（三）关于免除法官职务

草案第二十条规定了免除法官职务的情形，其中第四项规定，办案质量效率连续两年不达标，无法胜任法官职务的；第五项规定，因健康原因长期不能履行职务的。有的地方提出，“办案质量”、“效率”没有明确标准，且不应以效率作为考核标准，建议删除该项；有的地方建议将“长期”修改为“一年”，或者“两年”。

五、法官的管理

（一）关于法官兼职

草案第二十二条第一款中规定，法官不得兼任人民代表大会的组成人员，不得兼任行政机关、检察机关以及企业、事业单位和其他营利性组织的职务。一些地方、部门和院校建议增加“监察机关”；有的单位建议明确法官是否可以在非营利性组织中兼职以及是否可以获取报酬。

草案第二十二条第二款规定，法官经过批准可以在高等学校、科研院所兼职从事教学、研究工作。有的地方建议将“从事教学、研究工作”修改为“从事法学教学、研究工作”。有的地方、部门和院校建议明确批准主体，如上一级法院院长，或者本院院长，或者法院审判委员会，同时要明确规定不得兼薪。有的院校提出，高校中也有老师做兼职律师，为维护法官中立，防止潜在的利益输送，建议删去可以兼职的规定。

（二）关于法官离任、被开除后的从业限制

草案第二十四条第一款规定，法官从人民法院离任后两年内，不得以律师身份担任诉讼代理人或者辩护人。有的地方提出，规定不得在原任职法院代理案件即可，建议删去该款。有的地方建议参照公务员法的相关规定，将该款修改为“原系人民法院领导成员的法官从人民法院离任后三年内、其他法官从人民法院离任后两年内，不得以律师身份担任诉讼代理人或者辩护人”。

草案第二十四条第二款规定，法官从人民法院离任后，不得担任原任职法院办理案件的诉讼代理人或者辩护人。有的地方提出，法官离任后在原任职法院不得办理案件应当有年限规定，不应终身限制，或者规定为五年内。

（三）关于法官任职回避

草案第二十五条中规定，“法官的配偶、子女具有下列情形之一的，法官应当实行任职回避”。有的地方和院校建议将亲属的范围由“配偶、子女”修改为“配偶、子女、父母”，或者修改为“法官的直系亲属”、“法官的近亲属”。

草案第二十五条第二项规定，配偶、子女在辖区内为诉讼案件当事人提供其他有偿法律服务的，法官须任职回避。有的单位提出，从事非诉业务与法院没有关系，不应一刀切限制。

（四）关于法官等级晋升

草案第二十九条第二款规定，法官等级晋升采取按期晋升和择优选升相结合的方式，特别优秀或者工作特殊需要的法官可以特别选升。有的部门建议参考《法官、检察官单独职务序列改革试点方案》，将特别选升的范围修改为特别优秀或者工作特殊需要的“一线办案岗位法官”。

（五）关于法官辞退和降职

草案第三十六条规定了法官辞退的情形。第五项规定，“不履行法官义务，经教育仍不改正的”。有的部门提出，公务员法的相应规定为：“不履行公务员义务，不遵守公务员纪律，经教育仍无转变，不适合继续在机关工作，又不宜给予开除处分的”，两者不完全一致，建议做好衔接。

草案第三十七条规定，辞退法官应当按照管理权限决定；辞退决定应当以书面形式通知被辞退的法官。有的地方和院校提出，本条仅规定了辞退权限，建议对辞退程序也作出规定。有的院校建议增加规定，辞退书面通知中应当列明辞退的理由和依据。

草案第三十九条规定，法官降职应当降低一个法官等级；降职的法官，工作一年以上，德才表现和工作实绩突出，经考察符合晋升职务条件的，可晋升职务。有的地方提出，法官最低等级为五级法官，建议增加“五级法官降职的除外”，或者对五级法官如何降职予以明确；有的部门提出，中央《推进领导干部能上能下若干规定（试行）》第十一条规定，“降职的，两年内不得提拔”，建议将本条中“一年以上”修改为“两年以上”。

六、法官的考核、奖励和惩戒

（一）关于法官权益保障委员会

草案第四十一条规定，法官考评委员会的组成人员为五至九人；法官考评委员会主任由本院院长担任。有的地方建议明确法官考评委员会组成人员为单数；对考评委员会人员组成作出具体规定，并规定“法官代表不少于二分之一”；明确组成人员中必须有一定比例的社会人员参与；增加一款“法官考评委员会组成人员是法官的，在考核其本人时应当回避”。

（二）关于法官的奖励

草案第四十六条第二款规定，对法官的奖励，实行精神鼓励和物质鼓励相结合的原则。有的部门建议与公务员法有关规定一致，修改为“对法官的奖励，实行精神奖励和物质奖励相结合、以精神奖励为主的原则”；草案第四十八条已经规定了法官奖励的种类，并明确奖励的权限和程序按照有关规定办理，有的地方建议删去该款。

草案第四十七条规定了应当给予奖励的情形。有的地方和部门建议将第五项中的开展“法制宣传”修改为“法治宣传”。

（三）关于法官的处分

草案第四十九条规定了给予处分的情形。第五项规定，“故意违反法律法规，或者因重大过失导致裁判结果错误并造成严重后果”。有的单位提出，“故意违反法律法规”的表述，与该条第一至第四项规定的各类违法行为重合，建议修改为“故意错误适用法律法规”，或者将该项修改为“故意违反法律法规或者因重大过失，导致裁判结果错误并造成严重后果”。

草案第四十九条第六项规定，拖延办案，贻误工作。有的地方提出，“拖延”、“贻误”没有具体量化标准，建议将该项修改为“拖延办案，贻误工作，造成严重后果的”，或者“造成重大影响的”，或者修改为“故意拖延办案，贻误工作”。

草案第四十九条第九项规定，私自会见当事人及其代理人，接受当事人及其代理人不正当利益输送。有的地方建议将“私自会见”修改为“违反规定会见”。有的单位建议修改为：“私自会见当事人及其代理人，或者接受当事人及其代理人不正当利益输送”。

草案第五十条规定，处分分为：警告、记过、记大过、撤职、开除。有的单位建议在处分种类中增加“降级”，与公务员法的规定一致。

（四）关于法官惩戒委员会

草案第五十四条对设置法官惩戒委员会作了规定。有的提出，本条仅规定最高人民法院和省、自治区、直辖市设立法官惩戒委员会，有的地方建议在中级人民法院也设立法官惩戒委员会，对惩戒委员会处理后法官的申诉权、辩解权作出规定；增加法官参加听证、复议的规定。

草案第五十四条第一款关于法官惩戒规定，由法官惩戒委员会负责审查并提出法官是否违反审判职责的意见，由人民法院依照有关规定“作出惩戒决定”。有的地方提出，审查结果也可能是法官没有违反职责不应予以惩戒，建议将“作出惩戒决定”修改为“作出决定”（河南），或者明确为“对于故意违反职责、存在重大过失、存在一般过失的，作出惩戒决定”。

草案第五十四条第二款规定，法官惩戒委员会由法官代表和社会其他代表组成，其中法官代表不少于半数。有的部门建议将“社会其他代表”修改为“社会有关代表”，与第十五条的表述一致；对社会有关代表不少于一定比例作出规定。有的部门提出，《关于建立法官、检察官惩戒制度的意见（试行）》规定，“惩戒委员会由政治素质高、专业能力强、职业操守好的人员组成，包括来自人大代表、政协委员、法学专家、律师的代表以及法官、检察官代表”，建议按改革文件精神对社会代表范围作出指引性规定。

草案第五十四条第三款规定，省级法官惩戒委员会在高级人民法院设立办公机构，负责法官惩戒委员会的日常工作。有的部门建议删除该款规定。有的地方提出，实践中一些省市采取统设法官、检察官惩戒委员会的模式，建议对惩戒委员会的统设模式予以研究。有的院校提出，本款只规定省级法官惩戒委员会的设置，对最高人民法院设立的法官惩戒委员会与最高人民法院的关系及其办公机构未作明确。

七、法官的保障

（一）关于法官权益保障委员会

草案第五十五条规定，人民法院设立法官权益保障委员会，保障法官依法履职。有的地方和院校建议明确法官权益保障委员会的组成、职责范围等，增强操作性；明确法官权益保障委员会是跨部门协调机构，以更好保障法官依法履职；增加规定“法官权益保障委员会的组织办法由最高人民法院制定”。

（二）关于不得干涉法官依法办案

草案第五十七条规定，行政机关、社会团体和个人不得干涉法官依法办理案件，不得要求法官从事违反法定职责的活动。有的地方建议将“行政机关、社会团体和个人不得干涉法官依法办理案件”修改为“任何单位和个人不得干涉法官依法办理案件”；有的地方建议将“不得要求法官从事违反法定职责的活动”修改为：“不得要求法官从事违反法定职责或者法定程序、有碍司法公正的活动”，以与《保护司法人员依法履行法定职责规定》的有关规定一致，或者明确为“不得要求法官从事招商引资、行政执法、治安巡逻、交通疏导、卫生整治、行风评议等违反法定职责的活动”。有的地方建议增加“不得要求法官从事法定职责以外的活动”，或者增加一款规定：“任何单位或者个人不得要求法官从事超出法定职责范围的事务。人民法院有权拒绝任何单位或者个人安排法官从事超出法定职责范围事务的要求”。

（三）关于法官保护

草案第六十条规定，在办理案件中，法官及其近亲属面临人身危险的，应当对法官及其近亲属采取人身保护、禁止特定人员接触等必要保护措施。有的地方和单位提出，侵害行为也可能发生在法官办理案件之后，建议将“在办理案件中，法官及其近亲属面临人身危险的”修改为“法官因依法履行法定职责，而使自己及其亲属面临人身危险的”；明确“人身危险”的内涵，列举跟踪骚扰、威胁恐吓、谩骂侮辱等具体行为和情节；明确本条措施的实施责任主体，规定法官权益保障委员会主动采取必要保护措施或者依法官及其近亲属申请采取。

（四）关于法官工资制度

草案第六十一条规定了法官工资制度。有的部门建议将第一款中建立与公务员工资“同步增长机制”修改为“同步调整机制”，更符合现行规范表述；有的部门提出，工资制度包括了工资标准，建议将“法官的工资制度和工资标准，根据审判工作特点，由国家另行规定”修改为“法官的工资制度，根据审判工作特点，由国家另行规定”。

草案第六十二条对法官定期增资和工资档次晋升作了规定。有的提出，有关法官工资制度的规定应尽量原则一些，有的部门还需要在总结试点经验基础上进一步完善，建议将草案第六十一条、第六十二条合并为一条，修改为“法官按国家规定执行相应的工资制度和工资标准，依据考核结果正常晋升工资。国家定期调整法官的工资标准”；第二款中规定，有特殊贡献的，可以按照规定提前晋升工资档次。有的地方和部门提出，2006 年公务员工资制度改革和法官、检察官工资制度改革有关文件均没有提前晋升工资档次的规定，建议删去。

（五）关于人事处理事项的复核和申诉

草案第六十七条第一款对法官不服涉及本人的有关人事处理的申请复核作了规定。有的地方建议将其中的“可以自收到该人事处理决定之日起”修改为“可以自知道该人事处理之日起”。有的部门建议将对复核结果不服提出申诉的期限由“三十日内”修改为“十五日内”，将“向上一级机关”提出申诉修改为“向同级公务员主管部门或者上一级机关”，以与公务员法第九十条规定相一致。

八、其他意见

1. 有的部门和院校建议与正在进行的人民法院组织法修订工作做好衔接，本法和人民法院组织法对各级法院院长任免、任期等内容都作了规定，建议作统筹研究；有的部门提出，公务员法按照中央要求正在研究修订，建议做好衔接。

2. 本法中“另行规定”过多，有的地方建议能在本法中明确的尽量明确，条件不具备的作出指引性规定。此外，有的规定范围或者标准不明确，建议进一步增强本法操作性。

3. 草案“第五章法官的管理”中第三十八条、第三十九条是有关法官考核降职的规定，与“第六章法官的考核、奖励和惩戒”的关系更密切，有的地方建议放在第六章；或者将“法官的考核”放入“法官的管理”一章之内，逻辑结构更为合理。

4. 有的地方提出，法官作为国家公职人员，在待遇、保障等方面与其他公职人员相衔接，不宜过于特殊化。草案第五十八条、第五十九条、第六十条有关对法官人身、名誉等采取特殊保护措施的规定等应当慎重。

5. 有的单位提出，“遴选”的内涵在本法中不统一。第三章章名法官的遴选、第十五条法官遴选委员会中的遴选，与第十六条中法官实行逐级遴选中的遴选含义不一致。

法官法（修订草案）向社会公众征求意见的情况

法官法（修订草案）自2017年12月29日在中国人大网站向社会公开征求意见以来，社会公众通过网络积极提出意见，截至2018年1月27日，共有一万多名网民提出一万多条意见。

一、关于总则

草案第一条是关于立法目的的规定。有的提出，其中“为推进法官正规化、专业化、职业化建设”的表述不妥，似乎之前法官队伍不正规；且法官本来就是一种职业，没必要规定职业化。建议修改为“为审判工作专业化的需要”。有的建议，将其中的“保障法官依法履行职责，保障司法公正”前移，将“加强对法官的管理”放在最后。

草案第二条规定，法官是依法行使审判权的国家公职人员。有的提出，经法定程序任命的审判员司法改革中未入员额的，是否仍具有法官身份不明确。有的提出，草案将现行法官法规定的“法官是依法行使国家审判权的审判人员”，中“审判人员”删去，没有宪法依据。

草案第三条规定，法官必须忠实执行宪法和法律。有的建议修改为“法官必须忠实遵守和执行宪法和法律”。

草案第四条规定，法官办理案件，应当公正、平等对待当事人和其他诉讼参与人。有的建议增加“保护其合法的诉讼权益”、“法官办理案件，应当以事实为根据，以法律为准绳”等内容。

二、关于法官的职责、义务和权利

草案第七条第一项规定，法官的职责是“依法参加合议庭审判或者独任审判案件，并对所办理的案件负责”。有的提出，实践中，法院审判庭以外的其他部门如研究室等也有员额法官，建议修改为“依法办理案件”。有的提出，应体现终身负责制这一司法改革内容，建议将“对所办理案件负责”修改为“对所办理的案件终身负责”。

草案第八条规定，院长、副院长、审判委员会委员、庭长、副庭长除履行审判职责外，还应当履行与其职务相适应的职责。有的建议将“审判职责”修改为“法官职责”；取消基层法院庭长、副庭长设置。主要理由：一是基层法院业务庭人员少，再设庭长、副庭长，实际办案的法官就更少；二是法院组织法修订草案已取消了庭长设置；三是符合司法改革精神，有利于法院去行政化；四是有利于减少干扰法官独立行使审判权的因素。

草案第十条法官的权利中第二项规定，法官依法审判案件，“不受行政机关、社会团体和个人的干涉”。有的建议修改为“不受任何国家机关、社会团体和个人的干涉”。

三、关于法官的遴选

草案第十一条第一款第六项规定，担任法官必须“具备全日制普通高等学校法学类本科学历并获得学士及以上学位；或者全日制普通高等学校非法学类本科及以上学历，并获得法律硕士、法学硕士及以上学位；或者全日制普通高等学校非法学类本科及以上学历，获得其他相应学位，并具有法律专业知识”。按照这一规定，只有全日制高校毕业的学生才有可能担任法官。许多意见建议取消全日制的限制。主要理由：一是国家高等教育存在多种形式。宪法第十九条规定，国家鼓励自学成才。高等教育法第二十一条规定，国家实行高等教育自学考试制度，经考试合格的，发给相应的学历证书或者其他学业证书。高等教育自学考试暂行条例第三十二条规定，非在职人员录用后，与普通高等学校同类毕业生相同；在职人员的工资待遇低于普通高等学校同类毕业生的，从获得毕业证书之日起，按普通高等学校同类毕业生工资标准执行。根据国家教育部1988年15号文件，自考本科学历与普通高等教育毕业证书具有相同的法律效力。二是按照草案规定，只要是全日制本科及以上毕业，即使非法律专业毕业，也能担任法官。这样，法律专业本科，但不是全日制高校毕业的，不能担任法官，而虽然全日制高校毕业但非法律专业的，却可以担任法官，明显不合理。三是我国东西部文化教育发展还很不平衡，这样的规定，在教育发展相对落后的西部地区做不到。四是这一规定有违司法改革的初衷，也不利于法官队伍质量的提升。

草案第十二条第一项规定，“曾因犯罪受过刑事处罚的不得担任法官”。有的建议修改为“曾因故意犯罪受过刑事处罚的”不得担任法官；有的建议，凡因违法违纪被免除、撤销法官职务的，今后原则上不得再任命为法官。

草案第十六条第一款规定，初任法官一般到基层法院任职。有的建议将“一般”改为“应当”。有的提出，一些中级法院的法官助理是专门从基层法院被选调的，这部分人初任法官没有必要再回到基层法院任职。因此，建议将初任法官到“基层法院任职”修改为“具有基层法院工作经历”。有的提出，中级法院有的法官没有在基层法院工作过，此次司法改革中又未能入员额，草案应兼顾这种司法改革前后的实际情况，作出衔接性的规定。

草案第十六条第二款规定，最高人民法院从下级遴选的法官人选须在下级法院工作八年以上，中级、高级法院从下级法院遴选的法官人选须在下级法院工作五年以上。有的提出，基层法院案件多，法官少，压力大，为防止基层法院法官流失，建议将上述工作年限都规定为八年。有的提出，遴选法官人选除规定工作年限外，还应规定相应的办案数量。

四、关于法官的任免

草案第十八条规定，“法官在依照法定程序产生后，在就职时应当公开进行宪法宣誓”。有的提出，应明确规定未经宣誓的，任职无效。

五、关于法官的管理

草案第二十二条第一款规定，法官“不得兼任人民代表大会常务委员会的组成人员，不得兼任行政机关、检察机关以及企业、事业单位和其他营利性组织的职务”。有的建议，增加规定法官不得在监察机关任职的内容。有的提出，何为“营利性组织”不清楚；许多非营利性组织，如第二款规定的高校、研究所等也存在潜在的利益冲突。

草案第二十二条第二款规定，法官“经过批准”可以在高等学校、科研院所兼职从事教学、研究工作。有的建议修改为“经任命机关批准”；增加“不得影响审判工作，不得获取报酬”。

草案第二十三条第一项规定，法官之间有夫妻关系等亲属关系的，不得同时担任“同一人民法院的院长、副院长、审判委员会委员、庭长、副庭长”；第二项规定，不得同时担任“同一人民法院的院长、副院长和其他法官”。有的提出，上述第二项规定包含了第一项规定的内容，建议两项合并。有的提出，同一法院不同的审判庭之间不存在审判业务交叉，建议删去第一项中的“庭长、副庭长”。

草案第二十四条第一款规定，法官从人民法院离任后两年内，不得以律师身份担任诉讼代理人或者辩护人。有的建议将“两年”改为“三年”。

草案第二十四条第二款规定，法官从人民法院离任后，“不得担任原任职法院办理案件的诉讼代理人或者辩护人”。有的提出，这一规定侵犯了公民自由选择职业的权利，不利于法律职业共同体内部人员的合理流动，建议删去。

草案第二十五条规定，法官的配偶、子女具有担任该法官任职法院辖区内律师事务所的合伙人等情形的，法官应当实行任职回避。有的建议，将法官任职回避的范围扩大到父母、兄弟姐妹。有的提出，上述情形中法官的配偶、子女以基层法律服务所人员的身份为诉讼案件当事人提供有偿法律服务的，该法官也应任职回避。

草案第二十七条第二款规定，法官等级分为十二级。有的建议修改为“四等十二级”；有的认为，等级划分过多。

草案第二十八条规定，最高人民法院院长为首席大法官。有的提出，首席大法官也是法官职务序列，建议本条与第二十七条合并。

草案第三十四条规定，各级法官培训机构按照有关规定承担培训法官的任务。有的提出，应明确省级以上才可设法官培训机构，高级法官应由最高人民法院组织培训。

草案第三十六条规定了法官的辞退情形。有的建议，增加“应当实行任职回避，而拒绝回避的”；“有严重违纪、违法或犯罪行为的”两种情形。有的提出，“辞退”是退出员额还是退出法官队伍，含义不清楚，如果是退出法官队伍，草案第三项、第五项的规定过于严厉。

六、关于法官的考核、奖励和惩戒

草案第四十一条规定，法官考评委员会的组成人员为五至九人。有的提出，应明确为单数。有的提出，法官考评委员会应请人大代表、政协委员和律师参加。

草案第四十七条规定，法官公正司法，成绩显著的应当予以奖励。有的提出，公正司法是法官的本分，不应作为奖励的情形。有的提出，除了奖励外，还应规定予以职务晋升。

草案第四十九条第六项规定，法官有“拖延办案，贻误工作”情形的，应当予以处分；构成犯罪的，依法追究刑事责任。有的提出，“拖延办案，贻误工作”太笼统、随意性强，不好把握。法官只要按规定期限办案，就不应受到追究，建议删去第六项规定。

草案第五十条规定，对法官的处分分为“警告、记过、记大过、撤职、开除”，删去了现行法官法中“降级”的处分种类。有的提出，法官虽然实行单独职务序列，与行政职级脱钩，但法官等级相当于行政级别，建议保留“降级”的处分种类，可通过解释明确法官“降级”是指降低法官等级，这样也与公务员法关于处分的规定保持一致。

草案第五十三条规定，“法官违法违纪，已经被立案调查，不宜继续履行职责的，可以按照规定的程序和管理权限暂停其履行职务”。有的提出，法官已经被立案调查，就应当暂停其履行职务，建议删去“不宜继续履行职责的”规定，并将“可以”修改为“应当”。

草案第五十四条第一款规定，“最高人民法院和省、自治区、直辖市设立法官惩戒委员会”。有的提出，法官惩戒委员会设在省一级，离基层太远，难以形成全覆盖，造成惩戒制度有名无实。有的建议，赋予惩戒委员会接受举报、投诉、立案调查、作出处理决定的职权。

草案第五十四条第二款规定，法官惩戒委员会由法官代表和社会其他代表组成，其中法官代表不少于半数。有的建议，按照现行做法，明确惩戒委员会组成人员包括人大代表、政协委员、法学专家、律师代表。有的提出，法官代表不少于半数，比例太高，建议修改为不超过三分之一。有的建议，法官、检察官、律师代表各占三分之一。

七、关于法官的保障

草案第五十五条规定，“人民法院设立法官权益保障委员会，保障法官依法履职”。有的建议将人民法院修改为：“各级人民法院”。有的建议明确保障委员会负责人由本院院长或政工部门负责人担任。

草案第五十七条规定，行政机关、社会团体和个人不得干涉法官依法办理案件。有的建议将“行政机关”改为“国家机关”。

草案第六十条规定，在办理案件中，法官及其近亲属面临人身危险的，应当采取必要的保护措施。有的建议明确责任主体，具体到由哪个部门负责实施。

草案第六十一条规定，“建立与公务员工资同步增长机制”，第六十二条又规定“法官实行定期增资制度”。有的提出，这两者是什么关系，不明确。

草案第六十三条规定，法官享受国家规定的津贴、补贴、奖金、保险和福利待遇。有的提出，应明确规定，法官退休后待遇予以保留。

草案第六十八条第二款规定，“行政机关、社会团体或者个人干涉法官依法行使职权的，应当依法追究其责任”。有的建议将“行政机关”改为“国家机关”。

八、其他意见

有的建议，对法官助理是否属于法官序列予以明确；法官助理作为法官队伍的预备人员，应对其权利义务保障等作出规定。

有的提出，草案应增加对司法改革中未入员额的法官如何晋升的规定，作好司法改革前后的衔接。

有的建议建立法官述职制度。

法官法（修订草案二次审议稿）向社会征求意见的情况

法官法（修订草案）二次审议稿自2019年1月4日在中国人大网站向社会公开征求意见以来，社会公众通过网络积极提出意见，截至2019年2月3日，共有六百多名公众提出一千多条意见。

一、关于总则

草案第一条是关于立法目的的规定。有的提出在保障法官履行职责同时应增加民众监督的内容。

草案第三条规定，法官必须忠实执行宪法和法律，全心全意为人民服务。有的建议增加“践行中国特色社会主义法律精神，维护社会公平正义”。

草案第四条规定，法官应当公正对待当事人和其他诉讼参与人。对一切个人和组织在适用法律上一律平等。有的建议修改为，法官应当公正对待当事人和其他诉讼参与人。法官只服从于法律。

二、关于法官的职责、义务和权利

草案第八条第一项规定了法官“依法参加合议庭审判案件或者独任审判案件，并对所办理的案件负责”的职责。有的提出，其中的“对所办理的案件负责”是对履职的要求，不属于职责本身的内容，建议删去。

草案第十一条规定了法官的权利。有的建议增加法官参与培训、辞职权利的内容。

三、关于法官的条件和遴选

草案第十二条第一款第五项规定，担任法官必须“具备普通高等学校法学类本科学历并获得学士及以上学位；或者普通高等学校非法学类本科及以上学历并获得法律硕士、法学硕士及以上学位；或者普通高等学校非法学类本科及以上学历，获得其他相应学位，并具有法律专业知识”。有的建议，去掉“普通”二字，或者加上“老人老办法，新人新办法”的规定。主要理由：一是国家高等教育存在多种形式。根据宪法、高等教育法的规定，自考本科学历与普通高等教育毕业证书具有相同的法律效力。二是按照草案规定，普通高等学校本科即使不是法律专业，也能担任法官，自考的法律专业却不能担任法官，明显不合理。三是东西部发展不平衡，在教育发展相对落后的西部地区做不到。四是这一规定有违司法改革的初衷，也不利于法官队伍质量的提升。

草案第十二条第六项规定，担任法官必须从事法律工作满五年。有的建议明确五年期限如何计算。

草案第十三条规定了不得担任法官的人员。有的提出，对法官的要求应高于对一般公务员的要求，建议增加“被开除党籍的”情形。

草案第十四条第二款规定，副院长、审判委员会委员应当从法官、检察官或者其他具备法官、检察官条件的人员中产生。有的建议，副院长、审判委员会委员应该从法官、检察官中产生。

草案第十六条规定了法官遴选委员会的职权。有的建议将法官级别晋升纳入遴选委员会的审核范围。

四、关于法官的任免、管理和奖惩

草案第二十条第四项规定，法官办案业绩考核连续两年不达标，不能胜任法官职务的应当依法提请免除其法官职务。有的建议删除此项规定。

草案第三十六条第一款规定，法官从人民法院离任后二年内，不得以律师身份担任诉讼代理人或者辩护人。有的提出，如果法官公正廉洁、法院错案追究制度健全，可以保证司法公正，没有必要限制担任律师，建议删除。

草案第四十条规定了对法官的考核内容。有的建议增加政治素质，修改为对法官的考核内容包括：政治素质、审判工作实绩、职业道德、专业水平、工作能力、审判作风。重点考核政治素质、职业道德、审判工作实绩。

草案第四十四条第六项规定，法官有其他功绩的应当给予奖励。有的提出，公务员法第五十二条第十项规定公务员有其他突出功绩的给予奖励，建议一致。

草案第四十七条第一款规定了法官惩戒委员负责从专业角度审查认定法官是否存在法律规定的违反审判职责的行为，提出审查意见。有的建议明确审查意见能否作为法官是否构成徇私枉法罪或枉法裁判罪的依据。

五、关于法官的职业保障

草案第五十四条规定，对法官及近亲属实施报复陷害、侮辱诽谤、暴力侵害、威胁恐吓、滋事骚扰等违法犯罪行为的，应当依法从严惩治。有的提出惩治不是法律用语，建议改为惩处。

六、其他意见

草案第六十六条规定，人民法院的法官助理在法官指导下负责审查案件材料、草拟法律文书等审判辅助事务。有的提出，草拟法律文书是法官最核心的工作，建议删除法官助理“草拟法律文书”。

有的提出，法官助理和书记员在法院承担重要工作，建议附则中增加“在人民法院工作的法官助理和书记员，参照本法第五十四条予以保护”。

宪法法律委、监察司法委、法工委座谈会对法官法修订草案二次审议稿的意见

2019 年 2 月 21 日上午，全国人大宪法和法律委员会、全国人大监察和司法委员会、全国人大常委会法制工作委员会联合召开座谈会，听取有关部门、部分全国人大代表和专家学者对法官法修订草案二次审议稿的意见（以下简称草案）。与会人员认为，草案进一步总结司法体制改革的经验成果，加强对法官依法履职的保障，细化对法官的管理，既体现了对现行法的继承性、连续性，也与时俱进，回应了当前审判工作中的一些实际问题，总体上比较成熟，表示赞成。

一、关于总则

草案第一条立法目的中规定：“为了推进法官正规化、专业化、职业化建设”。有的建议增加“革命化”。

草案第四条规定：“法官应当公正对待当事人和其他诉讼参与人”。有的提出，法官和当事人关系的基本准则是法律，依法是公正的前提，

建议将“公正”修改为“依法公正”。

二、关于法官的职责、义务和权利

草案第八条中规定，法官“对所办理的案件负责”。有的提出，人民法院的院庭长对案件具有审判监督管理职责，有的案件是审判委员会决定的，这些情况下如出现错案，不能完全由法官负责，建议参照检察官法草案的相应规定，修改为“在职权范围内对所办理的案件负责”。

草案第九条规定：“人民法院院长、副院长、审判委员会委员、庭长、副庭长除履行审判职责外，还应当履行与其职务相适应的职责。”有的提出，“与其职务相适应的职责”具体所指不清楚，需要进一步明确。

草案第十条对法官应当履行的义务作了规定。有的建议修改第四项的表述，在“维护国家利益、社会公共利益，维护个人和组织的合法权益”前增加“依法”，与其他项表述相统一。

草案第十一条对法官享有的权利作了规定。有的提出，草案规定的法官权利与其他公务员没有明显区别，未能充分体现法官职业的独特性，建议增加享有“依法独立审判权”、“尊严权”、“福利权”、“身份保障权”。

三、关于法官的条件和遴选

草案第十二条对担任法官的条件作了规定。有的提出，实行国家统一法律职业资格考试制度是近年来司法体制改革、加强法官队伍职业化建设的一项重要内容。草案没有将取得法律职业资格作为法官的一项条件进行规定，而是将之规定为初任法官的选任条件，建议整合有关内容，将取得统一法律职业资格明确规定为法官的条件。

草案第十四条第二款规定：“人民法院的院长应当具有法学专业知识和法律职业经历。副院长、审判委员会委员应当从法官、检察官或者其他具备法官、检察官条件的人员中产生。”有的提出，本款相比现行法律的规定放宽了审判委员会委员的任职条件。从法官队伍职业化、专业化建设的实际需要看，审判委员会委员应当具有较高专业水准，以保证审判委员会组成人员的质量，不宜对其放宽条件，建议删去本款中的“审判委员会委员”。同时，建议将“其他具备法官、检察官条件的人员”修改为“其他具备法官条件的人员”，表述上更为准确、简洁。

草案第十七条第二款规定：“中级、高级人民法院遴选法官人选一般在下级人民法院担任法官五年以上，并具有遴选职位三年以上相关工作经历；最高人民法院遴选法官人选一般在下级人民法院担任法官八年以上，并具有遴选职位五年以上相关工作经历。”有的提出，遴选条件规定得过细不利于发挥遴选制度的实际作用，各地情况不同，每次遴选需求也不同，建议法律中不作硬性规定，删去本款。有的提出，对遴选作“双重年限”要求过于严格，建议删去遴选职位工作年限。

四、关于法官的任免

草案第二十二条对法官不得兼任有关职务作了规定，删去了一审稿有关法官、检察官可以在高校兼职从事教学、研究工作的规定。有的提出，法官到高校兼职从事教学、研究工作是落实中央有关要求、加强法治人才培养的重要途径，建议恢复草案一审稿“法官经过批准可以在高等学校、科研院所兼职从事教学、研究工作”的规定。同时，建议参照公务员法的规定，对兼职增加经过批准、不得兼职取酬等要求。

草案第二十四条规定：“法官的配偶、子女有下列情形之一的，法官应当实行任职回避：（一）担任该法官所任职法院辖区内律师事务所的合伙人或者设立人；（二）在该法官所任职法院辖区内以律师身份担任诉讼代理人、辩护人，或者为诉讼案件当事人提供其他有偿法律服务的。”有的建议将“配偶、子女”修改为“配偶、子女等近亲属”。有的提出，本条规定比较严格，特别是对最高人民法院的法官来说，其配偶、子女在全国范围内都不能从事律师等法律职业，诉讼法对个案回避制度已作了规定，本条规定是否还有必要，建议进一步研究。

五、关于法官的管理

草案第二十五条规定了法官员额制。有的建议进一步总结司法体制改革经验，充实员额制改革、遴选委员会遴选等方面的内容。

草案第三十条规定：“初任法官实行统一职前培训制度”。有的建议明确对从律师、法学专家中公开选拔的法官也实行统一职前培训制度。

草案第三十三条规定：“法官培训机构按照有关规定承担培训法官的任务。”有的建议列明国家法官学院等作为培训主体，将“法官培训机构”修改为“国家法官学院等培训机构”。

草案第三十六条第一款规定：“法官从人民法院离任后二年内，不得以律师身份担任诉讼代理人或者辩护人。”有的提出，该规定不利于法律职业共同体之间的交流。另外，从实践中的情况看，不少离职法官虽不以本人名义，但实际上以各种变通方式从事法律服务活动。这导致其相关活动既不受法院管理，也不受律协管理，实际上不利于对其监督。建议删去本款规定，或者考虑到离职法官从事律师需要一年实习期，将“两年内”修改为“一年内”。

六、关于法官的考核、奖励和惩戒

草案第四十七条规定了法官惩戒委员会制度。有的提出，对法官所有不正当行为的处理，包括追究刑事责任，都应当先由法官惩戒委员会作出审查意见，再由有关部门介入。同时，建议明确监察委员会和法官惩戒委员会的职责分工、工作衔接等。

有的提出，推行员额制改革，建立“谁审理谁裁判、谁裁判谁负责”是司法体制改革的重要成果，方向是正确的。但实践中也出现了个别法官权力加强后，不受监督，借机滋生腐败的情况，建议进一步研究增加有关法官监督、错案追究、责任倒查等方面的规定。

七、关于法官的职业保障

草案第五十三条规定，行政机关、社会团体和个人不得干涉法官依法办理案件。有的提出，任何单位和个人都不应当干涉法官依法办理案件，按照监督法、监察法，人大、监察委等也不对具体个案进行干涉。因此，建议扩大不得干涉案件的主体范围。

草案第五十四条、第五十六条对法官及其近亲属的有关人身保护措施作了规定。有的提出，实践中打击报复的对象主要是法官及近亲属，但也不排除对一些与法官有其他特殊关系的人进行打击报复，如恋人、有特定抚养关系的其他亲属等，建议将“近亲属”修改为“近亲属以及其他相关人员”。

草案第五十九条规定：“法官享受国家规定的津贴、补贴、奖金、保险和福利待遇”。有的提出，本条规定的保险是社会保险，建议研究增设法官职业安全保险制度。

有的建议在法官职业保障中增加法官休息休假制度。

八、关于附则

草案第六十七条规定，法官是实行单独职务序列管理的公务员，并对有关法官权利、义务和管理制度如何适用公务员法作了规定。有的建议进一步理顺法官和公务员的关系，做好法官法修订与公务员法、人民法院组织法等法律的衔接。

法官法修订草案北京、山西、重庆调研简报

为听取对法官法、检察官法修订草案的意见，全国人大常委会法制工作委员会部分同志到北京、山西、重庆调研，听取对法官法、检察官法修订草案的意见。调研中各方面认为，法官法修订草案体现、落实司法体制改革成果，将法官遴选、员额制、司法责任制、单独职务序列管理、职业保障等方面的改革举措上升为法律规定，符合法院审判工作实际，对于提高法官队伍管理水平、维护法官合法权益，保障法官依法履职和司法公正具有重要意义，总体上赞成修订草案规定。同时，对修订草案提出了一些具体修改意见。

一、关于总则

修订草案第一条对立法目的作了规定，有的建议增加“维护法官合法权益”，有的建议将“提升法官职业尊荣感”作为立法目的。

修订草案第二条规定，法官是依法行使审判权的国家公职人员。有的提出，修订草案对法官包括哪些人未做明确，法官和审判员称谓是什么关系不清楚，建议明确。

修订草案第四条规定，法官办理案件，应当公正、平等对待当事人和其他诉讼参与人。有的提出，平等对待诉讼参与人不准确，如刑事诉讼各诉讼参与人的地位和权利是不一样的，建议修改为“公平公正对待”。

修订草案第五条规定，法官应当勤勉尽责，清正廉洁，恪守职业道德。有的提出，本条是关于法官职业伦理的要求，建议借鉴有关国家法律规定，增加“法官应当言行得当”作为法官职业伦理。

二、关于法官的职责、义务和权利

修订草案第八条规定，法院院长、庭长除履行审判职责外，还应当履行与其职务相适应的职责。有的建议对其中庭长、副庭长的具体职责

作出明确。

修订草案第九条规定了法官的义务。有的建议删去第六项关于法官“以案释法，增强全民法制观念，推进法治社会建设”的义务；有的建议增加一项“不得泄露当事人商业秘密和个人隐私”的义务。

修订草案第十条规定了法官的权利。其中第二项规定，依法审判案件不受行政机关、社会团体和个人的干涉。有的建议增加不受“监察机关”的干涉；第六项、第八项分别规定了法官参加培训和休息休假的权利，有的建议根据法官等级明确具体时长；有的建议增加一项权利：“除非有证据证明法官存在贪污受贿、徇私舞弊、枉法裁判等严重违法审判行为，法官依法履职的行为不得暂停或者终止”。

三、关于担任法官的条件和遴选

修订草案第十一条规定了担任法官的条件。第二项规定担任法官需“年满二十三周岁”，有的建议提高年龄，修改为二十七或者二十八周岁。第六项规定了学历条件，要求“全日制普通高等学校”，有的提出，当前法院系统内还存在一些非全日制毕业，因员额限制未能入额的法官，对这部分人应实行“老人老办法”，建议删去“全日制”。第七项规定担任法官需“从事法律工作满五年”，有的建议对对担任基层法院法官从事法律工作的年限缩短至“二到三年”，有的建议对法学类硕士、博士毕业的适当缩短工作年限要求，有的建议明确“从事法律工作”具体是从事哪些工作。

修订草案第十二条第一项规定，“曾因犯罪受过刑事处罚的”，不得担任法官。有的提出，因犯罪被免予刑事处罚的也不应当担任法官，建议将该项修改为“曾经犯罪的”。

修订草案第十三条第一款规定了初任法官的产生。有的提出，本款规定也属于法官的任职条件，建议与第十一条合并规定。

修订草案第十五条对法官遴选委员会作了规定。有的建议明确遴选委员会人员的组成，确保公正透明，加强对遴选工作的监督；有的建议，遴选委员会除了负责初任法官人选专业能力审核外，对上级法院从下级法院遴选法官的，也应由法官遴选委员会负责审核；有的建议明确遴选委员会在遴选法官时遵循的标准；有的建议，对于法官员额出现空缺的，遴选委员会应当及时召集会议，按照程序及时遴选、补充法官。

修订草案第十六条规定了初任法官一般到基层法院任职和上级法院法官一般实行逐级遴选制度。有的建议将两个“一般”修改为“应当”，防止实践中不落实；有的提出，由于传统法官培养机制、地区差异等因素，一律到基层任职的制度实施起来有较大困难，需要一定的时间。目前看，对中级以上法院法官助理的招录和工作积极性影响较大，建议规定法官助理可以在本院入额，或者待这项改革实践成熟后法律再作规定；有的建议实行“老人老办法”，明确对中级以上法院的法官前期未入额的，可以在本院入额，不要求一律去基层任职；有的建议增加规定，特殊情况下，最高人民法院也可以从直辖市的基层人民法院遴选法官。

四、关于法官的任免

修订草案第十九条规定了院长的任期和撤换。有的提出，人民法院组织法已经作了规定，法官法中可不作重复规定。

修订草案第二十条规定了免除法官职务的情形。第四项规定，“办案质量效率连续两年不达标，无法胜任法官职务的”，免除法官职务。有的同志提出，目前办案质量效率考评还未建立起科学、成熟的评价体系，还需要继续探索，在法律中作出规定为时尚早，建议笼统规定为“无正当理由，确系无法胜任法官职务的”；有的建议明确办案质量效率的统一标准，由法官考评委员会认定是否达标。第五项规定“因健康原因长期不能履行职务的”免除法官职务，有的建议明确“长期”具体是多久。有的建议增加规定“申请免除法官职务的”，作为免除的一种情形。

五、关于法官的管理

修订草案第二十四条第二款规定，法官离任后不得担任原任职法院案件的代理人或者辩护人。有的提出，这一规定过于严苛，不利于法律职业共同体之间的流动，建议根据法官任职年限确定相应禁止年限。

修订草案第二十五条规定，法官的配偶、子女有相关情形的，法官应当实行任职回避。有的建议增加“父母”作为任职回避对象。

修订草案第二十六条对法官员额数量的确定和调整作了原则规定。有的建议增加“法官实行员额制管理”；有的提出，目前法官员额动态管理、调配工作面临难度和阻力，建议将地方各级人民法院法官员额，在省、自治区、直辖市内“实行总量控制、动态管理”修改明确为“统一调配、管理，并依据辖区的案件数量、法官工作量饱和程度情况，定期予以调整”，或者规定为“根据实际情况进行动态增减”；有的建议规定，员额配置向基层人民法院倾斜；有的提出，员额制管理是法官法的重要制度，建议调整到本章前面规定。

六、关于法官的考核、奖励和惩戒

修订草案第四十一条规定了法官考评委员会的组成人员。有的建议明确规定：考评委员会组成人员包括一线法官代表。

修订草案第四十三条规定了考核法官的内容，其中包括考核“审判工作实绩”。有的建议明确“审判工作实绩”包括审判工作量和审判质效两个方面。

修订草案第四十七条规定了应当给予法官奖励的六种情形。有的建议调整第三项和第四项的顺序，先规定办案受奖励的情形，再规定提出有关工作建议受奖励的情形。

修订草案第四十九条规定了法官受处分和追究刑事责任的情形。第六项规定的是“拖延办案，贻误工作”，有的提出，在“案多人少”的情况下，会出现客观上案件不能及时办完的情况，不宜都给予处分，建议修改为“因法官故意或者过失，造成拖延办案，贻误工作”，或者删去该项规定。第九项规定了“私自会见当事人”的情形，有的建议将“私自会见”修改为“非因工作需要会见”。有的建议在本条中增加规定：对法官涉嫌犯罪的，经法官惩戒委员会审议后，移送司法机关或有关部门。

修订草案第五十四条对法官惩戒委员会作了规定。有的提出，修订草案规定惩戒委员会组成人员包括法官代表，考虑到基层法官办案特点，建议进一步明确包括一定比例的基层人民法院法官代表；有的建议增加规定：法官对惩戒有异议的，可以向惩戒委员会申请复议，对复议不服的，可以向上一级惩戒委员会申请复议。

七、关于法官的保障

修订草案第五十五条规定，人民法院设立法官权益保障委员会。有的建议将法官权益保障委员会设在同级党委或者人大，或者规定政法委、公安等部门应当协调和配合人民法院保护法官权益；有的建议本法对权益保障委员会的具体职责范围作出规定。

修订草案第五十六条第二项规定，除“按规定实行干部交流的”外，法官不得被调离审判岗位。有的建议明确交流多长时间可以保留法官职务；对于长时间调离审判岗位的，应当免除法官职务。

修订草案第五十八条规定，对侵害法官本人及其近亲属人身权益的行为，应当依法从严惩处。有的建议，以尽量明确的方式规定相关程序和措施；有的建议，对发生在法院内扰乱审判秩序的行为，规定法院可迳行追究，或者先行采取强制措施后移送公安机关，或者修改刑法增设藐视法庭罪。

修订草案第六十条规定，在办理案件中，法官及其近亲属面临人身危险的，应当对法官及其近亲属采取人身保护、禁止特定人员接触等必要保护措施。有的建议明确采取有关保护措施的主体，规定为：人民法院会同公安机关等有关部门。

八、其他意见

1. 有的提出，为加强法官后备梯队建设，解决员额法官空缺时法官力量不足等问题，建议借鉴国外有关候任法官、预备法官、限权法官等做法，规定“中级、基层人民法院经最高人民法院批准，可以按照有关办法设候任法官，负责审理简单案件；候任法官根据其职权承担相应审判责任。”

2. 有的提出，本法中对法官助理没有相关规定，为提高法官助理职业预期、履职积极性，加强法官后备人才培养，建议法官法对法官助理的定位、职责、培养、管理和保障等作出规定。

3. 有的提出，法官也是公务员，本法中的一些规定与公务员法是共性管理规定，建议删除与公务员法相同或者相类似的内容，增加更符合法官职业特点，可操作性强的内容。

4. 有的提出，最高法院有关司法责任制的相关规定，明确了专业法官会议制度，在实践中对于统一司法尺度、完善和补充院庭长职责制度、审委会制度方面发挥了积极作用。建议本法对专业法官会议相关制度作出规定。

5. 有的建议参照正在修改的公务员法，增加规定：“法官实行国家规定的工时制度，按照国家规定享受休假。法官在法定工作日之外加班的，应当给予相应的补休，不能补休的按照国家规定给予办案补助。”

图书在版编目（CIP）数据

中华人民共和国法官法解读／王爱立主编．—北京：中国法制出版社，2019．5

ISBN 978－7－5216－0264－7

Ⅰ．①中…　Ⅱ．①王…　Ⅲ．①法官法－法律解释－中国　Ⅳ．①D926．205

中国版本图书馆 CIP 数据核字（2019）第 095915 号

责任编辑　王林林　　　　封面设计　李　宁

中华人民共和国法官法解读

ZHONGHUA RENMIN GONGHEGUO FAGUANFA JIEDU

主编/王爱立

经销/新华书店

印刷/三河市紫恒印装有限公司

开本/880 毫米×1230 毫米　32 开　　　　印张/12.75　字数/316 千

版次/2019 年 5 月第 1 版　　　　2019 年 5 月第 1 次印刷

中国法制出版社出版

书号 ISBN 978－7－5216－0264－7　　　　定价：38.00 元

北京西单横二条 2 号

邮政编码 100031　　　　传真：010－66031119

网址：http：//www.zgfzs.com　　　　**编辑部电话：010－66067369**

市场营销部电话：010－66033393　　　　**邮购部电话：010－66033288**